探究的世界史学習論研究

――史資料を活用した歴史的思考力育成型授業の構築――

田 尻 信 壹 著

風 間 書 房

目　次

序　章　研究の目的と方法……………………………………………………1
　第1節　研究の目的……………………………………………………………1
　第2節　研究の背景……………………………………………………………3
　第3節　研究の意義と特質――先行研究の批判的検討を通して――………4
　　第1項　先行研究の整理と研究史上の意義………………………………5
　　第2項　先行研究に対する批判的検討……………………………………8
　第4節　研究の方法と論文の構成……………………………………………16

第Ⅰ部　歴史的思考力概念の変遷でたどる世界史学習の特質
　　　　と課題………………………………………………………………25
第1章　世界史学習における歴史的思考力の全般的検討…………………27
　第1節　歴史意識と歴史的思考力の概念規定………………………………27
　　第1項　歴史意識の概念規定………………………………………………27
　　第2項　歴史的思考力の概念規定…………………………………………29
　第2節　世界史学習における歴史的思考力の位置付けと役割……………33
　　第1項　世界史学習における歴史的思考力の位置付け…………………33
　　第2項　歴史的思考を図るための方策としての探究……………………33
　小括……………………………………………………………………………37

第2章　学習指導要領世界史における歴史的思考力の位置付けと
　　　　先行研究………………………………………………………………43
　第1節　学習指導要領における歴史的思考力の概要と先行研究の
　　　　　整理……………………………………………………………………43

第1項　歴代学習指導要領における歴史的思考力の特徴·····················43
　　　第2項　歴代学習指導要領における歴史的思考力に関する先行研究の
　　　　　　　整理と分析···48
　第2節　経験主義社会科期の学習指導要領における歴史的思考力·········50
　　　第1項　学習指導要領社会科東洋史（試案）・西洋史（試案）（1947年）······50
　　　第2項　学習指導要領社会科世界史（試案）（1951年改訂）···············53
　　　第3項　経験主義社会科期の学習指導要領における歴史的思考力の特徴·····54
　第3節　系統主義社会科期の学習指導要領における歴史的思考力·········55
　　　第1項　学習指導要領社会科世界史（1956年改訂）·······················55
　　　第2項　学習指導要領社会科世界史（1960年改訂、1970年改訂、1978年
　　　　　　　改訂）···56
　　　第3項　系統主義社会科期の学習指導要領における歴史的思考力の特徴·····58
　第4節　社会科から地歴科への再編成と地歴科世界史における歴史
　　　　　的思考力···58
　　　第1項　学習指導要領地歴科世界史（1989年改訂、1999年改訂）·············59
　　　第2項　学習指導要領地歴科世界史（2009年改訂＝現行版）···················59
　　　　（1）学習指導要領（現行版）地歴科世界史Aにおける主題学習······60
　　　　（2）学習指導要領（現行版）地歴科世界史Bにおける主題学習······63
　　　第3項　社会科から地歴科・公民科への再編成と地歴科世界史における
　　　　　　　歴史的思考力の特徴···65
　小括···67

第3章　戦後歴史教育の動向から見た歴史意識と歴史的思考力の系譜······77
　第1節　「終戦」から1950年代までの歴史意識研究の動向···················77
　　　第1項　社会変革の意識としての歴史意識·································78
　　　第2項　心理的側面としての歴史意識·······································80

第3項　「終戦」から1950年代までの歴史意識研究の特徴……………82
　第2節　1960年代から1980年代までの歴史意識・歴史的思考力研究
　　　　　の動向………………………………………………………………83
　　第1項　経験主義から系統主義への転換と唯物史観に基づく発展法則的
　　　　　　理解の影響…………………………………………………………83
　　第2項　横山十四男、日本社会科教育研究会による調査研究…………86
　　　（1）横山十四男の調査研究……………………………………………87
　　　（2）日本社会科教育研究会の調査研究………………………………88
　　第3項　安井歴史教育論と『歴研』「歴史学と歴史教育のあいだ」の
　　　　　　論争……………………………………………………………………89
　　第4項　1960年代から1980年代までの歴史意識・歴史的思考力研究の
　　　　　　特徴……………………………………………………………………95
　第3節　1990年代以降の歴史意識・歴史的思考力研究の動向……………97
　　第1項　加藤公明の討論授業をめぐる議論………………………………97
　　第2項　歴史の「全米指導基準」の紹介と歴史的思考力の新要素を
　　　　　　めぐる議論……………………………………………………………99
　　第3項　地球化（グローバリゼーション）の進展に対応した歴史意識・歴史的思考力をめぐる
　　　　　　議論——2000年以降に着目して——………………………102
　小括……………………………………………………………………………105

第4章　現職教師への質問紙調査から見た歴史的思考力の現状………117
　第1節　質問紙調査を実施する目的…………………………………………117
　第2節　質問紙調査の内容と対象者…………………………………………118
　　第1項　質問紙調査の実施時期と対象者…………………………………118
　　第2項　質問紙調査の項目と内容…………………………………………119
　第3節　被調査者の属性………………………………………………………121
　第4節　歴史的思考力に関する意識…………………………………………124

第1項　歴史的思考力の構成要素……………………………………125
　　　第2項　歴史的思考力の構成要素に関するとらえ方………………128
　　　　（1）「全体（全年齢層）」の傾向…………………………………128
　　　　（2）「年齢層別」の傾向……………………………………………130
　　　第3項　歴史的思考力の内容として重視する項目…………………131
　　第5節　授業での歴史的思考力育成に向けての取組み……………………138
　　　第1項　歴史的思考力育成に向けての授業実践の状況………………139
　　　　（1）「全体（全年齢層）」の傾向…………………………………139
　　　　（2）「年齢層別」の傾向……………………………………………139
　　　第2項　現行教育課程における歴史的思考力育成に向けての授業実践の
　　　　　　　状況……………………………………………………………140
　　　　（1）「全体（全年齢層）」の傾向…………………………………140
　　　　（2）「年齢層別」の傾向……………………………………………141
　　　第3項　歴史的思考力育成に向けての授業実践に対する提案…………142
　　第6節　主題学習の導入による授業改革に対する意識……………………144
　　第7節　中等教育段階での歴史授業の課題…………………………………146
　　小括………………………………………………………………………………150

第Ⅱ部　21世紀社会に対応した歴史的思考力育成型授業の開発
…………………………………………………………………………………………155

第5章　21世紀社会に対応した歴史的思考力育成型授業のための
　　　　カリキュラムのフレームワーク………………………………………157
　第1節　世界の教育改革と21世紀型能力……………………………………157
　　第1項　世界の教育改革の潮流………………………………………………157
　　　（1）DeSeCoプロジェクト……………………………………………158
　　　（2）21世紀型スキル運動……………………………………………159
　　第2項　初等・中等教育段階の資質・能力モデルとしての21世紀型能力

　　　　　　の意義と課題……………………………………………161
　　第3項　新しい資質・能力モデルとしてのコンピテンシー、リテラシー、
　　　　　　スキル……………………………………………………164
　第2節　探究を取り入れた地歴科世界史カリキュラムの設計…………166
　　第1項　「改訂版ブルーム・タキソノミー」から見た歴史的思考力育成
　　　　　　型授業の特徴……………………………………………166
　　第2項　高次の認知過程としての「真正の学習」…………………175
　　第3項　「改訂版ブルーム・タキソノミー」テーブルとルーブリックを
　　　　　　併用した評価方法………………………………………180
　小括………………………………………………………………………184

第6章　世界史学習における史資料活用の意義と方法……………189
　第1節　世界史学習で活用する史資料の定義と分類・特徴……………189
　　第1項　史資料の定義……………………………………………189
　　第2項　史資料の分類と特徴……………………………………190
　　　　　（1）自然・自然物………………………………………193
　　　　　（2）なんらかの人為が加わっているもの……………193
　第2節　史資料を活用した歴史的思考力育成型授業の意義と方法……194
　　第1項　歴史的思考力育成型授業における史資料活用の意義……194
　　第2項　歴史的思考力育成型授業における史資料活用の方法……195
　小括………………………………………………………………………197

第7章　考古学史資料の活用による授業構成モデル
　　──単元「『新安沖沈船』の積み荷から見た14世紀の東アジアの海域
　　世界」の構想──……………………………………………………201
　第1節　考古学史資料を活用した授業構成の論理………………………201
　　第1項　考古学史資料の特徴……………………………………201

第2項　考古学史資料による歴史的思考力育成の論理……………………202
　第2節　考古学史資料を生かす内容構成の論理……………………………203
　　第1項　グローバル・ヒストリーからの内容構成……………………………203
　　第2項　東アジア前近代史学習の意義と課題………………………………204
　第3節　単元「『新安沖沈船』の積み荷から見た14世紀の東アジアの
　　　　　海域世界」の検討…………………………………………………………207
　　第1項　単元「『新安沖沈船』の積み荷から見た14世紀の東アジアの
　　　　　　海域世界」の構成原理……………………………………………………207
　　第2項　単元「『新安沖沈船』の積み荷から見た14世紀の東アジアの
　　　　　　海域世界」の史資料面からの検討………………………………………208
　第4節　単元「『新安沖沈船』の積み荷から見た14世紀の東アジアの
　　　　　海域世界」のフレームワークと授業計画……………………………210
　　第1項　単元「『新安沖沈船』の積み荷から見た14世紀の東アジアの
　　　　　　海域世界」の目標とフレームワーク………………………………………210
　　第2項　単元「『新安沖沈船』の積み荷から見た14世紀の東アジアの
　　　　　　海域世界」の構成………………………………………………………213
　　　　（1）単元名………………………………………………………………213
　　　　（2）単元の構成…………………………………………………………213
　　　　（3）学習計画……………………………………………………………214
　　　　（4）教材…………………………………………………………………219
　　　　（5）評価…………………………………………………………………232
　小括………………………………………………………………………………232

第8章　博物館史資料の活用による授業構成モデル
　　　　――単元「『大航海時代』以後の人の移動とものの交流は、人々に
　　　　何をもたらしたのか?!」の構想――……………………………………237
　第1節　博物館史資料を活用した授業構成の論理………………………237

第1項　博物館史資料の特徴 …………………………………………237
　　　第2項　博物館史資料による歴史的思考力育成の論理 ………………238
　第2節　博物館史資料を生かす内容構成の論理 ………………………………241
　　　第1項　異文化理解と多文化理解を深めるための国立民族学博物館の
　　　　　　　活用 ……………………………………………………………………241
　　　第2項　異文化理解と多文化理解の視点からの「大西洋世界」の位置付
　　　　　　　けと課題 ………………………………………………………………244
　第3節　単元「『大航海時代』以後の人の移動とものの交流は、人々に
　　　　　何をもたらしたのか?!」の検討 …………………………………………246
　　　第1項　単元「『大航海時代』以後の人の移動とものの交流は、人々に
　　　　　　　何をもたらしたのか?!」の構成原理 ………………………………246
　　　第2項　単元「『大航海時代』以後の人の移動とものの交流は、人々に
　　　　　　　何をもたらしたのか?!」の史資料面からの検討 …………………247
　第4節　単元「『大航海時代』以後の人の移動とものの交流は、人々に
　　　　　何をもたらしたのか?!」のフレームワークと授業計画／活動
　　　　　計画 ……………………………………………………………………………249
　　　第1項　単元「『大航海時代』以後の人の移動とものの交流は、人々に
　　　　　　　何をもたらしたのか?!」の目標とフレームワーク ………………249
　　　第2項　単元「『大航海時代』以後の人の移動とものの交流は、人々に
　　　　　　　何をもたらしたのか?!」の構成 ………………………………………253
　　　（1）単元名／活動名 ………………………………………………………253
　　　（2）単元の構成／活動の構成 ……………………………………………253
　　　（3）学習計画 ………………………………………………………………254
　　　（4）教材 ……………………………………………………………………257
　　　（5）評価 ……………………………………………………………………272
　小括 ……………………………………………………………………………………273

第9章 図像史資料の活用による授業構成モデル
――単元「19世紀米国南部諸州の紙幣に描かれたアフリカ系アメリカ人のイメージ」の構想――……………………279

第1節 図像史資料を活用した授業構成の論理……………………279
- 第1項 図像史資料の特徴……………………………………279
- 第2項 図像史資料による歴史的思考力育成の論理 ………280

第2節 図像史資料を生かす内容構成の論理………………………283
- 第1項 構築主義の視点からの移民史学習…………………283
- 第2項 人種問題としてのアフリカ系アメリカ人の位置付けと課題………286
  - （1）世界史教科書における人種問題の記述…………………286
  - （2）高校生への人種問題に関する質問紙調査………………287

第3節 単元「19世紀米国南部諸州の紙幣に描かれたアフリカ系アメリカ人のイメージ」の検討…………………………293
- 第1項 単元「19世紀米国南部諸州の紙幣に描かれたアフリカ系アメリカ人のイメージ」の構成原理 ……………………293
- 第2項 単元「19世紀米国南部諸州の紙幣に描かれたアフリカ系アメリカ人のイメージ」の史資料面からの検討……………293
  - （1）米国南部諸州の紙幣図案の特徴……………………294
  - （2）米国南部諸州の紙幣に描かれたアフリカ系アメリカ人の特徴……………………………………295
  - （3）米国南部諸州の紙幣に描かれたアフリカ系アメリカ人図案の読み解き…………………………………296

第4節 単元「19世紀米国南部諸州の紙幣に描かれたアフリカ系アメリカ人のイメージ」のフレームワークと授業計画…………309
- 第1項 単元「19世紀米国南部諸州の紙幣に描かれたアフリカ系アメリカ人のイメージ」の目標とフレームワーク……………309
- 第2項 単元「19世紀米国南部諸州の紙幣に描かれたアフリカ系

　　　　アメリカ人のイメージ」の構成……………………………………312
　　　（1）単元名…………………………………………………………312
　　　（2）単元の構成……………………………………………………312
　　　（3）学習計画………………………………………………………313
　　　（4）教材……………………………………………………………317
　　　（5）評価……………………………………………………………323
　小括………………………………………………………………………324

第10章　地図史資料の活用による授業構成モデル
　　　　――単元「黒死病と14世紀の世界」の構想――……………………329
　第1節　地図史資料を活用した授業構成の論理……………………………329
　　第1項　地図史資料の特徴……………………………………………329
　　第2項　地図史資料による歴史的思考力育成の論理 ………………330
　第2節　地図史資料を生かす内容構成の論理………………………………332
　　第1項　環境史の新しい領域としての感染症 ………………………332
　　第2項　14世紀のユーラシア史における黒死病の位置付けと課題…335
　第3節　単元「黒死病と14世紀の世界」の検討……………………………337
　　第1項　単元「黒死病と14世紀の世界」の構成原理 ………………337
　　第2項　単元「黒死病と14世紀の世界」の史資料面からの検討 …337
　第4節　単元「黒死病と14世紀の世界」のフレームワークと
　　　　授業計画………………………………………………………………339
　　第1項　単元「黒死病と14世紀の世界」の目標とフレームワーク…339
　　第2項　単元「黒死病と14世紀の世界」の構成 ……………………342
　　　（1）単元名…………………………………………………………342
　　　（2）単元の構成……………………………………………………342
　　　（3）学習計画………………………………………………………342
　　　（4）教材……………………………………………………………348

（5）評価……………………………………………………………358
　小括……………………………………………………………………359

終　章　21世紀社会に対応した探究的世界史授業の開発に向けての展望……………………………………………………………365

第1節　本研究における各章の論点整理……………………………365
第1項　第Ⅰ部「歴史的思考力概念の変遷でたどる世界史学習の特質と課題」の論点整理………………………………………366
第2項　第Ⅱ部「21世紀社会に対応した歴史的思考力育成型授業の開発」の論点整理………………………………………371

第2節　研究の成果とこれからの世界史教育に対する提言……………377
第1項　探究の可視化を目指した世界史カリキュラムのフレームワークの構築………………………………………………377
第2項　カリキュラムの構成原理としての「課題による組織」………379
第3項　これからの研究に期待される史資料の発掘力と教材化力………381

第3節　研究の課題と今後の展望……………………………………383

参考文献……………………………………………………………………385
あとがき……………………………………………………………………403

［図・表・資料・地図］目次

［図］

図序－1	本研究の構造図	17
図1－1	探究の過程	36
図2－1	学習指導要領（現行版）地歴科世界史A、世界史Bにおける探究	62
図5－1	P21による21世紀型スキルのフレームワーク	160
図5－2	国立教育政策研究所による21世紀型能力の構造モデル	162
図5－3	「ブルーム・タキソノミー」の三領域と「改訂版ブルーム・タキソノミー」の「知識次元」と「認知過程次元」	168
図6－1	史資料の分類	192
図9－1	［類型2］（表9－5を参照）：黒い肌・縮れ毛ないしはスキンヘッド・ドングリ眼・厚い唇	290
図9－2	［類型3］（表9－5を参照）：スポーツ選手・筋肉質男性	291
図9－3	［類型4］（表9－5を参照）：子ども	291
図9－4	ジョージア州で発行された5ドル紙幣とその図案	297
図9－5	ミシガン州の Adrian Insurance Company 発行の1ドル紙幣（上）、南カロライナ州の Planters Bank Fairfield 発行の5ドル紙幣（下）	298
図9－6	ジョージア貯蓄銀行発行の5ドル紙幣とその図案	299
図9－7	アラバマ州で発行された50セント紙幣とその図案	300
図9－8	南カロライナ州で発行された5ドル紙幣とその図案	301
図9－9	アラバマ州で発行された25セント紙幣とその図案	302
図9－10	北カロライナ州で発行された4ドル紙幣とその図案	303
図9－11	アラバマ州で発行された2ドル紙幣とその図案	304
図9－12	ジョージア州で発行された2ドル紙幣とその図案	305
図9－13	南カロライナ州で発行された50ドル紙幣とその図案	306
図9－14	アラバマ州で発行された10ドル紙幣とその図案	307
図9－15	ヴァージニア州の Tobacco Products Corporation の株券とその図案	308

[表]

表番号	タイトル	ページ
表2－1	学習指導要領社会科・地歴科世界史の発表年	44
表2－2	歴代学習指導要領社会科・地歴科世界史の「目標」における歴史的思考力	45
表2－3	学習指導要領社会科西洋史（試案）に例示された活動	52
表2－4	地歴科世界史Aにおける主題学習と取扱い上の留意点	61
表2－5	地歴科世界史Bにおける主題学習と取扱い上の留意点	64
表3－1	『歴史学研究』「歴史学と歴史教育のあいだ」の座談会と掲載論文一覧	91
表3－2	歴史の「全米指導基準」における「歴史的思考」を構成する五つのスキル	100
表3－3	欧米諸国の歴史カリキュラムにおける歴史的思考力の概要	104
表4－1	（質問1）被調査者の年齢	122
表4－2	（質問2）被調査者の男女比	122
表4－3	（質問3）被調査者の教職年数（非常勤・臨時採用等を含む）	122
表4－4	（質問4）被調査者の教員免許の所有状況（複数回答）	123
表4－5	（質問5）最近5年間に担当した教科・科目／分野（複数回答）	124
表4－6	（質問6）歴史的思考力の内容（複数回答有り）	127
表4－7	（質問7）歴史的思考力の構成要素のうち重視する能力として挙げた内容	132
表4－8	（質問8）歴史系授業における歴史的思考力育成に向けての取組みの現状	138
表4－9	（質問9）中等教育段階の現行教育課程のもとでの歴史的思考力育成に向けて	141
表4－10	（質問10）社会科歴史的分野と地歴科世界史・日本史において重視する観点は何か	143
表4－11	（質問11）主題学習の実施が知識蓄積型・知識再生型授業を変革すると思うか	145
表4－12	歴史的思考力を構成する10項目の分類	148
表4－13	歴史的思考力の10項目の構成要素による分類	149
表5－1	DeSeCoプロジェクトにおける三つのキー・コンピテンシーの必要な理由と内容	158
表5－2	ATC21Sによる21世紀型スキルの定義	161
表5－3	「改訂版ブルーム・タキソノミー」の「知識次元」での知識の構造	169

[図・表・資料・地図] 目次　xiii

表5-4　「改訂版ブルーム・タキソノミー」の「認知過程次元」での知識の働き…170
表5-5　「改訂版ブルーム・タキソノミー」テーブル……………………………171
表5-6　授業目標の「知識次元」と「認知過程次元」の分節化……………………172
表5-7　「知識次元」と「認知過程次元」の間の特定カテゴリーの親和関係……172
表5-8　「真正の学習」の学力モデルと従来の学力モデルの比較…………………178
表5-9　史資料を活用した授業構成モデルの一般評価基準表………………………183
表7-1　14世紀前半の寺社造営料唐船……………………………………………207
表7-2　「新安沖沈船」の主な引き揚げ物（海中遺物）……………………………209
表7-3　「改訂版ブルーム・タキソノミー」テーブルによる単元「『新安沖沈船』
　　　の積み荷から見た14世紀の東アジアの海域世界」の目標分析…………211
表7-4　単元「『新安沖沈船』の積み荷から見た14世紀の東アジアの海域世界」
　　　における目標⑤に対応したパフォーマンス課題の課題別評価基準表
　　　（ルーブリック）…………………………………………………………………212
表8-1　「単元『大航海時代』以後の人の移動とものの交流は、人々に何を
　　　もたらしたのか?!」で活用した国立民族学博物館史資料一覧…………248
表8-2　「改訂版ブルーム・タキソノミー」テーブルによる単元「『大航海時
　　　代』以後の人の移動とものの交流は、人々に何をもたらしたのか?!」
　　　の目標分析…………………………………………………………………………250
表8-3　単元「『大航海時代』以後の人の移動とものの交流は、人々に何を
　　　もたらしたのか?!」における目標⑥に対応したパフォーマンス課題
　　　の課題別評価基準表………………………………………………………………251
表9-1　高校生が予想した米国の人種構成……………………………………………288
表9-2　［比較］米国の人種別人口比（2000年センサスより）……………………288
表9-3　高校生が理解するアフリカ系の歴史…………………………………………289
表9-4　［分析1］A高校の生徒は、典型的なアメリカ人として、どんな人種・
　　　民族を描いたか……………………………………………………………………289
表9-5　［分析2］A高校の生徒が描いたアフリカ系の特徴は、どうであったか…290
表9-6　「改訂版ブルーム・タキソノミー」テーブルによる単元「19世紀米国
　　　南部諸州の紙幣に描かれたアフリカ系アメリカ人のイメージ」の
　　　目標分析……………………………………………………………………………310
表9-7　単元「19世紀米国南部諸州の紙幣に描かれたアフリカ系アメリカ人
　　　のイメージ」における目標④に対応したパフォーマンス課題の課題
　　　別評価基準表………………………………………………………………………311

xiv　［図・表・資料・地図］目次

表10-1　家畜から感染したと考えられる病気……………………………334
表10-2　「改訂版ブルーム・タキソノミー」テーブルによる単元「黒死病と
　　　　14世紀の世界」の目標分析……………………………………340
表10-3　単元「黒死病と14世紀の世界」における目標⑤に対応したパフォー
　　　　マンス課題の課題別評価基準表……………………………………340
表終-1　授業構成モデルにおける史資料と「課題による組織」の観点…………381

［資料］

資料7-1　東京書籍教科書『世界史B』における日元関係を中心とした記述……206
資料7-2　授業書「沈没船の謎を追う　『新安沖沈船』」……………………221
資料8-1　山川出版社『詳説世界史改訂版（世界史B）』における「大西洋の
　　　　三角貿易」の記述……………………………………………………245
資料8-2　「アメリカ展示」「アフリカ展示」活用のための「手引書」……258
資料8-3　「アメリカ展示」「アフリカ展示」活用のためのワークシート……268
資料9-1　A1．ジョージア州のGeorgia Savings Bank（ジョージア貯蓄
　　　　銀行）発行の5ドル紙幣……………………………………………318
資料9-2　A1のワークシート………………………………………………319
資料9-3　B1．アラバマ州のCentral Bank of Alabama（アラバマ中央
　　　　銀行）発行の10ドル紙幣……………………………………………320
資料9-4　B2．アラバマ州のCentral Bank of Alabama（アラバマ中央
　　　　銀行）発行の10ドル紙幣……………………………………………321
資料9-5　B1，B2のワークシート…………………………………………322
資料9-6　課題レポートのテーマ……………………………………………323
資料10-1　資料1：モンゴルの騎馬飛脚（ジャムチ制）…………………351
資料10-2　資料2：ビザンツ皇帝アレクシオス一世によるヴェネツィアへの
　　　　特許状（12世紀半ば）……………………………………………353
資料10-3　資料3：ボッカチオ『デカメロン』（1349～51年）……………355
資料10-4　資料4：マクリージー『諸王朝の知識の旅』（15世紀前半）……356

［地図］
地図10－1　地図1：14世紀黒死病の伝染ルート（生徒に作成させる主題図）……349
地図10－2　地図2：モンゴル帝国の領域……………………………………350
地図10－3　地図3：中世における地中海の交易路…………………………352
地図10－4　地図4：中世ヨーロッパの交易路………………………………354
地図10－5　地図5：中東世界の交易路………………………………………357

序　章　研究の目的と方法

　本研究は、地球化(グローバリゼーション)と知識基盤社会化に対応した資質・能力[1]の育成を目指した世界史学習論を提起することである。そのため、序章においては、研究の目的を明らかにするとともに研究の意義と特質について整理する。次に、研究の方法と論文構成を示すことで、序章を本論を展開していく上での道標とする。

第1節　研究の目的

　本研究の目的は、高等学校地理歴史科（以下「地歴科」と略記する）世界史において、歴史意識と歴史的思考力を鍵概念として、探究的学習の理論と方法を考察し、史資料を活用しての授業構成モデルを開発して提案することである。
　我が国の戦後歴史教育において、歴史意識と歴史的思考力という概念は、歴史学や教科教育学（ここでは、社会科教育学と地歴科教育学が該当する。以下、同様とする）の研究者や学校現場の歴史教師によって様々に解釈されて来た。とりわけ、歴史的思考力は世界史最初の学習指導要領（1951年改訂）の「特殊目標」に登場して以来、現行学習指導要領（2009年改訂）に至るまで、世界史の「目標」に一貫して登場して来た重要概念であるが、明確な定義や説明は、学習指導要領および学習指導要領解説において、ほとんど行われて来なかった。その結果、両概念は歴史学や教科教育学の研究者や歴史教師によって様々に解釈されるなど、無理やりに自己の基準に一致させる意味で用いられる古代ギリシアの故事、「プロクルーステースの寝台」の如く扱われて来た観がある。

過去の失敗を繰り返さないためにも、本研究では、最初に、本研究の鍵概念となる歴史意識と歴史的思考力が歴代学習指導要領や戦後歴史教育の中でどのように議論され解釈されて来たのかを歴史的に分析することで、両概念に宿る重層的な構造と複合的な性格を明らかにしようと考える。次に、中等教育段階の現職教師が、歴史的思考力のもつ多面的な特徴についてどのように認識しているか、また、授業づくりの場で歴史的思考力をどのように位置付け、具体化しているかを解明する。この作業を通じて、歴史意識と歴史的思考力のもつ重層的な構造と複合的な性格、およびそのことに起因する課題を明確化したいと考える。

　次に、地球化(グローバリゼーション)と知識基盤社会化に対応した世界史学習論とは何かについて、世界の教育改革の動向と絡めて検討し、新しい資質・能力としての21世紀型能力について整理する。そして、近年、米国の教育評価研究で着目されている「改訂版ブルーム・タキソノミー（Reversed Bloom's Taxonomy)」[2]とルーブリック（Rubric)[3]を検討し、それらを取り入れた歴史的思考力育成型カリキュラムのフレームワークを作成して提案したいと考える。

　今日では、21世紀を生きる市民に求められる資質・能力として、情報にアクセスし、そこから情報の真偽や有用性を検討して取捨選択し、自己の意思決定に生かしていく能力が重要となっている。特に探究のような学習においては、歴史研究者のように史資料を解釈する必要がある。そのため、本研究においては、史資料の活用が重要な研究対象になる。史資料の中から考古学史資料・博物館史資料（共に非文献史料)、図像史資料・地図史資料（共に準文献史料）の四種類[4]を選択し、史資料を活用した世界史単元の開発を行いたいと考える。そして、探究を中核とした授業構成モデルを提案することで、地歴科世界史における授業改善の具体的な方向性を示すことにする。

第2節　研究の背景

　今日、日本社会が直面した地球化(グローバリゼーション)と知識基盤社会化の進展を背景に、これからの日本国民に期待される資質・能力として、「人間力」(内閣府、2003年)、「就職基礎能力」(厚生労働省、2004年)、「社会人基礎力」(経済産業省、2006年)、「生きる力」(文部省、1998年　文部科学省、2008年)、「学士力」(文部科学省、2008年)等、各省庁によって様々な資質・能力モデルが示されている[5]。

　現行学習指導要領(小学校・中学校は2008年改訂、高等学校・特別支援学校は2009年改訂)により、ゆとりに代わって、地球化(グローバリゼーション)と知識基盤社会化に対応した「生きる力」の育成が求められることになった。ここで示された「生きる力」とは、21世紀の到来とともにその速度を速めた、地球規模での社会的、経済的、政治的、文化的変動に対応した新しい資質・能力モデルとしてとらえられる。そして、そこでは「自国家・自民族中心の思考・行動を脱し、地球の利益の観点から自覚と責任をもって連帯や協力を求め、平和や公正、共生といった考え方を尊重するグローバル・シティズンの育成」[6]が目指されることになった。我が国では、このような考え方の基礎になった資質・能力モデルは21世紀型能力と呼ばれており、21世紀を生き抜く力を備えた市民としての日本国民に求められる資質・能力であると規定された。そこでは、学習者一人ひとりが自ら学び判断し、自分自身の考えをもって他者と話し合い、考えを比較吟味してよりよい解決法や新しい知識を作り出し、さらに次の「問い」を見つけることが求められている。

　高等学校では、授業内容の見直しや授業方法の改善が大分行われて来たとはいえ、知識蓄積型・知識再生型の講義授業が未だに主流を占めている。また、生徒の意識の中には、世界史を大学受験科目の一つとして仕方なく学ばなければならない(あるいは、大学受験で利用しなければ学ぶ必要のない)科目と

見なしている傾向が根強い。現在、汎用的能力として位置付けられる21世紀型能力の育成を、世界史を始めとした教科・科目の授業でどう具体化していくかが、学校教育、とりわけ高等学校の教育に課せられた大きな課題となっている。しかし、教師には21世紀型能力に対する関心や理解は乏しく、授業をどのように立案し実践していったらよいのかという戸惑いが見られる。また、21世紀型能力という定形の能力モデルが既に存在し、それを教え込めば21世紀社会に対応した資質・能力が自ずと身に付くかのように語られることにも違和感がある。そのため、21世紀型能力については、意義と課題を明確化した上で、その活用方法を検討していきたいと考える。

　本研究では、世界史で育成すべき資質・能力を検討する際には、21世紀型能力を参照枠として用いることとする。そして、高等学校地歴科世界史を研究対象とし、中等教育段階の歴史学習に根強い知識蓄積型・知識再生型学習観の見直しを行い、知識活用型・知識創造型学習理論を構築することを目指す。本研究が、兎角、学習理論不在と言われて来た中等教育段階の歴史学習の現状を打破するための理論的手立てを提案することができるならば幸いである。

第3節　研究の意義と特質──先行研究の批判的検討を通して──

　中等教育段階における世界史を中心とした歴史の学習理論研究の中での代表的研究を取り上げ、それらを考察することで、教科教育学の研究史上の特徴と課題を整理し、本研究に求められている意義と特質を明確化する。では、中等教育段階の代表的な世界史の学習理論研究として、原田智仁、児玉康弘、梅津正美、土屋武志の研究を取り上げ、研究史上の意義と課題を明らかにする。

第1項　先行研究の整理と研究史上の意義

　原田を除く三氏の研究の表題には、世界史という言葉は登場しない。しかし、三氏の研究でも、事例として挙げられている内容は高等学校の世界史学習に関わるものが中心となっている。そのため、本研究では、四氏の研究を、世界史を主たる対象とした歴史の学習理論研究として扱うこととする。
　では、四氏の研究概要を以下に整理し、研究史上の意義を明らかにする。

　原田智仁[7]は、教科教育学研究の立場から高等学校世界史における教育内容開発研究の理論と方法を考察し、開かれた体系的な教育内容を開発するための世界史学習理論として「理論批判学習」を提唱した。原田の「理論批判学習」論を氏の著書『世界史教育内容開発研究－理論批判学習－』（風間書房、2000年）をもとに整理する。
　原田は、従前の歴史学習論を、生徒に唯一の正しい歴史認識を獲得させることを目的に教師による一元的な価値注入主義的な教え込みが展開されるか、あるいは生徒の主体性を尊重することを目指したことにより学習が生徒の体験にとどまり、認識も常識レベルから脱却できないものになるかの、どちらかであると分析した。そして、前者を「閉じられた科学的社会認識」、後者を「開かれた常識的社会認識」としてそれぞれ批判し、「開かれた科学的社会認識」の形成を目指して、生徒自身による理論（歴史解釈）の吟味・検討のプロセスを保障した学習としての「理論批判学習」を提案した。
　「理論批判学習」では、学界によって確立された歴史理論といえども一つの仮説にすぎないことを生徒に認識させることが重要であるとしている。そして、教師が自らの依拠する歴史理論に基づいて、教育内容を加工した教授計画書を作成する。教授計画書とは、探求のための問い、検証のための事例（資料）、発見・習得すべき理論の体系から構成された教授＝学習モデルである。生徒は、この教授計画書を批判的に吟味・検証することを通じて、そこ

から最も妥当な解釈を導き出す。そして、この体験（＝歴史解釈という体験）を通じて、社会科教育の目標である科学的社会認識力を育むことが目指されることになる。

　児玉康弘[8]も、原田と同様の問題意識から、高等学校世界史における教育内容開発研究の理論と方法についての研究を行った。児玉は、現状の歴史教育を教科書や教師によって権威付けられた学問解釈が真理のごとく一方的に教授され、生徒に注入される歴史学習を「閉ざされた歴史教育」と呼び、批判した。そして、生徒の自主的、自立的な歴史認識の育成を支援するための学習理論として、「解釈批判学習」と「批判的解釈学習」の二つの学習方法を提唱した。では、氏の著書『中等歴史教育内容開発研究―開かれた解釈学習―』（風間書房、2005年）から、その学習理論についてみてみよう。

　児玉は、「解釈批判学習」を、権威に基づく一つの解釈を無批判に注入することを避け、複数の解釈の優劣を主体的に批判させ選択・修正・総合させることにより、生徒の歴史認識を保障していく方法論と規定した。また、「批判的解釈学習」を、歴史は歴史に内在する法則によって必然的に動いているのではなく、人間によっていくつかの可能性の中から選びとられて来たものであることを考えさせることにより、一つの絶対的な解釈が導く拘束や束縛から、生徒を解放していく方法論と規定した。そして、この理論が有効である時代として近現代を位置付け、設定された問題の「解」を解明させるための主題学習として展開している。

　児玉の学習理論では、たとえ権威を与えられた大家の学説であろうとも絶対的なものとせず、学習者自身に異なる複数の学説（解釈）と比較させて批判的検討を行わせたり、歴史上の選択を絶対的なものとせず学習者には異なる選択の可能性を含めて検討させたりするなどの方法がとられる。そのため、この学習では、学説の解釈や歴史の各局面における歴史上の人物が行う選択の是非をめぐって、学習者相互の論争が展開されることになる。そして、学

習者相互の論争によって、歴史認識を深めていく効果が期待されている。

梅津正美[9]は、高等学校の世界史学習に社会史の理論と方法を取り入れて単元開発を行うことで、中等教育段階における歴史教育内容研究の理論的、実証的な方向性を示すことを目指した。そこでは、支配者や権力者による政治や経済の動向ではなく、庶民の日常生活に基づく歴史授業が展開させる。では、梅津の「社会史教授」理論の概要を、氏の著書『歴史教育内容改革研究―社会史教授の論理と展開―』(風間書房、2006年)をもとに整理する。

梅津は、「社会史教授」理論を「社会生活史教授型」と「社会構造史教授型」の二類型に分類し、前者については、多様な庶民の、特定の社会生活領域、社会生活空間における生活行為を直接の教授内容として構成している。また、後者については、社会・国家の一般史を、庶民の政治的・社会的行為を視点に、経済・社会・文化・政治など各領域の相互に影響し合う関係の連なりとして構成している。これらの学習を通して、学習者には、現在の社会問題解決のために選択すべき行為や価値、あるいは政治的、社会的行為の選択をめぐる過去や現在の論争問題や評価問題についての判断が問われることになる。

梅津の「社会史教授」理論は、当時の社会(歴史社会)を扱いながらも、学習者自身の主体的で反省的な判断が重視されている点に特徴がある。その結果、この理論は歴史の学びを現代生活での行為や意思決定につなげようとする視点を明確に表すことになり、生徒に歴史の学びを自己の生き方にどう生かすかを問いかけるものになっている。

土屋武志[10]は、イギリスの歴史ナショナル・カリキュラムに学びつつ、今日のグローバル社会での歴史学習として「解釈型歴史学習」を提唱した。土屋の「解釈型歴史学習」の概要を、氏の著書『解釈型歴史学習のすすめ―対話を重視した社会科歴史―』(梓出版社、2011年)をもとに整理する。

土屋は、欧米の歴史教育を「解釈としての歴史」としてとらえ、「既製の歴史理解」に偏る日本・中国・韓国など東アジア各国に見られる歴史教育の在り方を批判した。土屋は、「解釈型歴史学習」を歴史が解釈であることを認識させる体験的教育法であると規定し、生徒には「歴史家」が行っているように科学的、論理的な解釈の機会を与える学習法を提唱した。そして、歴史解釈の精度を高め、民主的市民としての資質育成を図るためには、対話が「解釈型歴史学習」の基本的な活動であるとし、対話を学習活動として継続的に進めることを唱えた。

　土屋の「解釈型歴史学習」においては、歴史研究者の研究法を追体験させること（歴史家体験活動）と、学習者相互の対話を通じての解釈の社会性を担保しようとしていること（対話の重視）が着目される。知識基盤社会化した現代社会では、市民的資質として、情報にアクセスし情報を読み解くスキルを習得することは不可欠なことである。そのため、土屋の「解釈型歴史学習」では、史資料を読み解くためのスキルの内容と育成方法を明示している。この点は日本のこれまでの歴史教育にはなかったものであり、注目される。

第2項　先行研究に対する批判的検討

　原田、児玉、梅津、土屋の研究は、実際の授業づくりを視野に入れた世界史の学習理論として卓越した研究であると言える。我が国では、中等教育段階の歴史学習理論がほとんど見られない現状の中で、世界史学習の内容と方法を体系的に扱った研究として高く評価できる。筆者の行う研究との関連性において四氏の学習理論を見るならば、これまでの伝統的形態である知識蓄積型・知識再生型授業を強く批判していることなど、研究の目的や方法が筆者の研究とも通底している。しかし、これらの先行研究にはいくつかの課題も指摘できる。では、四氏の研究に対する批判的検討を行うことで、本研究の果たすべき意義を明確化したいと考える。

第一に、世界史という科目固有の特質や性格に対する認識が、四氏の学習理論には希薄ないしは欠如している点である。歴史教育全般の学習理論としては、歴史事象や歴史理論に対する生徒の主体的な解釈を重視するなど、歴史教育の直面する現代的課題に応えた優れた研究として評価できる。しかし、世界史教育は、歴史を学ぶという枠組みで語れない科目固有の特質や性格を有している。

　今日、教科・科目のカリキュラムを検討する際には、教科・科目の内容（コンテンツ）と並んで、学習を通じて育成すべき学習者の資質・能力（コンピテンシー）とは何かが問われている。教科・科目で育成すべき資質・能力は、教科・科目の目的や意義と密接に関係している。現行学習指導要領地歴科世界史Bの目標には、「文化の多様性・複合性と現代世界の特質を広い視野から考察させる」[11]という文言が用いられている。そこでは、世界史を学ぶ目標として、文化の多様性・複合性と現代世界の特質を知ることが挙げられている。また、現代史の著名な研究者である荒井信一は、世界史を「世界とのつきあい方を学ぶ学問」[12]と称した。この言葉の意味するところは、世界史学習の重要課題は、文化の多様性や複合性への理解を深めることを通して、多様な文化的背景を有する個人ないしは集団との共生を可能にする関係性を構築していくための実践力を育むことである。世界史という科目を学習することには「歴史を学ぶこと」と「世界を体験すること」の二つの使命がある。現行学習指導要領地歴科世界史Bの目標や荒井の言葉は、この二つの使命のうち、後者の意味を問うものである。この観点から四氏の研究を見てみると、四氏の研究は歴史という側面に強くフォーカスするものであり、世界とどう向き合うかという側面への関心は希薄であると言える。

　原田と児玉の学習理論は、既存の歴史理論や歴史上の人物の行為を批判的に検討するものである。そのため、論理的思考力を育むことができても、世界と向き合い共生していくためのスキルを習得したり態度を育成したりすることは難しいであろう。

梅津の学習理論では、社会史的アプローチを通じて、文化の多様性に言及されていたが、そこでは自身の理論の正当性や妥当性を証明するための手段としての性格が強い。梅津自身が自らの学習理論を「応用歴史的内容研究」と位置付けていたように、この学習理論は「歴史学における社会史研究の特質・内容・方法を応用することによって歴史教育内容の改善を主張する」(13)構造となっている。そのため、単元自体の精緻さは確認できるものの、その単元からは、生徒の視点から世界と向き合い、世界を体験するという目的や意義を発見することは困難である。

四氏の中では、土屋の学習理論が筆者の考えに近い。土屋は、解釈と対話をキーワードとして、解釈型の歴史学習の様々な方法を提案した。しかし、そこでの提案の多くはアイディアとしては許容できるが、単元としての完成度や深まりに欠けるとの印象は拭えない。生徒に世界とどう向き合うかを問うには、単元の質を高めることが課題となろう。

筆者がこれから検討する探究的世界史学習論においては、「世界史を学ぶことの意味は何か」の視点から必要な知識や技能を習得し、態度の変容を促すことを目指したいと考える。そのためには、歴史学習固有のディシプリンを前提とした理論研究だけでなく、「世界を体験する」という科目固有の特質や性格に応える単元を開発していくこともまた必要であろう。

第二に、歴史学習の目的が科学的社会認識形成の側面に限定されていることから派生する課題についてである。課題の内容として、二点を指摘できる。まず一つは、学習者の歴史との向き合い方に関わる問題である。もう一つは、学習者の価値・態度の形成や育成に関わる問題である。この二点の課題は、原田と児玉の学習理論において、特に顕著に見られる。では、両者の学習理論における二つの課題を検討する。

最初に、原田と児玉の理論に見られる学習者の歴史との向き合い方に関わる問題について取り上げる。原田の「理論批判学習」論も、児玉の「解釈批

判学習」と「批判的解釈学習」も、学界によって確立された定説であっても一つの仮説であることを学習者に認識させ、批判的に吟味・検討させようとしている。そこには、「言語論的転回」以降の社会科学で台頭した構築主義思想との同期的現象を看取ることができる。劇作家の山崎正和が、歴史教育を論じる中で、「歴史の認識は、その追求の過程だけが学問であり、結論の記述は文学であるか、信仰の告白にほかならない」[14]と述べていたように、歴史研究者が確立した歴史理論といえども表象にすぎないという言説は一定の説得力をもつ。筆者も、歴史研究者の歴史理論を生徒に鵜呑みにさせることには反対である。しかし、厳密な史料批判と研究者相互の論争を経た歴史理論を、単なる仮説として扱うことには疑問を感じる。福井憲彦は、歴史研究という営みは「史料に依拠した個別的な事象の確認」と「それらの事象の連関、データの連関から、何を読み取って歴史像を提起するのか、といった解釈の問題」という二種類の知的作業であると言っている[15]。また、フランス近代史研究者の遅塚忠躬も、「史料の解釈＝事実の認定」と「諸事実の関連の想定＝事実の解釈」という二段階を設定している[16]。福井と遅塚の見解は、歴史研究に占める史料解釈と歴史解釈／事実解釈はリンクした知的営みという点で見事に一致している。福井や遅塚によれば、歴史研究者の歴史理論は厳密な史料批判という篩にかけられた歴史事象の確認に基づいて導き出された歴史像（歴史解釈／事実解釈）である。

では、原田と児玉の学習理論では、史資料の扱いはどうなっているだろうか。原田の学習理論では、「歴史理論を教育的に加工して教育内容としての理論を確定し、それを生徒に批判的に探求させるために問いと資料（事例）を組織し、教授＝学習活動を想定して教授計画書を作成する」[17]ことになる。そのため、作成された教授計画書には多くの史資料が掲載されているが、そのほとんどは歴史理論を提唱した歴史研究者の著作からの抜粋（二次史資料）であった[18]。そして、それらの史資料が歴史理論を吟味・検討するための材料として用いられることになる。また、児玉は、授業で用いる史資料につ

いて「生徒に歴史家と同じように直接、史料を収集させたり、原史料の批判をさせたりすることは無理である。そこで、教師が教育的配慮に基づいた疑似研究過程に組織する必要がある」[19]と言っている。児玉のいう史資料とは、教師が教育的観点から加工して提供する二次的産物としての史資料である。両者の学習理論では、生徒の歴史探究は「事実の解釈」のレベルに限定されるものであり、史資料の解釈を通しての「事実の認定」への関与は形式的なものと言わざるを得ない。筆者は、「事実の認定」への関与のない歴史解釈には歴史認識上の危うさを感じる。そのため、本研究においては、一次史資料の解釈を含めた学習理論の構築を目指したいと考える。

次に、原田と児玉の理論に見られる学習者の価値・態度の形成や育成に関わる問題について取り上げる。原田らの学習理論では、歴史学習の目的を、批判的合理主義に基づく思考を通じて社会に対する見方・考え方（社会認識）を育み、客観的知識の成長を保証するものであるととらえている。その結果、学習の目的は科学的社会認識の育成に限定されることになる。しかし、同時に、学習者の主体性や自由をイデオロギーの介入から保護するという理由で、価値や態度の形成に関わる内容は除外された。たしかに、教師が学習者に価値判断や実践的判断を押しつけることは、学習者に委ねられるべき判断や決定を教師側に誘導する危険性をはらんでいる。また、原田がいうように[20]、取り上げる歴史理論を科学的社会認識に関わる内容に限定して用いるならば、学習者は自己の生き方や様々なバイアスからの影響を受けることなく、科学的論理性に基づく批判的思考を行うことが可能になろう。

しかし、世界史を学ぶということは、学習者が事実認識に即して意思決定を行うという主体的な営みも意味しており、授業の中で学習者に価値判断を問うたり、意思決定を促したりすることは不可欠な学習である。西洋古代史研究者の弓削達は、歴史学においては「社会的有用性」を基準にして価値の選択が必要であることを主張した[21]。筆者は、弓削の考えは歴史教育においても当てはまると思っている。世界史の学習理論として立案していくので

あれば、その研究対象を学習者の価値・態度形成に関わる領域まで広げることは必要不可欠であると考える。

続いて、梅津の学習理論を検討する。梅津の学習理論は、人種・民族、性、階級、年齢、地域などを枠組みに把握される多様な庶民の日常的行為に焦点を当てた内容を社会史研究の手法を用いて探究するものである。梅津によれば、学習理論の特質として「子どもが、歴史過程における庶民の多様な価値観や行為の選択のありようを理解することを通じて、自己のあり方・生き方を自主的自立的に選択していける」[22]ことを挙げていた。梅津の教授スタンスは、市民教育としての実践的な資質や能力の育成を念頭に置いた教授法として評価できる。しかし、梅津が開発した単元は教師が主導する授業であり、教育内容研究の域に留まるもので、教育方法を含めた授業改善とは言えない。そのため、学習者の歴史との向き合い方に関わる問題や、学習者の価値・態度の形成や育成に関わる問題についても、その効果は限定的なものになろう。

では、土屋の場合はどうであろうか。土屋の研究では、イギリスで展開されている歴史授業の解釈型授業の事例を随所に紹介しており、極めて実用的な内容になっている。そこに取り上げられた題材はグローバル化と多文化社会化に対応するコンピテンシー・ベースのものであり、土屋自身も「解釈型学習は、対立を乗り越え、協働的な歴史の学びを創り出す可能性を持っている」[23]と言っている。その意味では、土屋の研究は学習者の歴史との向き合い方に関わる問題や、学習者の価値・態度の形成や育成に関わる問題の解決を念頭に置いて構築された学習理論と言える。土屋の学習理論は、解釈と対話というキーワードを含め、そこに示された問題意識と授業への提案は、21世紀の歴史学習のあるべき姿を示すものとして高く評価出来る。しかし、そこに示された授業計画案は素描（デッサン）の域に止まるものであり、実践できるか否かの面で課題が残る[24]。

四氏の学習理論には科学的社会認識に関する意識や扱いに濃淡があるものの、歴史学習の目的を科学的社会認識の形成の側面に限定することに対して

は修正が求められよう。そのため、本研究においては、世界史を通して学習者に身につけさせたい資質・能力とは何かについて検討し、メタ認知力を含めた価値・態度形成に関わる領域まで広げて検討していきたいと考える。そして、そこで構築した学習理論に基づく授業構成モデルの開発を行い、学習理論と授業実践の統合を目指したい。

　第三に、四氏の学習理論においては、研究の前提となるべき歴史意識と歴史的思考力に関する教育史上の整理と分析がほとんどなされていない。その結果、四氏の学習理論では、歴史の教育内容開発を進める上での、歴史授業の現在の到達点や課題に関する認識が観念的であると言える。また、これらの研究においては、研究者がそれぞれ選んだ理論の正当性を証明することが優先されることになり、授業を実際に規定してきた学習指導要領や現職教師の意識に対する分析は希薄である。
　筆者は、世界史学習理論の設計にあたっては、世界史という科目の誕生から今日に至るまでの研究史および授業実践史の到達点と課題を踏まえるべきであると考える。世界史の授業は1949年4月から開始され[25]、今年（2017年）で68年目を迎えた。また、世界史の最初の学習指導要領が1952年3月に発表されて以来、現在までに七度の改訂が行われた（世界史の前身である西洋史・東洋史の学習指導要領は1947年につくられたので、西洋史・東洋史を含めると八度の改訂が行われた）[26]。この間、世界史の授業はどうあるべきかの観点から、歴史意識と歴史的思考力に関する様々な調査や提言、授業実践などが、歴史学や教科教育学の研究者、学校現場の教師によって行われて来た。今日の世界史教育は戦後70年に及ぶ世界史授業の蓄積の上に存在する。どんなに先進的な学習理論に基づいて単元や学習モデルが開発されたとしても、これまでの世界史をめぐる教育史上の整理と分析が行われていないならば、開発された単元や学習モデルと学校現場の教師やかれらが行う授業との間には解離や不協和音が生じることになろう。そのため、本研究においては、まず世界史誕

生から現在に至るまでの歴史意識と歴史的思考力をめぐる議論を整理したり、現職教師の意識を質問紙調査によって探ったりすることを通じて、世界史のこれまでの来歴と現在の位置を明確化することが重要であると考える。そして、高等学校の実態や現職教師の意識に立脚した世界史学習論の提案を行いたい。

第四に、土屋を除く三氏の学習理論は2000年代初頭までの研究成果に基づいて設計されている。そのため、その後の学校や生徒をめぐる急激な変化や動向に対応できない側面が見られる。この観点からの検討を、本項（第２項「先行研究に対する批判的検討」）で取り上げることには心苦しさを感じる。そのため、これから述べることは先行研究に対する批判的検討ではなく、新たな研究視角の提案としたい。

現代の世界史カリキュラム開発研究では、新たな研究の動向や成果を加味した学習理論の構築が求められている。今日の授業研究、とりわけ教育評価研究はめざましく進展している[27]。そこでは、知識・技能を総合的に活用する能力など、高次の認知力の育成を目指す学力モデルが提案され、コンピテンシー・ベースの「真正の学習論」や「パフォーマンス評価」といった新しいパラダイムが提唱されている。また、学習指導要領の次期改訂では、「新しい時代に必要となる資質・能力の育成と学習評価の充実」[28]が目指されるという。そこでは「何ができるようになるか」と「どのように学ぶか」が強調され、主体的、対話的で深い学びという視点からの学習過程の改善が提言されている。

今日のカリキュラム設計においては、「何を学ぶか」から「何ができるようになるか」、「どのように学ぶか」へと、大きく変化している。すなわち、コンテンツ・ベースからコンピテンシー・ベースへの転換が喫緊の課題となって来たと言える。筆者が先行研究として取り上げた研究の題目には、土屋のものを除き「○○内容開発（改革）研究」という言葉が用いられていた。

しかし、これからの教科・科目のカリキュラム研究においては、今後、このようなコンテンツ・ベースに基づく題目は姿を消すことになろう。しかし、このパラダイムチェンジをコンテンツ・ベースか、それともコンピテンシー・ベースかという二者択一の問題としてとらえることには、筆者は反対する。たとえ世界史の学び方や歴史的思考のための技能を習得しそれに熟練したとしても、それだけでは世界史で求められる歴史的思考力を育むことにならない。歴史的思考力の育成のためには、世界史に関する知識・理解の習得も同時に不可欠な要件である。歴史的思考という行為は内容（知識・理解）と形式（思考のための技能）が有機的に結合し機能することによって、始めて意味を持つことになる。これから提案する世界史学習論が内容（知識・理解）不在の形式（思考のための技能）であってはならない。そのため、本研究においては、「何を学ぶか」と「何ができるようになるか」、「どのように学ぶか」の三者を一体的にとらえるカリキュラム開発を検討したいと考える。

以上、先行研究における課題として四点を明らかにし、それらへの批判的検討を通じて本研究の目的を明らかにし、研究を進める際の留意点とする。

第4節　研究の方法と論文の構成

本研究は序章、本論、終章からなる。また、本論は二部（第Ⅰ部、第Ⅱ部）10章から構成されている。各章の構成上の関係については、図序－1に示すとおりである。

　本論**第Ⅰ部「歴史的思考力概念の変遷でたどる世界史学習の特質と課題」**は四章構成（第1章から第4章まで）であり、本研究の基礎的研究の位置を占める。ここでは、世界史学習における歴史意識と歴史的思考力の概念規定、歴史的思考力や歴史意識に関する歴史教育史上の整理と分析を行う。

序章　研究の目的と方法

| 序章　研究の目的と方法 | 研究の目的と研究史の整理／研究の方法と論文の構成 |

↓

第Ⅰ部　歴史的思考力概念の変遷でたどる世界史学習の特質と課題

世界史学習における歴史的思考力の概念規定／歴史的思考力の特徴と課題（歴史的分析と現状分析）

第1章　世界史学習における歴史的思考力の全般的検討

歴史意識と歴史的思考力の概念規定／歴史意識と歴史的思考力の位置付け／探究概念の検討

↓

第2章　学習指導要領世界史における歴史的思考力の位置付けと先行研究	第3章　戦後歴史教育の動向から見た歴史意識と歴史的思考力の系譜
歴代学習指導要領世界史の変遷から見た歴史的思考力の特徴と課題の分析	戦後の教科教育学、歴史学や歴史授業の変遷から見た歴史意識と歴史的思考力の特徴と課題の分析

↓

第4章　現職教師への質問紙調査から見た歴史的思考力の現状

今日の中等教育段階の世界史を中心とする歴史学習における歴史的思考力のとらえ方、歴史的思考力育成に向けての取組みと課題（現職教師に対する質問紙調査の分析）

↓

第Ⅱ部　21世紀社会に対応した歴史的思考力育成型授業の開発

第5章　21世紀社会に対応した歴史的思考力育成型授業のためのカリキュラムのフレームワーク

第6章　世界史学習における史資料活用の意義と方法

↓　史資料を活用した探究的世界史学習の授業構成モデルの設計

史資料を活用した授業構成モデルの開発事例	第7章　考古学史資料の活用による授業構成モデル
	第8章　博物館史資料の活用による授業構成モデル
	第9章　図像史資料の活用による授業構成モデル
	第10章　地図史資料の活用による授業構成モデル

↓

終章　21世紀社会に対応した探究的世界史授業の開発に向けての展望

図序—1　本研究の構造図

まず、**第 1 章「世界史学習における歴史的思考力の全般的検討」**では、世界史学習の検討を進めるに当たっての基礎となる歴史的思考力とその上位概念である歴史意識についての全般的検討を行い、両概念の特徴と課題を明確化する。そして、本章を第Ⅰ部で歴史意識と歴史的思考力を分析する際の道標として位置づける。

次に、**第 2 章「学習指導要領世界史における歴史的思考力の位置付けと先行研究」**と**第 3 章「戦後歴史教育の動向から見た歴史意識と歴史的思考力の系譜」**では、我が国の戦後中等教育段階の歴史学習における歴史意識と歴史的思考力に着目して、歴代の学習指導要領世界史（第 2 章）と、歴史学・教科教育学の研究者と教師の論考や授業実践の記録（第 3 章）を分析する。そして、戦後の中等歴史教育史における歴史意識と歴史的思考力の位置付けの変遷をたどり、両概念の重層的な構造と複合的な性格を歴史的に分析してその特徴と課題を解明する。

さらに、**第 4 章「現職教師への質問紙調査から見た歴史的思考力の現状」**では、中等教育段階の社会科、地歴科、公民科の現職教師が歴史的思考力のもつ重層的で複合的な特徴についてどのようにとらえているか、また、歴史の授業づくりの場で歴史的思考力をどのように位置付けているのかを、上記二章（第 2 章と第 3 章）の整理と分析を踏まえながら、現職教師への質問紙調査によって明らかにする。この作業を通して、現職の社会科、地歴科、公民科教師の歴史的思考力に対する意識や認識を臨床的に分析する。

本論**第Ⅱ部「21世紀社会に対応した歴史的思考力育成型授業の開発」**は六章構成（第 5 章から第10章まで）であり、本研究の中核を構成する。今日の授業研究は、その軸足がコンテンツ・ベースからコンピテンシー・ベースへとシフトチェンジしている。その背景として、地球化(グローバリゼーション)と知識基盤社会化の進展があり、21世紀型能力に代表される新しい資質・能力論が提起されたことが挙げられる。そのため、本研究では、21世紀型能力を有用性と課題の両面から検討し、地球化(グローバリゼーション)と知識基盤社会化に対応した資質・能力を検討する際

の参照枠として用いることにする。

　本研究では、「改訂版ブルーム・タキソノミー」テーブルと「パフォーマンス課題」の評価のためのルーブリックを取り入れて、21世紀社会に対応した歴史的思考力育成型カリキュラムのフレームワークを提示する。そして、考古学史資料・博物館史資料（共に非文献史資料）、図像史資料・地図史資料（共に準文献史資料）の四種の史資料を活用した世界史の授業構成モデルの開発を行うことにする。

　まず、**第5章「21世紀社会に対応した歴史的思考力育成型授業のためのカリキュラムのフレームワーク」**では、世界の教育改革の動向を検討し、新しい資質・能力モデルとしての21世紀型能力を意義と課題の両面から整理する。次に、探究的学習を21世紀型能力との関連において考察する。そこでは、世界史学習を進める上でのカリキュラムのフレームワークとして、「改訂版ブルーム・タキソノミー」テーブルと「パフォーマンス課題」のためのルーブリックの意義と役割を検討し、それらを授業構成モデルの開発に取り入れて生かすことにする。

　次に、**第6章「世界史学習における史資料活用の意義と方法」**では、世界史授業における史資料とは何かについて整理するとともに、前章（第5章）で検討した探究を取り入れた世界史の授業構成モデルで活用できる史資料とは何かについて検討する。

　さらに第7章から第10章までの四章では、「改訂版ブルーム・タキソノミー」テーブルとルーブリックを活用した授業構成モデルの開発を行う。まず、**第7章「考古学史資料の活用による授業構成モデル」**では、考古学史資料を活用した授業構成モデルを提案する。その際、「課題による組織」の観点として、グローバル・ヒストリーに着目する。次に、**第8章「博物館史資料の活用による授業構成モデル」**では、博物館史資料（国立民族学博物館の「アメリカ展示」・「アフリカ展示」）を活用した授業構成モデルを提案する。その際、「課題による組織」の観点として、異文化理解と多文化理解に着目する。ま

た、**第9章「図像史資料の活用による授業構成モデル」**では、図像史資料を活用した授業構成モデルを提案する。その際、「課題による組織」の観点として、構築主義に着目する。また**第10章「地図史資料の活用による授業構成モデル」**では、歴史地図を活用した授業構成モデルを提示する。その際、「課題による組織」の観点として、環境史(環境史のテーマとしての感染症の歴史)に着目する。

最後に、**終章「21世紀社会に対応した探究的世界史授業の開発に向けての展望」**において、本研究の総括的検討を行う。ここでは、第Ⅰ部、第Ⅱ部の研究に対する総括を行い、本研究で開発した授業構成モデルの妥当性を検討するとともに、今後の研究の課題と展望についての考察を加えて、本研究の結語とする。

なお、本研究での資料と史料の区別については、文字(文献)関係を「史料」、非文字(非文献)関係を「資料」と表記する。両者を含める場合や、その判別が困難な場合には、史料と資料を一括りにした表現である「史資料」を用いる。

註

(1) 我が国では、地球化(グローバリゼーション)と知識基盤社会化に対応した資質・能力モデルについては、21世紀型能力と呼ばれている。21世紀型能力とは、国立教育政策研究所が、2009年度から五カ年計画で進めたプロジェクト「教育課程の編成に関する基礎的研究」で示した、初等中等教育段階の資質・能力論のことである。詳しくは、国立教育政策研究所編(2013)『(平成24年度プロジェクト研究調査研究報告書) 社会の変化に対応する資質や能力を育成する教育課程編成の基本原理[改訂版]』国立教育政策研究所　pp.26-27　を参照せよ。21世紀型能力については、本書の第5章第1節で取り上げる。

(2) 石井英真(2011)『現代アメリカにおける学力形成論の展開―スタンダードに基づくカリキュラムの設計―』東信堂　pp.85-133。

「改訂版ブルーム・タキソノミー」は「ブルーム・タキソノミー」の三領域の中で、探究という活動と深く関わっている認知的領域を改訂したものである。タキソノミーとは、本来、分類学を意味し、教育学で用いるときには、授業で達成すべき教育目標を明確化し、その機能的価値を高めるための道具として開発された指標のことである。世界史のカリキュラム開発でタキソノミーを活用することで、開発した教材や学習活動が世界史の知識や歴史的思考のどのような働きを表しているかを評価する際に有効であると言われている。「改訂版ブルーム・タキソノミー」については、本書の第5章第2節で取り上げる。

（3）ルーブリックは「評価指標」、「評価基準表」と訳され、質的評価が必要な学習に対して評価する際の有効な評価道具とされている。詳しくは、以下の文献を参照して欲しい。

・石井英真　田中耕治（2003）「米国における教育評価研究の動向－『真正の評価』論の展開を中心に－」田中耕治編『教育評価の未来を拓く－目標に準拠した評価の現状・課題・展望－』ミネルヴァ書房　pp.204-207。

・西岡加名恵（2003）『教科と総合に活かすポートフォリオ評価法－新たな評価基準の創出に向けて－』図書文化社　pp.144-161。

・松下佳代（2007）『パフォーマンス評価－子どもの思考と表現を評価する－（日本標準ブックレット）』日本標準　pp.15-42。

ルーブリックについては、本書の第5章第2節で取り上げる。

（4）史資料の分類では、史（＝文字）に着目して、文献史資料（文字史資料）と非文献史資料（非文字史資料）に大別される。非文献史資料とは、遺跡、建造物、生活用具、工芸品などの「もの」が該当する。また、画像、映像、図像などは文献史資料と非文献史資料の中間的な性格を有しており、準文献史資料と呼ばれている。史資料に関する説明については、本書の第6章で取り上げる。

（5）国立教育政策研究所　JICA地球ひろば編（2014）『（文部科学省国立教育政策研究所　JICA地球ひろば共同プロジェクト）グローバル時代の国際教育のあり方　国際比較調査最終報告書（第2分冊）』JICA地球ひろば　国際開発センター　p.1。

（6）同上書　p.5。

（7）原田智仁（2000）『世界史教育内容開発研究－理論批判学習－』風間書房　pp.73-165。

（8）児玉康弘（2005）『中等歴史教育内容開発研究－開かれた解釈学習－』風間書房　pp.15-38。

（9） 梅津正美（2006）『歴史教育内容改革研究―社会史教授の論理と展開―』風間書房　pp.33-204。
（10） 土屋武志（2011）『解釈型歴史学習のすすめ―対話を重視した社会科歴史―』梓出版社　pp.3-123。
（11）「高等学校学習指導要領地理歴史科世界史　平成21（2009）年改訂」文部科学省（http://www.nier.go.jp/guideline/h20h/chap2-2.htm　2016年3月6日確認）。
（12） 三木亘「世界史の中のイスラム世界」（1984）神岡弘二ほか三名編『イスラム世界の人々』1　東洋経済新報社　pp.9-10。
　　「歴史とのつきあい方を学ぶ学問」という文言は、同論文の中で荒井信一の言葉として紹介され、今日、多くの世界史教育者によって世界史を学ぶ目的として引用されている。
（13） 梅津　前掲書　p.3。
（14） 山崎正和「（論壇時評）歴史教育論争」『朝日新聞』1997年2月27日夕刊。
（15） 福井憲彦（2004）「社会史再考―この四半世紀に歴史学の何が変わったのか―」史学会編『歴史学の最前線』東京大学出版会　pp.153-154。
（16） 遅塚忠躬（2010）『史学概論』東京大学出版会　pp.120-128。
（17） 原田　前掲書　p.7。
（18） 原田が開発した「東アジア世界史と冊封体制理論」での教授資料は、犬養孝（1964）『万葉の旅』上　社会思想社、井上光貞（1974）『飛鳥の朝廷（日本の歴史3）』小学館、鬼頭清明（1981）『白村江』教育社、西嶋定生（1985）『日本歴史の国際環境』東京大学出版会、黛弘道監修（1982）『読める年表1・古代奈良篇』自由国民社、江上波夫　川崎庸之　西嶋定生編（1980）『八世紀の日本と東アジア（1）唐・新羅・日本』平凡社　などから抜粋して作成されていた（原田前掲書　pp.258-265）。
（19） 児玉　前掲書　p.34。
（20） 原田　前掲書　pp.94-95。
（21） 弓削達（1984）『明日への歴史学―歴史とはどういう学問か―』河出書房新社　pp.16-18。
（22） 梅津　前掲書　p.2。
（23） 土屋　前掲書　p.137。
（24） 原田智仁は、土屋の研究に対する書評の中で、筆者と同様の感想を述べている［原田（2012）「書評　土屋武志著『解釈型歴史学習のすすめ―対話を重視した社会科歴史―』」全国社会科教育学会編『社会科研究』76　p.74］。

(25) 高等学校での世界史の授業開始については、本書の第2章第2節を参照のこと。
(26) 歴代の学習指導要領世界史については、本書の第2章を参照のこと。
(27) 以下の文献を参照すると良い。
・マルザーノ，R.　ケンドール，J.S.［黒上晴夫・泰山裕翻訳］(2013)『教育目標をデザインする－授業設計のための新しい分類体系－』北大路書房。
・ウィギンズ，G.　マクタイ，J.［西岡加名恵　翻訳］(2012)『理解をもたらすカリキュラム設計－「逆向き設計」の理論と方法－』日本標準。
・石井英真 (2011)『現代アメリカにおける学力形成論の展開－スタンダードに基づくカリキュラムの設計－』東信堂。
・西岡加名恵 (2014)『教科と総合学習のカリキュラム設計－パフォーマンス評価をどう活かすか－』図書文化社。
・西岡加名恵　石井英真　田中耕治編 (2015)『新しい教育評価入門－人を育てる評価のために－（有斐閣コンパクト）』有斐閣。
(28)「学習指導要領改訂の方向性（案）」『中教審教育課程部会教育課程企画特別部会（第7期）（第19回配付資料）』
(http://www.mext.go.jp/b_menu/shingi/chukyo/chukyo3/053/siryo/1375316.htm　2016年8月7日確認)。

第Ⅰ部

歴史的思考力概念の変遷でたどる世界史学習の特質と課題

第1章　世界史学習における歴史的思考力の全般的検討

　本章では、我が国の戦後歴史教育史において、歴史的思考力がどのように規定されて来たかを整理するとともに、世界史学習における歴史的思考力の位置付けと役割を検討して、第Ⅰ部「歴史的思考力概念の変遷でたどる世界史学習の特質と課題」における第2章から第4章までの諸章を読む際の道標として位置付ける。そのため、最初に、歴史的思考力とその上位概念である歴史意識についての整理を行う。次に、歴史的思考力の位置付けと役割を探究との関連の中で検討し、本研究の中核概念である探究の意義と役割を明確化する。

第1節　歴史意識と歴史的思考力の概念規定

第1項　歴史意識の概念規定

　歴史的思考力とはどのような概念であるかを定義する前に、まず検討しておかなければならない基本概念として、歴史意識がある。佐藤正幸は、国際歴史学会の参加記の中で、歴史教授法とは「歴史意識の研究」との認識が支配的であるという印象を強く受けたと書いている[1]。この指摘からも、歴史教育に占める歴史意識の重要性を確認できよう。教科教育学においては、歴史意識とは、一般に歴史に対する知的並びに心情的な反応体制を指し、歴史認識の前提となる概念としてとらえられる[2]。しかし、歴史意識を検討することには困難さが伴う。なぜならば、戦後の歴史教育史においては、歴史意識という言葉は歴史学や教科教育学の研究者、学校現場の歴史教師によって多様な解釈が試みられて来たからである。

歴史意識についての、戦後の代表的な主張は、羽仁五郎、和歌森太郎、上原専禄、遠山茂樹などの歴史学の研究者と、斎藤博、藤井千之助、横山十四男、木俣清博、森分孝治などの教科教育学の研究者や学校現場の歴史教師によるものが有名である[3]。また、広島大学の教育学部と教育学研究科（学部、大学院の名称は引用文献の表記に従う）を中心とする日本社会科教育研究会の長期間（1955年〜1966年）におよぶ研究[4]や、歴史学研究会の機関誌『歴史学研究』での座談会「歴史学と歴史教育のあいだ」（1986年4月号 [No.553]）と、それを受けて展開された23回に及ぶ断続的な誌上論争「歴史学と歴史教育のあいだ」（1986年6月号 [No.555]〜1992年1月号 [No.628]）[5]は、歴史的思考力を歴史意識の関わりの中でとらえたものであり、そこでは歴史学や教科教育学の研究者、歴史教師によって活発な議論が行われた。また、最近では、『歴史学研究』2012年11月号（No.899）の特集「新自由主義時代の歴史教育」[6]も、多くの示唆を与えてくれる。歴史意識という概念は、その時々の社会状況や教育課題の影響を受けながらも、「終戦」当初から今日まで、戦後の歴史教育史における通奏低音として、歴史教育史における根幹的な位置を占めて来たと言える。

　今日においては、藤井千之助による定義が歴史意識の包括的、全般的概念として評価されており、教科教育学の歴史意識研究の到達点とされている[7]。藤井は日本社会科教育研究会の長期間におよぶ活動に参加し、その成果をもとにして歴史意識の構造を、以下の三側面に分けて規定した[8]。

（1）心理的側面としての歴史意識　―歴史的興味・関心、時間意識、変化・変遷の意識など。
（2）歴史的思考力あるいは歴史的考察力　―歴史的因果関係の意識、時代構造の意識、発展の意識など、一般に「歴史的なものの見方・考え方」といわれているもの。
（3）時間的問題意識　―児童・生徒の歴史的体験からの生活意識ない

しは時代意識。未来意識を含めた児童・生徒自らの主体的な問題意識、歴史的批判意識、歴史建設の行動的意欲など。

　藤井は、歴史意識を児童・生徒の心理的発達の側面を強調する従前の見方や枠組みを見直し、上記の三つに大別した。ここでは、歴史的思考力あるいは歴史的考察力は歴史意識の下位概念として位置付けられており、歴史意識の中に包摂されていた。そして、この三側面は、さながらプリズムを構成する三面のごとく相互に密接な関係性を有することになり、その中でも歴史的思考力あるいは歴史的考察力の育成が中等教育段階の歴史教育において最も重視される側面であるとされた[9]。このことが、本研究で歴史的思考力を考察するにあたって、歴史意識を含めて総合的に検討することの根拠である。

第2項　歴史的思考力の概念規定

　歴史的思考力とは、歴史教育における固有の思考力のことである。そのため、歴史的思考力は、歴史学習の特質に照らして規定されなければならない。しかし、戦後の歴史教育においては、歴史的思考力は、歴史意識と同様に、歴史学や教科教育学の研究者、歴史教師によって、それぞれの時期の社会的状況や教育課題と深く関わりながら、様々に解釈され規定されて来た。そのため、歴史的思考力とは何かについて解明することは、その結び目を解く者は世界の支配者になると予言された「ゴルディオンの結び目」のような難解さを伴う。そのため、一先ずここでは、教科教育学における歴史的思考力を「歴史の発展に見られる因果関係を考えたり、諸事象間の相互の関連を総合的に考えたりする能力を指し、主として歴史の学習能力としてとらえられている」[10]（筆者下線）と定義し、歴史の「発展」に対する見方・考え方として認識しておくことにする。

　今日、現行学習指導要領（2009年改訂）の地歴科世界史の「目標」には、世界史A、世界史B共通に「歴史的思考力を培う」[11]という文言が掲げられ

ている。世界史における歴史的思考力という文言は、1951年改訂の学習指導要領社会科世界史の「特殊目標」で初めて登場し、以後、現行学習指導要領に至るまで、世界史の「目標」（「特殊目標」を含めて）の中に一貫して登場して来た重要用語である。また、世界史における歴史的思考力の説明として、旧版および現行の『学習指導要領解説　地理歴史編』（1999、2010年）において、「世界の構造や成り立ちを歴史的視野から考察する能力」[12]とする規定があるものの、学習指導要領においては、歴史的思考力に関する体系的な説明は存在しない。これは、学習指導要領が学校教育に照らした目標や内容構成の「大綱的な基準」を示すものという役割や性格に起因する。その結果、歴史的思考力の内容を教科、地域や学校の実態に照らして具体化する作業は、個々の教師による授業実践に委ねられることになっている。

　戦後の教科教育学の分野では、歴史的思考力は斎藤博、藤井千之助、横山十四男、森分孝治、木全清博など多くの教科教育学の研究者や歴史教師によって議論され、様々な定義がなされて来た[13]。桐谷正信の整理によれば、欧米では歴史的思考力を「歴史を解釈する能力」とする見方が強い反面、我が国においては「歴史を構造的に理解する能力」としてとらえる傾向が顕著であるという[14]。

　今日、歴史的思考力に関する最も包括的な定義とされるのが、藤井千之助による規定である[15]。藤井は、歴史的思考とは歴史学習の指導内容の特質によって規定された思考のことを指すとし、具体的には「因果関係の理解・考察」「時代構造の把握」「発展の理解・考察」のことをいうとした。さらに、前述の規定の他に、「過去と現代を対比させ現代の諸課題や特徴を考察する思考（比較的思考）」を含めるとした。

　地球化（グローバリゼーション）の進展に伴い、1990年代以降の歴史的思考力に関する議論には、新たな傾向が見られる。それは、歴史的思考力の重要な要素として「世界の同時代性を認識する能力」や「史資料を分析・解釈する能力」に着目しようとするものである。この視点から、世界史教育での歴史的思考力に関する近

年の代表的な見解を整理してみよう。

　小田中直樹[16]は、高等学校の世界史教師へのインタビューを通して、生徒が身につけるべき歴史的思考力として、歴史事象を「つなぐこと」と「比べること」ができるようになることを挙げた。また、そのための歴史理論として、史実の時系列的な連結を重視するタテの歴史よりも、史実と史実の同時代史的なつながりを重視するヨコの歴史に着目する世界システム論を評価している。羽田正[17]も、世界史のとらえ方として、関係性と相関性を重視し「横につなぐ歴史を意識する」ことを提案した。両氏に共通する考え方は、地　球　化（グローバリゼーション）時代の世界史学習においては、歴史の流れを時系列の中で把握する能力よりも、同時代性に着目して世界の関連性や相関性を認識する能力が重要であると考えていることである。

　鳥山孟郎[18]は、授業の中で育てるべき歴史的思考力は何かを問う中で、「情報を分析し発信する能力」と「社会の動きを歴史的に理解する能力」の、二点に着目した。「情報を分析し発信する能力」とは、情報の内容を正しく読み取り理解できること、自分の問題意識にあわせて必要な情報であるかどうかを取捨選択できること、自分の考えを整理し説得力のある意見を組み立て他者に説明できることと、規定している。また「社会の動きを歴史的に理解する能力」とは、社会の変化の因果関係をつかめること、時代や地域による違いを説明できること、過去の動きとのかかわりで現在をみられることと、規定している。鳥山が歴史的思考力として重視する能力は、歴史事象を解釈し自分の言葉で説明したり、発信したりできる能力としてとらえることができる。

　2011年には、日本学術会議によって、提言『新しい高校地理・歴史教育の創造―グローバル化に対応した時空間認識の育成―』（以下、『新しい高校地歴教育の創造』と略記する）が発表された。この提言は、高等学校での世界史未履修問題（2006年）[19]の反省として、世界史必履修に代えて「歴史基礎」「地理基礎」の新設（必履修化）と「歴史的思考力育成型」の歴史教育の必要性

を強調した[20]。そして、歴史的思考力育成の要点として、以下の五項目を挙げた[21]。

（1）過去への興味・関心への喚起
（2）歴史的資料の調査力の育成
（3）歴史的分析・解釈力の育成
（4）時系列的思考力の育成
（5）意思決定の連鎖としての歴史学習

　日本学術会議の提言の中で注目される提案として、上記の五項目のうちの「（2）歴史的資料の調査力の育成」、「（3）歴史的分析・解釈力の育成」、「（5）意思決定の連鎖としての歴史学習」の三点が挙げられる。そこでは、図書館やインターネットなどを利用して史資料や年表を検索して批判的に解読させたり、歴史には多様な解釈があり得ることを示して生徒自身にどの解釈がより妥当性が高いかを考えさせたり、歴史が過去の人々による意思決定の積み重ねであることを歴史学習を通じて理解させ、自分の意思決定を行う際の参考になることを実感させたりすることが求められている。
　歴史的思考力に関する小田中、羽田、鳥山および『新しい高校地歴教育の創造』の考え方を整理するならば、小田中と羽田は「世界の同時代性を認識する能力」、鳥山と『新しい高校地歴教育の創造』は「史資料を分析・解釈する能力」として、大まかに分類できよう。今日では、歴史的思考力の定義や内実を検討する際には、従前の「世界の構造や成り立ちを歴史的視野から考察する能力」と並んで、「世界の同時代性を認識する能力」や「史資料を分析・解釈する能力」などの新たな要素を含めて検討することの必要性が高まって来たと言える。

第2節　世界史学習における歴史的思考力の位置付けと役割

第1項　世界史学習における歴史的思考力の位置付け

　21世紀の学校教育の使命は、知識基盤社会の到来や地球化(グローバリゼーション)の進展に対応できる人間（グローバル人材）を育成していくことと言われる[22]。知識基盤社会においては、「新しい知識・情報・技術が政治・経済・文化を始めとした社会のあらゆる領域での活動の基盤として重要性を増す」[23]ことになる。今日、児童・生徒には幅広い知識と柔軟な思考力に基づく判断が重要になり、社会に参画していくことが期待されている。現行学習指導要領では、知識基盤社会の到来という時代的要請を受け、知識蓄積型・知識再生型の学習から知識活用型・知識創造型の学習への転換が目指されている。

　そのため、児童・生徒に期待される学力のあり方として、基礎的・基本的な知識・技能の習得とともに、それらを活用しての思考力、判断力、表現力および学習意欲を調和的に育むことが求められることになった[24]。これらの中でも、思考力、判断力、表現力の育成を図ることが各教科、各科目の最も重要な課題として位置付けられた。原田智仁によれば[25]、思考とは人間が何かについて考えている状態ないしは過程を、また、判断とは思考の結果、考えを定めることであり、いずれも広義の思考としてとらえられるとのことだ。また、表現とは思考し判断したことを身体や言語でもって表象することを言っている。今日、地歴科の歴史系科目で求められている固有の思考力、判断力、表現力を、歴史的思考力として包括的にとらえることが必要とされている。

第2項　歴史的思考を図るための方策としての探究

　今日では、歴史の事項や事象、概念を暗記させ、ペーパーテストで確認す

るような知識蓄積型・知識再生型の学習に対する見直しの声が高まって来た。その代案として、知識活用型・知識創造型の学習が検討されており、そのための鍵概念が、歴史的思考力である。池尻良平[26]によれば、歴史的思考には、歴史研究者が過去を「構築」する側面と、学習者が現代で「使用」する側面の二つの顔があるという。池尻は、これまでの研究や授業実践では、学習者の歴史的思考が過去（過去を「構築」すること）のみに焦点化されて来たことを批判し、現代に焦点を当てた実用的な歴史的思考というものを提案した。そして、そこではすでに明らかにされた歴史の因果関係の事例を類推（アナロジー）の基礎として用いることで、現代の問題の原因や課題を分析し解明するための方法として位置付けることで、現代を考えるための道具として歴史的思考を用いることを説いている。

　次に、歴史的思考を教科教育学の観点から検討してみよう。現代に焦点を当てた実用的な歴史的思考とは、探究という思考のプロセスと合致する。探究という言葉は、"Inquiry"（英語）の訳語であり、探求とも表記される[27]。教育学における探究という概念は、米国の教育哲学者デューイ，J.（Dowey, J.）によって一般化された[28]。教育哲学者の藤井千春は、デューイにおける探究を、直面している状況から問題の発生を認知し、状況の有する特質を詳細に明確化し、解決に向けて示唆された行動についての観念を、反省的に操作して思考を展開させることで適切かつ効果的な問題解決に導いていくのための知的活動であると説明している[29]。

　デューイの探究は、「反省的思惟（反省的思考）」と呼ばれている。デューイは、『思考の方法』（1933年改訂版）において、「反省的思惟（反省的思考）」の過程として、（1）「示唆」、（2）「知的整理」、（3）「指導観念、すなわち仮説」、（4）「推論すること」、（5）「行動による仮説の検証」の側面あるいは局面を設定している［反省的思惟（反省的思考）の五つの側面あるいは局面］[30]。それぞれが意味するところは、以下のようになる[31]。

（1）「示唆」とは、行うべき行動についての観念が示唆される側面あるいは局面のことである。
（2）「知的整理」とは、かき乱されて困った、曖昧なあるいは混乱した、真直ぐに明確に秩序付けることができない状況を整理し、困難が何であるのか、どこに困難が隠されているのかを明確にする側面あるいは局面のことである。
（3）「指導観念、すなわち仮説」とは、問題の解決に向けて示唆された観念のうち、適切性と有効性が最も高いと判断され採用された観念のことであり、意図した結果を生み出すことに対する確実性の高いものへと、また、実行可能であるという点で現実性が高いものへと考察されていく側面あるいは局面のことである。
（4）「推論すること」とは、概念を参照し、それを構成している意味をコードとして使用して、状況の有する特質を明確化する、あるいは、指導観念の現実性と確実性を高める側面あるいは局面のことである。
（5）「行動による仮説の検証」とは、「指導観念、すなわち仮説」を実際の行動によって確実性をもって経験を導き得たか、意図した好ましい結果を生み出すことに成功したかを検証する側面あるいは局面のことである。

　この五つの知的活動は探究過程の論理的特徴を示したものであり、「反省的思惟（反省的思考）」は直線的かつ一方通行的に展開していくものではなく、状況と観念との間をジグザグして進んでいくことになる[32]。探究の構造を模式化したものが、「図1－1　探究の過程」である。学習者は、探究という科学の研究成果を生み出した過程に主体的に参加することを通じて、科学の基本概念や法則、方法を獲得し、科学的な態度を育むことになる[33]。
　デューイにおける探究は、現実生活の中で問題解決に取り組むことによっ

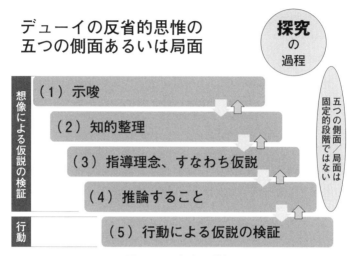

図1-1　探究の過程

備考：本図は、デューイの「反省的思惟（反省的思考）の五つの側面あるいは局面」の考えに基づいて、筆者が作成した。

て問題解決能力を育むことである。そこでは、学習者は、「問い（仮説）」を立てるとともに、それを証明するための材料を集め、「解」を発見するための思考を働かせることになる。また、探究における「解」に至る思考の過程は、デューイが既に述べているように、五つの側面ないしは局面を設定できるものの、飛び越したり逆戻りしたりするなど、必ずしも決められた順番に進んでいくものではない。むしろ、「解」の発見に向けて多様な過程をたどることが一般的であり、また、「解」自体も必ずしも一つとは限らない。学習者が「問い（仮説）」を立て「解」を発見していくためには、学習者自身が調査したり実験したりする活動が不可欠となる。そのため、探究"Inquiry"は、同時に研究"Research"という性格も併せもつことになる[34]。

　本研究では、地歴科世界史における探究活動に基づく学習を「探究的世界史学習」と呼び、「探究的世界史学習」を支える教科・科目固有の知識やスキルを歴史的思考力として位置付けることにする。そのため、本研究におい

ては、探究を学習者の活動として具体化し、そこで必要となる歴史的思考力を明確化していくことが求められる。そのため、これから検討する歴史的思考力においては、探究的世界史学習を支えるための思考力として、「世界の同時代性を認識する能力」や「史資料を分析・解釈する能力」が重要な要素となって来よう。

小括

　本章では、歴史的思考力や歴史意識および探究について全般的に検討することを通じて、以下のことが明らかにできた。

　戦後の歴史教育史においては、歴史的思考力とその上位概念である歴史意識は、歴史学や教科教育学の研究者と歴史教師によって、その時々の教育課題と連動して様々な解釈が試みられた。今日、藤井千之助による定義が歴史的思考力と歴史意識の全般的概念として評価されている。藤井は、歴史意識を「心理的側面としての歴史意識」、「歴史的思考力あるいは歴史的考察力」、「時間的問題意識」の、三側面に大別した。そして、歴史的思考力を歴史意識の下位概念として位置付け、その育成が中等教育段階の歴史教育において最も重視されるべき側面であるとした。さらに、歴史的思考力の内容として、「因果関係の理解・考察」、「時代構造の把握」、「発展の理解・考察」、「過去と現代を対比させ現代の諸課題や特徴を考察する思考（比較的思考）」の四点を挙げた。

　地球化（グローバリゼーション）の進展に伴い、1990年以降の歴史的思考力に関する議論には、新たな展開が見られる。それは、歴史的思考力の重要な要素として「世界の同時代性を認識する能力」や「史資料を分析・解釈する能力」に着目しようとするものである。その結果、歴史的思考力は、重層的な構造と複合的な性格を有することになった。

　21世紀の学校教育の使命は、知識基盤社会の到来や地球化（グローバリゼーション）の進展に対応できる人間（グローバル人材）を育成していくことと言われる。現代に焦点を

当てた実用的な歴史的思考とは、探究という思考のプロセスと合致する。探究とは、学習者自身が「問い（仮説）」を立て、その「解」を発見することを企図した創造性を育む授業方法である。また、探究"Inquiry"という活動においては、学習者は探究という過程に主体的に参加することを通じて研究活動を行うことになる。そのため、これからの世界史学習では、「世界の同時代性を認識する能力」や「史資料を分析・解釈する能力」が重要になって来よう。そして、歴史的思考の方法を習得することを通して、21世紀を生きる市民としての資質・能力を育むことになろう。

註

（1）佐藤正幸（1991）「なぜ歴史意識を教えねばならないのか（国際歴史教育会議　第17回マドリード国際歴史会議〈2〉）」歴史学研究会編『歴史学研究』619　pp.33-34。

　　佐藤は、第17回国際歴史学会議・歴史教育部会（1990年、スペイン・マドリードで開催）参加記の中で、「歴史教授法とは、詰まるところ、歴史意識の研究であるというのが、今回の部会の重要なテーマであった。（中略）これ（歴史意識の重要性について、－筆者挿入－）は、『歴史の見方・考え方』を育てるにはどうしたらよいか、と言い直すこともできる」（同上論文　p.33）と述べ、歴史教育に占める歴史意識の重要性を指摘した。

（2）大森照夫（1986）『新社会科教育基本用語辞典』明治図書　p.177。

（3）戦後の歴史意識に関する代表的な論者を以下に列挙する（発表順）。

　【歴史・民俗学研究者の研究】（発表年順に配列）

　・羽仁五郎（1936）「歴史教育批判－児童の歴史観とその表現－」『教育』1936年5・7・8月号。本書は、1946年に岩波書店から単行本として刊行されたため、筆者は本書を戦後期に分類することにした。本書の出典は、羽仁五郎（1967）『羽仁五郎歴史論著作集』1　青木書店　pp.339-390　に依る。

　・和歌森太郎（1953）「歴史意識の発達について」コア・カリキュラム連盟編『カリキュラム』52　pp.19-21。

　・同上（1953）「史心の発達について」コア・カリキュラム連盟編『カリキュラム』60　pp.30-34。

・上原専禄（1958）『歴史意識に立つ教育』国土社。本書の出典は、上原専禄　上原弘江編（2000）『上原専禄著作集』12　pp.5-239　に依る。
・遠山茂樹（1968）『戦後の歴史学と歴史意識（日本歴史叢書）』岩波書店。

【教科教育学研究者・歴史教師の研究】（発表年順に配列）

・斎藤博（1953）「歴史的意識の発達」『信濃教育会教育研究所紀要』19。本論文の出典は、上田薫編（1977）『社会科教育史資料』4　東京法令出版　pp.535-550　に依る。
・森分孝治（1978）『社会科授業構成の理論と方法（社会科教育全書）』明治図書。
・横山十四男（1979）「中学生の歴史意識の考察―最近15年間の変化について―」歴史学会編『史潮』新6　pp.122-140。
・藤井千之助（1985）『歴史意識の理論的・実証的研究―主として発達と変容に関して―』風間書房。以下『歴史意識』と略記する。
・木俣清博（1985）『社会認識の発達と歴史教育』岩崎書店。
・森分孝治（1997）「社会科における思考力育成の基本原則―形式主義・活動主義的偏向の克服のために―」全国社会科教育学会編『社会科研究』47　pp.1-10。

（4）日本社会科教育研究会（1971）『歴史意識の研究』第一学習社。
（5）『歴史学研究』での座談会「歴史学と歴史教育のあいだ」とその後の23回の連載については、本書の第3章第2節を参照のこと。
（6）『歴史学研究』2012年11月（899）号の特集「新自由主義時代の歴史教育と歴史意識」の中での「歴史意識」に関する注目される論考は、以下の二編である。
　・今野日出晴（2012）「『歴史意識』を考えるために―『現代とはなにか』という問いかけから―」歴史学研究会編『歴史学研究』899　pp.9-16。
　・鳥山孟郎（2012）「高校『世界史』が抱える矛盾と限界」歴史学研究会編『歴史学研究』899　pp.30-35。
（7）『歴史意識』p.56。
（8）『歴史意識』p.56。
（9）『歴史意識』p.56。
（10）大森　前掲書　p.179。
　　大森の定義では、歴史的思考力を「歴史の発展を認識する力」（筆者下線）としてとらえた。しかし、今日では、歴史の進歩や発展への懐疑から、歴史の発展を一方的に賞賛するような極端な発展史観への修正意識が高まっている。そのため、原著の発展という表現については、本章では、歴史の進歩や発展への懐疑の意味を含めて「発展」と表記する。

(11)「高等学校学習指導要領地理歴史科世界史　平成21（2009）年改訂」文部科学省（http://www.nier.go.jp/guideline/h20h/chap2-2.htm　2016年3月6日確認）。
文部科学省（2010）『高等学校学習指導要領解説　地理歴史編』教育出版　p.144　p.146。

(12) 文部省（1999）『高等学校学習指導要領解説　地理歴史編』実教出版　p.14。以下、『旧解説地歴』と略記する。
文部科学省（2010）『高等学校学習指導要領解説　地理歴史編』教育出版　p.14。以下、『現行解説地歴』と略記する。

(13) 戦後の歴史的思考力に関する代表的な主張を以下に列挙する（発表年順に配列）。
・斎藤博（1953）「歴史的意識の発達」（本章註（3）を参照）。
・藤井千之助（1974）「歴史的思考力・歴史意識の育成」星村平和編『世界史―その内容と展開の研究―』学事出版　pp.171-182。以下「歴史的思考力の育成」と略記する。
・横山年十四男（1980-1981）「中学生の歴史意識・歴史的思考力(1)―(5)」『月刊歴史教育』19-23。
・木全清博（1982）「歴史意識の発達と歴史教育」加藤章ほか二名編『講座・歴史教育』3　弘文堂　pp.259-274。
・藤井千之助（1885）『歴史意識の研究』（本章註（3）を参照）

(14) 桐谷正信（2012）「歴史的思考力」日本社会科教育学会編『新版社会科教育事典』ぎょうせい　p.159。以下『新社会科事典』と略記する。

(15)「歴史的思考力の育成」pp.171-172。

(16) 小田中直樹（2007）『世界史の教室から』山川出版社　pp.146-161。

(17) 羽田正（2011）『新しい世界史へ―地球市民のための構想―（岩波新書）』岩波書店　pp.150-207。

(18) 鳥山孟郎（2012）「歴史的思考力をめぐる諸問題」鳥山孟郎　松本通孝編『歴史的思考力を伸ばす授業づくり』青木書店　pp.149-159。

(19) 地歴科世界史を中心とした必履修科目の未履修問題のことであり、2006年10月に富山県の公立高等学校での発覚を発端に、全国の公立・私立高等学校633校に及んだ（産経新聞2006年11月23日朝刊）。

(20) 日本学術会議（2011）「歴史的思考力の要点」『提言　新しい高校地理・歴史教育の創造―グローバル化に対応した時空間認識の育成―』pp.iii-v　pp.10-11　pp.15-18
（http://www.scj.go.jp/ja/info/kohyo/pdf/kohyo-21-t130-2.pdf　2012年12月30日

確認)。

　文部科学省のホームページに2016年8月1日に公開された「学習指導要領改訂の方向性（案）：中教審教育課程部会教育課程企画特別部会（第7期）（第19回配付資料）」によれば、地歴科の次期改訂では「歴史総合」「地理総合」（共に仮称）の二科目が世界史に代わって必履修科目として新設されることになった（http://www.mext.go.jp/b_menu/shingi/chukyo/chukyo3/053/siryo/1375316.htm　2016年8月7日確認)。

(21) 同上書　p.36。
(22) 国立教育政策研究所編（2013）『（平成24年度プロジェクト研究調査研究報告書）社会の変化に対応する資質や能力を育成する教育課程編成の基本原理 [改訂版]』国立教育政策研究所　p.13。
(23) 『現行解説地歴』　p.1。
(24) 『現行解説地歴』　p.1。
(25) 原田智仁（2012）「『思考力・判断力・表現力』をつける授業づくりのポイント」福井憲彦　田尻信壹編『歴史的思考力を伸ばす世界史授業デザイン―思考力・判断力・表現力の育て方―』明治図書　p.49。
(26) 池尻良平（2015）「学習者から捉え直した歴史の可能性」岡本充弘ほか三名編『歴史を射つ―言語論的転回・文化史・パブリックヒストリー・ナショナルヒストリー―』御茶の水書房　pp.339-345。

　兵庫県の高等学校教師、安達一紀は、歴史学を歴史の「生産者」に、歴史教育を歴史の「消費者」にたとえることで、歴史学と歴史教育の関係について、池尻と同じ見方を示した［安達一紀（2000）『人が歴史とかかわる力―歴史教育を再考する―』教育史料出版会　p.104］。

(27) 池野範男（2012）「探究学習」『新社会科事典』　p.224。
(28) 藤井千春（2010）『ジョン・デューイの経験主義哲学における思考論―知性的な思考の構造的解明―』早稲田大学出版部。以下、『デューイの思考論』と略記する。

　デューイの「反省的思惟（反省的思考）の五つの側面あるいは局面」は、『思考について』(1910年初版、1933年改訂版）で述べられた概念である（ジョン・デュウイ［植田清次翻訳］(1950)『思考の方法』春秋社)。

(29) 『デューイの思考論』　pp.213-214。
(30) 『デューイの思考論』　pp.216-241。
(31) 『デューイの思考論』　pp.227-237。

(32) 『デューイの思考論』 pp. 240-241。
(33) 池野　前掲論文　p. 224。
(34) 溝上慎一（2016）「アクティブラーニングとしてのPBL・探究的な学習の理論」溝上慎一　成田秀夫編『アクティブラーニングとしてのPBLと探究的な学習（アクティブラーニング・シリーズ2）』東信堂　p. 17。

43

第2章　学習指導要領世界史における歴史的思考力の位置付けと先行研究

　本章では、歴史的思考力という概念が、高等学校社会科及び地歴科の世界史でどのように取り扱われて来たのかを分析する。そのため、1947年の学習指導要領（試案）から2009年（第八次改訂、現行版）までの高等学校学習指導要領(1)の社会科及び地歴科を検討し、歴史的思考力の位置付けの変化についてたどる。その際、歴代の学習指導要領をその性格に基づき、経験主義社会科の時期（1947年、1951年改訂）、系統主義社会科及び教育の現代化の時期（1956年改訂、1960年改訂、1970年改訂、1978年改訂）の時期、地球化(グローバリゼーション)に対応しての地歴科再編成以後の時期（1989年改訂、1999年改訂、2009年改訂＝現行版）の三期(2)に分けて分析を行うことにする。

第1節　学習指導要領における歴史的思考力の概要と先行研究の整理

第1項　歴代学習指導要領における歴史的思考力の特徴

　学習指導要領は、1947年に最初の学習指導要領（試案）が登場して以来、高等学校では社会科の下で五度の改訂（1951年／第一次改訂、1956年／第二次改訂、1960年／第三次改訂、1970年／第四次改訂、1978年／第五次改訂）が、また1989年／第六次改訂で社会科が地歴科と公民科に再編成された後は、地歴科の下で二度の改訂（1999年／第七次改訂、2009年／第八次改訂＝現行版）が行われて来た（表2－1「学習指導要領社会科・地歴科世界史の発表年」を参照)(3)。1947年と1951年改訂の学習指導要領には、「教師の手びき」を意味する「試

44　第Ⅰ部　歴史的思考力概念の変遷でたどる世界史学習の特質と課題

表2－1　学習指導要領社会科・地歴科世界史の発表年

学習指導要領	年	発表の形態	教科	補則事項（高等学校と小学校、中学校の改訂年が異なる場合には表記する。）
最初の学習指導要領	1947	試案	社会科	・世界史はまだ誕生して無く、東洋史・西洋史が置かれた。
第一次改訂	1951	試案		・高等学校社会科世界史の最初の学習指導要領。小学校の改訂は1951年。中学校・高校学校は1951年から1952年にかけて発表された。
第二次改訂	1956	試案の削除		・小学校、中学校の改訂年は1955年。
第三次改訂	1960	官報告示		・小学校、中学校の改訂年は1958年。
第四次改訂	1970	官報告示		・小学校、中学校の改訂年は1968年、1969年。
第五次改訂	1978	官報告示		・小学校、中学校の改訂年は1977年。
第六次改訂	1989	官報告示	地歴科	・高等学校社会科が地歴科と公民科の二科目に再編成された。
第七次改訂	1999	官報告示		・小学校、中学校の改訂年は1998年。
第八次改訂	2009	官報告示		・小学校、中学校の改訂年は2008年。

出典：国立教育政策研究所「学習指導要領データベース」
　　　（http://www.nier.go.jp/guideline/index.htm．2016年3月6日確認）を元に筆者が作成。

案」という言葉が付記されていたが、1956年改訂で「試案」という言葉は削除された。また1960年改訂からは官報告示となり、学習指導要領の基準性が強化され法的拘束力を有することになった[4]。

　最初の学習指導要領（1947年）では、世界史という科目はまだ存在せず、東洋史と西洋史の二科目が置かれた。翌1948年に文部省（現、文部科学省。2001年の中央省庁再編にともない、同省と総理府外局の科学技術庁が統合され文部科学省となった）から世界史の設置が発表され（「新制高等学校の教科課程の改正について」発学448号）、1949年4月から高等学校での世界史の授業が開始されることになった[5]。しかし、この時には世界史の学習指導要領は作成されておらず、1951年改訂で世界史の最初の学習指導要領が誕生することになっ

第 2 章　学習指導要領世界史における歴史的思考力の位置付けと先行研究　45

た[6]。

　世界史の前身である東洋史、西洋史を含めて、歴代の学習指導要領を概観してみると、歴史的思考力という文言は、1951年改訂の世界史（世界史最初の学習指導要領）の「特殊目標」[7]に登場し、1956年改訂でも「目標」に加えられた。その後は世界史ばかりでなく、中学校社会科歴史的分野（1958年改訂）や高等学校社会科日本史（1970年改訂）の「目標」にも取り入れられることになった。世界史では、歴史的思考力という文言が現行学習指導要領（2009年改訂）まで「目標」（1951年改訂の「特殊目標」を含めて）の中に一貫して登場しており、基幹概念として位置付けられて来た（表2－2「歴代学習指導要領社会科・地歴科世界史の『目標』における歴史的思考力」を参照）。しかしながら、学習内容の「大綱的な基準」を示すとされる学習指導要領においては、歴史的思考力に関する規定や説明がほとんどなされて来なかった。

表2－2　歴代学習指導要領社会科・地歴科世界史の「目標」における歴史的思考力

年／改訂次数	「目標」（1951年改訂の時は、「特殊目標」）
1947年／最初の学習指導要領	・世界史という科目はまだ誕生しておらず、東洋史（試案）、西洋史（試案）が置かれた。 ・東洋史（試案）、西洋史（試案）には、科目の「目標」にあたる項目は存在していない。
1951年／第一次改訂	（1）世界的な広い視野に立って、国際協力を推し進める精神を育て、世界平和への努力を惜しまない人類愛を養うこと。 （2）世界史の発展と動向とを、くりかえし理解することによって、<u>歴史的思考力を訓練し</u>、現代社会の諸問題を理性的に批判し、正確に判断する能力を養うこと。 （3）世界史における時代概念を適確に理解することによって、現在社会の歴史的地位をはあくし、正しい社会観と、健康な常識とを育成すること。 （4）世界における古典や名著に親しんで、その読解力をたかめ、また、文学・美術・音楽などの作品を通じて、芸術愛好の心情を養い、豊かな人間性を養うこと。 （5）現代日本の世界史的地位を理解することにより、わが民族使命を自覚し、あわせて、個人の努力の価値をも認識すること。 （6）調査・見学・研究等の実践を通じて、研究に対する誠実な態度と、資料を歴史的に整理する能力とを育て、討論・発表に必要な技能と、公民的素質とを養うこと。

1956年／第二次改訂	（1） 世界史の発展を科学的、系統的に理解することによって、**歴史的思考力を育て**、現代社会の諸問題を、世界史的立場から、客観的に批判する能力と態度とを養う。 （2） 世界の諸民族・諸国家の発展には、普遍的、共通的な傾向があることに着眼させるとともに、普遍性を基礎とした特殊性があることを理解させる。 （3） 世界史における各時代を、総合的、発展的に考察することによって、現代社会、特に現代アジアの歴史的地位を明らかにする。 （4） 社会と文化が各時代の民衆や個人の努力の集積によって進歩してきたことを、その生き生きとした過程を通して理解し、歴史の発展における人々の努力の価値を認識させる。 （5） 世界の文化を、それが生れた社会の事情と関連させながら理解し、文学・美術・音楽などのすぐれた作品に親しむ態度を養う。 （6） 現代日本の世界史的地位を理解することによって、日本民族の果すべき役割を自覚させる。 （7） 国際協力を正しくおし進める精神を養うとともに、世界平和を確立し、人類の幸福を増進しようとする意欲と態度とを養う。 （8） 調査・見学・研究などの学習活動を通じて、資料を歴史的に理解する能力を育て、また発表や討議に必要な技能と態度とを養う。
1960年／第三次改訂	○**世界史A** （1） 世界史の発展に関する基本的事項を系統的に理解させ、現代社会の歴史的背景をはあくさせて**歴史的思考力をつちかい**、民主的な社会の発展に寄与する態度とそれに必要な能力を養う。 （2） 世界史の発展を理解させ、各時代の性格を明らかにし、その歴史的意義を考察させる。 （3） 人類の歴史の発展には、民族、国家祖織〔ママ〕、地域などによるそれぞれの特殊性やそれらを通ずる普遍性があり、また、その底には共通な人間性のあることを理解させる。 （4） 各時代における社会と文化は、それぞれの時代における人々の努力の集積によって発展してきたことを理解させ、歴史の発展における個人や集団の役割について認識させる。 （5） 世界の学問、思想、宗教、芸術などの文化遺産を、それらが生み出された社会の背景や文化の交流の史実を通して理解させ、これを尊重して、新しい文化を創造し発展させようとする意欲を高める。 （6） 国際社会において日本人の果たすべき役割について認識させ、国民的自覚を高め、国際協力を進め、世界の平和を確立し、人類の福祉を増進しようとする態度を養う。 （7） 資料なども利用し、史実を科学的に理解する能力を育て、また、現代社会の諸問題を世界史的視野から客観的に判断する能力と態度を養う。 ○**世界史B** （1） 世界史の発展に関する基本的事項を系統的に理解させるとともに、現代社会の歴史的背景をはあくさせ、特に政治、経済、社会、文化などの関連について総合的に考察させることによって、**歴史的思考力を深め**、民主的な社会の発展に寄与する態度とそれに必要な能力を養う。

	（2） 世界史の発展を理解させ、各時代の性格を明らかにし、その歴史的意義を考察させる。 （3） 人類の歴史の発展には、民族、国家組織、地域などによるそれぞれの特殊性やそれらを通する普遍性があり、またその底には共通な人間性のあることを理解させる。 （4） 各時代における社会と文化は、それぞれの時代における人々の努力の集積によって発展してきたことを理解させ、歴史の発展における個人や集団の役割について認識させる。 （5） 世界の学問、思想、宗教、芸術などの文化遺産を、それらが生み出された社会の背景や文化の交流の史実を通して理解させ、これを尊重して、新しい文化を創造し発展させようとする意欲を高める。 （6） 国際社会において日本人の果たすべき役割について認識させ、国民的自覚を高め、国際協力を進め、世界の平和を確立し、人類の福祉を増進しようとする態度を養う。 （7） 資料なども利用し、史実を科学的に理解する能力を育て、また、現代社会の諸問題を世界史的視野から客観的に判断する能力と態度を養う。
1970年／第四次改訂	（1） 世界の歴史に関する基本的事項を理解させ、**歴史的思考力をつちかい**、世界の歴史の流れや現代世界の形成の歴史的過程を把握させて、国際社会に生きる日本人としての自覚を深め、民主的な国家・社会の発展に寄与する態度と能力を養う。 （2） 世界の歴史における各地域、民族、社会、国家の発展には、それぞれの特殊性やそれらを通ずる普遍性があることを理解させるとともに、世界の歴史におけるわが国の地位と役割を考察させて、国際協調の精神を養う。 （3） 各時代における人々の努力の集積によって、社会、文化などが発展してきたことを理解させ、歴史の発展における個人や集団の役割について認識させる。 （4） 世界のおもな文化遺産を、それらが生み出された社会の背景や文化交流の史実を通して理解させ、これを尊重して、さらに新しい文化を創造し発展させようとする意欲を高める。 （5） 資料をも利用し、史実を実証的、科学的に理解する能力を育て、歴史的事象を多角的に考察し、公正に判断する態度を養う。
1978年／第五次改訂	世界の歴史に関する基本的事項を理解させ、**歴史的思考力を培うとともに**、現代世界形成の歴史的過程と世界の歴史における各文化圏の特色を把握させて、国際社会に生きる日本人としての資質を養う．
1989年／第六次改訂	○**世界史A** 　現代世界の形成の歴史的過程について、近現代史を中心に理解させ、世界諸国相互の関連を多角的に考察させることによって、**歴史的思考力を培い**、国際社会に生きる日本人としての自覚と資質を養う。 ○**世界史B** 　現代世界の形成の歴史的過程と世界の歴史における各文化圏の特色について理解させ、文化の多様性・複合性や相互交流を広い視野から考察させることによって、**歴史的思考力を培い**、国際社会に生きる日本人としての自覚と資質を養う。

1999年／第七次改訂	○**世界史A** 　近現代史を中心とする世界の歴史を、我が国の歴史と関連付けながら理解させ、人類の課題を多角的に考察させることによって、<u>**歴史的思考力を培い**</u>、国際社会に主体的に生きる日本人としての自覚と資質を養う。 ○**世界史B** 　世界の歴史の大きな枠組みと流れを、我が国の歴史と関連付けながら理解させ、文化の多様性と現代世界の特質を広い視野から考察させることによって、<u>**歴史的思考力を培い**</u>、国際社会に主体的に生きる日本人としての自覚と資質を養う。
2009年／第八次改訂 （現行版）	○**世界史A** 　近現代史を中心とする世界の歴史を諸資料に基づき地理的条件や日本の歴史と関連付けながら理解させ、現代の課題を歴史的観点から考察させることによって、<u>**歴史的思考力を培い**</u>、国際社会に主体的に生きる日本国民としての自覚と資質を養う。 ○**世界史B** 　世界の歴史の大きな枠組みと流れを諸資料に基づき地理的条件や日本の歴史と関連付けながら理解させ、文化の多様性・複合性と現代世界の特質を広い視野から考察させることによって、<u>**歴史的思考力を培い**</u>、国際社会に主体的に生きる日本国民としての自覚と資質を養う。

出典：国立教育政策研究所「学習指導要領データベース」(http://www.nier.go.jp/guideline/index.htm．2016年3月6日確認) をもとに、筆者が作成した。太字（下線）は筆者による。

第2項　歴代学習指導要領における歴史的思考力に関する先行研究の整理と分析

　学習指導要領世界史の変遷や特徴についての研究として、吉田寅[8]、星村平和[9]、有田嘉伸[10]、木下康彦[11]、原田智仁[12]、鳥山孟郎[13]による研究がある。これらの研究は、それぞれの論考が執筆された時期に改訂された学習指導要領を一つの到達点として位置付け、それ以前の学習指導要領における世界史の変遷や特徴、学習課題を分析することで、科目としての世界史の性格や世界史に期待される教育的意義を明らかにすることを目的とした研究であった。これらの研究は歴史的思考力自体を直接の研究対象としたものではないが、それぞれの時期の学習指導要領における改訂の趣旨との関連性において、歴史的思考力の意義や期待される役割について論述している。

　歴史的思考力という概念が学習指導要領世界史において着目されたのは、

1960年改訂の世界史B[14]において、主題学習が登場したことによってであった。そこでは、主題学習を「適当な主題を選び、政治的、経済的、社会的な観点から総合的に学習させる」[15]方法として定義していた。有田嘉伸は、1960年改訂の世界史の特徴として、主題学習の導入を挙げるとともに、歴史的思考力を育成し創造性の陶冶を目指す学習方法として、主題学習に大きな期待を表明した[16]。また、星村平和も高等学校で社会科が地歴科と公民科に再編成されたのを期に（1989年）、それまでの社会科世界史を総括して1960年改訂を社会科世界史の完成前期、1970年改訂を完成期とそれぞれ位置付け、主題学習が導入された1960年改訂を、文化圏学習が導入された1970年改訂とともに社会科世界史の典型（＝完成期）として評価した[17]。どちらの論考でも、主題学習の導入を、系統主義的通史学習を補完し歴史的思考力を育成するための手立てとして位置付けている。

学習指導要領における歴史的思考力を直接に取り扱った研究は極めて少ない。筆者の瞥見の限りでは、戸井田克己[18]、玉置さよ子・山下健[19]によるものがある。

戸井田は、1956年改訂から1999年改訂までの社会科・地歴科世界史と1989年改訂から1999年改訂までの地歴科日本史の学習指導要領及び学習指導要領解説における歴史的思考力に関する記述を検討した。そして、学習指導要領での歴史的思考力の説明が断片的で明確な定義がなされて来なかったため、歴史的思考力に関わる議論が進展しないことを指摘した[20]。玉置・山下は、米国の歴史教育全米センター（National Center for History in the Schools）が1994年に作成し、1996年に改訂した歴史の「全米指導基準」[21]に示された歴史的思考を手がかりにして、歴史的思考力の概念化（定義化）と活用方法の検討を行った。そして、現行学習指導要領世界史Bの主題学習に歴史の「全米指導基準」の歴史的思考を適応した思考力育成型主題学習の構想を提案した[22]。筆者も歴史的思考力をスキルとして位置付けるとともに、歴史の「全米指導基準」の歴史的思考を観点別評価の「思考・判断」に取り入れること

を提案した[23]。

　先行研究の整理から、歴代学習指導要領において歴史的思考力に関する定義がほとんど行われて来なかったことが歴史的思考力に関する議論の進展を妨げてきたことや、歴史的思考力の育成は主題学習を通して行うことが目指されていた点が確認できた。とりわけ、世界史が社会科のもとで系統主義的通史学習として確立する中で、主題学習は歴史的思考力の育成を担う目的で導入され、系統主義的通史学習を補完する役割が期待されていたことが確認できた。また、社会科の地歴科と公民科への再編成（1989年改訂）以後の世界史では、歴史的思考力を思考のスキルとしてとらえて活用していくことが提案されるなど、世界史学習における歴史的思考力の位置付けや役割の変化が確認できた。

第2節　経験主義社会科期の学習指導要領における歴史的思考力

　日本の社会科教育史においては、1947年と1951年改訂の学習指導要領に示された社会科は初期社会科と呼ばれ、経験主義社会科の典型として位置付けられている[24]。本節では、1947年の高等学校社会科東洋史・西洋史（ともに試案）と、1951年改訂の社会科世界史（試案）における歴史的思考力の特徴と役割を検討する。

第1項　学習指導要領社会科東洋史（試案）・西洋史（試案）（1947年）

　学習指導要領（試案）一般編が1947年3月に発表された時には、高等学校社会科にはまだ世界史という科目は存在せず、その前身としての東洋史と西洋史が設置された。同年7月に学習指導要領東洋史（試案）（以下「東洋史（試案）」と略記する）が、また10月には学習指導要領西洋史（試案）（以下「西洋史（試案）」と略記する）が発表された[25]。東洋史（試案）は五単位、西洋史（試案）は六単位の選択科目であり、単元は世界の歴史を通観するテーマから構

成されていた。東洋史（試案）と西洋史（試案）は、それぞれ、以下の単元から構成された(26)。

東洋史（試案）の単元構成
単元1　東洋の文化はどのようにして成立したか。
単元2　東洋の文化はどのように拡充したか。
単元3　庶民生活はどのように向上したか。
単元4　古い東洋はどのように老成したか。
単元5　東洋の近代化はどのように進んでいるか。

西洋史（試案）の単元構成
単元1　どのようにして人間が発生し、文明状態にまで達したか。
単元2　古典文明はどのようにして発生したか。また、それはどのようなものであったか。
単元3　西欧中世世界はどのようにして形成され、また、どのように展開していったか。
単元4　どのようにしてヨーロッパの人間精神は解放され、ヨーロッパ世界は拡大されたか。
単元5　近代民主主義はどのようにして発生し、また発展したか。それは国々においてどのように現れ方が違っていたか。また、それはどのような結果をもたらしたか。
単元6　帝国主義とは何か。それはどんな原因によって形成され、世界史の上でどんな結果を生んだか。

　東洋史（試案）、西洋史（試案）のそれぞれの単元は「要旨」「目標」「教材の範囲」「学習活動の例」「参考書の例」(27)から構成されており、1956年改訂以後の系統主義のもとで一般化する時系列に沿った通史学習の形態はまだ採用されていなかった。

東洋史（試案）に掲げられた「はじめのことば」（下記を参照）では、歴史学習における暗記主義、詰め込み主義を強く批判していた。

> 従来はややもすると、<u>歴史を暗記物などと称し、史実を暗記するものと誤解する傾向があったが、それはもちろん誤りである。歴史もやはりこれを了解し体得すればよいのであって、決して理解できない知識を詰め込むものではない。</u>了解した事項で暗記していないことがあれば、必要な参考書について確かめればよいのである。教科書ももちろんそういう意味の一参考書であって、これを丸暗記する必要はない。今後の教科書がやや詳細にわたって部厚くなるのもそのためである。たびたび参考し、理解している中には、必要なことだけは自然に記憶に残るものである[28]（筆者下線）。

また、「学習活動の例」では、作図、写真あるいは模造品の展観、図書の調査、口頭報告、報告書の作成、討論、伝記の作成、生活の復原と描写、見学及び実地調査など、様々な活動が企図された[29]。一例を挙げるならば、西洋史の「単元2　古典文明はどのようにして発生したか。また、それはどのようなものであったか」においては、以下の活動（表2－3「学習指導要領

表2－3　学習指導要領社会科西洋史（試案）に例示された活動[30]

○参考文献を読んで、ギリシア人・ローマ人の服装を男・女・僧侶・兵士・貴族・奴隷・競技者・皇帝などに分けて、各自あるいはいくつかの組に分かれて調べ、その結果を報告し合うこと。
○自分たちの郷土には、ギリシア式建築と見られるものがないであろうか、あればそれを写生し、それが何様式であるかを調べること。またわが国には、それがいつどのようにして入って来ているであろうかを調べること。
○シェークスピアの「ジュリアス＝シーザー」あるいは「アントニーとクレオパトラ」の一場面を劇にすること。
○黄金時代のアテネ市を見学したと仮定して、その印象を友人あての手紙にしてみること。

社会科西洋史（試案）に例示された活動」）が示されていた。

世界史の内容を、表2－3のように、課題を調べて得られた成果を絵や劇にしたり手紙に表現したりすることは、今日の活動と比べても何ら遜色なく、そこには、系統主義の元で一般化する知識蓄積型・知識再生型の世界史授業のイメージとは異なる授業の姿を発見できる。学習指導要領（試案）の東洋史および西洋史には、歴史的思考力という文言は使用されてはいないが、歴史的思考力を育む活動と言える内容が単元レベルの中で具体化されており、今日から見てもその内容の豊かさに驚かされる。

第2項　学習指導要領社会科世界史（試案）（1951年改訂）

文部省は、1948年10月に新制高等学校教科課程の改正についてを発表し、社会科の科目としての世界史が誕生し、授業は1949年4月から開始されることになった。

高等学校で世界史の授業が始まった1949年には、世界史の学習指導要領はまだ作成されていなかった。1951年12月に「中学校高等学校学習指導要領社会科編Ⅰ中等社会科とその指導法（試案）」が、また1952年3月に「中学校・高等学校学習指導要領社会科編Ⅲ（a）日本史（b）世界史（試案）」が発表され、ここに世界史の初めての学習指導要領が誕生し、五単位で実施されることになった。

歴史的思考力は、「中学校・高等学校学習指導要領社会科編Ⅲ（a）日本史（b）世界史（試案）」の世界史「特殊目標」の中に「世界史の発展と動向とを、くりかえし理解することによって、歴史的思考力を訓練し、現代社会の諸問題を理性的に批判し、正確に判断する能力を養うこと」[31]（筆者下線）という表現で登場したが、その内容を説明する文言は同書の中に見られなかった。この時の改訂では、歴史的思考力は中学校日本史や高等学校日本史の「特殊目標」には用いられておらず、世界史のみで用いられた。

また、歴史的思考力の育成については、「中学校・高等学校学習指導要領

社会科編Ⅲ（a）日本史（b）世界史（試案）」の「まえがき（高等学校社会科における歴史教育）」において、以下のように説明されていた。

　（前略）（社会科歴史の学習法は、―筆者挿入―）現実の社会の中に存在する種々の課題に対し、それぞれの生徒が歴史的に、総合的・発展的に、これを考え、やがて、これを解決するに必要な能力と知識・態度を養成するように、一言にしていえば、歴史的思考力を養成するという方向に、学習をくふうすべきである。こうした目的達成のためには、生徒自身が、自分を含めた社会の中に存在する問題を、みずからの力によって、理解し、解決する能力を育成するための学習でなければならず、そのためには、生徒の自主的活動をじゅうぶんに取り入れるべきであって、かってのように、教師が生徒に歴史事実の暗記をおしつけるだけのような学習態度は、当然否定されなければならない[32]（筆者下線）。

世界史最初の学習指導要領（試案）では、東洋史（試案）、西洋史（試案）ともに、歴史学習における暗記の強制を戒めるとともに、生徒の自主的な活動を提案していた。そして、そのための学習方法として問題解決学習の必要性をあげ、四種類の「参考単元事例」を示した[33]。

第3項　経験主義社会科期の学習指導要領における歴史的思考力の特徴

歴史的思考力という概念は、世界史最初の学習指導要領から現行学習指導要領まで一貫して「目標」（1951年改訂では「特殊目標」）に登場してきた基幹概念であり、生徒に育成すべき基本能力であった。歴史的思考力の定義については、その概念が初めて登場した1951年改訂では説明されていないものの、暗記主義や詰め込み主義への警鐘として世界史学習を象徴する理念としての役割を果たすものであった。

また、世界史の前身である東洋史（試案）、西洋史（試案）では、「学習活

動の例」として、報告書の作成、討論、見学及び実地調査などの活動が企図されており、歴史的思考力育成のための具体的な内容や方法が示されていた。その内容は、今日から見ても新鮮であり、今後の世界史学習の事例としても大いに参考になる。戦後の一時期とはいえ、生徒の主体的な活動を促す豊かな歴史学習が計画されていたことは新鮮な驚きであった。

第3節　系統主義社会科期の学習指導要領における歴史的思考力

　高等学校では、1956年改訂で「試案」という言葉が学習指導要領から削除され、1960年改訂からは官報告示となった。学習指導要領の性格は、この二度の改訂（1956年、1960年）を経て、経験主義から系統主義へと転換した。

第1項　学習指導要領社会科世界史（1956年改訂）

　1956年の改訂では、世界史の単位数は五単位から四単位に減じられた。世界史の目標として、世界史は「中学校におけるこれらの学習の成果をじゅうぶん生かしながら、世界史をより深く、科学的、系統的に理解させ」[34]（筆者下線）ることが強調された。「歴史的思考力」は、八項目からなる世界史「目標」の一つとして「世界史の発展を科学的、系統的に理解することによって、歴史的思考力を育て、現代社会の諸問題を、世界史的立場から、客観的に批判する能力と態度とを養う」[35]（筆者下線）と表現されるなど、科学的、系統的学習が重視されることになった。また、1951年改訂にあった単元の例示はなくなり、問題解決学習、単元学習に代表される経験主義の性格は1956年改訂で大きく後退することになった。この改訂以後、歴史的思考力の育成は系統主義に基づく通史学習のもとで目指されることになった。また、ここでの歴史的思考力は経験主義社会科期のそれとは異なり、系統的な知識や理解を基礎としての歴史的見方・考え方を示すものとして位置付けられることになった。

第2項　学習指導要領社会科世界史（1960年改訂、1970年改訂、1978年改訂）

　高等学校では、学習指導要領が1960年改訂から官報告示となり、法的拘束力を有し基準性が強化されることになった。1960年改訂では、世界史は三単位の世界史Ａと四単位の世界史Ｂが設けられた[36]。世界史Ａと世界史Ｂは「目標」「内容」はほとんど同じであり、両者の違いは単位数の多い世界史Ｂについては「世界史Ａの場合よりも深めて取り扱う」[37]こととされた点である。世界史Ａ、世界史Ｂともに「目標」は七項目が列挙されていた。

　歴史的思考力については、世界史Ａでは「世界史の発展に関する基本的事項を系統的に理解させ、現代社会の歴史的背景をはあくさせて歴史的思考力をつちかい、民主的な社会の発展に寄与する態度とそれに必要な能力を養う」[38]（筆者下線）と、また、世界史Ｂでは「世界史の発展に関する基本的事項を系統的に理解させるとともに、現代社会の歴史的背景をはあくさせ、特に政治、経済、社会、文化などの関連について総合的に考察させることによって、歴史的思考力を深め、民主的な社会の発展に寄与する態度とそれに必要な能力を養う」[39]（筆者下線）となっている。

　1960年改訂においても、1956年改訂と同様に、歴史的思考力は系統主義に基づく通史学習のもとでの育成が目指されていた。とりわけ、単位数の多い世界史Ｂでは歴史的思考力をより一層深めることが求められた。そのための手段として、世界史Ｂでは「シルクロードと東西交渉、イギリスの議会政治の発達、西部開拓と南北戦争、露土戦争と列強の世界政策、ワイマール体制とその崩壊などのような適当な主題を選び、政治的、経済的、社会的な観点から総合的に学習させる」[40]ことが例示されていた。主題学習は系統的通史学習を補完するための学習理論として提案されたものであり、特定の歴史内容に主体的に取り組ませることで生徒の主体性を引き出すとともに歴史的思考力を育もうとするものであった。

　1970年改訂において、社会科世界史は世界史Ａと世界史Ｂの区別が廃止さ

れて、標準単位三の世界史に一本化された。そして、前近代の世界に東アジア文化圏、西アジア文化圏、ヨーロッパ文化圏が設定され、文化圏学習が導入されることになった。1970年改訂では、主題学習を進める上の配慮事項の一つとして、「地域ごとの比較考察的な、あるいは地域相互の関連的な学習のできるもの」[41]が挙げられるなど、主題学習は文化圏学習の中で進められることになった。

　1978年改訂では、世界史は標準単位が四（1970年改訂よりも一単位分の増単位）となり、主題学習と文化圏学習が継承された。また新たに、文化人類学の成果が現代の諸地域の社会と文化の学習に取り入れられることになった。1978年改訂による主題学習と文化圏学習の定着化によって、西洋史と東洋史の寄せ集めとして出発した社会科世界史が教科・科目としての完成をみることになったとの評価がある[42]。

　有田は、主題学習を歴史的思考力を育成し創造性の陶冶をめざす学習と位置付け、学習指導要領が系統的通史学習に転換する中で、初期社会科の単元学習を継承したものであるとし、社会科本来の学習法として高く評価した[43]。主題学習は生徒の世界史学習の関心を涵養したり歴史的思考力を培ったりするための学習法として、学習指導要領の社会科世界史（1978年改訂）および地歴科世界史（1989年、1999年、2009年改訂＝現行版）の中にも一貫して取り入れられていった。

　しかし、原田智仁[44]によれば、主題学習の理論研究と実践は1970年頃をピークに、以後形骸化が進んだという。形骸化の背景には、主題学習が系統的通史学習を補完するために置かれたこともあり、教師の意識の中には系統的通史学習で生徒の歴史的思考力が高められるならば、あえて主題学習を実施する必要性はないとの考えがあったことが指摘されている。また、受験競争の激化の中で、系統的通史学習のための時間確保が優先され、主題学習を実施する余裕が高等学校現場にはなかったことも挙げられている。

第3項　系統主義社会科期の学習指導要領における歴史的思考力の特徴

　系統主義社会科期においても、歴史的思考力の文言は「目標」内の重要項目の一つとして設けられていた。系統主義の元では、世界史の発展を科学的、系統的に理解することが重要となり、歴史的思考力は系統的通史学習を通して世界史の構造や発展、因果関係を認識するための教科・科目固有の能力として認識された。系統主義の元での歴史的思考力は経験主義の元でのそれとは異なり、歴史的見方や考え方を示すものとして位置付けられた。

　1960年改訂の世界史Bにおいて主題学習が導入され、主題学習は歴史的思考力の育成と歴史認識の創造性を高めるための学習方法として位置付けられた。主題学習は、導入当初には初期社会科の単元学習を継承する学習方法として評価され、歴史的思考力育成の手立てとして大きな期待が寄せられた。その結果、歴史的思考力は、主題学習のもとで歴史の総合的考察を深めるための役割が期待されるとともに、世界史の構造や発展、因果関係を認識したり深い理解を達成したり、系統的通史学習のもとで増大した世界史知識の整序を行ったりするための能力として見なされた。しかし、主題学習は高等学校現場に普及・定着することはなく、1970年代に入ると次第に形骸化していった。そして、学校現場では、歴史的思考力を系統的通史学習のもとで内容整序を行うための能力としてとらえる考え方が強化されていくことになった。

第4節　社会科から地歴科への再編成と地歴科世界史における歴史的思考力

　1989年改訂により、小学校、中学校、高等学校の12年間に及ぶ社会科は、生活科（小学校1・2年）、社会科（小学校3年〜中学校3年）、地歴科・公民科（高等学校1年〜3年）の三段階に再編成されることになった。高等学校では、国際化に対応した教育課程の編成というねらいから地歴科が誕生し[45]、標準単位二単位のA科目、標準単位四単位のB科目から構成されることになっ

た。この時、世界史は地歴科共通の必履修科目として位置付けられ、地理と日本史は選択科目となった。

第1項　学習指導要領地歴科世界史（1989年改訂、1999年改訂）

　1989年改訂では、世界史Aの「目標」として「現代世界の形成の歴史的過程について、近現代史を中心に理解させ、世界諸国相互の関連を多角的に考察させることによって、歴史的思考力を培い」[46]（筆者下線）、また世界史Bの「目標」として「現代世界の形成の歴史的過程と世界の歴史における各文化圏の特色について理解させ、文化の多様性・複合性や相互交流を広い視野から考察させることによって、歴史的思考力を培い」[47]（筆者下線）となった。
　1999年改訂でも、世界史の「目標」は、世界史Aでは「近現代史を中心とする世界の歴史を、我が国の歴史と関連付けながら理解させ、人類の課題を多角的に考察させることによって、歴史的思考力を培い」[48]（筆者下線）、世界史Bでは「世界の歴史の大きな枠組みと流れを、我が国の歴史と関連付けながら理解させ、文化の多様性と現代世界の特質を広い視野から考察させることによって、歴史的思考力を培い」[49]（筆者下線）となるなど、「目標」における歴史的思考力の位置付けは、1989年改訂と同じであった。また、歴史的思考力を培うための手立てとして、主題学習が位置付けられた。この時、『高等学校学習指導要領解説　地理歴史編』の世界史Aの「目標」についての解説の中で、歴史的思考力を「世界の構造や成り立ちを歴史的視野から考察する能力」[50]とする記述が登場した。これは、簡略な表現であるが、世界史の学習指導要領および学習指導要領解説における歴史的思考力の規定に関する言及であった。

第2項　学習指導要領地歴科世界史（2009年改訂＝現行版）

　2009年改訂の現行学習指導要領地歴科のもとでも、1999年改訂の世界史Aの「目標」における解説の中での歴史的思考力の説明を踏まえて、世界史は、

歴史的思考力を育成するための方策として、探究の充実が図られることになった。本来、歴史的思考力の育成は世界史の全学習過程を通じて実現されるべきものであるが、その中でも特に中核として位置付けられたのが主題学習であった。現行学習指導要領のもとでは、主題学習を探究という学習活動と結び付けることによって、教育的意義が一層明確なものになったと言える。

では、現行学習指導要領地歴科の世界史Ａ、世界史Ｂにおける主題学習を取り上げ、その意義と方法を整理して歴史的思考力の意味と位置付けの変化について分析する。

（１）学習指導要領（現行版）地歴科世界史Ａにおける主題学習

世界史Ａでは、主題学習が大項目（１）の「ア　自然環境と歴史」、「イ　日本列島の中の世界の歴史」及び大項目（３）の「オ　持続可能な社会への展望」に置かれた。その結果、主題学習は世界史学習の入り口（導入の時期）と出口（まとめの時期）で、それぞれ実施されることになった（表２－４「地歴科世界史Ａにおける主題学習と取扱い上の留意点」を参照）。

大項目（１）は現行学習指導要領の新設項目であり、地理や日本史との関連付けに留意し、これからの世界史学習への興味・関心を高め、世界史学習の意義に気付かせる内容構成となっている。また、導入時期の学習であることにも配慮して実施することになった。そのため、教師が生徒の学習体験や興味・関心に基づいて適切な主題を設定し、考察の進め方を生徒に示しながら指導することになる。その際、中学校社会科で実施されている「地図や写真などを読み取る活動」や「年表や地図などに表す活動」が取り入れられた[51]。そして、地図・写真を解読したり年表・地図を用いて表現したりするなどの技能を世界史学習の基本的技能として位置付けた。

また、世界史学習の最後に大項目（３）の「オ　持続可能な社会への展望」（中項目）が置かれ、学習全体のまとめとして位置付けられた。ここでの主題学習は、生徒自身が大項目（３）のアからエまでの中項目に示された事項を

表2－4　地歴科世界史Aにおける主題学習と取扱い上の留意点

大項目の名称	中項目の名称	学習の目的	活動の方法	主題の設定者
（1）世界史へのいざない	ア　自然環境と歴史 イ　日本列島の中の世界の歴史	世界史学習の基本的技能に触れさせるとともに、地理と歴史への関心を高め、世界史学習の意義に気付かせる。	・主題を設定し、考察する活動 ・アは導入時期に、イは適切な時期に実施 ・アは地図や写真などを読み取る活動 ・イは年表や地図などに表す活動	教師が主題を設定する
（2）世界の一体化と日本	該当項目なし	—	—	—
（3）地球社会と日本	オ　持続可能な社会への展望	世界の人々が協調し共存できる持続可能な社会の実現について展望させる。	・主題を設定させ、探究する活動	生徒が主題を設定する

出典：筆者が、文部科学省（2010）『高等学校学習指導要領解説　地理歴史編』教育出版　pp.14-24　から作成。

参考にして現代世界の特質や課題に関わる主題を設定して探究し、持続可能な社会の実現について展望することをねらいとしている[52]。探究とは、「生徒の発想や見方、疑問をもとに生徒自らが主題を設定し、これまでに習得した世界史の知識、技能を用いながら、歴史的観点から諸資料を活用して主体的に考察する活動」[53]と規定された。現行学習指導要領では、世界史学習における探究は世界史A、世界史Bとも共通に、図2－1「学習指導要領（現行版）地歴科世界史A、世界史Bにおける探究」で示した活動として位置付けられた。

　従前の主題学習では、主題のテーマは学習指導要領に具体的に例示されていたが、現行学習指導要領の探究活動では例示されておらず、生徒自らがテ

図2－1　学習指導要領（現行版）地歴科世界史Ａ、世界史Ｂにおける探究

文部科学省（2010）『高等学校学習指導要領解説　地理歴史編』教育出版　pp.14-24　から、筆者が作成した。学習指導要領および同解説では、史資料を表す用語として「（諸）資料」を用いているので、本図ではそれに従って表記した。

ーマを設定することになった。生徒がテーマを設定するにあたっては、各自がオリジナルな「問い（仮説）」を立てることが必要となり、それぞれの「問い（仮説）」に対する多様な解釈に基づく「解」を導くことが期待されている。また、「解」を検証するための証拠として、史資料の活用が不可欠なものとして位置付けられている。ここで示された探究の過程は、デューイの「反省的思惟（反省的思考）」[54]と呼ばれている思考と同様の側面あるいは局面をたどることになる。すなわち、（1）「示唆」、（2）「知的整理」、（3）「指導観念、すなわち仮説」、（4）「推論すること」、（5）「行動による仮説の検証」のうち、（5）を除く側面あるいは局面である。歴史的思考力の内実として、史資料にアクセスしそれを批判的に解釈していく力、すなわち、歴史リテラシ

ーに係わる資質・能力が重要であるということが示されている。

(2) 学習指導要領（現行版）地歴科世界史Bにおける主題学習

現行の学習指導要領世界史Bでは、主題学習が五つの大項目すべてに設けられ、歴史的見方や考え方を深化させるとともに、歴史的思考力を培うことが目指されることになった（「表2-5　地歴科世界史Bにおける主題学習と取扱い上の留意点」を参照）。世界史Bでは、主題学習が「内容」のすべての大項目の中に独立した項目（中項目）として置かれている。従前、主題学習は「内容の取扱い」の中に置かれていたが、今次改訂では「内容」に格上げして位置付けられることになり、主題学習の重要性が一層強調されることになった。

世界史Bでの主題学習は、三つの段階的な活動から構成されている。まず大項目（1）のア、イ、ウでは、教師が主題を設定して考察する活動が置かれた。次に大項目（2）のエ、（3）のエ、（4）のオでは、教師が時間軸、空間軸、史資料（学習指導要領の用語では、「資料」）の解読などにかかわる主題をそれぞれ設定して追究する活動が設けられた。最後に大項目（5）のオでは、世界史学習の総まとめとして、生徒に主題を設定させて探究する活動が設けられ、持続可能な社会を展望させることになった。

では、三つの活動をみてみよう。まず、考察する活動は、自然環境と人類の活動にかかわる主題、日本の歴史と世界の歴史のつながりにかかわる主題、日常生活にみる世界の歴史にかかわる主題から構成されていた。ここでは、中学校社会科との連続性に配慮し、三つの主題（中項目）すべてを扱うことになった[55]。また、この活動が導入時期の学習であることに配慮するとともに、これから始まる学習への興味・関心が高められるように、教師は主題を設定し、生徒に考察の過程を示しながら指導するなどの工夫が求められた。

次に、追究する活動は、大項目（2）から（4）までのそれぞれの大項目の内容に即して教師が主題を設定し、その成果を時間的、空間的つながりに

表2−5　地歴科世界史Bにおける主題学習と取扱い上の留意点

大項目の名称	中項目の名称	学習の目的	活動の方法	主題の設定者
（1）世界史への扉	ア　自然環境と人類のかかわり イ　日本の歴史と世界の歴史のつながり ウ　日常生活にみる世界の歴史	地理と歴史への関心を高め、世界史学習の意義に気付かせる。	・主題を設定し、考察する活動 ・アは導入時期に、イ・ウは適切な時期に実施	教師が主題を設定する
（2）諸地域世界の形成	エ　時間軸からみる諸地域世界	世界史を時間的なつながりに着目して整理し、表現する技能を習得させる。	・主題を設定し、追究する活動	教師が主題を設定する
（3）諸地域世界の交流と再編	エ　空間軸からみる諸地域世界	世界史を空間的なつながりに着目して整理し、表現する技能を習得させる。		
（4）諸地域世界の結合と変容	オ　資料からよみとく歴史の世界	資料を多面的・多角的に考察し、よみとく技能を習得させる。		
（5）地球世界の到来	オ　資料を活用して探究する地球世界の課題	資料を活用し表現する技能を習得させるとともに、これからの世界と日本の在り方や世界の人々が協調し共存できる持続可能な社会の実現について展望させる。	・主題を設定させ、探究する活動	生徒が主題を設定する

出典：筆者が、文部科学省（2010）『高等学校学習指導要領解説　地歴編』教育出版　pp.29-47から作成。学習指導要領および同解説では、史資料を表す用語として「資料」を用いているので、本表ではそれに従って表記する。

着目して年表や地図に整理し表現したり（大項目（2）のエ、同（3）のエ）、史資料を多面的・多角的に考察し、よみといたりする（大項目（4）のオ）などの歴史学習の技能を習得させるものであった[56]。これらの活動によって習得される技能が、現行の学習指導要領のもとで初めて世界史学習の基本的技能として位置付けられることになった。今次改訂では、これらの技能の習得を通して、歴史的思考力を培うとともに、言語活動の充実を図ることが目指されている。

　最後に、探究する活動は、大項目（5）のオが該当する。この項目は世界史学習全体のまとめに当たることに留意し、指導計画の最後に実施することが望ましいとされている。また、この活動には具体的な主題や事例は示されていない[57]。その理由は、生徒自身がこれまでの学習の成果を踏まえ、主題を自由に設定できるようにしたためであり、探究という活動の趣旨を明確に示すものとなっている。

第3項　社会科から地歴科・公民科への再編成と地歴科世界史における歴史的思考力の特徴

　高等学校における社会科の再編成と地歴科・公民科の誕生、および地歴科における世界史の必履修化（1989年改訂の学習指導要領）は、「国際化」に対応した教育課程という趣旨から誕生した[58]。現行学習指導要領のもとで、世界史Aと世界史Bが共に、導入時期のオリエンテーション的な学習から、世界史学習の基本的技能を習得するための学習を経て（世界史Aでは、世界史学習の基本的技能の習得は導入期の学習に含まれる）、学習のまとめとしての探究まで、主題学習のレベルが低次から高次へと段階的、継続的に設定されており、年間指導計画に基づいて計画的に実施することが目指されることになった。

　とりわけ世界史Bにおける主題学習は、考察、追究、探究する活動の三段階が設定されている。現行学習指導要領の改訂趣旨が思考力・判断力・表現力の育成をはかることであるならば、考察、追究、探究する活動という「主

題学習」の三段階は、「世界史学習への興味・関心」の涵養（考察する活動）、「歴史学習の基本的技能」の習得（追究する活動）、「資料を活用しての探究」体験（探究する活動）という歴史的思考力の内容とその効果的な育成方法の手順を示したものとしてとらえることが出来る。特に「歴史学習の基本的技能」の習得として設定された、時間的、空間的つながりに着目して年表や地図に整理し表現したり、史資料を多面的、多角的に考察し、よみといたり（解釈したり）するなどの活動は、歴史的思考力をスキルとしてとらえたものと言える。考察、追究、探究する活動として段階的、継続的に設定された主題学習は、まさに歴史リテラシーを習得するための効果的学習の手順を示したものであると言える。

　世界史Bの現行学習指導要領で示された考察、追究、探究する活動からなる三段階の主題学習を運用する上で、安彦忠彦の提案は有益であり示唆に富む。安彦は、資質・能力の育成をめざした授業づくりの方法を提案する中で、「習得」「活用」「探究」の三つのレベルを設定し、思考力・判断力・表現力の「活用」を、基礎的、基本的知識・技能の「習得」から自ら主題を設定して行う「探究」への架橋として位置付けるとともに、「活用」を「活用Ⅰ」と「活用Ⅱ」の二段階に分けて設定した[59]。まず、「活用Ⅰ」は教師主導で学習者全員に経験させ習得させる段階とした。次に、「活用Ⅱ」は教師が誘導しながらも学習者にそれを実施させる段階とした。そして、「活用Ⅰ」を基礎とし、「活用Ⅱ」を「探究」への架橋として位置付けている。

　現行学習指導要領で示された世界史Bの主題学習の内、考察する活動と追究する活動は世界史に関わる知識と技能の「習得」と「活用」をそれぞれ目指すものである。考察する活動は「活用Ⅰ」に、追究する活動は「活用Ⅱ」に概ね該当しており、とりわけ追究する活動は探究する活動への橋渡しの役割を果たすことが期待されている。

　世界史Bでの考察、追究、探究する活動の、三つのレベルからなる主題学習の登場は、系統的通史学習の元で確立した世界史の構造や発展、因果関係

を認識する能力観とは異なる歴史的思考力の考え方を示すもので有り、歴史的思考力の研究に新しい地平を拓くものとして着目される。今後の課題として、生徒が考察する活動、追究する活動を踏まえて、探究する活動をどのように実践できるか、また、教師が探究する活動を検証するために有効な評価方法を準備出来るかが、重要な鍵になって来よう。

小括

　本章では、歴史的思考力という概念が高等学校社会科及び地歴科の世界史でどのように取り扱われてきたのかを、歴代学習指導要領の分析を通して検討を行った。その結果、以下のことが明らかにできた。

　歴史的思考力は、世界史最初の学習指導要領（試案）（1951年改訂）の「特殊目標」に登場して以来、現行学習指導要領に至るまで一貫して用いられて来た基幹概念である。しかし、「大綱的な基準」を示すとされる学習指導要領の性格の故に、歴史的思考力の規定は、学習指導要領および同解説において、これまでほとんど行われて来なかった。

　また、本章では、歴代学習指導要領を通観することを通して、歴史的思考力の性格や扱い方が経験主義社会科の時期、系統主義社会科及び教育の現代化の時期、地球化（グローバリゼーション）に対応しての地歴科再編成以後の時期の、三時期で異なっていたことを明らかにできた。

　まず、経験主義社会科の時期では、歴史的思考力は戦前の硬直化した歴史学習への批判として、歴史的思考力は暗記主義や詰め込み主義への警鐘の意味を持ち、新教科・新科目である社会科世界史を象徴する理念としての役割を果たしていた。当時の学習指導要領を見ると、問題解決学習に基礎を置く学習方法は、今日から見ても大変魅力的であった。そこには、歴史的思考力育成のための授業の内容や方法が具体的に示されており、今日の世界史学習の事例としても十分に参考になるものであった。しかし、学習指導要領の性

格が経験主義から系統主義へと転換する中で、このような学習事例が学習指導要領から姿を消していったことは残念なことであった。

次に、系統主義社会科及び教育の現代化の時期では、世界史の学習方法として系統的通史学習が一般化することになった。1960年改訂の学習指導要領世界史Bにおいて、主題学習が歴史的思考力を育成するための方法として導入された。そこでの歴史的思考力は、主題学習のもとで歴史の総合的考察を深めるための能力として位置付けられた。しかし、高等学校現場では、主題学習は普及せず、1970年代に入ると次第に形骸化していくことになった。その後の学習指導要領でも主題学習は存続したが、学校現場に定着することはなかった。歴史的思考力は膨大な世界史の知識を整序し、世界史の構造や発展、因果関係を認識する能力として認識された。その結果、歴史的思考力は経験主義の時期とは異なり、系統的通史学習のもとでの歴史的知識や概念を整序するための歴史的見方・考え方を示すものとして位置付けられることになった。今日、歴史的思考力の定義として定着している「歴史を構造的に理解する力」と見なす見方は、系統的通史学習の普及を通じて、学校現場に定着していった考え方として位置付けることができる。

最後に、地球化(グローバリゼーション)に対応しての地歴科再編成以後の時期では、歴史的思考力は歴史リテラシーにかかわる資質・能力として、新たな意味付けがなされることになった。現行学習指導要領では、時間的、空間的つながりに着目して年表や地図に整理し表現したり、史資料を多面的、多角的に考察し、よみといたり（解釈したり）するなどの技能の習得や、学習者自らが主題を設定して史資料を活用して主題の「解」を探究したりするなどの活動が設定された。歴史的思考力のとらえ方は、現行学習指導要領の下で、系統主義的通史学習での内容整序の方法に重きを置く従来の見方（歴史を構造的に理解する力）から、歴史リテラシーにかかわる新たな資質・能力としてとらえる見方へと、その重心がシフトしている。その結果、喫緊の課題として、歴史的思考力をめぐるこのような地殻変動に対応した新たな学習論やカリキュラム開発の検

討が必要になって来たと言える。

註

（1）「学習指導要領とは何か？」（文部科学省「新学習指導要領の基本的な考え方」）（http://www.mext.go.jp/a_menu/shotou/new-cs/idea/1304372.htm　2013年7月26日確認）。
　　学習指導要領は、「アメリカの教科学習の大筋を示すコース・オブ・スタディ（Course of Study）の訳語であり、児童生徒の学習を教師が指導するという戦後新教育の教育観を含めた適切な意訳」［大森照夫（1986）『新社会科教育基本用語辞典』明治図書　p.88。以下『新社会科辞典』と略記する］である。日本の学校教育行政では、教科・科目の目標や内容構成の大綱は学習指導要領で定められ、教科書は学習指導要領に準じて執筆・編集されることになっている。
（2）現行（2009年改訂）学習指導要領を含む歴代学習指導要領に示された社会科及び地歴科の性格による段階的分類としては、森茂岳雄　大友秀明　桐谷正信編（2011）『新社会科教育の世界－歴史・理論・実践－』梓出版社　が詳しい。同書では、①初期社会科（1947年、1951年改訂）、②経験主義から系統主義への転換（1956年改訂、1960年改訂）、③「覚える社会科」から「考える社会科」への転換（1970年改訂、1978年改訂）、④社会科の解体と再編（1989年改訂、1999年改訂）、⑤現行学習指導要領（2009年改訂）の五つの段階に分けている（同上書　pp.30-53　pp.54-82）。本研究では、②と③の時期については世界史の内容及び方法の面での大きな相違がないため、また①と⑥の時期については地歴科という教科で括れるため、それぞれ一つにまとめ、三段階に整理することにした。
（3）歴代学習指導要領については、国立教育政策研究所「学習指導要領データベース」に依拠する（https://www.nier.go.jp/guideline/　2016年3月6日確認）。
　　・「学習指導要領東洋史編（試案）昭和22（1947）年」文部省
　　　（https://www.nier.go.jp/guideline/s22ejs3/index.htm　2016年3月6日確認）。
　　・「学習指導要領西洋史編（試案）昭和22（1947）年」文部省
　　　（https://www.nier.go.jp/guideline/s22ejs5/index.htm　2016年3月6日確認）。
　　・「中学校高等学校学習指導要領社会科編Ⅲ（ｂ）世界史（試案）昭和26（1951）年改訂」文部省
　　　（https://www.nier.go.jp/guideline/s26jhs3/index.htm　2016年3月6日確認）。

学習指導要領の書名（表紙）には「昭和26（1951）年改訂」とあり、奥付には「1952年3月20日発行」とある。本書では、表記の混乱を避けるため「昭和26（1951）年改訂」に統一する。但し、発表年月を具体的に示す必要がある時には、その限りではない。
・「高等学校学習指導要領社会科世界史　昭和31（1956）年改訂」文部省（https://www.nier.go.jp/guideline/s31hs/chap5.htm　2016年3月6日確認）。学習指導要領の書名（表紙）には「昭和31（1956）年度改訂」とあり、奥付には「昭和30年12月26日発行」とある。本書では、表記の混乱を避けるため「昭和31（1956）年改訂」に統一する。
・「高等学校学習指導要領一般編　昭和31（1956）年改訂（昭和33［1958］年4月再訂）」文部省
（https://www.nier.go.jp/guideline/s33h4/index.htm　2016年3月6日確認）。
・「高等学校学習指導要領社会科世界史　昭和35（1960）年改訂」文部省
（https://www.nier.go.jp/guideline/s35h/chap2-2.htm　2016年3月6日確認）。
・「高等学校学習指導要領社会科世界史　昭和45（1970）年改訂」文部省
（http://www.nier.go.jp/guideline/s45h/chap2-2.htm　2016年3月6日確認）。
・「高等学校学習指導要領社会科世界史　昭和53（1978）年改訂」文部省
（https://www.nier.go.jp/guideline/s53h/chap2-2.htm　2016年3月6日確認）。
・「高等学校学習指導要領地理歴史科世界史　平成元（1989）年改訂」文部省
（http://www.nier.go.jp/guideline/h01h/chap2-2.htm　2016年3月6日確認）。
・「高等学校学習指導要領地理歴史科世界史　平成11（1999）年改訂」文部省
（http://www.nier.go.jp/guideline/h10h/chap2-2.htm　2016年3月6日確認）。
・「高等学校学習指導要領地理歴史科世界史　平成21（2009）年改訂＝現行版」文部科学省
（http://www.nier.go.jp/guideline/h20h/chap2-2.htm　2016年3月6日確認）。

（4）「学習指導要領一般編（試案）」（昭和22［1947］年）の「序論」では、学習指導要領を作成した目的を、以下のように説明していた。

　　　　この書は、学習の指導について述べるのが目的であるが、これまでの教師用書のように、一つの動かすことのできない道をきめて、それを示そうとするような目的でつくられたものではない。新しく児童の要求と社会の要求とに応じて生まれた教科課程をどんなふうにして生かして行くかを<u>教師自身が自分で研究して行く手びきとして書かれたもの</u>である。しかし、新しい学年のために短い時間で編集を進めなければならなかったため、すべてについ

て十分意を尽くすことができなかったし、教師各位の意見をまとめることもできなかった。ただこの編集のために作られた委員会の意見と、一部分の実際家の意見によって、とりいそぎまとめたものである。この書を読まれる人々は、これが全くの試みとして作られたことを念頭におかれ、今後完全なものをつくるために、続々と意見を寄せられて、その完成に協力されることを切に望むものである（筆者下線）。
　「国立教育政策研究所「学習指導要領データベース」：「学習指導要領一般編（試案）」（昭和22［1947］年）
　（http://www.nier.go.jp/guideline/s22ej/index.htm　2016年3月6日確認）。
（5）1949年ころの社会科世界史をめぐる状況について、星村平和は以下のように整理している［星村平和（1989）「高等学校社会科『世界史』の変遷とその特色－昭和35年版・45年版を中心にして－」社会認識教育学会編『社会科教育の理論』ぎょうせい　p.209］。
　　　学習指導要領は新教科発足の時点（1949年4月－筆者挿入－）までに間に合わず、同年4月12日付発教第247号による文部省教科書局長の通達「高等学校社会科日本史・世界史の学習指導について」が発せられることになる。そこには、学習指導要領は目下作成中で完成は昭和24年度（1949年度－筆者挿入－）末であること、それまでは現行の東洋史篇・西洋史篇を参考としてよいこと（が）（中略）示された。
（6）文部省教科書局長の通達では、高等学校社会科世界史の学習指導要領の完成は1949年度末とされていたが、作成が大幅に遅れ、「中学校・高等学校学習指導要領・社会科篇Ⅲ（a）日本史（b）世界史（試案）」として発表されたのは1952年3月であった（星村　前掲論文　p.209）。
（7）1951年改訂の学習指導要領の「目標」は、中等社会科（中学校・高等学校社会科）全体の目標である「一般目標」と、世界史など社会科を構成するそれぞれの科目で達成しなければならない「特殊目標」の、二つから構成されていた。
（8）吉田寅（1986）『世界史教育の研究と実践』冬至書房。
　本書の第1章「学習指導要領の変遷と世界史教育」（pp.7-69）が学習指導要領に関しての記述である。この論考の初出は、以下の通りである。
　・吉田寅（1972）「指導要領改訂の趣旨と留意点」『歴史リサーチ』25　清水書院。
　・同上（1979）「指導要領改訂の趣旨と留意点」（『社会科リサーチ』増刊号　清水書院。
　・同上（1979）「世界史教育の変遷」『歴史と地理』268　山川出版社。

（9）星村　前掲論文　pp. 207-221。
（10）有田嘉伸（2005）『社会科教育の研究と実践』西日本法規出版。
　　　本書の第1章「世界史教育の理論」、第1節「学習指導要領における社会科世界史の変遷」(pp. 1-14)、第7節「世界史における『主題学習』」(pp. 105-121) が学習指導要領にかかわる記述である。これら論考の初出は第1節が社会系教科教育研究会編（1995）『社会系教科教育の理論と実践』清水書院、第7節が長崎大学教育学部（1997）『長崎大学教育学部教科教育学研究報告』28　である。
（11）木下康彦（2004）「学習指導要領と世界史教科書の変遷」『歴史と地理（世界史の研究）』576　山川出版社　pp. 30-48。
　　　同上（2012）「学習指導要領の変遷から見た世界史教育」福井憲彦　田尻信壹編『歴史的思考力を伸ばす世界史授業デザイン―思考力・判断力・表現力の育て方―』明治図書　pp. 111-114。
（12）原田智仁（2000）「主題学習再考―世界史学習論の批判と創造(2)―」社会系教科教育学会編『社会系教科教育学研究』12　pp. 1-8。以下「主題学習再考」と略記する。
（13）鳥山孟郎（2012）「高校『世界史』が抱える矛盾と限界」歴史学研究会編『歴史学研究』899　pp. 30-35。
（14）1960年改訂の世界史Aと世界史Bでは内容編成上の違いはなく、世界史Bは「世界史Aの場合よりも深めて取り扱うものとする」とされていた。そのため、世界史Aの三単位（標準）に対して、世界史Bは四単位（標準）で実施された。世界史A、世界史Bのそれぞれの科目上の特色についての説明は、本章の第3節第2項を参照のこと。
（15）「高等学校学習指導要領（文部省告示）社会科世界史　昭和35（1960）年改訂」文部省
　　　（https://www.nier.go.jp/guideline/s35h/chap2-2.htm　2016年3月6日確認）。
（16）有田　前掲書　pp. 105-121。
（17）星村　前掲書　p. 208　pp. 214-219。
　　　1960年及び1970年改訂を社会科世界史の完成とした根拠として、星村は、1960年改訂では主題学習が、また1970年改訂では文化圏学習の構想が示されたことを挙げた。
（18）戸井田克己（2004）「歴史的思考力の基礎概念としての地理的見方・考え方―世界史前近代の認識形成を中心に―」日本社会科教育学会編『社会科教育研究』91　pp. 22-33。以下「歴史的思考力の基礎概念」と略記する。

同上（2004）「学習指導要領の変遷と歴史的思考力の課題」近畿大学教職教育部編『教育論叢』16（1）pp. 1-15。以下「歴史的思考力の課題」と略記する。
(19)　玉置さよ子　山下健（2011）「歴史的思考力を育成する世界史授業の実践研究（Ⅰ）―学習指導要領分析を中心に―」福岡教育大学教育学部附属教育実践総合センター編『教育実践研究』19　pp. 39-46。以下「歴史的思考力（1）」と略記する。
　　同上（2012）「歴史的思考力を育成する世界史授業の実践研究（Ⅱ）―『歴史のための全米基準』から内容構成する主題学習『資料からよみとく歴史の世界―』」福岡教育大学教育実践研究指導センター編『教育実践研究』20　pp. 15-22。以下「歴史的思考力（2）」と略記する。
(20)「歴史的思考力の課題」p. 13。
(21)　歴史的思考力についての記述は、「米国史ナショナルスタンダード」（National Center for History in the Schools ed. (1994). *National Standards for United States History*)、「世界史ナショナルスタンダード―現在への探究の道―」(National Center for History in the Schools ed. (1994). *National Standards for World History: Exploring Paths to the Present*.) と「改訂歴史ナショナルスタンダード」（National Center for History in the Schools ed. (1996). *National Standards for History*) では、変更がなかった（http://www.sscnet.ucla.edu/nchs/hstocb.html　1998年10月30日確認）。
(22)「歴史的思考力（1）」pp. 43-44。
(23)　田尻信壹（2005）「歴史的思考力と『観点別評価』―地理歴史科世界史Bの単元開発を事例として―」日本学校教育学会編『学校教育研究』20　pp. 174-188。
　　　平成22（2010）年5月11日に文部科学省が発出した「小学校、中学校、高等学校及び特別支援学校等における児童生徒の学習評価及び指導要録の改善等について」（通知）において、「観点別学習状況」の四観点のうち、「思考・判断」は「思考・判断・表現」に、また「技能・表現」は「技能」に変更になった。ここで用いた「思考・判断」は平成22（2010）年の文部科学省通知以前に用いられた旧名称であることを付記する。
(24)　今谷順重（1981）「初期社会科」永井滋郎　平田嘉三編『社会科重要用語300の基礎知識』明治図書　p. 47。
(25)　吉田　前掲書　p. 12。
(26)「学習指導要領東洋史編（試案）昭和22［1947］年」
　　（https://www.nier.go.jp/guideline/s22ejs3/index.htm　2016年3月6日確認）。
(27)　同上、及び「学習指導要領西洋史編（試案）　昭和22（1947）年」

(28)「学習指導要領東洋史編（試案）　昭和22（1947）年」の「はじめのことば」
（https://www.nier.go.jp/guideline/s22ejs3/chap1.htm　2016年3月6日確認）。
(29) 註（27）を参照。
(30)「学習指導要領西洋史編（試案）　昭和22（1947）年」の「単元2　古典文明はどのようにして発生したか。また、それはどのようなものであったか」を参照
（https://www.nier.go.jp/guideline/s22ejs5/chap2.htm　2016年3月6日確認）。
(31)「中学校高等学校学習指導要領社会科編Ⅲ（ｂ）世界史（試案）　昭和26（1951）年改訂」の「特殊目標」（https://www.nier.go.jp/guideline/s26jhs3/chap2.htm　2016年3月6日確認）。
(32)「中学校高等学校学習指導要領社会科編Ⅲ（ａ）日本史（ｂ）世界史（試案）昭和26［1951］年改訂」の「まえがき（高等学校社会科における歴史教育）」
（https://www.nier.go.jp/guideline/s26jhs3/index.htm　2016年3月6日確認）。
(33) 世界史学習指導要領委員会が考案した世界史学習に有効な単元題目例として、以下の四案（A、B、C、D案）が提示された。

（A案）
　　第1単元：アジアの社会とヨーロッパの社会の発展にはどのような相違があるか。
　　第2単元：世界はどのようにして一体化したか。
　　第3単元：現代の世界にはどのような問題があるか。またそれはどのようにして起ったか。

（B案）
　　第1単元：どのようにしで[ママ]近代以前の社会は発展し、今日のわれわれの社会に影響を与えているか。
　　第2単元：世界における主な文化はどのようにして生まれ、今日の社会にどのような文化遺産を残しているか。
　　第3単元：近代社会はどのようにして発展したか。
　　第4単元：近代文化はどのように発達し、現代社会にどのような役割をもっているか。
　　第5単元：世界各国相互の密接な交渉により、どのような問題が生じたか。
　　第6単元：世界平和の維持と民主化のためにどのような努力がなされたか。

（C案）
　　第1単元：大昔の人たは[ママ]どのようにして生活を切り開いていったか。

　　　　第2単元：生活にほとんど自由のなかった社会で人々はどのような暮しをし
　　　　　　　　たか。
　　　　第3単元：人々はどのようにして生活の自由を得ようと努力したか。
　　　　第4単元：人々の自由はどのようにして確立されようとしているか。
　　（D案）
　　　　第1単元：国家と社会主活とはどのようなつながりで発展してきたか。
　　　　第2単元：市民の活躍は社会の発展にどのような役割をつとめたか。
　　　　第3単元：世界平和はどのようにして求められてきたか。
　　（https://www.nier.go.jp/guideline/s26jhs3/chap2.htm　2016年3月6日確認）。
(34)「高等学校学習指導要領一般編　昭和31（1956）年改訂（昭和33［1958］年4月
　　再訂）」
　　（https://www.nier.go.jp/guideline/s33h4/index.htm　2016年3月6日確認）。
(35) 同上書。
(36)「高等学校学習指導要領社会科世界史　昭和35（1960）年改訂」
　　（https://www.nier.go.jp/guideline/s35h/chap2-2.htm　2016年3月6日確認）。
(37) 同上書。
　　　地歴科世界史（1989、1999、2009年改訂）では、二単位を標準とし近現代史中
　　心の世界史Aと、四単位を標準とし世界史の全時代を対象とする世界史Bの二科
　　目が置かれている。地歴科世界史A、Bは社会科世界史A、Bとは同じ科目名称
　　であるが、全く異なる性格の世界史である。詳しくは、「高等学校学習指導要領
　　地理歴史科世界史　平成21（2009）年改訂」を参照のこと
　　（http://www.nier.go.jp/guideline/h20h/chap2-2.htm　2016年3月6日確認）。
(38)「高等学校学習指導要領社会科世界史　昭和35（1960）年改訂」
　　（https://www.nier.go.jp/guideline/s35h/chap2-2.htm　2016年3月6日確認）。
(39) 同上書。
(40) 同上書。
(41)「高等学校学習指導要領社会科世界史　昭和45（1970）年改訂」
　　（http://www.nier.go.jp/guideline/s45h/chap2-2.htm　2016年3月6日確認）。
(42) 有田　前掲書　pp. 9-10。
(43) 有田　前掲書　p. 8。
(44)「主題学習再考」　pp. 1-8。
(45) 原田智仁（1994）「地理歴史科と社会科とのちがいは何か」社会認識教育学会編
　　『社会科教育学ハンドブック－新しい視座への基礎知識－』明治図書　pp. 317-

326。以下「地歴科と社会科のちがい」と略記する。
(46) 「高等学校学習指導要領地理歴史科世界史　平成元（1989）年改訂」
（http://www.nier.go.jp/guideline/h01h/chap2-2.htm　2016年3月6日確認）。
(47) 同上書。
(48) 「高等学校学習指導要領地理歴史科世界史　平成11（1999）年改訂」
（http://www.nier.go.jp/guideline/h10h/chap2-2.htm　2016年3月6日確認）。
(49) 同上書。
(50) 文部省（1999）『高等学校学習指導要領解説　地理歴史編』実教出版　p.14。
(51) 「高等学校学習指導要領地理歴史科世界史　平成21（2009）年改訂＝現行版」
（http://www.nier.go.jp/guideline/h20h/chap2-2.htm　2016年3月6日確認）。
(52) 同上書。
(53) 文部科学省（2010）『高等学校学習指導要領解説　地理歴史編』教育出版　p.13。以下『現行解説　地歴科』と略記する。
　　成田秀夫は、現行学習指導要領における探究的な学習を「問題発見、課題解決を主軸としたものであるが、『学力の三要素』の観点から捉え直すと、教科で学んだ『知識』や自分で調べた『知識』を活用しながら、問題を発見し解決策を考える中で『思考力・判断力・表現力』を鍛え、他者と協働しつつ自ら進んで取り組むことで『主体性・多様性・協働性』を育むこと」［成田秀夫（2016）「高校での探究的な学習の展開」溝上慎一　成田秀夫編『アクティブラーニングとしてのPBLと探究的な学習（アクティブラーニング・シリーズ〈2〉）』東信堂　p.48］を目的とした学習と規定している。
(54) 本書の第1章第2節を参照せよ。
(55) 「高等学校学習指導要領地理歴史科世界史　平成21（2009）年改訂＝現行版」
（http://www.nier.go.jp/guideline/h20h/chap2-2.htm　2016年3月6日確認）。
(56) 同上書。
(57) 同上書　『現行解説地歴科』pp.46-47。
(58) 「地歴科と社会科のちがい」pp.317-326。
(59) 安彦忠彦（2014）『「コンピテンシーベース」を超える授業づくり－人格形成を見すえた能力育成をめざして－(教育の羅針盤4）』図書文化社　pp.53-54。

第3章 戦後歴史教育の動向から見た歴史意識と歴史的思考力の系譜

　本章では、歴史意識と歴史的思考力が戦後の歴史教育史の中でどのように議論されて来たのか、その系譜をたどる。歴史意識が注目された時期として、1950年代と1970年代の二つの時期が挙げられる[1]。また、1990年以降の地球化(グローバリゼーション)の進展を背景に、生徒に期待される歴史的思考力の内実が大きく変わることになった。

　では、1950年代、1970年代、1990年代の歴史教育の動向に着目し、「終戦」から1950年代までの時期、1960年代から1980年代、1990年代以降の三期に区分して、児童・生徒の歴史意識と歴史的思考力がどのように変容したかをたどることにする。その際、1990年代以降の時期については、「現代」という観点から2000年以降の状況に着目して検討する。

第1節　「終戦」から1950年代までの歴史意識研究の動向

　歴史教育史の観点に立って「終戦」から1950年代までの歴史意識をとらえた場合、歴史意識はその研究手法の違いから大きく二つの潮流に分類できる[2]。一つは歴史に対する児童・生徒の問題意識の形成を探ろうとする研究であり、そこでは社会変革の意識が強調された。もう一つは子どもの発達という観点から児童・生徒の心理的・形式的側面を探る研究であり、そこには1950年代に隆盛をみた児童中心主義に基づく米国進歩主義教育の影響を見ることができる。では、この時期における二つの研究動向を整理してみよう。

第1項　社会変革の意識としての歴史意識

　歴史意識を社会変革の意識としてとらえる研究は、歴史学研究の成果から導き出された現代社会の課題を児童・生徒の問題意識に結び付けようとするものであり、歴史研究者からの積極的なコミットメントがあった。

　この時期の歴史意識研究に多大な影響を与えた歴史研究者に、羽仁五郎がいる。羽仁は、1946年に岩波書店から再刊された論考『歴史教育批判－児童の歴史観その表現』の中で、戦前の小学5・6年生の綴り方集を分析して、児童の歴史意識の欠如を指摘した[3]。冷戦の開始や民族解放意識の高揚という当時の国際情勢と相まって、羽仁は児童の歴史意識の欠如を克服することこそが教育の使命であり、課題であると主張した。

　民間の歴史教育研究団体である歴史教育者協議会（以後「歴教協」と略記する）の設立に加わり、後に委員長を務めた高橋磌一は、歴教協創設当時（1949年）の歴史意識について、以下のように述べた。即ち「歴史教育に関心をもつものは、過去においてあやまった歴史教育が軍国主義やファシズムにおける最大の支柱の一つとされていた事実を痛切に反省し、正しい歴史教育を確立し発展させることが私たちの緊急の重大使命であることを深く自覚する」（歴教協設立趣意書）ことを根拠にして、祖国の解放と人類の平和を闘い取ろうとする歴史意識こそが日本人民（高橋の用語）の歴史意識であると主張した[4]。羽仁や高橋が述べたことは「終戦」から1950年代の歴史学界や教育界の状況を示した顕著な例であろう。

　1950年代に、この立場を歴史教育、特に世界史教育において主張した研究者として、上原専禄がいる。上原は著名なドイツ史研究者として戦後の歴史学や教育に偉大な足跡を残しただけでなく、世界史教育の確立に際しても大きな影響を与えた人物であった。上原は、その著『歴史意識に立つ教育』[5]の中で、「終戦」（1945年）からサンフランシスコ講和条約（1951年）に至る期間の日本の政治的、社会的状況を鑑み、近代国家の精神的素質として欠くこ

とのできない歴史意識と歴史的自覚は総じて歴史教育を通じて取得せしめるものとして、歴史教育の重要性を提起した。そこでは、日本国民に望まれる歴史意識や歴史的自覚は、歴史の全時代、全地域を俯瞰した歴史意識一般、歴史的自覚一般というものではなく、現代を生きる日本国民の歴史意識、歴史的自覚であると主張した[6]。上原は、歴史意識とは歴史的現実に対する問題意識の反映であるとし、現在の日本人が直面する生活意識から出発した世界史像形成の準備に他ならないものと位置付けて、現代世界における日本の問題を意識できるとともに、その問題に積極的に立ち向かう態度とそれを処理しうる能力を備えた子どもをつくっていくことこそが現代の教育課題であるとした[7]。

　上原は日本国民の生活意識に基づいた世界史認識の方法を追究し、『日本国民の世界史』[8]を江口朴郎、太田秀通、久坂三郎、西嶋定生、野原四郎、吉田悟郎と執筆し、その中で東アジア、インド、西アジア、ヨーロッパの四文明圏からなる世界史叙述を試みた。また、上原は現代日本の抱える矛盾を正面視することを通じて自らの思想を深化させ、「課題化認識の方法」を提唱するに至った。そこでは、世界史を地球的全世界の中で問題の具体的共通性と具体的一体性によって特徴づけられる場、或いは矛盾と対立が具体的に現象する共通の場として位置付け、十三地域から構成される地域世界論を提起した[9]。

　ここで追究された歴史意識は社会変革を使命とする歴史学の立場から発せられたものであり、今日から見れば、歴史の授業論としては、多分に注入主義的傾向が見受けられる。また、その内容は、冷戦という政治的現実に対して、日本人民あるいは日本国民として意識的、主体的に生きるための歴史像構築の試みとしてとらえられるものである。そして、羽仁や高橋、上原らが追究した歴史意識は、児童・生徒に対して、現代世界の危機に意識的、主体的に立ち向かわせるための政治的問題意識の形成に他ならなかった。ここからは児童・生徒の歴史的自覚を覚醒させるという強い使命を感じることが出

来るものの、学習内容・学習方法と児童・生徒の発達との関係に対する配慮は希薄であったことは否めない。

第2項　心理的側面としての歴史意識

　児童・生徒の心理的・形式的側面から歴史意識を探る研究として、1950年代には東京学芸大学附属豊島小学校、信濃教育会教育研究所の斎藤博、大竹栄を中心とする静岡県の調査など、数多くの調査・研究が実施された[10]。この種の調査・研究に対する理論的擁護者となったのが、歴史学者・民俗学者の和歌森太郎であった。和歌森は、歴史意識を、社会変革を求める意識としてとらえることに強い疑問を呈するとともに、児童・生徒のもつ歴史意識の実態を調査・研究を通して解明することを提案した。

　また、和歌森は柳田國男の民俗学の影響を受け、歴史意識を「史心」と呼び「歴史的なものへの頭の働き」であると規定し、その内容として、以下の三つの側面を挙げた[11]。

　　（1）時間的な相互関係に関する頭の働き
　　（2）過去のいろいろな現象の中で、真実と真実でないものを見分ける
　　　　歴史的批判意識
　　（3）歴史的なものを求めて問題を感ずる歴史的問題意識

　そして、「過去とか時間とかいう一般的な問題についてのセンスや頭の働きに目を付けて、その度合いがどうであるかをはかってから変革の意識の育ちうる可能性がいつみられるか、調べるようにせねばならないだろう」[12]とし、義務教育の中で素朴な史心の段階から高度の歴史意識の段階に至るまでの、歴史意識の発達状況を検討する必要性を説いた。

　1950年代に数多く実施された、児童・生徒に対する歴史意識の調査・研究の中で、調査の方法や導き出された結論の双方において高い評価を受けると

ともにその後の研究に多大の影響を与えたのが、斎藤博による「歴史的意識の発達」に関する調査・研究であった[13]。斎藤は、教育学者の長坂端午の指導を受け、歴史意識の心理的構造として以下に記した（a）から（e）までの五層を挙げた。そして、この五層は下部層［（a）の層］から芽生え、児童・生徒の発達に応じて上部層［（b）→（c）→（d）→（e）の層］へと徐々に芽生えていくであろうとの仮説を示した[14]。

（a）今昔の相違がわかること
（b）変遷（発達）がわかること
（c）歴史的因果関係がとらえられること
（d）時代構造がわかること
（e）歴史の発展がわかること

　斎藤は、仮説を証明すべく、1952年から1953年にかけて、長野県の小・中・高等学校や東京の小学校の児童・生徒、延べ1830名に対する面接による質問法での調査を行い、児童・生徒の歴史意識の心理的構造と発達、および時代的距離感の発達を実証的に研究した。
　斎藤によれば[15]、時代的距離感・歴史意識については、小学1・2年生では具体的な時間距離でしか把握できず、歴史意識の芽生えは見られても歴史的学習の対象になり得ないとのことだ。しかし、小学3年生になると、今昔の相違を性能の面で比較することがかなりできるようになり、小学4年生で歴史意識が急速に発達し、今昔の相違・変遷がわかる能力が高まるという。また、小学5年生は歴史意識の大きな転換期であり、直接的因果関係をとらえたり、社会事象の変化による他の事象への間接的影響を考えたりできるなど、歴史的因果関係でとらえる能力の発達が見られることを明らかにした。小学6年生から中学1年生の後半までは、小学5年生で現れた種々の能力が徐々に発達・定着していく時期であるという。また、中学2年生になると、

成人の歴史意識と言える高度の考え方が芽生えることになり、中学3年生で急速な発達が見られるとのことだ。

斎藤は、小・中・高等学校の児童・生徒への面接による質問法調査を通して、時代的距離感・歴史意識はともに層構造的発達を示し、一つひとつの層もそれぞれの層構造的な発達段階をもち、この傾向には地域的な相違はほとんど無いという結論を導き出した。斎藤の調査・研究は、社会性という一般的な発達観段階レベルから歴史意識という社会科固有のレベルへ、発達の問題を引き寄せたとの評価がある[16]。斎藤らによる歴史意識に関する調査・研究は、歴史意識という視点から子どもの心理的発達特性の実証的根拠を得ようとしたものと言える。

斎藤の場合を含め、1950年代の歴史意識の実証的研究には、今日から見れば、致命的な課題も抱えていた。これら一連の調査・研究は、児童中心主義の立場に立つ米国の心理学やピアジェ, J.（Piaget, J.）の発達理論に依拠したものであり、子どもの歴史意識の発達傾向を発達段階として各年齢（各学年）ごとに静態的・固定的にとらえる傾向が強く、発達の後を教育が追いかけるという教育観を読み取れる。木全清博は、斎藤の調査・研究の限界性として（同時に、1950年代の歴史意識の調査・研究がもつ共通の限界性として）、「教育的働きかけ（教育内容の創造）に有効な視点が提供できず、歴史的因果、時代構造、発展など、論理的抽象的思考の発達の問題にアプローチできない」[17]ことを指摘した。

第3項　「終戦」から1950年代までの歴史意識研究の特徴

「終戦」から1950年代までの歴史意識研究の特徴として、「社会変革の意識としての歴史意識」と「心理的側面としての歴史意識」の、二つの潮流を抽出して検討を行った。この時期の歴史意識研究は、国内外の政治情勢の激動や児童中心主義の影響を背景として、二つの異なる立場の緊張関係の中で展開した。そのため、両者は、歴史意識のもつ異なる側面を互いに主張するこ

とになった。前者は歴史研究の論理に立脚し、児童・生徒の歴史を通しての体験からの生活意識ないしは時代意識としての「時間的問題意識」に焦点が当てられた。また、後者は教科教育学の観点から歴史的興味・関心、時間意識、変化・変遷の意識などを重視した「心理的側面としての歴史意識」が色濃くあらわれた。その結果、歴史意識のあるべき姿をめぐって、両者は互いに不協和音を醸し出すことになった。また、両者に共通する課題として、子どもの能動的な学びに基づく学習の創造という視点が未成熟であったことが指摘できる。

異なる二つの立場の歴史意識の存在が、歴史意識概念の基底部を形成することになり、また同時に、同概念の中に対立軸を生み出すことになった。その結果、同概念は対立的要素を内包した複合的な性格を帯びることになったと言える。

第2節　1960年代から1980年代までの歴史意識・歴史的思考力研究の動向

第1項　経験主義から系統主義への転換と唯物史観に基づく発展法則的理解の影響

1950年代に隆盛をみた歴史意識に関する調査活動は1960年代に入ると激減し、社会科教育での歴史意識研究に対する関心は急速に弱まった。このような変化の背景には、1960年代（厳密に言えば、1950年代後半から1960年代にかけて）は経験主義に基づく発達理論から系統性、科学性を重視する系統主義へと、歴史教育を含めた社会科教育の転換があった。経験主義から系統主義への転換に伴い、教科教育学の研究者や歴史教師の問題関心は児童・生徒の「心理的発達」に力点をおいた歴史意識研究から、授業を通じての児童・生徒の科学的な歴史認識の育成へと移行することになった[18]。このことは、

前章(第2章)第3節の学習指導要領の動向(学習指導要領世界史の場合は、1956年＝第二次改訂、1960年＝第三次改訂が該当する)からも確認できる。

社会科歴史系科目での系統性、科学性の重視は、この時期に限らず、皇国史観からの脱却を目指した戦後歴史教育の基本的性格でもあったと言える。中等教育段階の社会科世界史、日本史の授業では、歴史学研究会によって1949年に提起された「世界史の基本法則」[19]に基づく歴史把握が重視されるとともに、歴史の発展法則的理解と科学的歴史認識力の育成が目指された。そのことに大きな影響を与えたのが、唯物史観に依拠した「戦後歴史学」[20]の存在であった。「戦後歴史学」の確立に貢献した歴史研究者の大塚久雄は、名著『共同体の基礎理論』(1955年刊行)の序論で、「世界史の基本法則」について「すでに過ぎ去った悠久な世界史の流れのうちには、アジア的、古典古代的、封建的、資本主義的および社会主義的とよばれる生産様式の継起的な諸段階が存在した」[21]と述べた。大塚の言葉からは、戦後歴史学が目指すものは皇国史観からの脱却と民主主義の確立であり、「世界史の基本法則」はそのための進むべき方向を明示した道標であるとする、当時の日本人に宿った強い使命感を感じる。

1960年代の歴史学と歴史教育では、「世界史の基本法則」を絶対視するような見方は再検討を余儀なくされていたが[22]、科学的歴史認識に基づく歴史理解への評価は揺るぐことはなかった。当時、歴史教育の指導的立場にあった歴史研究者に、遠山茂樹がいた。「戦後歴史学」の代表的論者の一人でもあった遠山は歴史の系統性を重視しており、歴史の系統性とは「原始・古代から現代にいたるまで時代を追って順次学んでゆく通史学習」[23]であるとの考えであった。そして、科学的認識の基礎としての通史学習の重要性を強調した。当時、通史学習は、教師が児童・生徒にどのような歴史像を提示するか(あるいは、描かせるか)という歴史認識と密接に結びついたものであり、「戦後歴史学」の成果に立脚した歴史教育における重要な問題群の一つであった。

遠山の通史に対する見解は、次の二点に収斂される[24]。第一に、歴史の発展とその発展を促した因果関係、及び「原始から現代へ時代をおって順次学ばせる」という歴史発展の順次性を重視している点である。第二に、歴史は科学であるから歴史の法則性を把握することが重要であるという点である。そして、歴史教育の目的とは、生徒が科学的な歴史認識を形成できるように、その土台としての基礎的知識の学習と基礎的思考の訓練を行うことであるとした。

　日本中世史研究者の永原慶二[25]も発展法則的理解に基づく通史的認識は歴史学習の方法として安定性のあるものであり、歴史を見る目を養う上でも基礎的な方法であるとし、通史を歴史教育の基本に据えることを主張した。そして、通史的認識の目的は科学的な歴史認識を身につけるためであり、唯物史観に立った歴史認識を育てることの重要性を強調した。

　1960年代の歴史学と歴史教育に通底する歴史認識の特徴を整理するならば、次の四点が挙げられる[26]。第一に、日本史、東洋史、西洋史という縦割りの区分を排して、古代、中世、近代という横割りの区分をとったことである。この区分法の根底にあるのは、各地域世界に共通する普遍的な発展法則が存在するという考え方であった。第二に、普遍的発展モデルとして西ヨーロッパの歴史を採用したことである。そこでの世界史は、西ヨーロッパの歴史発展を普遍的モデルとしてとらえ、他の地域世界の歴史は西ヨーロッパの歴史と比較する中で論じられることになった（比較史）。その結果、西ヨーロッパの歴史は普遍的歴史発展と認識され、他の地域世界の歴史は特殊で例外的な歴史（停滞的ないしは後進的な歴史）と見なされることになり、西ヨーロッパ以外の地域世界のとらえ方に困難と混乱が生じることになった。第三に、世界の同時代史的つながりの把握において弱点を持つことになった。その結果、歴史の発展法則と同時代史的連関とをどのように統合していくかが、世界史認識の課題とされた。第四に、このような世界史認識が提案された背景として、当時の日本社会の雰囲気として、国際情勢に対する人々の課題意識が鮮

明であり、社会矛盾の解決を自己の行動によって実現していこうとする意識が見られたことが挙げられる。折しもベトナム戦争や冷戦の激化と相まって、歴史教師の問題関心は従前の「心理的発達」に力点をおいた歴史意識から、唯物史観に基礎を置く科学的歴史認識の育成へと軸足を移すことになった。今日から見れば、唯物史観がいうところの「科学的」には様々な疑問を抱かせるが、当時の社会状況下においては当然視されていた。その結果、歴史研究と歴史教育の場では、歴史的思考力を社会の発展や構造を発展法則的に理解していく力と見なす傾向が強化されることになった。

しかし、1970年代に入ると、世界の多極化と多元化が進行した。世界史の研究や教育では、世界の諸地域、諸民族の歴史や文化の多様性を理解しようとする動きが顕著となった[27]。この時期、上原専禄の思想的影響を強く受けて来た吉田悟郎は、史的唯物論の定式化した世界史（「世界史の基本法則」に基づく発展法則的世界史認識）ではなく、現代の日本人が自らの課題意識に基づいて主体的に構成すべき世界史像の構築を主張した[28]。吉田の主張に見られるように、1970年代以降、世界史を始めとした歴史教育においては、史的唯物論に依拠する発展法則に対する見直しが進むことになった。しかし、学校現場では、史的唯物論に依拠する発展法則的通史認識の方法は疑問視されながらも、系統主義のもとで肥大化した世界史の内容を精選する上での有効な考え方になるという理由で、歴史教師による歴史的思考力のとらえ方の底流として、今日に至るまで根強い影響力を保持することになった。

第2項　横山十四男、日本社会科教育研究会による調査研究

1960年に入ると、歴史意識に関する調査活動への関心が低下する状況の中で注目される活動として、横山十四男と日本社会科教育研究会による長期間にわたる調査・研究があげられる。どちらの研究も、その成果の全体像が公表されたのは、1970年代に入ってからである。

（1）横山十四男の調査研究

　横山十四男は、社会科教師として東京教育大学附属中学校（1978年4月から筑波大学附属中学校に改称）に勤務し、後年は筑波大学で教鞭を執った。横山は、歴史授業の計画立案のために、生徒対象の歴史意識調査を1963年から実施した。横山の言葉によれば、生徒に対する調査の目的は、学校の実情に即して教育課程や指導計画を自主的に編成するための資料を収集するためであり、同時に中学生の歴史意識や歴史的思考力の実体を明らかにするためでもあったということだ[29]。1978年以降は、勤務校（筑波大学附属中学校）の入試選抜に抽選が取り入れられるなど生徒の質的構成に変更が見られることになったという理由から、分析対象を1963年3月、1966年2月、1974年3月、1977年2月時点の第1学年とした[30]。横山の調査は同一校の生徒を対象とした同一質問紙による継続的調査であり、特定の集団内における歴史意識の経年的変化を追跡した貴重な資料である。

　横山は、この意識調査を通じて得られた成果をもとに、歴史意識と歴史的思考力をそれぞれ以下のように規定した[31]。

　　（1）歴史意識とは、歴史への興味・関心、歴史の本質解明への意欲、
　　　　歴史への主体的参加の態度を指す。
　　（2）歴史的思考力とは、今昔の相違の理解、変遷や発展の理解、歴史
　　　　的因果関係を把握する能力、歴史の発展に対する理解能力を指す。

　横山は、調査の目的として、生徒の生活意識面で変貌の著しい現代では、社会科を担当する教師が年間計画、単元指導計画、学習指導案を作成する上で生徒の興味・関心、既有の知識・経験などのレディネスを把握しておくことが重要であることを挙げた[32]。横山の歴史意識研究では、生徒のレディネスに関心が払われるとともに、年間計画や単元指導計画の立案に際して、歴史的思考力の育成の観点を積極的に取り入れようとしていたことが注目さ

れる。

(2) 日本社会科教育研究会の調査研究

　日本社会科教育研究会の調査は、1955年から1966年までの間、質問紙、面接法、レポートなどによる調査を継続的に行い、調査地も全国規模のものであった[33]。また、調査対象も中学校・高等学校の生徒及び教員養成大学の学生であり、斎藤の調査ではカヴァー出来なかった発達段階、男女差、地域差の実態を明らかにしようとするものであった。日本社会科教育研究会は、これまで多義的に把握されてきた歴史意識の概念を以下の三つに整理した[34]。

　　（1）心理的側面としての歴史意識　―歴史的興味・関心、時間意識、
　　　　因果関係の意識、時代構造の意識、発展の意識
　　（2）歴史的思考　―歴史的なものの見方、考え方
　　（3）歴史的問題意識　―児童・生徒の歴史的体験からの生活意識ない
　　　　し時代意識、児童・生徒みずからの主体的問題意識、歴史批判意識、
　　　　歴史建設の行動的意欲

　日本社会科教育研究会の調査・研究は、歴史的思考や歴史的問題意識がそれ自体として独立して存在するものではなく、歴史的知識・理解や興味・関心と不可分に結びつき、相互に構造的に関連し合っていることを指摘するものであった。
　1950年代の種々の調査・研究が、児童・生徒の心理的発育状況を前提として、各年齢層の一般的・集団的傾向性を、静的・固定的なものとして把握しようとしたものであった。しかし、日本社会科教育研究会の研究は、個々の児童・生徒がもっている意識の成長過程を追跡的・継続的に分析しようとするものであった。その結果、日本社会科教育研究会の調査・研究では、学習

者の歴史意識の発達相を個々に検討することが可能となり、児童・生徒の歴史意識のあり方に動的な性格を与えることになった(35)。有馬毅一郎は、日本社会科教育研究会の調査研究を、1950年代の歴史意識の実態と発達段階を把握、説明することを主たる目的とした基礎的研究から、授業づくり・カリキュラム作成の理論的根拠を探る研究へと質的転換をはかることになったと評価している(36)。

第3項　安井歴史教育論と『歴研』「歴史学と歴史教育のあいだ」の論争

　教科教育学を含めた歴史教育の関心は、1970年代以降、「歴史意識の発達」から「歴史認識の発達」への研究にその軸足を移すことになった。1980年代に入ると、授業研究や学習方法の研究が進み、講義形式は一方的な注入主義との批判が強まった。そして、この時期、歴教協などの民間教育団体を中心に「楽しくわかる授業づくり」が構想され、子どもの主体性を重視する授業が推進された。この変化の背景にある要因として、木全清博は「子どもを取りまく社会の変化」と「社会科実践の深まり」の二点を挙げた(37)。特に、1970年代から1980年代にかけての子ども研究の特徴的なこととして、「授業の組織や構成と結びつけて子どもの発達をとらえる原則が確立し」、「一般的な発達段階の定式化はあまり行われなくなり、科学的歴史認識の形成の条件や認識内容の水準が追求されるようになった」(38)ことを指摘した。1970年代以降、「歴史認識の発達」を促す教育内容をめぐる議論が主流となり、歴史研究の最新成果を歴史授業の教材としていかに加工し活用していくかが歴史教育の関心事となった。また、この時期、児童・生徒の受動的な学習姿勢に対する危惧も、学校現場から指摘された。このことは、従前の講義式授業に対して画一的で知識詰め込み的であるとの批判を呼び起こし、子ども中心の授業づくりが標榜、推進された。その結果、歴史教育の場では、教育内容の研究と授業実践とを一体的に語る土壌が形成されることになった。

この時期、「歴史認識の発達」の側面から歴史研究の最新成果を歴史授業の教材として加工して活用した実践者として、安井俊夫がいる。安井が行った授業実践の評価をめぐる議論としては、古代ローマの剣闘士奴隷スパルタクスが起こした奴隷反乱を取り上げた授業に対する西洋古代史研究者の土井正興による批判、それに対する安井の反論が有名である。この論争は歴史学研究会編『歴史学研究』（以下、『歴研』と略記する）での座談会「歴史学と歴史教育のあいだ」（1986年4月号・553）と、それを受けて展開された23回に及ぶ断続的な誌上論争「歴史学と歴史教育のあいだ」（1986年6月号・555〜1992年1月号・628）における主要テーマを構成するものであった（表3−1「『歴史学研究』『歴史学と歴史教育のあいだ』の座談会と掲載論文一覧」）。『歴研』での五年九か月に及ぶこの論争は、「はじめて本格的に歴史学と歴史教育の実践との関連を踏まえて『歴史教育の独自性』について広範に論じられることになった」[39]と評価された。ここでは、「スパルタクスの反乱」の授業実践で明らかにされた安井の歴史教育に関する考え方を「安井歴史教育論」、安井と土井の論争及び『歴研』「歴史学と歴史教育のあいだ」で展開された「安井歴史教育論」をめぐっての議論を「安井・土井論争」と呼ぶことにする。

　では、「安井歴史教育論」及び「安井・土井論争」について整理し、そこで展開された歴史的思考力をめぐる議論について考察する。座談会「歴史学と歴史教育のあいだ」は、インド史研究者の小谷汪之を司会に、安井の他に、教科教育学研究者の本多公栄、社会科教師の石渡延男、日本中世史研究者の峰岸純夫が参加した。本多は大学（宮城教育大学）に転出する前は中学校社会科の著名な授業実践者であり、峰岸はかつて高等学校で日本史を教えた経験をもつ研究者であった。この座談会は、出席者の構成から分かるように、歴史学と歴史教育との関係を学校現場の立場から議論することを意図したものであった。

　この座談会で、安井は歴史学習における「正答主義」の弊害を取り上げ、日々の歴史授業は「正答主義」との戦いであるとして、それを打破するため

表3－1　『歴史学研究』「歴史学と歴史教育のあいだ」の座談会と掲載論文一覧

> 歴史学研究会編『歴史学研究』での座談会「歴史学と歴史教育のあいだ」と23回の連載（①～㉓）は、以下の通りである。
>
> ○座談会：石渡延男・本多公栄・峰岸純夫・安井俊夫「歴史学と歴史教育のあいだ」1986年4月号（No.553）
> ①土井正興「『歴史研究と歴史教育』について」1986年6月号（No.555）
> ②熊野聰「研究と教育の統一のために」1986年7月号（No.556）
> ③綿引弘「魅力ある教科書を求めて」1986年8月号（No.557）
> ④松尾章一「史料批判と教材化―安井俊夫氏の批判にこたえて―」1986年10月号（No.559）
> ⑤二村美朝子「研究と教育のより深い関わりのために―安井歴史教育批判―」1987年1月号（No.563）
> ⑥安井俊夫「スパルタクスの反乱をめぐる歴史教育と歴史学」上　1987年2月号（No.564）
> ⑦安井俊夫「スパルタクスの反乱をめぐる歴史教育と歴史学」下　1987年3月号（No.565）
> ⑧松本通孝「『正統主義』克服の試み」1987年4月号（No.566）
> ⑨保立道久「中世史研究と歴史教育―通史的認識と社会史の課題にふれて―」1987年7月号（No.569）
> ⑩須崎愼一「教養課程で大学生と接して」1987年8月号（No.570）
> ⑪本多公栄「歴史学に対する歴史教育の相対的独自性とは何か」1988年8月号（No.583）
> ⑫二村美朝子「『社会科解体』と歴史教育―教課審答申をめぐって―」1989年1月号（No.589）
> ⑬高嶋伸欣「教課審答申の問題点―社会科『解体』をめぐって―」1989年2月号（No.590）
> ⑭「『社会科解体と歴史教育』の発言より」1989年4月号（No.592）
> 　・松本通孝「その1　『社会科』学・『世界史』学のすすめ」
> 　・横田安司「その2　教課審答申＝社会科『解体』のねらい―二村美朝子論文を読んで―」
> ⑮中林茂夫「『国際化』とはなにか―戦前教育の債務はおわっていない―」1989年5月号（No.593）
> ⑯鈴木哲雄「中世社会像の再構成をめざして―歴史教育における授業構成とその内容」1989年8月号（No.596）
> ⑰瀧ヶ﨑惠一「正統主義とはなにか」1989年12月号（No.601）
> ⑱目良誠二郎「なにが問題なのか」1990年2月号（No.603）
> ⑲松井秀行「『国際化』と『日本文化』」1990年3月号（No.604）
> ⑳松井秀行「『人物学習』について」1990年5月号（No.606）
> ㉑瀧ヶ﨑惠一「大学歴史教育論の初歩」1990年8月号（No.609）
> ㉒瀧ヶ﨑惠一「歴史行為と歴史研究」1991年10月号（No.624）
> ㉓武田忠利「歴史用語と歴史教育」1992年1月号（No.628）
>
> 「歴史学と歴史教育のあいだ」は、座談会の記録と主要論文に一部、新規書き下ろし稿を加えて、歴史学研究会編（1993）『歴史学と歴史教育のあいだ』三省堂 として刊行された。

の実践として「スパルタクスの反乱」の授業を紹介した。安井が紹介した授業実践は、1974年からこの座談会の時期（1986年）までの間に六回の実践が行われて来た[40]。座談会で取り上げられ、また土井の批判（土井［1986］「『歴

史研究と歴史教育』について」『歴史学研究』1986年6月号・555)、及び安井の反論（安井［1987］「スパルタクスの反乱をめぐる歴史教育と歴史学」上　下　『歴史学研究』1987年2、3月号・564、565）が展開されたのは第四回の実践であり、1985年10月に中学一年生の授業として実施されたものであった。

　では最初に、座談会での安井の発言から見てみよう。安井は中学生の見たスパルタクスと、歴史研究者の土井が見たスパルタクスにはズレがあることを指摘し、そのズレ（歴史学と歴史教育との乖離）を以下のように述べた。

　　スパルタクスの反乱がヴェズビオ山あたりからだんだんと強力な軍隊になっていったときに、次にローマを攻撃するかあるいはアルプスを越えて故郷に帰るか、という選択の場面が来るわけですが、(中略)子どもにそこのところを考えさせているわけです。どちらかにすべきだと思うかと。<u>子どもは圧倒的にローマを攻撃すべきだというんですね。これに対して土井さんは、アルプスを越えて故郷に帰ることによって、奴隷が解放を求めていたことが、どうして子どもたちには理解されないのか、といわれるんです。</u>土井さんの研究では、その点こそスパルタクスたちが明らかにした奴隷解放の筋道なのですから。歴史学の研究で明らかにされたことが、なぜ、子どもたちにうまく伝わらないのか、これは実践者の問題なのか、研究者の問題なのか。しかし、ぼくはローマ攻撃を子どもが言うのは当然だと思うんです[41]（筆者下線）。

　安井は中学生の考え方を高く評価し、「奴隷たちを何とか自由にしたいという子どもの願いであり（中略）子どもが奴隷制というしくみの中で苦しみ、そこからの解放を求めようとする奴隷たちの姿を具体的につかんでいると思う」[42]とし、歴史教育では、中学生の願望を重視しなければならないことを主張した。

　土井は、安井の実践を「奴隷の戦いについて子どもたちの共感を基礎とし

ながら、子どもたちにさまざまな意見を出させることによって、『自分の目』でそれをとらえさせ、そのことを『自分のもの』とさせ、事実の奥にかくれているものをさぐり出す科学的社会認識の力をつけさせようと意図している点で注目すべきものである」(43)と評価する一方、「歴史の現実がそうである（奴隷軍はアルプスを越えて故郷に帰る。―筆者挿入―）とすれば、たとえ、子どもたちがローマ進軍こそが奴隷を解放する道すじだと主張したとしても、それにたいして、なぜ、奴隷軍はローマ進軍を目ざさなかったのかという発問が当然なされなければならないのではないだろうか」(44)との疑問を呈した。土井の考える科学的歴史認識とは、歴史事象を「時代の構造や枠組み」の中で十分に理解できるようになることであった。土井の主張の背景には、厳密な史料批判と学界での充分な議論を経て確定された研究成果（学界の共有財産である学説）が、中学生の「共感」の前にいとも簡単に覆されることに対する危惧の念を感じることができる。

　土井の批判に対して、安井は「歴史学が歴史の現実から離れた主観的願望を排するのは当然だと思う。が、歴史教育もそれと全く同じでいいのだろうか」(45)と反論し、「歴史学が明らかにしている事実やしくみ、構造などを歴史教育の立場からくみかえていく必要があるし、子どもたちの立場に立って取捨選択しなくてはならない」(46)（筆者下線）と、中学生の側からの歴史学が明らかにしている事実やしくみ、構造などの「くみかえ」と「取捨選択」の必要性を指摘して、歴史学と異なる歴史教育の方法を創造することの必要性（教育学の論理）を説いた。

　『歴研』に掲載された「安井歴史教育論」に対する歴史学や教科教育学の研究者、歴史教師の考えは賛否が交錯した。座談会に出席していた本多は、安井の主張に見られる歴史教育と歴史研究との間の乖離を「歴史学に対する歴史教育の相対的独自性」の問題としてとらえ、安井の考えを高く評価した(47)。歴史研究者の熊野聰は、安井の授業を受けた中学生の古代社会や奴隷制に対する理解の心もとなさを危惧する一方、たとえ土井の研究成果であ

っても、それは現段階における仮説にすぎず、中学生が考えたことも一つの仮説であり、歴史研究の成果であるとの見方を示した[48]。また、中学生といえどもその行為は歴史研究であり、安井のいうような「研究としては許されないが教育としては認められる」類のものではないとし、歴史学と歴史教育の安易な乖離を戒めつつも、生徒が自ら歴史を構成する力を習得することこそが歴史教育の目的であるとした[49]。他方、高等学校で世界史を教えていた二村美朝子や目良誠二郎は、安井実践の問題点・課題を指摘した。二村は、安井実践では子どもの「共感」という情意的観点が強調され過ぎていることや社会や時代のしくみに迫る教材が少ないことをあげ、生徒の「時代の構造や枠組み」への認識の危うさを指摘した土井の主張を支持した[50]。また、目良は、生徒の主張が歴史学上の仮設に値しない非科学的な「主観的願望」にすぎない場合には、生徒自らがその誤りをはやく自覚できるよう教材と授業を組織するのが教師の務めであるとの主張を行った[51]。

　教育内容をめぐる一連の議論は、「歴史研究と歴史教育の一体性」を説く立場（土井・二村・目良）と「歴史学に対する歴史教育の相対的独自性」を主張する立場（安井・本多）との相違や、生徒の「共感」をどのように評価するかをめぐって、激しい論争が展開された。歴史研究者の熊野が安井実践に理解を示す一方、歴史教師の二村と目良が安井実践に対する土井の批判を支持するなど、「安井歴史教育論」と「安井・土井論争」は歴史研究者と歴史教師の間の垣根を越えた論争に発展した。歴史意識や歴史的思考力に関わる文脈の中でこの一連の議論を検討するならば、歴史教育の目的とは、子どもが歴史研究で確証された「時代の構造や枠組み」を前提にして個々の歴史事象を理解していくことであるとする立場と並んで、子ども自身が「共感」を通して、歴史事象ばかりでなく「時代の構造や枠組み」までも自分なりに解釈し、オリジナルな歴史像を形成していくことであるとする立場が、歴史研究と歴史教育の共通の土俵に挙げられたことは注目される。とりわけ歴史研究と歴史教育の一体性を担保した上で、子どもたちが示した仮説を歴史研究

者の場合と同様に歴史研究に他ならないとした熊野の指摘は、学習過程において史料批判の段階を欠いていたとはいえ、中学生が歴史研究者と同じように歴史的思考のプロセスを体験し、その成果としての仮説を提示することは重要であることに気付かせるものであった。歴史研究者の熊野が、歴史教師や歴史研究者が中学生の考えや提案に真摯に向き合うべきであると主張したことは、歴史教育の新たな地平を拓く提案として着目される。

第4項　1960年代から1980年代までの歴史意識・歴史的思考力研究の特徴

　1950年代の歴史意識の調査研究が子どもの心理的発達の面を強調していたことに対して、1960年代・1970年代のそれは授業づくり・カリキュラム作成の理論的根拠を探ろうとするものに変わった。1960年代には、世界史の発展法則的理解と科学的歴史認識のための基礎的知識の習得と歴史的思考力の育成が目指された。そのことに大きな影響を与えたのが、唯物史観に基礎を置く「戦後歴史学」の存在であった。しかし、1970年代以降、唯物史観に基づく発展法則的理解の見直しが進むことになった。だが、歴史教師の間では、歴史の発展法則的理解は、系統主義の元で肥大化した世界史の内容を精選する上での有効な考え方であるという理由から、今日に至るまで根強い影響力を保持することになった。

　1960年代・1970年代に実施された横山や日本社会科教育研究会による歴史意識の調査・研究は、1950年代の場合とは異なり、実際の歴史授業とのかかわりで子どもの歴史意識の変容をとらえることを意図した調査であった。木全が指摘したように、横山や日本社会科教育研究会の研究は、1950年代の「歴史意識の発達」の研究から、1970年代以降の「歴史認識の発達」の研究への橋渡しを果たすものとして評価できる。

　1980年代に入ると、「歴史認識の発達」を促す教育内容をめぐる議論が主流となる一方、児童・生徒の受動的な学習姿勢に対する危機感が学校現場か

らあがった。このことは、歴史学と教科教育学の研究者や歴史教師を歴史研究の最新成果を歴史授業にいかに取り入れていくかという教育内容研究ばかりでなく、子ども中心の授業づくりをどのように進めるかという授業実践についても併せて検討する必要性に気付かせることになった。この結果、「安井歴史教育論」と『歴研』「歴史学と歴史教育のあいだ」の論争に見られるように、生徒の歴史解釈をめぐって、歴史学と教科教育学の研究者や歴史教師の間で熱心な論争が展開されるなど、三者の間に歴史授業のあり方をめぐっての緊張と交流が生まれることになった。

　1960年代から1980年代までの歴史意識と歴史的思考力をめぐる動向の中で注目されることは、歴史意識や歴史的思考力の問題が授業づくり、カリキュラム研究の視点から議論されるようになったことである。そこでは、歴史意識や歴史的思考力がそれぞれ独立して存在するものではなく、歴史の知識や興味・関心と不可分に結びつき、相互に構造的に関連し合って存在していることが明らかにされた。その結果、歴史意識と歴史的思考力は、これらの要素から構成される複雑で複合的な構造を持つものとして意識されることになった。その中でも、史的唯物論に依拠する発展法則的通史認識の方法は、世界史学習への適用を疑問視されながらも、膨大な世界史の内容を精選化する上での有効な考え方であるという理由から、歴史教師の間では歴史的思考力のとらえ方の基本として、その後も保持されることになった。そこでは、歴史的思考力は、歴史学の最新研究に基づいて「歴史事象の因果関係」や「時代の構造や枠組み」を認識する力として認識された。1980年代に入ると、学習者の主体性を授業の中でどう評価するかをめぐる議論が浮上し、生徒の歴史解釈をめぐる問題が歴史的思考力の新たな要素として俎上にのぼることになった。1990年以降、この問題は歴史意識や歴史的思考力をめぐる研究の主要テーマとして、意識されていくことになる。

第3節　1990年代以降の歴史意識・歴史的思考力研究の動向

　1990年代以降の歴史授業を含めた社会科・地歴科(52)の授業研究の動向として、講義式の授業は知識伝達に偏りすぎており、思考力、判断力を育成していないとの批判がなされることになった(53)。このような授業批判が拡散していった要因として、当時の子どもたちの危機的実態が背景にある。佐藤学は、1995年に実施されたIEA（国際教育到達度評価学会）の国際比較調査報告などを元にして、日本の子どもたちは「学び」を拒絶し、「学び」から逃走していると主張した(54)。
　地球化（グローバリゼーション）の進展とそれに伴って現れた新自由主義の台頭により、2000年以降、子どもたちの歴史意識が衰退し、現世主義的な指向が強まりを見せることになった。佐貫浩の言葉を借りるならば、新自由主義は歴史意識を剥奪する社会であり、個人による現代把握を困難化させた(55)。まさに、1990年代以降の教育課題は、子どもたちから失われた歴史意識をどう回復していくかであったと言える。そのため、本節では、「現代」（21世紀という時代意識）に力点を置いて検討する。この時期、子どもの歴史意識の喪失と地球化（グローバリゼーション）の影響を受けて、歴史の授業研究では、歴史の学び方に重点を置く欧米諸国の歴史授業が紹介され、注目された。そこでは、史資料の読み解きを通じて、児童・生徒に歴史を主体的に解釈させようとする授業方略が語られることになった。

第1項　加藤公明の討論授業をめぐる議論

　この時期、高等学校の日本史で討論授業を精力的に展開し、生徒の歴史意識を覚醒し、歴史的思考力を鍛えようとしていたのが、千葉県の高等学校で教鞭を執っていた加藤公明であった。加藤は、日本史で行った自らの実践を「考える日本史」と称し、授業実践の成果を授業記録として発表している(56)。

加藤は、最新の歴史学の研究成果を踏まえた内容であっても、教師という権威による一方的な教え込みでは学習者の成長や変容に繋がらないとの認識から、討論を通じて互いの認識をより科学的に発展させていけるような授業を構想した(57)。では、加藤の代表的な実践の一つである「一遍上人絵伝に中世の息吹を発見する」(58)を事例に、「考える日本史」について、検討する。

　「一遍上人絵伝備前国福岡の市」(以下、「福岡の市」と略記する。)は13世紀末の三斎市の様子を伝える図像史資料として、これまで多くの日本史教科書で取り上げられてきた。加藤の実践では、図像史資料はよく用いられる教材であり、この他にも「足利義満像」(鹿苑寺所蔵)、「江戸図屏風」(国立歴史民俗博物館所蔵)、蠣崎波響筆の「夷酋列像」を用いた授業実践が有名である(59)。加藤は、図像史資料のもつ利点として、視覚によって確認できる事実確認の容易さと、そこから様々な情報を引き出すことの出来る自由さを挙げている(60)。

　この授業は、「福岡の市」から中世の商業を中心とした庶民生活の発展を読み解かせることを目的とした実践である(61)。では、授業実践の流れをたどってみよう。まず、生徒は「福岡の市」の場面を読み解き、中世の商業を中心とした庶民生活の特徴として、前時代と比較し、この時期に起こった社会的、経済的な変化にかかわる仮説を立てることで自分自身のオリジナルな歴史像を構築する。次に、教師は生徒の立てた仮説の中から討論する価値のあるテーマをいくつかピックアップする。生徒はピックアップされた仮説についてその真偽をクラス内で討論し、自らの歴史認識を相互に鍛え合う。

　この実践では、加藤は、生徒の立てた仮説の中から「大甕はトイレか？」「農民はお金を払って琵琶を聴いていたか？」「船・馬は商品と人を運んできたのか？」「農民が払っているのは宋銭か？」の四つを選択して提起した(62)。これらの仮説は、中世社会の特徴としてあげられる「二毛作の普及（人糞尿を肥料として利用）」、「貨幣経済の浸透」、「馬借・問丸などの運送業者の出現」、「中国銭（宋・元銭）の流入・普及」とそれぞれ符合するものである(63)。授

業では、四つの仮説に対する議論を終えた後に、生徒にどの仮説が正しいかを挙手させる。しかし、それぞれの仮説の正誤に関する教師の解説やコメントはなく、オープンエンドの形で授業を終えることになる[64]。

　加藤の「考える日本史」授業は、生徒間の能動的活動を通して知識を構成していくことが重視されている。そこには、構成主義、とくに社会構成主義の学習理論の影響を看取ることが出来る。加藤は、このような学習を「討論授業」と称している。加藤の実践では、生徒相互の交流を通じての協働的な学びが組織されており、現代社会に対応した学習の試みとして評価できる。

第2項　歴史の「全米指導基準」の紹介と歴史的思考力の新要素をめぐる議論

　戦後の歴史教育の体系は、1990年前後を境に大きく変容することになった。暗記に軸足を置くこれまでの伝統的な歴史授業の形態は批判の対象となり、近現代史学習を重視した歴史的思考力育成型の学習への期待が高まった。また、1989年の高等学校学習指導要領の改訂では、「国際化」の進展を理由に社会科から地歴科と公民科に再編成された。また、新設された地歴科では、「国際化」への対応として、世界史が必履修科目として位置づけられるとともに、近現代史中心のA科目（世界史A・日本史A）が誕生した。

　高等学校教育の地殻変動とも言える地歴科の誕生は、社会科解体との批判を受けながらも、歴史学習の在り方を見直す契機となった。この時期、歴史の授業は知識注入と暗記強要との批判を受け、歴史的思考力育成型授業を模索する動きが顕在化した。その動きの契機となったのが米国の歴史教育全米センターが刊行した歴史の「全米指導基準」であり、冨所隆治らによって日本に紹介された[65]。歴史の「全米指導基準」は、「K－4歴史ナショナルスタンダード」「米国史ナショナルスタンダード」「世界史ナショナルスタンダード─現在への探究の道─」（ともに 1994年）及び「改訂歴史ナショナルスタンダート」（1996年）からなり、幼稚園（＝K）から第12学年（＝日本の高等

学校3年段階)までの歴史の学習内容がスタンダード(指導基準)として整理された[66]。

歴史の「全米指導基準」では、歴史学習とは、歴史知識の習得を目指す「歴史的理解」と歴史資料の活用・解釈と歴史の見方を養う「歴史的思考」との統合の上に組み立てられていた[67]。「歴史理解」とは、社会的、政治的、科学的/技術的、経済的、文化的からなる人間活動の五領域の歴史を学習することになる[68]。また、「歴史的思考」は相互に関連性をもつ、年代的思考、歴史的認識、歴史的分析と解釈、歴史的調査能力、歴史上の論点分析と意思決定の、五つのスキルから構成されている[69]。表3－2「歴史の『全米指導基準』における『歴史的思考』を構成する五つのスキル」は「歴史的思考」を構成する五つのスキルの内容をまとめたものである。「歴史的思考」

表3－2 歴史の「全米指導基準」における「歴史的思考」を構成する五つのスキル

年代的思考 (Chronological Thinking)	
概要	基準の具体的内容
このスキルは、その事件がおこった時間的順序を明示し、暦の時間を計り、年表を解釈し作成し、歴史的継続と自続、連続性と変化の型を説明するための能力である。そして、過去、現在、未来という歴史的時間の明瞭な意識を発展させることができる。	A 過去、現在、未来を区別する。 B 歴史叙述や物語の時間的構造を明確にする。 C 歴史的叙述を構成し時間的順序を定める。 D 暦の時間(暦年)を測定し計算する。 E 年表に記されたデータを解釈する。 F 歴史の継続性と連続のパターンを再構成する。 G 時代区分の様々なモデルを比較する。
歴史的認識 (Historical Comprehension)	
概要	基準の具体的内容
このスキルは、認識力をもって歴史叙述を読み、叙述の構成(事件の性格・状況・順序・原因・結果)の基本的要素を明らかにし、歴史的見方を習得する能力を含んでいる。そして、文学、芸術、工芸品などを通じて明らかにされた過去をその場にいた人々の目と経験を通して記述することができ、また、今日の基準と価値の面からだけで過去を判断するような「現在中心思考」を避けることができる。	A 歴史叙述の一節から逐語的意味を再構成する。 B 歴史叙述が提起する主要な問題を明らかにする。 C 歴史叙述を想像的に読む。 D 歴史的見方を明示する。 E 歴史地図上の示されたデータを利用する。 F 図表、一覧表、円・棒グラフ、フローチャート、ヴェン図などの視覚的、数量的データを利用する。 G 視覚史資料、文学史資料、音楽史資料を利用する。

歴史的分析と解釈 (Historical Analysis and Interpretation)	
概要	基準の具体的内容
このスキルは、様々な集団や背景から人々の異なった体験、信仰、動機、伝統、希望、恐怖を比較し、対照するための能力を含む。すなわち、このことは、これらの異なった動機、利害、信仰、希望、恐怖がいかに人々の態度に影響を及ぼしているかを分析することであり、人間体験の記録における多様な見方と歴史事件の分析における様々な原因を考えることであり、過去の競合する歴史的説明を比較し、検討することである。	A 歴史文書や叙述の筆者、出典を明らかにする。 B 異なる思想、価値観、個性、態度、制度を比較・対照する。 C 史実と解釈の違いを区別する。 D 多様な見方を考慮する。 E 個人の重要性、思想の影響、変化の役割を含めて、因果関係や多様な原因を分析する。 F 歴史の必然論について議論を闘わせる。 G 相互に競合する歴史叙述を比較する。 H 歴史解釈を暫定的なものとしてとらえる。 I 歴史研究者間の主要な論争を検討し評価する。 J 過去の出来事がもたらした影響についての仮説を立てる。
歴史的調査能力 (Historical Research Capabilities)	
概要	基準の具体的内容
このスキルは、歴史的文書、工芸品、写真、史跡への訪問、目撃者の証言との出会いの中から、歴史的問題をつくる能力を含む。すなわち、このことは工芸品や文書がつくられた歴史的時間やその状況を明確にすることであり、その信頼性と正当性を判断することであり、そのことに関する妥当な歴史的叙述や議論を構築することである。	A 歴史に関する問いをつくる。 B 史資料を入手する。 C 史資料を検討する。 D 記録の中の欠落部分を確認し、その時代と場所に関連する知識と視点を整理し、妥当な解釈を組み立てる。
歴史上の論点分析と意思決定 (Historical Issues-Analysis and Decision-Making)	
概要	基準の具体的内容
このスキルは、人々が過去に直面した問題を明らかにし、このような状況下に陥った人々の異なる利害や視点を分析する能力である。すなわち、この問題を解決するための代案を検討し、至った結論ととられた行動がよかったかどうか、また、なぜそのような結論や行動を選んだのかを分析することである。また、現在において幅広い情報に裏付けられた意思決定に影響を及ぼす歴史的見方を身につけることである。	A 過去の論点と問題を明確にする。 B 問題とその解決のための代案となる行動方針を立てるのに役立つ問題状況の把握と今日の諸状況を整理する。 C 歴史上の適切な先例を確認する。 D (問題解決の)代案となる行動方針を提起する。 E 争点に関する態度や行動方針について考える。 F 決定事項の実行によってもたらされた影響を評価する。

　本表は、National Center for History in the Schools ed. (1996) *National Standards for History Basic Edition*, Los Angeles, Los Angeles,University of California, pp. 62-72 をもとに、筆者が作成した。

では、学習者が五つのスキルから適切なものを選択・活用することで歴史についての理解と解釈を行い、それに基づいて自己の態度や行動方針を立て、意思決定を行うことを目指している[70]。「歴史的思考」と「歴史的理解」の二者は相互に補完し合う関係にあり、段階的、継続的な学習を通じて「歴史的理解」と「歴史的思考」を低次の段階から高次の段階へと次第に高めていくように配置してある[71]。歴史の「全米指導基準」が示す歴史的思考の概念は、知識としてではなくスキルとして活用することが求められるものであり、暗記主義を批判されがちな日本の歴史教育の在り方を見直す上でも有益な基準である。また、表3－2で示したように、各スキルで習得すべき事項が「基準の具体的内容」として記述されているため、それぞれのスキルの分析的評価が可能となる。

原田智仁は、歴史の「全米指導基準」における「歴史的思考」を日本の歴史的思考力に関する記述と比較して、日本では歴史的分析と解釈、意思決定などの能力が軽視されていることを指摘した[72]。また、鳥山孟郎は、日本の歴史教育にこれまでなかった観点として、史資料や教科書の中に記された事実や結論を自明の真実として鵜呑みにしないで、生徒一人ひとりが自分なりの歴史像を構築していくことを歴史学習の重要な目的の一つとして挙げていることに着目した[73]。歴史の「全米指導基準」で示された歴史的思考力は、史資料の分析・解釈するためのスキルとしてとらえたものであった。このような考え方は、「安井歴史教育論」と『歴研』「歴史学と歴史教育のあいだ」の論争以前には、議論されることが少なかった新しい視点であった。

第3項　地球化(グローバリゼーション)の進展に対応した歴史意識・歴史的思考力をめぐる議論――2000年以降に着目して――

戦後の歴史学の体系は、1989年以後の冷戦体制の崩壊と日本の「戦後五〇年」(1995年)を境に大きく変容することになる。成田龍一によれば、この時期の歴史研究では、歴史の認識の科学性と実在性を主張する従前の立場が後

退し、構成主義の視点が台頭するとともに歴史は解釈するものであるという言説が有力となったとのことだ⁽⁷⁴⁾。成田はこの変化を「〈歴史〉の語りの切断」と呼び⁽⁷⁵⁾、このことを促したのは地球化(グローバリゼーション)の進展と日本人の戦争観の変容であるとした。すなわち、冷戦体制の崩壊が日本人の中に1980年代以後顕著になって来た地球化(グローバリゼーション)という時代意識を決定的なものにした。また、「戦後五〇年」というメルクマール（1995年）は、従軍慰安婦問題など戦争に関わった被害者、加害者を含めた当事者により、それぞれ異なった視点からの戦争の諸相が語られることになった。歴史学に見られたこの様な地殻変動は、歴史教育にも多大な影響を与えることになった。加藤の「考える日本史」での実践など、既製の歴史認識に対する批判力を育成する学習が提唱されるに至ったこととも符合する⁽⁷⁶⁾。

しかし、このような教育実践は一部の教師に留まり、歴史授業の実態は必ずしも従前の歴史教育観を転換することには繋がるものではなかった。長野県の高校教師、小川幸司が指摘したように「"暗記地獄"としての高校世界史」と呼ばれる状況が学校現場には蔓延した⁽⁷⁷⁾。2000年以降、児童・生徒の歴史意識は深刻な状況を迎える。佐藤学の言葉を借りるならば、「子どもたちの『学び』から逃走」という状況の常態化である。その結果、児童・生徒から失われた歴史意識をどう回復させていくかが、教育課題として浮上することになった。

歴史教育の教育課題をめぐる危機意識は、今日、新たな展開を見ている。すなわち、英国のナショナルカリキュラム⁽⁷⁸⁾、ドイツ・フランスの『ドイツ・フランス共通教科書・現代史』⁽⁷⁹⁾、米国のスタンフォード大学歴史教育研究グループの開発した歴史カリキュラム⁽⁸⁰⁾、英国の世界史教科書⁽⁸¹⁾が紹介され、歴史の「全米歴史指導基準」と同様な史資料解釈型の歴史的思考力が提案された。そこで紹介された歴史的思考力の項目を整理したものが、表3－3「欧米諸国の歴史カリキュラムにおける歴史的思考力の概要」である。学習者は学習内容（歴史の内容）を正確に暗記し理解することではなく、

表3－3　欧米諸国の歴史カリキュラムにおける歴史的思考力の概要

国名：団体名	名称	歴史的思考力の内容
米国 ：歴史教育全米センター（NCHS）	歴史の「全米指導基準」の「歴史的思考」[A]	①年代的思考 ②歴史的認識 ③歴史的分析と解釈 ④歴史的調査能力 ⑤歴史上の論点分析と意思決定
英国 ：英国教育局	ナショナルカリキュラムの「第9学年生徒に見られる歴史意識の様相」[B]	①年代順の理解 ②過去の出来事や人物及び変化に関する知識・理解 ③歴史的解釈 ④歴史的調査 ⑤構成とコミュニケーション
ドイツ・フランス ：ドイツ・フランス歴史教科書運営委員会	『ドイツ・フランス共通教科書・現代史』の「学習方法」[C]	①文書を説明する ②歴史地図を読み解く ③統計データを分析する ④戯画を分析する ⑤論文を書く ⑥プロジェクトを実施し、発表を行う ⑦レポート発表を準備し、行う
米国 ：スタンフォード大学歴史教育グループ（SHEG）	歴史カリキュラム「歴史家のように読む」における「読みの方略」[D]	①史料の根拠・出所を明らかにする ②史料を歴史的文脈に関連付ける ③史料の裏付けをとる ④史料を精読する

出典：表内の「歴史的思考力の内容」については、以下の文献を参考にした。
- [A] 冨所隆治（1998）『アメリカの歴史教科書―全米基準の価値体系とは何か―（社会科教育全書）』明治図書　pp.15-30。
- [B] 土屋武志（2011）『解釈型歴史教育のすすめ―対話を重視した社会科歴史―』梓出版社　pp.53-55。
- [C] ガイス，P. ル・カントレック，G.［福井憲彦・近藤孝弘監訳］（2008）『ドイツ・フランス共通歴史教科書―1945年以後のヨーロッパと世界―』明石書店　pp.308-321。
- [D] 田尻信壹（2016）「歴史カリキュラム"Reading Like a Historian（歴史家のように読む）"の教授方略―米国史単元『冷戦の起源』を事例として―」目白大学総合科学研究編集委員会編『目白大学総合科学研究』12　pp.3-5。

個々の歴史事象や史資料を主体的に吟味して論理的に解釈し説明できる能力が求められている。必然的に、学習者には史資料を批判したり歴史事象や概念を解釈したりすることが期待された。歴史の「全米指導基準」などの欧米

諸国の歴史カリキュラムの紹介は、子どもたちのやせ細っていく歴史意識をどう回復させていくかという教育課題と重なり合い、学校現場で一般化していた従前型の歴史的思考力観を見直す契機となった。

　欧米諸国の歴史カリキュラムで示された歴史的思考力の特徴は、歴史的思考力を史資料の解釈や批判的吟味のためのスキルとしてとらえている点である。加藤実践と、欧米諸国の歴史カリキュラムの紹介と受容は、歴史的思考力のとらえ方に関しての通底する意識を読み取れる。それは、歴史的思考力というものを、様々な情報が氾濫する現代社会においては、私たちに必要とされる市民的資質として、情報にアクセスしそこから情報の真偽や有用性のあるものを取捨選択し自己の意思決定に生かしていくことが重要であると見ている点である。そのような動向の一つとして、今日では、日本学術会議(2011)『提言　新しい高校地理・歴史教育の創造－グローバル化に対応した時空間認識の育成－』(以下『新しい高校地歴教育の創造』と略記する)において、「歴史的資料の調査力の育成」や「歴史的分析・解釈力の育成」が挙げられている[82]。子どもたちからやせ衰えていく歴史意識を取り戻していく上でも、歴史的思考力の育成は今日の重要課題になったと言える。そして、そのための学習方法として、史資料、とりわけ一次史資料の活用が提案されている。

小括

　本章では、歴史意識と歴史的思考力が戦後の歴史教育史の中でどのように議論されて来たのか、「終戦」から1950年代までの時期、1960年代から1980年代、1990年代以降の、三期に区分して検討を行った。1990年代以後については、2000年以降の「現代」に着目した。その結果、以下のことが明らかにできた。

　「終戦」から1950年代までの歴史意識研究をめぐっては、「社会変革の意識としての歴史意識」と「心理的側面としての歴史意識」という緊張関係の中

で展開したことが挙げられる。前者は、社会変革を使命とする歴史学の立場から発せられたものであり、羽仁五郎、高橋磌一、上原専禄などの歴史研究者から積極的なコミットメントが寄せられた。そこでは、児童・生徒に対して、現代世界の危機に主体的に立ち向かわせるための政治的問題意識の形成に関心が向けられた。後者は、児童・生徒に対する歴史意識の調査・研究として展開した。調査・研究は児童中心主義の立場に立つ米国の心理学やピアジェの心理学に依拠したものであり、子どもの心理的発達特性の実証的根拠を得ようとしたものであった。両者に共通する課題として、子どもの能動的な学びに基づく学習の創造という視点が未成熟であったことが指摘できる。「社会変革の意識としての歴史意識」と「心理的側面としての歴史意識」という二つ歴史意識の存在が、同概念の基底部を形成する要素となり、また同時に、同概念の中に対立軸を生み出すことになった。その結果、歴史意識は複合的な性格を帯びることになったと言える。

　1960年代から1980年代にかけての歴史意識と歴史的思考力をめぐっての研究では、経験主義の発達理論から系統性、科学性を重視する系統主義へと歴史教育を含めた社会科教育の性格が転換したこととともに、唯物史観の影響を受けた発展法則的通史学習が高等学校に定着したことが挙げられる。しかし、この時期の後半には、生徒の歴史解釈の自由をめぐる問題や発展法則的通史学習に対する批判が起こることになった。

　では、この時期の動向を概観する。1960年代は、世界史の発展法則的理解と科学的歴史認識のための基礎的知識の習得と歴史的思考力の育成が目指された。そのことに大きな影響を与えたのが、唯物史観に基づく発展法則的通史認識の方法であった。

　1970年代以降、歴史教育の関心は「歴史意識の発達」から「歴史認識の発達」へとその軸足を移すことになり、「楽しくわかる授業づくり」の名の下に、子どもの主体性を重視する授業が推進された。その結果、歴史研究と授業実践とを一体的に語られる土壌が形成されることになった。

1980年代に入ると、歴史学研究の成果を歴史授業の教材として活用する際に、歴史研究の成果と子どもの主体的認識との捻じれや対立をめぐり、歴史学と歴史教育の間で論争が展開された。その典型として、『歴研』の誌上で行われた「安井歴史教育論」をめぐる論争がある。また、子どもの「歴史認識の発達」への関心の高まりが、唯物史観に基づく硬直した歴史認識に対する見直しを促すことになった。しかし、学校現場においては、史的唯物論に依拠する発展法則的通史認識の方法は、世界史への適用を疑問視されながらも、膨大な世界史の内容を整序する際の有効な考え方であるとの理由から、その後も、歴史教師の間では歴史的思考力のとらえ方の底流として意識され続けた。そして、そこでは、歴史的思考力は歴史学の最新研究に基づいて「歴史事象の因果関係」や「時代の構造や枠組み」を認識する力として認識されることになった。

1990年以後の歴史意識と歴史的思考力をめぐる研究の動向としては、地球化(グローバリゼーション)の進展を受けて、歴史の「全米指導基準」を始めとした欧米諸国の歴史カリキュラムが紹介されたことが挙げられる。そこで示された歴史的思考力の内実は、史資料を解釈したり批判的に吟味したりするためのスキルとしてとらえるものであった。この時期、日本史では、加藤公明による「考える日本史」と称された授業実践が注目されていた。加藤は、最新の歴史学の研究を踏まえた内容であっても、教師という権威による一方的な教え込みでは学習者の成長や変容に繋がらないとの認識から、絵画などの図像史資料等の活用と討論を通じて生徒の認識をより科学的に発展させる授業を構想した。史資料の解釈を重視する加藤の実践は、歴史の「全米指導基準」を始めとする欧米諸国の歴史カリキュラムとも通底する意識を読み取ることができる。

今日、歴史教育の教育課題は、子どもの失われた歴史意識をどう回復していくかである。現代の急激な社会変化に対応し、児童・生徒の失われた歴史意識を回復していくための手立てとして、歴史的思考力を位置づける必要性

が高まって来たと言える。ここでの歴史的思考力は、多種多様な情報にアクセスしそこから物事の真偽や社会的有用性というものを確定し、自己の意思決定に生かしていく力として位置付けるものであった。その結果、歴史学習では、日本学術会議の提言（『新しい高校地歴教育の創造』）に見られるように、史資料の活用が重視されることになった。

　歴史意識と歴史的思考力の研究は、歴史学や教科教育学の研究者、歴史教師によって、それぞれの時期の社会的状況や教育課題と深く関わりながら、様々に解釈され規定されて来た。本章では、この過程を、歴史学や教科教育学の研究者や歴史教師の論考や授業実践の記録を元にたどり、その実態を明らかにすることを試みた。その結果、これらの概念が有する重層的な構造と複合的な性格の解明を通して、「ゴルディオンの結び目」にたとえられる歴史的思考力の結び目を、些かなりとも解くことができたと思う。そして、結び目を解く鍵こそが、史資料の活用であることを指摘して、本章の結語とする。

註

（1）木全清博（1985）『社会認識の発達と歴史教育』岩崎書店　p.163。
　　　木全は、この二つの時期について、1950年代を「歴史意識の発達」の研究、1970年代を「歴史認識の発達」の研究に取り組まれた時期であったと、それぞれ特徴付けている。
（2）同上書　p.165。
（3）羽仁五郎（1967）『羽仁五郎歴史論著作集』1　青木書店　pp.347-354。
（4）高橋礒一（1969）『歴史教育と歴史意識』青木書店　pp.1-4。
（5）上原専禄著　上原弘江編（2000）『上原専禄著作集　歴史意識に立つ教育』12　評論社　pp.32-33。初出は、上原専禄（1958）『歴史意識に立つ教育』国土社。
（6）同上書　pp.79-83。
（7）同上書　pp.96-101。
（8）上原専禄（1960）『日本国民の世界史』岩波書店。

（9）上原専禄（1964）「歴史研究の思想と実践―歴史教育者協議会第16回大会講演―」歴史教育者協議会編『歴史地理教育』102　pp.1-12。
（10）日本社会科教育研究会（1971）『歴史意識の研究』第一学習社　pp.9-18。
　　　以下、『歴史意識研究』と略記する。
（11）和歌森太郎（1953）「史心の発達について」コア・カリキュラム連盟編『カリキュラム』60　pp.31-32。
（12）同上（1953）「歴史意識の発達について」コア・カリキュラム連盟編『カリキュラム』52　p.19。
（13）木全　前掲書　p.165。
（14）斎藤博（1977）「歴史的意識の発達」上田薫編『社会科教育史資料』4　東京法令出版　pp.535-550。
　　　初出は、斎藤博（1953）「歴史的意識の発達」『信濃教育会教育研究所紀要』19。
（15）斎藤　前掲論文　pp.547-549。
（16）木全　前掲書　p.170。
（17）木全　前掲書　p.171。
（18）木全　前掲書　pp.179-181。
（19）「世界史の基本法則」は、歴史学研究会の1949年大会（統一テーマ「各社会構成における基本的矛盾」）で議論され提唱された、唯物史観に基づく世界史認識の方法である。この認識方法では、世界史には社会構成体の継起的交替をなす普遍的な発展法則が貫かれているとされた。そして、世界史は、アジア的、古典古代的、封建的、近代市民的生産様式を経て、社会主義的生産様式へと発展的に移行するとされた。「世界史の基本法則」をめぐっては、その後、アジア的停滞性の克服が議論され再検討の動きが見られたものの、1960年代までの世界史認識の基本として、戦後の歴史学と歴史教育に大きな影響力を及ぼすことになった。
（20）安田常雄（2000）「方法についての断章―序にかえて―」歴史学研究会編『戦後歴史学再考―「国民史」を超えて―』青木書店　pp.10-16。
　　　安田の定義によれば、「戦後歴史学」とは、戦後民主主義の精神に立って歴史を研究し叙述する歴史学のことであり、「終戦」直後から1970年前後までの時期の歴史学が該当する。
（21）大塚久雄（1969）『大塚久雄著作集』7　岩波書店　pp.6-7。
　　　初出は、大塚久雄（1955）『共同体の基礎理論』岩波書店　である。
（22）「世界史の基本法則」に対する再検討の動きとして、以下の出来事が指摘できる。歴史学研究会では、1961年大会（統一テーマ「世界史における日本の近代」）で

の議論を経て、1962年に「『世界史の基本法則』の再検討」「世界史像の再構成」を目標とする中期研究計画が提案された（石井寛治［2000］「戦後歴史学と世界史―基本法則論から世界システム論へ―」歴史学研究会編『戦後歴史学再考―「国民史」を超えて―』青木書店　pp.35-37）。また、同時期に、上原専禄は西ヨーロッパ近代の発展をモデルとする「世界史の基本法則」的な歴史像を批判し、十三地域世界から構成される地域世界論を提起した（本章の註8、9の文献を参照のこと）。

(23) 遠山茂樹（1980）『歴史学から歴史教育へ』岩崎書店　pp.95-96。
　　　初出は、遠山茂樹（1963）「歴史教育系統性論の前提」『教育』159　である。
(24) 遠山　同上書　pp.29-46　pp.94-114。
(25) 永原慶二（1978）『歴史学叙説』東京大学出版会　p.365。
　　　初出は、永原慶二（1976）『小学校社会科指導シリーズ』4　学校図書。
　　　永原は、同論文の中で、歴史教育の本質的なねらいとして、以下の三点を挙げ、通史がこのような歴史教育のねらいを達成できる最善の方法であると結論づけている（同上書　pp.363-364）。
　（1）歴史は社会の一貫して連続的な発展・進歩の過程であること（社会の変化、発展の概念）
　（2）社会はそれぞれの段階で、「時代」とよばれるような歴史的特質をもっていること（時代概念・時代像）
　（3）社会の発展、時代の推移をもたらすのは人々の各様の主体的営為であり、なかでも民衆がその根底的役割を演じていること（歴史の主体および歴史認識の主体性）
(26) 浜林正夫（1991）『世界史再入門―歴史のながれと日本の位置を見直す―』地歴社　pp.235-245。
(27) 岡崎勝世（2003）『世界史とヨーロッパ―ヘロドトスとウォーラーステインまで―（講談社現代新書）』講談社　pp.260-266。
(28) 吉田悟郎（1990）『自立と共生の世界史学―自国史と世界史―』青木書店　pp.32-40。
　　　吉田は上原専禄の問題提起を積極的に受け止め、地域世界の把握の深化につとめ、異質共存、多元複合の世界に即した世界史の方法を提唱した。
(29) 横山十四男（1979）「中学生の歴史意識の考察―最近15年間の変化について―」歴史学会編『史潮』新6　pp.122-140。
(30) 同上論文　pp.122-124。

(31) 同上論文　p. 124。
(32) 同上論文　p. 122。
(33) 『歴史意識研究』pp. 55-70。
(34) 『歴史意識研究』p. 55。
　　　日本社会科教育研究会による歴史意識の研究は、同研究会の中心メンバーであった藤井千之助によって継承された。藤井（1985）『歴史意識の理論的・実証的研究－主として発達と変容に関して－』風間書房　の中で、歴史意識を三つの側面に分けて規定した（p.56）。藤井の定義は、今日、歴史意識の全般的概念として高く評価されている。詳しくは、第1章第1節を参照のこと。
(35) 『歴史意識研究』pp. 431-448。
(36) 有馬毅一郎（2001）「社会的認識・態度の発達、形成の調査研究」全国社会科教育学会『社会科教育学研究ハンドブック』明治図書　pp. 154-161。
(37) 木全　前掲書　p. 179。
(38) 木全　前掲書　p. 180。
(39) 臼井嘉一（2010）『教育実践学と教育方法論－カリキュラム・教科指導・学力を教育実践から問い直す－』日本標準　p. 127。
(40) 「スパルタクスの反乱」の六回に及ぶ授業実践の内、実践記録ないしは論考として発表されているものは、第三回目「戦うスパルタクス」：安井俊夫（1982）『子どもが動く社会科』地歴社、第四回目「自分の目で歴史をとらえる」：安井俊夫（1985）『学びあう歴史の授業』青木書店、第五回目「共感と科学的社会認識」：歴史教育者協議会編『歴史地理教育』380（1985年3月臨時増刊号）、第六回目「スパルタクスの反乱をめぐる－歴史教育と歴史学－」上　下　歴史学研究会編『歴史学研究』564・565（1987年2月号・3月号）の四実践である。
(41) 石渡延男ほか三名（1986）「『座談会』歴史学と歴史教育のあいだ」歴史学研究会編『歴史学研究』553　p. 34。以下「座談会」と略記する。
(42) 安井俊夫（1987）「連載・歴史学と歴史教育のあいだ⑥－スパルタクスの反乱をめぐる歴史教育と歴史学－」上　歴史学研究会編『歴史学研究』564　p. 48。以下「授業スパルタクスの反乱」上　と略記する。
(43) 土井正興（1986）「連載・歴史学と歴史教育のあいだ①－『歴史研究と歴史教育』について－」歴史学研究会編『歴史学研究』555　青木書店　p. 63。
(44) 同上論文　p. 65。
(45) 「授業スパルタクスの反乱」上　p. 48。
(46) 「授業スパルタクスの反乱」上　p. 48。

(47)「座談会」pp. 41-42。
　　本多公栄（1988）「連載・歴史学と歴史教育のあいだ⑪－歴史学に対する歴史教育の相対的独自性とは何か－」歴史学研究会編『歴史学研究』583　pp. 43-49。
(48)熊野聰（1986）「連載・歴史学と歴史教育のあいだ②－研究と教育の統一のために－」歴史学研究会編『歴史学研究』556　p. 43。
(49)同上論文　p. 43。
(50)二村美朝子（1987）「連載・歴史学と歴史教育のあいだ⑤－研究と教育のより深い関わりのために　安井歴史教育批判－」歴史学研究会編『歴史学研究』563　p. 46。
(51)目良誠二郎（1990）「連載・歴史学と歴史教育のあいだ⑱－なにが問題なのか－」歴史学研究会編『歴史学研究』603　p. 33。
(52)高等学校では、1989年改訂の学習指導要領から、社会科は地歴科と公民科の二つの教科に再編成され、地歴科・公民科の授業は1994年度から学年進行で実施された。
(53)今野日出晴（2008）『歴史学と歴史教育の構図』東京大学出版会　p. 32。
(54)佐藤学（2000）『「学び」から逃走する子どもたち（岩波ブックレット）』岩波書店　pp. 9-14。
(55)佐貫浩（2012）「現代把握の困難性と歴史意識形成への教育の課題－社会の透明化と主体性剥奪のメカニズムを打ち破る－」歴史学研究会編『歴史学研究』899　p. 2。
(56)以下は、加藤公明の「考える日本史」の主要な授業実践・授業記録をまとめたものである。
　　・加藤公明（1991）『わくわく論争！考える日本史授業－教室から〈暗記〉と〈正答〉が消えた－』地歴社。以下『考える日本史授業』と略記する。
　　・同上（1995）『考える日本史授業2－絵画でビデオで大論争！－』地歴社。
　　・同上（2000）『日本史討論授業のすすめ方』日本書籍。
　　・同上（2007）『考える日本史授業3－平和と民主社会の担い手を育てる歴史教育－』地歴社。
　　加藤公明の授業実践を総合的に分析した著作として、以下がある。
　　・加藤公明　和田悠編（2012）『新しい歴史教育のパラダイムを拓く－徹底分析！　加藤公明「考える日本史」授業－』地歴社。
　　・同上（2015）『考える日本史授業4－歴史を知り、歴史に学ぶ！　今求められる《討論する歴史授業》－』地歴社。

（57）加藤公明（1994）「討論する授業をつくる―生徒に歴史認識の主体性と能力を―」歴史教育者評議会編『あたらしい歴史教育』7　青木書店　pp. 184-187。
（58）加藤による一遍上人絵伝を用いた授業実践としては、以下の二つが有名である。
　　・加藤公明（1991）「一遍上人絵伝に中世の息吹を発見する」『わくわく論争！考える日本史授業教室から〈暗記〉と〈正答〉が消えた』地歴社　pp. 126-140。
　　・同上（1995）「一遍上人絵伝から中世社会を考える」『考える日本史授業2―絵画でビデオで大論争！―』地歴社　pp. 24-70。
　　　本章では、「一遍上人絵伝に中世の息吹を発見する」を分析する。
（59）「足利義満像」（鹿苑寺蔵）の実践記録としては、「義満の肖像画で教科書の中世史像を塗りかえる」『わくわく論争！考える日本史授業』pp. 117-125　がある。また、「江戸図屏風」（国立歴史民俗博物館）については、「江戸図屏風絵から考える―子どもが主役になる社会科の授業―」『考える日本史授業2』pp. 140-156がある。蠣崎波響筆の「夷酋列像」については、「肖像画のアイヌたちはなぜ蝦夷錦を着ているのか」『考える日本史授業2』pp. 158-198、「偽りのアイヌ像はなぜ描かれたのか」『考える日本史授業3』pp. 154-168　がある。
（60）加藤公明（1991）「一遍上人絵伝に中世の息吹を発見する」『わくわく論争！考える日本史授業―教室から〈暗記〉と〈正答〉が消えた―』地歴社　p. 126。
（61）同上論文　p. 128。
（62）同上論文　pp. 130-131。
（63）同上論文　pp. 128-139。
（64）同上論文　pp. 139-140。
（65）冨所隆治（1998）『アメリカの歴史教科書―全米基準の価値体系とは何か―（社会科教育全書）』明治図書。
（66）歴史の全米指導基準は、以下の通りである。
　　・K－4歴史ナショナルスタンダード
　　　National Center for History in the Schools ed.（1994）. *National Standards for Grades K-4.*
　　　米国史ナショナルスタンダード
　　　National Center for History in the Schools ed.（1994）. *National Standards for United States History.*
　　　世界史ナショナルスタンダード―現在への探究の道―
　　　National Center for History in the Schools ed.（1994）. *National Standards for World History: Exploring Paths to the Present.*

・改訂歴史ナショナルスタンダード
National Center for History in the Schools ed. (1996). *National Standards for History*.
(以上、http://www.sscnet.ucla.edu/nchs/hstocb.html　1998年10月30日確認)
歴史の「全米指導基準」に関する引用については、下記の改訂歴史ナショナルスタンダードの書籍版を用いた。
National Center for History in the Schools ed. (1996). *National Standards for History Basic Edition*, Los Angeles, Los Angeles, University of California.

(67) National Center for History in the Schools ed. (1996). *National Standards for History Basic Edition*, Los Angeles, Los Angeles, University of California. pp. 50-53.
(68) *ibid.*, pp. 47-49.
(69) *ibid.*, pp. 49-50.
(70) *ibid.*, pp. 50-53.
(71) *ibid.*, pp. 42-43.
(72) 原田智仁(1997)「小中高一貫の歴史カリキュラム論〈1〉―歴史的思考力の育成の視点から―」全国社会科教育学会編『社会科教育』447　p.117。
(73) 鳥山孟郎(1998)「歴史教育のための全米指導基準(NATIONAL STANDARDS)を読んで」『一橋情報　歴史地理科(98.5)』一橋出版　p.15。
(74) 成田龍一(2010)『増補「歴史」はいかに語られるか―1930年代「国民の物語」批判―』筑摩書房　pp.9-20。
(75) 同上書　pp.288-289。
(76) 田中暁龍(2012)「新自由主義時代の教師教育と歴史教育」歴史学研究会編『歴史学研究』899　pp.19-20。
(77) 小川幸司(2011)『世界史との対話―70時間の歴史批評―』上　地歴社　p.320。
小川は世界史教科書の巻末索引の語句数を調査し、初期の教科書(村川堅太郎　江上波夫　林健太郎『改訂版世界史』山川出版社　1952年)では1,308個であったが、調査当時の教科書(佐藤次高　木村靖二　岸本美緒ほか『詳説世界史(世界史B)』山川出版社　2003年)では3,379個となり、50年の間に2,000個以上(約2.6倍)も増加したことを指摘した。そして、この現状を「"暗記地獄"としての高校世界史」と批判し、教科書で使用する歴史用語の精選化を訴えた。
(78) イギリスの歴史教育改革を研究した著作として、以下のものがある。
・竹中伸夫(2012)『現代イギリス歴史教育内容編成論研究―歴史実用主義の展

開―』風間書房　pp. 317-371。
・土屋武志（2011）『解釈型歴史教育のすすめ―対話を重視した社会科歴史―』梓出版社　pp. 35-62。

(79) ガイス，P．　ル・カントレック，G．［福井憲彦　近藤孝弘監訳］（2008）『ドイツ・フランス共通歴史教科書【現代史】―1945年以後のヨーロッパと世界―』明石書店。同書には、「学習方法」（pp. 308-321）という章が設けられている。

(80) スタンフォード大学歴史教育研究グループの開発した歴史カリキュラムを分析した研究として、以下の論考がある。
・田尻信壹（2016）「歴史カリキュラム"Reading Like a Historian（歴史家のように読む）"の教授方略―米国史単元『冷戦の起源』を事例として―」目白大学総合科学研究編集委員会編『目白大学総合科学研究』12　pp. 1-18。
・土屋武志（2013）「歴史学習における歴史家体験活動」文部科学省教育課程課編『中等教育資料』925　pp. 24-29。
・中村洋樹（2013）「歴史実践（Doing History）としての歴史学習の論理と意義―『歴史家の様に読む』アプローチを手がかりとして―」全国社会科教育学会編『社会科研究』79　pp. 49-60。
・原田智仁（2015a）「米国における"歴史家のように読む"教授方略の事例研究―ジーグラー氏の『レキシントンの戦い』の授業分析を手がかりに―」兵庫教育大学編『兵庫教育大学研究紀要』46　pp. 63-73。

　スタンフォード大学歴史教育研究グループのWEBサイト、*Curriculum: Reading Like a Historian*（http://sheg.stanford.edu/rlh，2015年8月14日確認）には、「歴史的思考」5単元、「米国史」73単元、「世界史」37単元が掲載されている。また、歴史単元を掲載した市販図書として、Wineburg, S., Martin, D., Monte-sano, C., (2012) *Reading Like a Historian: Teaching Literacy in Middle and High School History Classrooms*, New York, Teachers College Press　がある。

　授業映像のWEBサイトとして、"Teaching Channel"（https://www.teachingchannel.org/videos　2015年8月2日確認）と「諸外国における評価の高い歴史授業」（http://www.nier.go.jp/history_lessons/　2015年8月2日確認）がある。「諸外国における評価の高い歴史授業」には、米国史「レキシントンの戦い」の授業を記録したビデオ版（英語、全編）とその逐語訳（日本語）が掲載されている。
・原田智仁（2015b）「米国における"歴史家のように読む"教授方略の事例研究

　　　　－授業実践に着目した米英独歴史教育研究・その２－」『米英独における評価の高い歴史授業の収集・分析とそのデータベース化（研究成果報告書）』pp. 13-28。

　　・原田智仁（2015c）「Ms. Valerie Ziegler; "Battle of Lexington"（2012年９月10日 Abraham Lincoln High School, CA, USA, 第11学年）」同上　pp. 45-68。

(81)　ライリー，M. バイロン，J. カルピン，C.〔前川一郎翻訳〕（2012）『イギリスの歴史【帝国の衝撃】－イギリス中学校歴史教科書－』明石書店。

　　同書には、学習者のための多くのアクティビティが掲載されている。

(82)　日本学術会議編（2011）「歴史的思考力の要点」『提言　新しい高校地理・歴史教育の創造－グローバル化に対応した時空間認識の育成－』p. 36。

　　本書の第１章第１節第２項を参照のこと。

第4章　現職教師への質問紙調査から見た
　　　　歴史的思考力の現状

　戦後中等教育段階の歴史学習では、歴史的思考力という概念はそれぞれの時期の社会的要請や教育課題と連動し、歴史学や教科教育学の研究者、学校現場の教師によって多種多様に解釈された。その結果、今日では、歴史的思考力という概念は、怪物ミノタウロスを閉じ込めた「ラビュリントス」の如く、複雑な構造をもつに至った。本章では、中等教育段階の社会科歴史的分野や地歴科歴史系科目を担当する教師が歴史的思考力や探究的学習をどのように考えて授業づくりを行っているかを解明するために、中学校社会科、高等学校地歴科・公民科の現職教師を対象に質問紙による調査を実施する。

第1節　質問紙調査を実施する目的

　苅谷剛彦・志水宏吉は、学力という概念を論ずる中で、この専門用語はいかに定義付けをしたとしても、必ず別の教育的な価値を論ずる人々からその定義自体をめぐって異論が出されると言っている[1]。歴史的思考力に関しても、同様なことが指摘できる。このような性格をもつ歴史的思考力という概念に対して、私たちはどのように対処していったらよいであろうか。
　学力概念を規定する際、苅谷剛彦は、能力及び能力シグナルの社会的構成説という考え方を示した[2]。そこでは、能力と呼ばれる現象（＝対象）はそれ自体としては目に見えないものとされ、そのためにあらゆる能力は何らかの社会的シグナルを通してのみ認識可能となり、社会的な約束事に従ってつくられることになるという。そして、社会シグナルはそれ自体、無前提に存在しているものでなく、社会的文脈の中で構築されたものとしてとらえられ

ることになる。そのため、歴史的思考力を歴史の授業づくりにおいて議論する場合には、今日の学校における教師文化という文脈において、歴史的思考力という概念の特徴を明らかにするとともに、現職教師が歴史的思考力を授業でどのように具体化しているのかを検討することが重要であると考える。このことが、本章で中学校社会科、高等学校地歴科・公民科の現職教師を対象[3]に、歴史的思考力の内容や歴史的思考力を育むための授業づくりに関する質問紙調査を実施する理由である。

第2節　質問紙調査の内容と対象者

第1項　質問紙調査の実施時期と対象者

　調査の時期として、2013年8月から2014年3月までの8か月間を設定し[4]、下記の研究会・研修会の参加者に対して実施した（総数101名）。
- ・新潟県高等学校教育研究会歴史分科会（2013年8月23日、新潟市、新潟会館）　参加人数21名
- ・長野県社会科研修講座（2013年11月29日、塩尻市、長野県総合教育センター）　参加人数30名
- ・世界史教育研究会（2014年2月16日、新潟市、万代市民会館）　参加人数25名
- ・埼玉歴史研究会（2014年3月8日、さいたま市、埼玉教育会館）　参加人数25名

　前述の研究会・研修会の参加者に依頼し、所属学校の社会科、地歴科、公民科の教師に実施した（総数103名）。

　質問紙の回答者総数は、204名である。回答者は、すべて、調査時期に中学校社会科、高等学校地歴科及び公民科の現職教師であった。

第2項　質問紙調査の項目と内容

　調査用紙の設問は選択肢回答と自由表記回答の二種類からなり、設問数は11である。調査の内容は、被調査者の属性（設問数5）、歴史的思考力（設問数2）、中等教育段階の歴史授業に関する質問（設問数4）から構成されている。

【質問紙の内容】
質問1　あなたの年齢を選んで下さい（2014年3月31日現在の年齢）。
　　①23歳以上－25歳以下　　②26歳以上－30歳以下　　③31歳以上－35歳以下
　　④36歳以上－40歳以下　　⑤41歳以上－45歳以下　　⑥46歳以上－50歳以下
　　⑦51歳以上－55歳以下　　⑧56歳以上－60歳以下　　⑨61歳以上
質問2　あなたの性別を選んで下さい。
　　①男性　　　②女性
質問3　あなたの教職年数を選んで下さい（常勤、非常勤を問わず、2014年3月31日現在の経験年数）。
　　①5年以下　　　　　　　②6年以上10年以下　　③11年以上15年以下
　　④16年以上20年以下　　⑤21年以上25年以下　　⑥26年以上30年以下
　　⑦31年以上35年以下　　⑧36年以上40年以下　　⑨41年以上
質問4　あなたが所有する小学校（全科）、中学校社会科、高等学校地歴科、同公民科の教員免許について、すべて選んで下さい。
　　①小学校（全科）　　②中学校社会科　　③高等学校地歴科　　④高等学校公民科
質問5　あなたが、最近5年間（2009年4月～2014年3月見込み）に担当した教科（分野・科目）について、すべて選んで下さい。教職経験（非常勤を含む）が5年未満の場合は、その期間とします。
　　①－1：中学校社会科地理的分野　　①－2：歴史的分野　　①－3：公民的分野
　　②－1：高等学校地歴科世界史A　　②－2：世界史B　　　②－3：日本史A
　　②－4：日本史B　　　　　　　　　②－5：地理A　　　　②－6：地理B
　　③－1：高等学校公民科現代社会　　③－2：倫理　　　　　③－3：政治・経済

[Ⅰ] 歴史的思考力に関する質問

質問6 あなたは歴史的思考力をどのような能力だと考えていますか。該当すると考える項目のすべてに○を付けて下さい。①〜⑩以外にも該当すると考えるものがある場合には下の枠中（⑪）に記入して下さい。

①歴史に対する興味・関心や歴史学習に対する意欲

②歴史の始原、今昔対比、変遷、連続と非連続に関する時間意識・年代的思考力

③時代や社会の構造把握、歴史事象の因果関係の理解・考察などに関する能力

④自国や世界各地の文化、歴史上の人物・事件に対しての共感力や批判力、批評力

⑤歴史の発展や進歩に対する理解力や認識力

⑥史料批判、史料解釈、歴史叙述の分析や競合する史資料・学説の比較・検討に関する分析力や解釈力

⑦歴史的問い（主題）を立案し、史資料の収集・分析を行い、主体的に探究できる能力

⑧歴史上の人物・政策・事件や歴史的評価に関する課題意識や課題に対する分析力や洞察力

⑨歴史学習の成果を適切に発表したり、その成果に基づいて意見表明したり、論争したりする表現力

⑩社会変革やよりよき未来の建設に向けての未来指向力、意思決定力、行動力

⑪その他（自由表記：　　　　　　　　　　　　　　　　　　　　　　　　　　）

質問7 「質問6」の項目の中で、あなたが歴史的思考力として重要であると考える能力を三項目選び、優先順位を付けて下さい。項目を選択し順位を付けることのできない場合には、その理由を下の枠中に記入して下さい（枠欄は省略）。

[Ⅱ] 中等教育段階の歴史授業の方法に関する質問

質問8 あなたは、最近5年間（2009年4月〜2014年3月見込み。5年未満はその期間とします）の歴史系授業において、歴史的思考力の育成に向けての取組みを行っていますか。⑤を選んだ方はその理由を下の枠中に記入して下さい。

①行っている方だ　　②どちらかと言えば行っている方だ

③どちらかと言えば行っていない方だ　　④行っていない方だ

⑤その他（自由表記：　　　　　　　　　　　　　　　　　　　　　　　　　　）

質問9 現行教育課程のもとでの社会科歴史的分野や地歴科世界史・日本史の授業では、歴史的思考力の育成を図る授業の実践が期待されています。中等教育段階の歴史授業でこのような授業実践は、今後のようになると思いますか。⑥を選んだ方

はその理由を下の枠中に記入して下さい。
①増加する　②どちらかと言えば増加する　③どちらかと言えば減少する
④減少する　⑤変わらない　⑥その他（自由表記：　　　　　　　）

質問10　社会科歴史的分野や地歴科世界史・日本史の授業において、あなたが最も重視していることは何ですか。該当する項目を一つ選んで下さい。⑨を選んだ方は、その理由を下の枠中に記入して下さい。
①基礎的、基本的な知識・技能の習得
②受験や進路に応えられる学力の保証
③思考力・判断力・表現力の育成
④教科・科目への興味・関心や学習意欲の向上
⑤基礎的、基本的な知識・技能と思考力・判断力・表現力のバランスのとれた育成
⑥受験や進路に応えられる学力の保証と思考力・判断力・表現力の育成の両立
⑦受験や進路に応えられる学力の保証と教科・科目への興味・関心、学習意欲の涵養
⑧基礎的、基本的な知識・技能、思考力・判断力・表現力、興味・関心・意欲のバランスのとれた育成
⑨その他（自由表記：　　　　　　　　　　　　　　　　　　　　　）

質問11　現行学習指導要領（2009年告示の高等学校学習指導要領）地歴科歴史系科目（世界史Ａ・Ｂ、日本史Ａ・Ｂ）に置かれた主題学習の実施が、これまでの暗記を前提とした知識蓄積型・知識再生型授業を変革することになると思いますか。⑤を選んだ方は、その理由を下の枠中に記入して下さい。
①そう思う　②どちらかと言えばそう思う　③どちらかと言えばそう思わない
④そう思わない　⑤その他（自由表記：　　　　　　　　　　　　　）

第3節　被調査者の属性

　質問紙に関する回答者総数は、204名であった。回答者の性別（表4－1：質問1）、年齢（表4－2：質問2）、教職年数（表4－3：質問3）、最近5年間に主として担当した教科（科目／分野）（表4－4：質問4）の集計結果は、以下の通りである。

表4-1 (質問1) 被調査者の年齢

年　齢	人数	%	人数	%
23歳以上-25歳以下	18	8.8	39	19.1
26歳以上-30歳以下	21	10.3		
31歳以上-35歳以下	24	11.7	40	19.5
36歳以上-40歳以下	16	7.8		
41歳以上-45歳以下	24	11.7	43	21.1
46歳以上-50歳以下	19	9.3		
51歳以上-55歳以下	43	21.1	76	37.3
56歳以上-60歳以下	33	16.2		
61歳以上	4	2.0	4	2.0
未記入	2	1.0	2	1.0
計	204	100	204	100

＊年齢別の各年代の範囲は以下の通りとする。
20歳代：23歳以上30歳以下
30歳代：31歳以上40歳以下
40歳代：41歳以上50歳以下
50歳代以上：51歳以上60歳以下および61歳以上

表4-2 (質問2) 被調査者の男女比

性別	人数	%
男性	167	81.9
女性	36	17.6
未記入	1	0.5
計	204	100

表4-3 (質問3) 被調査者の教職年数
（非常勤・臨時採用等を含む）

勤務年数	人数	%
5年以下	43	21.1
6年以上10年以下	22	10.8
11年以上15年以下	25	12.2
16年以上20年以下	12	5.9
21年以上25年以下	19	9.3
26年以上30年以下	35	17.1
31年以上35年以下	33	16.2
36年以上40年以下	12	5.9
41年以上	0	0
未記入	3	1.5
計（延べ）	204	100

第4章　現職教師への質問紙調査から見た歴史的思考力の現状　123

表４－１（質問１）：回答者の年齢分布は20歳代19.1％、30歳代19.5％、40歳代21.1％、50歳代37.3％、61歳以上2.0％、未記入1.0％であった。50歳代以上のベテラン層が調査数のほぼ４割が占め、中等教育段階での教師の高齢化が確認できる結果となった。

表４－２（質問２）：男女比は男性81.9％、女性17.6％、未記入0.5％であった。男性教師の占める割合が高い結果となった。

表４－３（質問３）：教職経験年数では、10年以下が31.9％、11年以上20年以下が18.1％、21年以上30年以下が26.4％、31年以上40年以下が22.1％であった。詳細に見ると、５年以下（21.1％）と、26年以上30年以下（17.1％）、31年以上35年以下（16.2％）の年齢層の割合が高く、６年以上25年以下までの中堅・ベテラン層の割合が低いという谷型の年齢分布となった。とりわけ、16年以上20年以下の層の少なさが目立った。教師の年齢構成から見えることは、現在、「団塊の世代」以降の教師の退職期を迎えており、若手教師が大量に採用されて来たことを示している。中等教育段階での近年の大量退職と採用増加により、今後はベテラン層の急激な減少と若手層の増加が一層進むことになろう[5]。

表４－４（質問４）：教員免許の所有状況で見た場合、地歴科教員免許の所有者数は195名を占め、全体（204名）の95.6％が所有していた。

表４－５（質問５）：最近５年間に地歴科授業（世界史Ａ・Ｂ、日本史Ａ・Ｂ）

表４－４　（質問４）被調査者の教員免許の所有状況（複数回答）

所有免許名	人数	免許所有率（％）
小学校（全科）	23	11.3
中学校社会科	175	85.8
高等学校地歴科	195	95.6
高等学校公民科	162	78.4
計（延べ）	555	－

＊免許所有率とは、調査数（204名）における該当学校種の教科・科目の教員免許所有者数の割合（％）である。

表4-5 （質問5）最近5年間に担当した教科・科目／分野（複数回答）

（単位：人）

最近5年間に主として担当した教科名		人数	人数
中学校社会科	地理的分野	26	81
	歴史的分野	34	
	公民的分野	21	
高等学校地歴科	世界史A	88	382
	世界史B	97	
	日本史A	53	
	日本史B	82	
	地理A	33	
	地理B	29	
高等学校公民科	現代社会	57	121
	倫理	33	
	政治経済	31	
計（延べ）		584	584

を担当した教師は382名（延べ人数）であり、なかでも世界史を担当した者は185名（延べ人数、世界史A88名、世界史B97名）で、中学校社会科の三分野、高等学校地歴科・公民科の科目の中で最も多くの人数を占めた。

　所有する教員免許の種類と最近5年間の授業担当の状況から、回答者の意見は、地歴科、とりわけ世界史の授業を担当している教師の声を概ね反映していると言ってもよいであろう。

第4節　歴史的思考力に関する意識

　最初に、歴史的思考力に関する教師の意識を探る。

第1項　歴史的思考力の構成要素

　歴史的思考力の定義については、これまで多くの研究者や歴史教師によって議論され、様々な解釈が行われて来た。その結果、歴史的思考力という概念は重層的な構造と複合的な性格を有することになった。第3章第3節で説明したように、近年では、歴史の「全米指導基準」など、欧米諸国の歴史カリキュラムが紹介され、歴史的思考力を、史資料を読み解くためのスキルとしてとらえる見方があらわれて来た。質問紙調査の質問6と質問7では、第1章と第3章の整理をもとに歴史的思考力を構成する要素として、以下の10項目を抽出し、それらを質問の選択肢とした。10項目に当てはまらない内容には、自由表記欄（「⑪その他」）を設けて記入してもらうことにした。

歴史的思考力を構成する10項目（質問6・7で挙げた歴史的思考力に係わる10項目）

　①歴史に対する興味・関心や歴史学習に対する意欲
　②歴史の始原、今昔対比、変遷、連続と非連続に関する時間意識・年代的思考力
　③時代や社会の構造把握、歴史事象の因果関係の理解・考察などに関する能力
　④自国や世界各地の文化、歴史上の人物・事件に対しての共感力や批判力、批評力
　⑤歴史の発展や進歩に対する理解力や認識力
　⑥史料批判、史料解釈、歴史叙述の分析や競合する史資料・学説の比較・検討に関する分析力や解釈力
　⑦歴史的問い（主題）を立案し、史資料の収集・分析を行い、主体的に探究できる能力
　⑧歴史上の人物・政策・事件や歴史的評価に関する課題意識や課題に対

する分析力や洞察力
⑨歴史学習の成果を適切に発表したり、その成果に基づいて意見表明したり、論争したりする表現力
⑩社会変革やよりよき未来の建設に向けての未来指向力、意思決定力、行動力

　歴史的思考力にかかわる10項目を、藤井千之助 (1985)『歴史意識の理論的・実証的研究―主として発達と変容に関して―』風間書房　の、「歴史意識」の「四規定」[6]に基づいて分類すると、概ね以下のように配分できる。

藤井千之助による「歴史意識」の「四規定」に基づく10項目の分類
　　（Ⅰ）歴史への興味・関心、変化・変遷などの時間意識など、「心理的側面としての歴史意識」にかかわる項目（①、②が該当）
　　（Ⅱ）歴史を構造的に理解したり因果関係を把握したり、歴史の進歩や発展を認識したり、文化の多様性を理解したりするなど「歴史的なものの見方・考え方」にかかわる項目（③、④、⑤が該当）
　　（Ⅲ）歴史的問いを立案したり、歴史の史資料を分析・解釈したりするなど「歴史を探究するためのスキル」にかかわる項目（⑥、⑦が該当）
　　（Ⅳ）歴史的評価に関する「歴史課題意識」、社会変革や未来建設に向けての「未来指向力、意思決定力、行動力」にかかわる項目（⑧、⑨、⑩が該当）

　今回の調査では、歴史的思考力の構成要素として上記10項目を抽出し、その性格に則って「四規定」に分類化した。以後、歴史的思考力については、「四規定」の枠組みで分析していく。

表4－6　（質問6）歴史的思考力の内容（複数回答有り）

内容　上段の数字：回答数（単位：人）下段の数字：回答数を全回答数で割った回答率（単位：％）　年齢層	四規定	全体	20歳代	30歳代	40歳代	50歳代以上	年齢不明
全回答数	—	204	39	40	43	80	2
①歴史に対する興味・関心や歴史学習に対する意欲	Ⅰ	87 42.6	15 38.5	16 40.0	16 37.2	40 50.0	0 0.0
②歴史の始原、今昔対比、変遷、連続と非連続に関する時間意識・年代的思考力	Ⅰ	138 67.6	26 66.7	29 72.5	27 62.8	56 70.0	0 0.0
③時代や社会の構造把握、歴史事象の因果関係の理解・考察などに関する能力	Ⅱ	189 92.6	36 92.3	35 87.5	42 97.7	74 92.5	2 100
④自国や世界各地の文化、歴史上の人物・事件などに対しての共感力や批判力、批評力	Ⅱ	129 63.2	22 56.4	27 67.5	24 55.8	56 70.0	0 0.0
⑤歴史の発展や進歩に対する理解力や認識力	Ⅱ	113 55.4	18 46.2	22 55.0	23 53.5	50 62.5	0 0.0
⑥史料批判、解釈、歴史叙述の分析や競合する史資料・学説の比較検討に関する分析力や解釈力	Ⅲ	131 64.2	28 71.8	30 75.0	27 62.8	46 57.5	0 0.0
⑦歴史的問い（主題）を立案し、史資料の収集・分析を行い、主体的に探究できる能力	Ⅲ	135 66.2	29 74.4	29 72.5	24 55.8	53 66.3	0 0.0
⑧歴史上の人物・政策・事件や歴史的評価に関する課題意識や課題に対する分析力や洞察力	Ⅳ	134 65.7	25 64.1	28 70.0	26 60.4	55 68.8	0 0.0
⑨歴史学習の成果を適切に発表したり、その成果に基づいて意見表明したり、論争したりする表現力	Ⅳ	86 42.2	18 46.2	16 40.0	18 41.9	34 42.5	0 0.0
⑩社会変革やよりよき未来の建設に向けての未来指向力、意思決定力、行動力	Ⅳ	121 59.3	27 69.2	24 60.0	27 62.8	43 53.8	0 0.0
⑪その他（自由表記）	—	8 3.9	0 0.0	1 2.5	2 4.7	5 6.3	0 0.0

＊上表の四規定（Ⅰ～Ⅳ）は、藤井千之助の「歴史意識」の四規定の分類に従う。

第2項　歴史的思考力の構成要素に関するとらえ方

　表4－6（質問6）は、教師が歴史的思考力として該当すると考えている項目を挙げ、「全体（全年齢層）」と「年齢層別（20歳代、30歳代、40歳代、50歳代以上）」に集計して整理したものである。

(1)「全体（全年齢層）」の傾向

　表4－6（質問6）：現職教師が考える歴史的思考力の内容として、「全体（全年齢層）」で最も多くの教師が挙げた項目が、「③時代や社会の構造把握、歴史事象の因果関係の理解・考察などに関する能力」であった（189人、92.6％：表4－6の上段は回答数、下段は回答率。以下同じ）。歴史的思考力に対する教師の一般的な認識では、「歴史を構造的に理解・考察する能力」や「歴史の因果関係を理解・考察する能力」としてとらえていた。また、「④自国や世界各地の文化、歴史上の人物・事件などに対しての共感力や批判力、批評力」（129人、63.2％）を併せると、歴史的思考力を「歴史的なものの見方・考え方」にかかわる能力（藤井が整理した歴史的思考力にかかわる「四規定」の（Ⅱ）に該当）とする観点が、現職教師の間での支配的な見方であると言える。

　それに続いて、「②歴史の始原、今昔対比、変遷、連続と非連続に関する時間意識・年代的思考力」（138人、67.6％）とする「心理的側面としての歴史意識」（「四規定」の（Ⅰ）に該当）にかかわる能力とみる観点、「⑦歴史的問い（主題）を立案し、史資料の収集・分析を行い、主体的に探究できる能力」（135人、66.2％）、「⑥史料批判、解釈、歴史叙述の分析や競合する史資料・学説の比較検討に関する分析力や解釈力」（131人、64.2％）など、史料批判を含めた歴史事象の探究を通して解釈したり評価したりする「歴史を探究するためのスキル」（Ⅲ）とみる観点、「⑧歴史上の人物・政策・事件や歴史的評価に関する課題意識や課題に対する分析力や洞察力」（134人、65.7％）、「⑩

社会変革やよりよき未来の建設に向けての未来指向力、意思決定力、行動力」(121人、59.3％) など、社会変革や自らの生き方に生かそうとする「歴史課題意識」「未来指向力、意思決定力、行動力」(「四規定」の (Ⅳ) に該当) にかかわる項目が挙げられていた。これらの項目はおよそ6割であり、「全体 (全年齢層)」においてほぼ9割を占めていた「③時代や社会の構造把握、歴史事象の因果関係の理解・考察などに関する能力」との間には、大きな差がみられた。反面、「①歴史に対する興味・関心や歴史学習に対する意欲」(87人、42.6％) や「⑨歴史学習の成果を適切に発表したり、その成果に基づいて意見表明したり、論争したりする表現力」(86人、42.2％) を挙げる教師は少なく、4割程度に止まった。

「⑪その他」としては、「歴史 (過去) と現在を対照して、そこに通底する人間存在の本質を読み取る能力」、「偏狭な歴史観を持たない能力」「歴史上の人々 (死者) との共闘を通じて、過去に共感を持てる能力」などが挙げられた。

この結果から、現職教師の多くは歴史的思考力を「歴史的なものの見方・考え方」(Ⅱ) にかかわる能力ととらえていることが分かった。そして、(Ⅱ) にかかわる能力を中核にして「心理的な歴史意識・時間意識」(Ⅰ)、史料批判を含めた「歴史を探究するためのスキル」(Ⅲ)、未来指向や意思決定、行動などの「歴史課題意識」・「未来指向力、意思決定力、行動力」(Ⅳ) などの要素を加えて考える傾向が見られた。反面、歴史や歴史学習に対する「興味・関心・意欲」や学習成果をまとめたり、発信したり、議論したりするなどの「表現力」を挙げる教師は少数に止まった。

現職教師は、年齢層を問わず、歴史的思考力を「歴史の構造や因果関係を理解・考察する能力 (歴史的なものの見方・考え方)」としてとらえていることが分かった。また、前述の能力を基盤としながら、「心理的な歴史意識・時間意識」「歴史を探究するためのスキル」「歴史課題意識」・「未来指向力、意思決定力、行動力」などの要素を加えて、歴史的思考力を重層的で複合的な

概念として把握していることが確認できた。

(2)「年齢層別」の傾向

　歴史的思考力を「③時代や社会の構造把握、歴史事象の因果関係の理解・考察などに関する能力」とする見方が、「全体（全年齢層）」と同様に、すべての年齢層において高い割合を示していた。また、20歳代・30歳代など年齢の若い層は、40歳代以上の層と比べて「⑦歴史的問い（主題）を立案し、史資料の収集・分析を行い、主体的に探究できる能力」や「⑥史料批判、解釈、歴史叙述の分析や競合する史資料・学説の比較検討に関する分析力や解釈力」など、「歴史を探究するためのスキル」（Ⅱ）にかかわる能力を重視する傾向が高かった。

　では、年齢層ごとにどのような特徴があるか、見てみよう。20歳代の若年層は、他の年齢層と比べ「⑩社会変革やよりよき未来の建設に向けての未来指向力、意思決定力、行動力」を挙げる割合が高く、歴史学習の成果を現実の社会に積極的に生かそうとする意識が顕著であった。

　30歳代の中堅層は、「⑧歴史上の人物・政策・事件や歴史的評価に関する課題意識や課題に対する分析力や洞察力」と「⑥史料批判、解釈、歴史叙述の分析や競合する史資料・学説の比較検討に関する分析力や解釈力」を挙げる割合が高く、「歴史課題意識」（Ⅳ）と「歴史を探究するためのスキル」（Ⅲ）を歴史的思考力の重要な構成要素ととらえる傾向が見られた。

　40歳代では、他の年齢層と比べ、「③時代や社会の構造把握、歴史事象の因果関係の理解・考察などに関する能力」を挙げる割合が高く、「歴史的なものの見方・考え方」（Ⅱ）にかかわる能力とみていた。反面、「⑦歴史的問い（主題）を立案し、史資料の収集・分析を行い、主体的に探究できる能力」、「⑧歴史上の人物・政策・事件や歴史的評価に関する課題意識や課題に対する分析力や洞察力」、「⑥史料批判、解釈、歴史叙述の分析や競合する史資料・学説の比較検討に関する分析力や解釈力」、「④自国や世界各地の文化、

歴史上の人物・事件などに対しての共感力や批判力、批評力」など、「歴史を探究するためのスキル」（Ⅲ）や「歴史課題意識」（Ⅳ）の観点は、他の年齢層と比べて低かった。

50歳代以上のベテラン層は、他の年齢層と比べて「①歴史に対する興味・関心や歴史学習に対する意欲」を挙げる割合が高いなど、歴史的思考力を「心理的側面としての歴史意識」（Ⅰ）としてとらえていた。

第3項　歴史的思考力の内容として重視する項目

ここでは、現職教師が歴史的思考力を構成する10項目の中でどの内容を重視しているのか、歴史的思考力の質的側面を検討する。表4－7（質問7）は、歴史的思考力を構成する10項目の中で重視する能力に順位を付け、上位三つを挙げてもらい、「全体（全年齢層）」と「年齢層別」にそれぞれ回答数の多い順に並べたものである。

表4－7（質問7）：「全体（全年齢層）」では、「③時代や社会の構造把握、歴史事象の因果関係の理解・考察などに関する能力」が、第1位65人、第2位43人、第3位30人と、いずれにおいても突出して高い結果となった。「年齢層別」においても、20歳代の若年層から50歳代以上のベテラン層までの、全ての年齢層で同様の結果となった。どの年齢にも係わらず、教師は「歴史を構造的に理解したり、歴史の因果関係を把握したりする能力（歴史的なものの見方・考え方）」（Ⅱ）を最も重要な要素として認識していることが確認できた。

また、「全体（全年齢層）」では、「③時代や社会の構造把握、歴史事象の因果関係の理解・考察などに関する能力」に次いで多かったのが、「⑩社会変革やよりよき未来の建設に向けての未来指向力、意思決定力、行動力」（第1位29人、第2位11人、第3位26人）と、「①歴史に対する興味・関心や歴史学習に対する意欲」（第1位29人、第2位5人、第3位9人）であった。これら二つの項目は、どちらも「歴史的思考力」の構成要素として挙げた場合には、

10項目中7番目、9番目と、それぞれ下位に位置していた（表4－6 [質問6]「『歴史的思考力』の内容」を参照）。しかし、重要度という観点から順位付けを行うと、第2位、第3位に浮上している。この二項目はメタ認知的な性格を有するものであり、歴史的思考を動機の面で支えたり、歴史的思考の使い方を方向付けたりする機能が期待されている能力である。教師が歴史的思考力をこのようにとらえた理由として、生徒の学習意欲の低下に対する危機

表4－7　（質問7）歴史的思考力の構成要素のうち重視する能力として挙げた内容（204人）　　「全体（全年齢層）」（単位：人）

内容	四規定	第1位	第2位	第3位
③時代や社会の構造把握、歴史事象の因果関係の理解・考察などに関する能力	Ⅱ	65	43	30
⑩社会変革やよりよき未来の建設に向けての未来指向力、意思決定力、行動力	Ⅳ	29	11	26
①歴史に対する興味・関心や歴史学習に対する意欲	Ⅰ	29	5	9
⑦歴史的問い（主題）を立案し、史資料の収集・分析を行い、主体的に探究できる能力	Ⅲ	15	30	13
②歴史の始原、今昔対比、変遷、連続と非連続に関する時間意識・年代的思考力	Ⅰ	15	25	18
⑧歴史上の人物・政策・事件や歴史的評価に関する課題意識や課題に対する分析力や洞察力	Ⅳ	10	18	20
④自国や世界各地の文化、歴史上の人物・事件などに対しての共感力や批判力、批評力	Ⅱ	9	14	21
⑥史料批判、史料解釈、歴史叙述の分析や競合する史資料・学説の比較・検討に関する分析力や解釈力	Ⅲ	8	17	23
⑤歴史の発展や進歩に対する理解力や認識力	Ⅱ	5	16	11
⑨歴史学習の成果を適切に発表したり、その成果に基づいて意見表明したり、論争したりする表現力	Ⅳ	4	10	14
⑪その他（自由標記）	－	3	0	1
未記入	－	12	15	18

＊内容欄の回答は「第一位」を降順に並べた。

【20歳代】(39人):第1位に挙げた内容　　　　　　　　　　「年齢層別」(単位:人)

順位	内容	人数
1	③時代や社会の構造把握、歴史事象の因果関係の理解・考察などに関する能力[Ⅱ]	13
2	⑦歴史的問い(主題)を立案し、史資料の収集・分析を行い、主体的に探究できる能力[Ⅲ]	5
3	①歴史に対する興味・関心や歴史学習に対する意欲[Ⅰ]	4

第2位に挙げた内容　　　　　　　　　　　　　　　　　　　　　(単位:人)

順位	内容	人数
1	③時代や社会の構造把握、歴史事象の因果関係の理解・考察などに関する能力[Ⅱ]	9
2	②歴史の始原、今昔対比、変遷、連続と非連続に関する時間意識・年代的思考力[Ⅰ]	8
3	⑦歴史的問い(主題)を立案し、史資料の収集・分析を行い、主体的に探究できる能力[Ⅲ]	6

第3位に挙げた内容　　　　　　　　　　　　　　　　　　　　　(単位:人)

順位	内容	人数
1	⑩社会変革やよりよき未来の建設に向けての未来指向力、意思決定力、行動力[Ⅳ]	7
2	④自国や世界各地の文化、歴史上の人物・事件などに対しての共感力や批判力、批評力[Ⅱ]	5
3	⑥史料批判、史料解釈、歴史叙述の分析や競合する史料・学説の比較・検討に関する分析力や解釈力[Ⅲ]	5

【30歳代】（40人）：第1位に挙げた内容　　　　　　　　「年齢層別」（単位：人）

順位	内容	人数
1	③時代や社会の構造把握、歴史事象の因果関係の理解・考察などに関する能力［Ⅱ］	14
2	②歴史の始原、今昔対比、変遷、連続と非連続に関する時間意識・年代的思考力［Ⅰ］	5
3	①歴史に対する興味・関心や歴史学習に対する意欲［Ⅰ］	3

第2位に挙げた内容　　　　　　　　　　　　　　　　　　　　　（単位：人）

順位	内容	人数
1	⑦歴史的問い（主題）を立案し、史資料の収集・分析を行い、主体的に探究できる能力［Ⅲ］	10
2	③時代や社会の構造把握、歴史事象の因果関係の理解・考察などに関する能力［Ⅱ］	5
3	⑧歴史上の人物・政策・事件や歴史的評価に関する課題意識や課題に対する分析力や洞察力［Ⅲ］	4

第3位に挙げた内容　　　　　　　　　　　　　　　　　　　　　（単位：人）

順位	内容	人数
1	③時代や社会の構造把握、歴史事象の因果関係の理解・考察などに関する能力［Ⅱ］	8
2	⑥史料批判、史料解釈、歴史叙述の分析や競合する史料・学説の比較・検討に関する分析力や解釈力［Ⅲ］	7
3	④自国や世界各地の文化、歴史上の人物・事件などに対しての共感力や批判力、批評力［Ⅱ］	5

【40歳代】（43人）：第1位に挙げた内容　　　　　　　　　　「年齢層別」（単位：人）

順位	内容	人数
1	③時代や社会の構造把握、歴史事象の因果関係の理解・考察などに関する能力［Ⅱ］	13
2	②歴史の始原、今昔対比、変遷、連続と非連続に関する時間意識・年代的思考力［Ⅰ］	5
3	①歴史に対する興味・関心や歴史学習に対する意欲［Ⅰ］	4

第2位に挙げた内容　　　　　　　　　　　　　　　　　　　　　　（単位：人）

順位	内容	人数
1	③時代や社会の構造把握、歴史事象の因果関係の理解・考察などに関する能力［Ⅱ］	12
2	⑥史料批判、史料解釈、歴史叙述の分析や競合する史料・学説の比較・検討に関する分析力や解釈力［Ⅲ］	7
3	⑦歴史的問い（主題）を立案し、史資料の収集・分析を行い、主体的に探究できる能力［Ⅲ］	4

第3位に挙げた内容　　　　　　　　　　　　　　　　　　　　　　（単位：人）

順位	内容	人数
1	③時代や社会の構造把握、歴史事象の因果関係の理解・考察などに関する能力［Ⅱ］	8
2	⑨歴史学習の成果を適切に発表したり、その成果に基づいて意見表明したり、論争したりする表現力［Ⅳ］	5
3	⑥史料批判、史料解釈、歴史叙述の分析や競合する史料・学説の比較・検討に関する分析力や解釈力［Ⅲ］	4

【50歳代以上】（80人）：第1位に挙げた内容　　　　　　「年齢層別」（単位：人）

順位	内容	人数
1	③時代や社会の構造把握、歴史事象の因果関係の理解・考察などに関する能力 [Ⅱ]	25
2	②歴史の始原、今昔対比、変遷、連続と非連続に関する時間意識・年代的思考力 [Ⅰ]	18
3	⑩社会変革やよりよき未来の建設に向けての未来指向力、意思決定力、行動力 [Ⅳ]	9

第2位に挙げた内容　　　　　　　　　　　　　　　　　　　　　　　（単位：人）

順位	内容	人数
1	③時代や社会の構造把握、歴史事象の因果関係の理解・考察などに関する能力 [Ⅱ]	17
2	②歴史の始原、今昔対比、変遷、連続と非連続に関する時間意識・年代的思考力 [Ⅰ]	11
3	⑤歴史の発展や進歩に対する理解力や認識力 [Ⅳ]	10

第3位に挙げた内容　　　　　　　　　　　　　　　　　　　　　　　（単位：人）

順位	内容	人数
1	⑧歴史上の人物・政策・事件や歴史的評価に関する課題意識や課題に対する分析力や洞察力 [Ⅳ]	12
2	③時代や社会の構造把握、歴史事象の因果関係の理解・考察などに関する能力 [Ⅱ]	11
3	②歴史の始原、今昔対比、変遷、連続と非連続に関する時間意識・年代的思考力 [Ⅰ]	9

意識を読み取れる。また同時に、社会の中で「生きる力」に直結する形で歴史的思考力を用いることで市民性を育成したいという意識がうかがえる。
「⑦歴史的問い（主題）を立案し、史資料の収集・分析を行い、主体的に探究できる能力」は、「全体（全年齢層）」で歴史的思考力の構成要素として列挙する場合には11項目中4番目であった（表4－6を参照）。また、重要度の面から順位を付けて選択させた場合にも（表4－7を参照）、高い結果を示していた（第1位15人、第2位30人、第3位13人）。とりわけ、20歳代、30歳代の若い年代において、この能力を重視する傾向が顕著であった。

　反面、1990年代以降、歴史的思考力の要素として重要性を増した「⑥史料批判、史料解釈、歴史叙述の分析や競合する史資料・学説の比較・検討に関する分析力や解釈力」や「⑨歴史学習の成果を適切に発表したり、その成果に基づいて意見表明したり、論争したりする表現力」を第1位にあげた教師は、「全体（全年齢層）」でそれぞれ8人（第8位）、4人（第10位）であり、下位に位置した。このような結果となった背景には、中等教育段階の歴史授業では、だいぶ改善されて来たとはいえ、伝統的な知識伝達による講義形式の授業が今もなお重視されており、史資料を生徒に解釈させたり、学習成果を発表させたりする学習方法がまだ十分に実施されていない状況が背景にあると考えられる。教師の意識として、歴史事象や史資料を分析したり、解釈したりする能力を歴史的思考力にかかわる能力と認識しているもの（表4－6を参照）の、そのことが授業の実践レベルでは十分に具体化されていない状況（表4－7を参照）が読み取れる。

　「⑪その他」としては、「歴史的事象と現在の事象を対照して、そこに通底する人間存在の本質を掴み取る能力」、「理性的認識力と、社会矛盾に対する批判精神、弱者への共感」、「歴史上の人々（死者）との共闘、共感を持てる能力」などが挙げられた。これらに共通する現職教師の意識は、歴史的思考力を人間力全般にかかわる能力としてとらえようとしていることである。このことは、教科・科目（歴史学、歴史教育学に基礎を置く）固有の思考力であ

る歴史的思考力と汎用的能力(教科横断的能力)である批判的思考力との関係を考える上で、貴重な示唆を与えてくれるものであると言える。

質問紙調査から、現職教師の歴史的思考力に関するとらえ方として、「全体(全年齢層)」だけでなく「年齢層別」においても共通して高い水準を示した項目は、歴史を構造的に理解したり、歴史の因果関係を把握したりする能力であること(「歴史的なものの見方・考え方(Ⅱ)」)が確認できた。

第5節 授業での歴史的思考力育成に向けての取組み

次に、授業での歴史的思考力育成に向けての取組みについて検討する。表4－8(質問8)は、授業での歴史的思考力育成に向けての取組みの状況をまとめたものである。

表4－8 (質問8)歴史系授業における歴史的思考力育成に向けての取組みの現状

項目　　　　　　　年齢層　単位：(上)人・(下)%	全体	20歳代	30歳代	40歳代	50歳代以上	年齢不明
	204 100	39 100	40 100	43 100	80 100	2 100
①行っている方だ	25 12.3	3 7.7	4 10.0	4 9.3	13 16.3	1 50.0
②どちらかと言えば行っている方だ	77 37.7	11 28.2	22 55.0	14 32.6	30 37.5	0 0.0
③どちらかと言えば行っていない方だ	57 27.9	15 38.5	6 15.0	18 41.9	17 21.3	1 50.0
④行っていない方だ	17 8.3	5 12.8	4 10.0	1 2.3	7 8.8	0 0.0
⑤その他(自由表記)	13 6.4	3 7.7	1 2.5	4 9.3	5 6.3	0 0.0
未回答	15 7.4	2 5.1	3 7.5	2 4.7	8 10.0	0 0.0

第4章　現職教師への質問紙調査から見た歴史的思考力の現状　139

第1項　歴史的思考力育成に向けての授業実践の状況

(1)「全体（全年齢層）」の傾向

「最近5年間（2009年4月～2014年3月見込み）に歴史系授業において、歴史的思考力の育成に向けての取組みを行っていますか」の質問に対して、「①行っている方だ」12.3％、「②どちらかと言えば行っている方だ」37.7％と、半数（50.0％）の教師が「行っている」と回答した。「⑤その他」（6.4％）では、「基礎、基本の知識を身につけていないので、思考力を問うまでには至っていない」、「歴史的思考力を問題にできるのは一部の進学校だけである」など、基礎的、基本的な知識を習得させることが、歴史的思考力の育成よりも優先されるべきであるとの意見であった。積極的な取組み（「①行っている方だ」）は、12.3％であり、最も高い数値を示した50歳以上でも、16.3％にすぎない。日本の中等教育段階では、今日においても知識蓄積型・知識再生型の授業が中心を占めていると言える。

(2)「年齢層別」の傾向

歴史的思考力育成に向けての取組み状況を「年齢層別」に比較すると、「行っている」（「①行っている方だ」・「②どちらかと言えば行っている方だ」の合計）と回答した教師は、20歳代が35.9％、30歳代が65.0％、40歳代が41.9％、50歳代以上が53.8％であった。30歳代の取組み度の度合いが最も高く、最も低い20歳代との間には二倍近い差（29.1ポイント）が見られた。

教師の授業観の転換（知識蓄積型・知識再生型授業から歴史的思考力の育成を目指した探究型授業への転換）が30歳前後で表れること、また、歴史的思考力の育成を目指した探究型授業への指向が30歳代で最も高くなるという集計結果からは、一体、どのようなことが考えられるであろうか。その背景には、20歳代は教職経験がまだ浅く、授業準備に追われ日常の授業形態も知識の伝達に頼らざるを得ない状況にあることが推測される。反面、30歳代に入ると教

師としての充実期を迎え、教材研究も新たな段階に入ったことが指摘できる。30歳代は、生徒の実態に応じた多様な授業運営ができるようになり、歴史的思考力育成に向けての取組みも積極的になったことが考えられる。

しかし、40歳代に入ると、歴史的思考力育成に向けての取組みの度合いが大幅に下降する（−23.1ポイント）。その背景には、40歳代は校務分掌や学年運営で主任などの責任ある立場に就くことが多くなり、授業に専念することが難しくなったことが考えられる。

歴史的思考力育成に向けての取組みは50歳代以上のベテラン層で持ち直すことになる（＋11.9％）が、それでも30歳代の水準には及ばない。50歳代以上の特徴として、歴史的思考力の育成に向けての「積極的な取組み（「①行っている方だ」）を行っている割合が高い（16.3％）ことが挙げられる。

第2項　現行教育課程における歴史的思考力育成に向けての授業実践の状況

高等学校の現行学習指導要領に基づく教育課程は2013年度入学者から学年進行で移行した（中学校の場合は、2012年度から全面実施された）。本調査は現行教育課程への移行中（中学校の場合は、移行直後）の時期に歴史的思考力育成に向けての授業実践の状況について質問したものである。

表4－9（質問9）は、中等教育段階の現行教育課程での歴史的思考力育成に向けての授業実践の状況について、集計したものである。

(1)「全体（全年齢層）」の傾向

「中等教育段階の授業で、歴史的思考力育成に向けての授業実践が今後どのようになると思いますか」の質問に対して、「①増加する」と回答した教師は、「全体（全年齢層）」で30.0％であり、「②どちらかと言えば増加する」の44.6％を加えると、74.6％に達している。各年齢層（「年齢層別」）においても、その傾向は「全体（全年齢層）」と一致しており、全年齢層の教師が今

表4－9 （質問9）中等教育段階の現行教育課程のもとでの歴史的思考力育成に向けて

項　目　　　　　　　単位：(上)人・(下)%	全体	20歳代	30歳代	40歳代	50歳代以上	年齢不明
	204 *100*	39 *100*	40 *100*	43 *100*	80 *100*	2 *100*
①増加する	53 *30.0*	15 *38.4*	9 *22.5*	8 *18.6*	20 *25.0*	1 *50.0*
②どちらかと言えば増加する	91 *44.6*	14 *35.9*	22 *55.0*	25 *58.1*	29 *36.3*	1 *50.0*
③どちらと言えば減少する	6 *2.9*	1 *2.6*	2 *5.0*	2 *4.7*	1 *1.3*	0 *0.0*
④減少する	2 *1.0*	1 *2.6*	0 *0.0*	1 *2.3*	0 *0.0*	0 *0.0*
⑤変わらない	36 *17.6*	5 *12.8*	2 *5.0*	6 *14.0*	23 *28.8*	0 *0.0*
⑥その他（自由表記）	9 *4.4*	2 *5.1*	4 *10.0*	1 *2.3*	2 *2.5*	0 *0.0*
未回答	7 *3.4*	1 *2.6*	1 *2.5*	0 *0.0*	5 *6.3*	0 *0.0*

後は歴史的思考力育成に向けての授業実践が普及し、従前の知識蓄積型・知識再生型授業の見直しが進むと見ていることが分かった。

（2）「年齢層別」の傾向

　「年齢層別」で「増加する」と回答した割合が最も高いのは20歳代の若年層で、38.4％に達している。それとは対照的に、30歳代が22.5％、40歳代が18.6％、50歳代以上が25.0％と、20歳代に比べて半減する。現行教育課程のもとで歴史的思考力の育成に向けての授業実践に対する見通しとして、20歳代の若年層と30歳以上の中堅・ベテラン層の間には認識に大きな差が見られ

る結果となった。

「⑥その他」を挙げた回答者は30歳代が多く、その多くが「受験システムの変革がないと無理である」「現状の受験制度のもとでは、生徒や保護者の支持を得ることが難しい」との意見であった。そこには、高等学校の授業は大学入試に左右されるという実態が浮かび上がった。また、「即製主義的な現状の教員養成システムが変わらない限りは難しい」、「授業実践自体は増えるかもしれないが、形式主義的な実践が横行することになる」など、教員養成の方法や教師の授業実践力の質を問う声が挙げられた。

第3項　歴史的思考力育成に向けての授業実践に対する提案

筆者は、表4－8、表4－9をもとに、以下のことを提案したい。教師のライフサイクルの中で歴史的思考力育成に向けての取組み（教師の授業観の転換と授業の改善・改革）を考える上で、30歳前後（教職10年前後）の教師に対する教材研究・授業研究のサポートが重要である。表4－8、表4－9の結果から、20歳代と30歳代以降の年齢層には、歴史的思考力育成に向けての取組みへの考え方に断層が見られた。また、今回の調査では、年齢層では回答者のおよそ二割（19.1％）が20歳代であり（表4－2を参照）、教職経験年数では三割（31.9％）が10年以下であった（表4－3を参照）。また、50歳代以上が39.3％を占めており（表4－2を参照）、今後は、この年齢層の退職と若年者の採用が増加し、20歳代の教師の占める割合が一層高まることになる。このような状況を考えると、今後は、若年層に対する歴史的思考力の育成を目指した探究型授業づくりへの支援が必要になって来よう。

表4－10（質問10）は、教師が授業で重視する観点として九つの項目（内、一つは自由表記）から選択させるものである。「社会科歴史的分野や地歴科世界史・日本史の授業において、最も重視していることは何ですか」との質問に対して、「全体（全年齢層）」では「⑧基礎的、基本的な知識・技能、思考力・判断力・表現力、興味・関心・意欲のバランスのとれた育成」（18.0％）、

表4-10 （質問10）社会科歴史的分野と地歴科世界史・日本史において重視する観点は何か

項目	年齢層　単位：（上）人・（下）％	全体	20歳代	30歳代	40歳代	50歳代以上	年齢不明
		204 100	39 100	40 100	43 100	80 100	2 100
⑧基礎的、基本的な知識・技能、思考力・判断力・表現力、興味・関心・意欲のバランスのとれた育成		37 18.0	6 15.4	10 25.0	5 11.6	16 19.0	0 0.0
⑤基礎的、基本的な知識・技能と思考力・判断力・表現力のバランスのとれた育成		36 18.0	5 12.8	8 20.0	6 14.0	16 19.0	1 50.5
②教科・科目への興味・関心や学習意欲の向上		28 14.0	8 20.5	9 22.5	2 4.7	9 10.7	0 0.0
⑦受験や進路に応えられる学力の保証と教科・科目への興味・関心、学習意欲の涵養		26 13.0	7 17.9	2 5.0	4 9.3	13 15.5	0 0.0
①基礎的、基本的な知識・技能の習得		25 12.0	7 17.9	0 0.0	8 18.7	10 11.9	0 0.0
⑥受験や進路に応えられる学力の保証と思考力・判断力・表現力の育成の両立		21 10.0	0 0.0	5 12.5	10 23.3	6 7.1	0 0.0
③思考力・判断力・表現力の育成		16 8.0	6 15.4	3 7.5	4 9.3	3 3.6	0 0.0
②受験や進路に応えられる学力の保証		4 2.0	0 0.0	0 0.0	2 4.7	2 2.4	0 0.0
⑨その他（自由表記）		6 2.9	0 0.0	2 5.0	1 2.3	3 3.6	0 0.0
未回答		5 2.4	0 0.0	1 2.5	1 2.3	2 2.5	1 50.0

＊項目欄の回答は「全体」を降順に並べた。

「⑤基礎的、基本的な知識・技能と思考力・判断力・表現力のバランスのとれた育成」（18.0％）など、思考力・判断力・表現力を基礎的、基本的な知識・技能や関心・意欲・態度とのバランスの上に育成するという回答が目立った。反面、「③思考力・判断力・表現力の育成」は8.0％にすぎなかった。

「年齢層別」でも、「全体（全年齢層）」と同様の傾向であった。中でも、着目されるのは30歳代で、「⑧基礎的、基本的な知識・技能、思考力・判断力・表現力、興味・関心・意欲のバランスのとれた育成」(25.0％)、「⑤基礎的、基本的な知識・技能と思考力・判断力・表現力のバランスのとれた育成」(20.0％)を挙げた教師が、「全体（全年齢層）」よりも高い割合を示している。また、「全体（全年齢層）」から見ても、「②受験や進路に応えられる学力の保証」2.0％、「⑥受験や進路に応えられる学力の保証と思考力・判断力・表現力の育成の両立」10.0％など、受験や進路の面に特化した学力を重視するという観点を選択する教師は少ない。

これらの回答傾向からは、現職教師は、歴史的思考力を単独で育成すべきものでなく、基礎的、基本的な知識・技能や関心・意欲・態度など、他の能力とのバランスをはかりながら取り組むことが重要であると考えていることが分かった。

次に、歴史的思考力育成に向けての「年齢層別」の特徴を整理する。20歳代の若年層では、「③思考力・判断力・表現力の育成」を重視すべきが15.7％を占め、歴史的思考力に特化して育成していくとする傾向が見られた。30歳代・40歳代の中堅層では、「⑥受験や進路に応えられる学力の保証と思考力・判断力・表現力の育成の両立」が挙げた割合が12.5％（30歳代）、23.3％（40歳代）と高く、受験や進路に応えられる学力の保証との関連で、歴史的思考力の育成をとらえる傾向が見られた。50歳代以上のベテラン層では、歴史的思考力を基礎的、基本的な知識・技能や関心・意欲・態度とのバランスの上に育成していくことを重視していた。教師の教職経験の長さによって、授業に占める歴史的思考力の位置付けに違いがあることが確認できた。

第6節　主題学習の導入による授業改革に対する意識

高等学校の現行教育課程での地歴科歴史科目（世界史Ａ・Ｂ、日本史Ａ・Ｂ）

では、言語活動の充実の観点から、主題学習の推進がはかられることになった。現行教育課程での主題学習の充実によって、歴史の授業は、知識蓄積型・知識再生型授業から歴史的思考力の育成を目指した探究型授業へ変わることが予想される。表4－11（質問11）は、地歴科歴史系科目での主題学習の導入が知識蓄積型・知識再生型授業から探究型授業への転換を可能にするのかについて質問し、その結果を集計したものである。

現行教育課程での主題学習の充実が知識蓄積型・知識再生型授業から探究型授業への転換を促すかの質問（表4－11　質問11）に対しては、「全体（全年齢層）」では、「そう思う」と答えた教師は8.8％にすぎず、「どちらかと言えばそう思う」29.9％を加えても38.7％であった。それに対して「そう思わない」、「どちらかと言えばそう思わないは」は56.4％であり、特に4分の1にあたる教師（26.5％）が「そう思わない」と否定的にとらえていた。この傾

表4－11　（質問11）主題学習の実施が知識蓄積型・知識再生型授業を変革すると思うか

項　目	年齢層 単位：（上）人・（下）％	全体	20歳代	30歳代	40歳代	50歳代以上	年齢不明
		204 *100*	39 *100*	40 *100*	43 *100*	80 *100*	2 *100*
①そう思う		18 *8.8*	3 *7.7*	3 *7.5*	3 *7.0*	9 *11.3*	0 *0.0*
②どちらかと言えばそう思う		61 *29.9*	13 *33.3*	12 *30.0*	16 *37.2*	20 *25.0*	0 *0.0*
③どちらかと言えばそう思わない		61 *29.9*	12 *30.8*	12 *30.0*	11 *25.6*	24 *30.0*	2 *100*
④そう思わない		54 *26.5*	8 *20.5*	12 *30.0*	10 *23.3*	24 *30.0*	0 *0.0*
⑤その他（自由表記）		7 *3.4*	2 *5.1*	1 *2.5*	2 *4.7*	2 *2.5*	0 *0.0*
未回答		3 *1.5*	1 *2.6*	0 *0.0*	1 *2.2*	1 *1.2*	0 *0.0*

向は、各年齢層（「年齢層別」）でも同様な状況であった。

「⑤その他」の回答としては、「教員間での取組みによって差が出るので、一概に増減を語れない」「生徒・保護者の関心事は入試であり、授業の方向性は入試の方向性に左右される」などが挙げられた。

年齢を問わず多くの教師が、主題学習の充実が、知識蓄積型・知識再生型授業から探究型授業への転換には必ずしも結びつくものではないと考えていることが分かった。学校現場での主題学習はすでに形骸化しているとの主張もあり[7]、今回の調査は主題学習が探究的学習の手立てとして期待されていないという学校現場の状況を浮き彫りにすることになった。

第7節　中等教育段階での歴史授業の課題

本章では、現職教師が歴史的思考力をどのようにとらえ、授業を構想しているのかを検討するために、質問紙による調査を行った。そして、質問紙調査の結果から導き出された現職教師の歴史的思考力や探究的学習に対する考えをもとに、中等教育段階の歴史授業の現状を分析して、その特徴や課題を明確化することであった。

今日の中等教育段階における歴史授業においても、歴史知識の習得という命題は授業の中心課題としての意味は失っていない。今回の質問紙による調査でも、そのことは裏付ける結果となった。「基礎的、基本的な知識・技能の習得」から「受験や進路に応えられる学力の保証」まで歴史知識の内容に振り幅があるとはいえ、また、思考力・判断力・表現力の育成や歴史への興味・関心、学習意欲の向上などとのバランスをはかるなどの条件が加味されているとはいえ、表4－10（質問10）が示すように、教師が社会科歴史的分野や地歴科世界史・日本史において重視する観点は歴史知識の習得であったと言える。

歴史知識の習得と歴史的思考力の育成とは歴史学習の両輪にたとえられる。

しかし、現実の授業では、教師の基本的スタンスは歴史知識の習得にあり、歴史知識を身につけてから後に歴史的思考力の育成をはかるべきであるとの考えが根強いと言える。

多くの教師は、中等教育段階の現行教育課程のもとで、歴史的思考力の育成を目指した探究型授業が増加することを予想していた。また、現行学習指導要領の世界史でも、思考力・判断力・表現力を育成するための方策として、主題学習の充実が図られている[8]。しかし、主題学習の実施が従前の知識蓄積型・知識再生型授業の変革をもたらすと考える教師は、「そう思う」「どちらかと言えばそう思う」を含めても4割弱（38.7％）にすぎない。歴史的思考力の育成を目指す探究型授業を画餅にしないためにも、探究的学習を推進するための教材開発・授業開発の研究が、今後一層必要になって来よう。そのためには、歴史的思考力を構成する要素を明確化し、探究的学習に求められる能力とは何かについて検討することが重要である。

では、歴史的思考力の構成要素をその性格の面から分類し、現職教師の歴史的思考力の育成に向けての授業づくりの意識を検討してみよう。歴史的思考力を構成する10項目（「質問6」の選択肢として挙げた10項目）は、それぞれがもつ性格から認知的要素と情意的要素に大別できる。また、認知的要素については、内容的要素と方法的要素の二つに区分できる。次に、それぞれの要素の特徴を規定してみよう。まず、内容的要素とは、歴史の内容を理解してその構造を理解したり因果関係を把握したりする能力のことである。次に、方法的要素とは、史資料を収集・分析したり批判・解釈したり、その研究成果を発表したり論争したりする能力のことである。最後に、情意的要素とは、学習への動機付けを高める原動力のことである。具体的には、歴史学習への関心・意欲、共感力・批判力、課題意識、洞察力や、よりよき未来建設への意思決定と行動する力などが該当する。

表4－12は、歴史的思考力を構成する10項目を認知的要素（内容的要素と方法的要素）と情意的要素に分類したものである。また、10項目のそれぞれ

表4-12 歴史的思考力を構成する10項目の分類

構成要素の分類		歴史的思考力を構成する10項目			
認知的要素	内容的要素	②	③	⑤	
	方法的要素	⑥	⑦	⑨	
情意的要素		①	④	⑧	⑩

に対して、「質問6」での「全体（全年齢層）」の割合（％）と、「質問7」で第一位に挙げた人数をまとめたものが、表4-13「歴史的思考力の10項目の構成要素による分類」である。

　歴史的思考力の諸要素を内容的要素と方法的要素、および情意的要素のそれぞれの側面から見た場合、現職教師の歴史的思考力に対するとらえ方にはどのような特徴や課題が見えてくるだろうか。今回の質問紙調査では、「③時代や社会の構造把握、歴史事象の因果関係の理解・考察などに関する能力」は、歴史的思考力を構成する要素として挙げる場合と、歴史的思考力を構成する要素の中から重要性という尺度で選ぶ場合の、どちらにおいても突出して高い数値を示しており、歴史的思考力の最も重要な能力として現職の歴史教師の間で認識されていることが分かった。歴史的思考力に対するこの様な見方は、系統的通史理解を重視する日本の伝統的な歴史授業観とも適合する考え方でもある。多くの場合、一年という限られた期間内で歴史の全時代（B科目）や近代以降の歴史（A科目）を終えなければならない授業の実情を考慮すると、進度や効率を重視した授業運営にならざるを得ない。「歴史の構造的理解」や「歴史的因果関係の把握」などの内容的要素は、断片化された事実的知識を統合したり概念的知識として一般化したりする上で有効な手立てであり、「内容の精選化」の論理とも適合する。そのため、現職教師の歴史的思考力のとらえ方は、「歴史の構造的理解」や「歴史的因果関係の把握」などの内容的要素に収斂していると言っても過言ではない。

　それに対して、収集した史資料を分析したり批判・解釈したりする力や、

研究成果を発表したりそれらのことを論争したりする力などの方法的要素にかかわる項目は、内容的要素に比べて、「内容の精選」の論理とは直接には結び付き難い。むしろ、歴史学習の成果を発表したりその成果に基づいて論争したりすることは、その重要性を理解できても、活動に多くの時間を費やすことになるため、授業進度を遅らせるとして敬遠される。また、知識蓄積

表4－13　歴史的思考力の10項目の構成要素による分類（表4－6、表4－7から作成）

構成要素		歴史的思考力を構成する10項目の内容	*表4－6 （単位：％）	*表4－7 （単位：人）
認知的要素	内容的要素	②歴史の始原、今昔対比、変遷、連続と非連続に関する時間意識・年代的思考力	67.6	15
		③時代や社会の構造把握、歴史事象の因果関係の理解・考察などに関する能力	92.6	65
		⑤歴史の発展や進歩に対する理解力や認識力	55.4	5
	方法的要素	⑥史料批判、解釈、歴史叙述の分析や競合する史資料・学説の比較検討に関する分析力や解釈力	64.2	8
		⑦歴史的問い（主題）を立案し、史資料の収集・分析を行い、主体的に探求できる能力	66.2	15
		⑨歴史学習成果を適切に発表したり、その成果に基づいて意見表明したり、論争したりする表現力	42.2	4
情意的要素		①歴史に対する興味・関心や歴史学習に対する意欲	42.6	29
		④自国や世界各地の文化、歴史上の人物・事件などに対しての共感力や批判力、批評力	63.2	9
		⑧歴史上の人物・政策・事件や歴史的評価に関する課題意識や課題に対する分析力や洞察力	65.7	10
		⑩社会変革やよりよき未来の建設に向けての未来指向力、意思決定力、行動力	59.3	29

＊印は、前述の「表4－6」の「全体」の割合（％）と「表4－7」の「第1位」の人数を転記したものである。

型・知識再生型の授業観が根強い我が国の学校風土においては、「活動主義」の名のもとに方法的要素を内容的要素より一段低く見る傾向がある。そのためか、質問紙調査において、方法的要素にかかわる項目は、その重要度という観点（質的側面）から見た場合には、内容的要素よりも低いものと見なされている。

情意的要素については、「①歴史に対する興味・関心や歴史学習に対する意欲」「⑩社会変革やよりよき未来の建設に向けての未来指向力、意思決定力、行動力」などの項目を、歴史的思考力の構成要素として挙げた場合には中・下位に位置している（表4－13の「＊表4－6」を参照）が、歴史的思考力を構成する要素の中から重要性という尺度で選ぶ場合には上位に浮上して来る（表4－13の「＊表4－7」を参照）。「『学び』からの逃走」と称される、今日の生徒のやせ衰えた歴史意識の状況を鑑みるならば、現職教師の多くが授業を構想していく上で情意的要素に着目していることは、十分頷けることである。

小括

今日のカリキュラムにおいては、その重点がコンテンツ・ベースからコンピテンシー・ベースへとシフトし、そこでは「知識を知っていること」から「知識を使えること」への転換が求められている。また、2011年の日本学術会議提言『新しい高校地理・歴史教育の創造―グローバル化に対応した時空間認識の育成―』（以下、『新しい高校地歴教育の創造』と略記する）では、グローバル時代に対応した高等学校地歴教育の創造への提言として、地歴科の授業に対して「思考力育成型」の教授法への転換（短期的改革）や「歴史基礎」「地理基礎」等の新科目の創設と必修化（長期的改革）を求めている[9]。同提言では、「単なる知識量の拡大ではなく、知的好奇心の涵養や、思考力、論理的表現力、さらには知識の社会への応用能力の向上」が挙げられている。歴史的思考力育成のためには、内容的要素だけでなく、方法的要素や情意形

成に関わる側面（情意的要素）を統合的に包摂した学びを目指す必要がある。また、コミュニケーション能力などの社会的スキルの習得も求められている。

　今回の質問紙調査から、現職教師の歴史的思考力に対する認識の特徴が見えてきた。すなわち、現職教師は歴史的思考力を「歴史の構造的理解」や「歴史的因果関係の把握」などの内容的要素に収斂してとらえていることが確認できた。また、「興味・関心・意欲」や「未来指向力・意思決定力・行動力」などの情意的要素の重要性も認識していた。

　また、同時に、課題も指摘できる。それは、現職教師の方法的要素への関心度が、内容的要素や情意的要素に比べて低いことである。すでに、第2章で整理したように、現行学習指導要領世界史の主題学習においては、歴史的思考力は歴史リテラシーにかかわる資質・能力として位置付けられている。そこでは、時間的、空間的つながりに着目して年表や地図に整理し表現したり、史資料を多面的、多角的に考察し、よみといたりするなどの技能の習得や、学習者自らが主題を設定して、史資料を活用して主題の「解」を探究したりするなどの活動が新たに設定されている。また、第3章で整理したように、近年では、地球化（グローバリゼーション）の進展を背景に、歴史の「全米指導基準」などの欧米諸国のスタンダードやカリキュラムが紹介され、歴史的思考力の新しい視点が示されている。そこで示された歴史的思考力の内実は、史資料を解釈したり、批判的に吟味したりするためのリテラシーやスキルとして、歴史的思考力をとらえている点である。前述の『新しい高校地歴教育の創造』での提言も、この文脈に通底する動きとしてとらえられる。第2章・第3章の動向と『新しい高校地歴教育の創造』の提言を鑑みるならば、歴史リテラシーの側面に着目して、授業実践の充実を図ることが重要である。今後は歴史的思考力を構成する内容的要素、方法的要素、情意的要素の、三者のバランスのとれた育成が求められることになろう。また、教師のライフサイクルや、「団塊の世代」以降の大量退職に伴う若年教師の採用数の増加を考えると、20歳代の教師に対する、このような視点からの教材研究や授業研究の積極的

なサポートが必要になって来よう。そのため、第Ⅱ部「21世紀社会に対応した歴史的思考力育成型授業の開発」においては、第Ⅰ部「歴史的思考力概念の変遷でたどる世界史学習の特質と課題」の研究成果を踏まえ、史資料を用いた探究的学習のための授業構成モデルを開発して提案することにする。

註

（1）苅谷剛彦　志水宏吉（2004）「『学力調査の時代』－なぜいま学力調査なのか－」苅谷剛彦　志水宏吉編著『学力の社会学－調査が示す学力の変化と学習の課題－』岩波書店　pp.2-7。
（2）苅谷剛彦（1997）「能力の見え方・見られ方」天野郁夫編『教育への問い－現代教育学入門－』東京大学出版会　pp.110-117。
（3）高等学校の教育課程は、1994年度入学者から学年進行で社会科が地歴科と公民科に再編成された。地歴科、公民科を教えるためには、それぞれの教員免許を必要とする。それ以前に高等学校社会科の教員免許を取得した教師は、地歴科と公民科の両科目を教えることができる。また、地歴科と公民科に再編成された後に高等学校教員免許を取得した教師においては、地歴科と公民科及び中学校社会科の教員免許を取得している場合が多い。本研究での質問紙調査（質問４）においても、被調査者のおよそ８割が中学校社会科及び高等学校地歴科、公民科の三免許を所有していた（表４－４を参照）。
（4）現行学習指導要領に基づく教育課程は、中学校校では2012年４月から全面的に、高等学校では2013年４月から学年進行で施行された。本調査を行った2013年８月から2014年３月までの時期は、中学校、高等学校ともに現行教育課程へ移行直後（中学校）ないしは移行途中（高等学校）である。
（5）脇本健弘　町支大祐［中原淳監修］（2015）『教師の学びを科学する－データから見える若手の育成と熟達のモデル－』北大路書房　pp.2-4。
　　本書によれば、近年、東京、神奈川、大阪などの大都市を中心に都市部では、「団塊の世代」の大量退職により若手教師が大量に採用され、その割合が大幅に増加している。その結果、教師の年齢分布の特徴として、20歳代、50歳代の教師の割合が高い反面、30歳代、40歳代の教師が少ないという谷型の年齢分布が見られるという。2017年９月15日付の朝日新聞朝刊に「公立校教員20代増える」とい

う記事が掲載された。文科省の発表によれば、「20代の教員は小学校が17.3％（前回比2.1ポイント増）、中学校が15.8％（同1.8ポイント増）、高校が10.8％（同1.8ポイント増）」に達しており、今後、なお一層の増加が見込まれているとのことだ（前回調査は2014年）。
（6）藤井千之助（1985）『歴史意識の理論的・実証的研究－主として発達と変容に関して－』風間書房　pp.93-213。
（7）原田智仁（2000）「主題学習再考－世界史学習論の批判と創造(2)－」社会系教科教育学会編『社会系教科教育学研究』12　pp.1-8。
（8）現行学習指導要領世界史における主題学習については、本書の第2章第4節第2項を参照のこと。
（9）日本学術会議編（2011）『提言新しい高校地理・歴史教育の創造－グローバル化に対応した時空間認識の育成－』日本学術会議　pp.9-19。

　　学習指導要領の次期改訂では、標準単位二の「地理総合」「歴史総合」、標準単位四の「地理探究」「日本史探究」「世界史探究」が新設されることになった（科目名は仮称）。また、「地理総合」と「歴史総合」の二科目が世界史に代わって必履修科目となることが決まった（「学習指導要領改訂の方向性（案）」『中教審教育課程部会教育課程企画特別部会（第7期）（第19回配付資料）』）（http://www.mext.go.jp/b_menu/shingi/chukyo/chukyo3/053/siryo/1375316.htm　2016年8月7日確認）。

第Ⅱ部

21世紀社会に対応した歴史的思考力育成型授業の開発

第5章 21世紀社会に対応した歴史的思考力育成型授業のためのカリキュラムのフレームワーク

今日の学校教育では、カリキュラムの重心が従前のコンテンツ・ベースから21世紀社会に対応したコンピテンシー・ベースへと移っている。そこでは、社会の変化に対応した新たな資質・能力像が模索されるとともに、思考力・判断力・表現力の育成の観点から探究的学習の構築が求められている。本章では、まず、今日求められている資質・能力像を世界の教育改革の流れに即して検討し、新しい資質・能力モデルとしての21世紀型能力の意義と課題について整理する。次に、探究的学習を新しい資質・能力像との関連において検討し、歴史的思考力育成型授業を目指したカリキュラムのフレームワークを提示したいと考える。

第1節 世界の教育改革と21世紀型能力

第1項 世界の教育改革の潮流

現代社会は、グローバル化、情報通信技術の高度化、コミュニケーションを基盤とする社会への転換、資源の有限化、少子高齢化、知識基盤社会化など、急激な社会変化に直面している[1]。このような社会の変化に対応して、欧米諸国を中心に新たな資質・能力概念が提唱され、それに基づく教育改革が展開されている。このような動きの基準となっているのが、OECD（経済協力開発機構）の DeSeCo (Definition and Selection of Competencies コンピテンシーの定義と選択) プロジェクトと、米国のIT企業関係者や教育関係者が中心となって進める21世紀型スキル (21st Century Skills) 運動の、二つの潮流

である[2]。

(1) DeSeCo プロジェクト

DeSeCo プロジェクト（1997年〜2003年）では、今日の急激な社会変化に対応していくための鍵(キー)となる能力として、キー・コンピテンシーが検討された。そして、同プロジェクトはこの概念を「特定の状況の中で（技能や態度を含む）心理社会的な資源を引き出し、動員することにより複雑な需要に応じる能力」[3]と定義して、「相互作用的に道具を用いる」、「異質な集団で交流する」、「自律的に活動する」の三つの広域カテゴリーに分類し、それぞれの内容を規定した（表5－1「DeSeCo プロジェクトにおける三つのキー・コンピテンシーの必要な理由と内容」を参照)[4]。

表5－1　DeSeCo プロジェクトにおける三つのキー・コンピテンシーの必要な理由と内容

カテゴリー1：相互作用的に道具を用いる
必要な理由　・技術を最初のものにし続ける
・自分の目的に道具をあわせる
・世界と活発な対話をする
内容　A：言語、シンボル、テクストを相互作用的に用いる
B：知識や情報を相互作用的に用いる
C：技術を相互作用的に用いる
カテゴリー2：異質な集団で交流する
必要な理由　・多元的社会の多様性に対応する
・思いやりの重要性
・社会的資本の重要性
内容　A：他人といい関係を作る
B：協力する　チームで働く
C：争いを処理し、解決する
カテゴリー3：自律的に活動する
必要な理由　・複雑な社会で自分のアイデンティティを実現し、目標を設定する
・権利を行使して責任を取る
・自分の環境を理解してその働きを知る
内容　A：大きな展望の中で活動する
B：人生計画や個人的プロジェクトを設計し実行する
C：自らの権利、利害、限界やニーズを表明する

出典：ライチェン，D.S.　サルガニク，R.H.［立田慶裕監訳］(2006)『キー・コンピテンシー――国際標準の学力をめざして――』明石書店　pp.210-218　から筆者作成。

(2) 21世紀型スキル運動

　21世紀型スキル運動では、教育・ビジネス・地域社会・政治のリーダーに求められる21世紀型スキルの枠組みや構成要素が提案された。2002年に米国の連邦教育省やアップル、マイクロソフトなどのIT企業が参加した、21世紀型スキルパートナーシップ（Partner-ship for 21st Century Skills　以下、「P21」と略記する）」が組織された。そして、学習者がその成果として習得すべき21世紀型スキルの枠組みが、P21によって提案された（図5－1「P21による21世紀型スキルのフレームワーク」を参照）。そこでは、「基幹教科」と「21世紀型学際的テーマ」からなる内容知と、「学習とイノベーションのスキル」、「情報・メディア・テクノロジースキル」、「生活とキャリアのスキル」からなる方法知（図5－1の上段「虹」の部分）が挙げられ、それらを支えるための支援システムとして「スタンダードと評価」、「カリキュラムと指導法」、「専門的能力開発」、「学習環境」の仕組み（図5－1の下段「プール」の部分）が示された[5]。21世紀型スキルにおける着目点として、教科に立脚した知識が不可欠との観点から、歴史、英語（「読み」または「言語的技術」）、外国語、芸術、数学、経済、科学、地理、政治と公民からなる「基幹教科」が重視される。また、より高いレベルの内容理解を促すために、「基幹教科」の中にはグローバル意識、金融・経済・ビジネス・企業リテラシー、市民的リテラシー、健康リテラシー、環境リテラシーからなる「21世紀型学際的テーマ」が設定されている[6]。グローバル意識や市民的リテラシー、環境リテラシーは、世界史学習で具体化したいテーマであると言える。このことが、本研究で新しい資質・能力論から世界史カリキュラムを検討することの根拠である。

　2009年にロンドンで立ち上げられた国際研究プロジェクト、「21世紀型スキルの教授と評価プロジェクト」（Assessment and Teaching of Twenty-First Century Skills Project　以下「ATC21S」と略記する）によって、21世紀型スキルの枠組みとして、四つのカテゴリー（Ⅰ～Ⅳ）と10のスキル（1～10）が策定

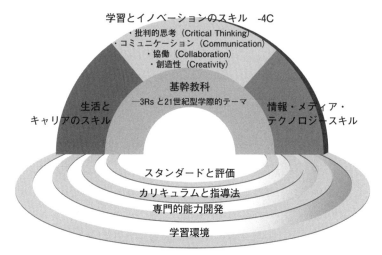

図5-1　P21による21世紀型スキルのフレームワーク
出典：Partnership for 21st Century Learning, Framework for 21st Century Learning
（http://www.p21.org/about-us/p21-framework　2016年3月11日確認）

された（表5-2「ATC21Sによる21世紀型スキルの定義」を参照）。

　この枠組みが、Knowledge（知識）、Skill（技能）、Attitude（態度）、Value（価値）、Ethics（倫理学）を重視したことを受け、その頭文字をとり、KSAVEフレームワークと呼ばれている[7]。そこには、学習者の知識・技能の習得に止まらず、人類益のような倫理性に裏付けられた普遍的価値観の形成や態度の変容を促す意図が込められている。

　DeSeCoプロジェクトと21世紀型スキル運動に共通する考え方は、21世紀を生きる市民に求められるコミュニケーション能力を含めた汎用的な資質・能力の育成であり、多くの知識を知っているか（知識蓄積型・知識再生型学習）ではなく、知識を活用し運用できるか（知識活用型・知識創造型学習）が重要な鍵（キー）として位置付けられる。そして、そこでは倫理性に裏付けられた価値観の形成や態度の変容が期待されている。日本を始めとした各国の教育改革は、この二大潮流の影響のもとに展開している[8]。

表5－2　ATC21Sによる21世紀型スキルの定義

Ⅰ．思考の方法 　1．創造性とイノベーション 　2．批判的思考、問題解決、意思決定 　3．学び方の学習、メタ認知 Ⅱ．働く方法 　4．コミュニケーション 　5．コラボレーション（チームワーク） Ⅲ．働くためのツール 　6．情報リテラシー（ソース、証拠、バイアスに関する研究を含む） 　7．ICTリテラシー Ⅳ．世界の中を生きるスキル 　8．地域とグローバルのよい市民であること（シチズンシップ） 　9．人生とキャリア発達 　10．個人の責任と社会的責任（異文化理解と異文化適応能力を含む）

出典：グリフィン，P．マクゴー，B．ケア，E．［三宅なほみ監訳］（2014）『21世紀型スキル―学びと評価の新たなかたち―』北大路書房　p.46。

第2項　初等・中等教育段階の資質・能力モデルとしての21世紀型能力の意義と課題

　日本の初等・中等教育段階においては、国立教育政策研究所（以下、「国政研」と略記する）による、21世紀型能力の推進が世界の教育改革の動向とリンクする形で提起されている。21世紀型能力は、国政研が2009年度から5カ年計画で進めたプロジェクト「教育課程の編成に関する基礎的研究」で示された資質・能力像である。そこでは、21世紀型能力を、21世紀を生き抜く力をもった市民としての日本人に求められる能力と定義するとともに、社会の急激な変化に対応できる能力として、基礎力、思考力、実践力の三層からなる構造モデルを提案している（図5－2「国立教育政策研究所による21世紀型能力の構造モデル」を参照）[9]。三層構造の中で、21世紀型能力の中核に位置付けられるのが思考力である。そして、思考力を内側から支えているのが基礎力であり、思考力の外側にあって三つの能力の最上位に位置付けられるのが、

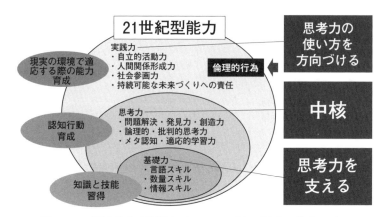

図5－2　国立教育政策研究所による21世紀型能力の構造モデル

出典：国立教育政策研究所（2013）『（平成24年度プロジェクト研究調査研究報告書）社会の変化に対応する資質や能力を育成する教育課程編成の基本原理［改訂版］』国立教育政策研究所　p.26。図は筆者によって一部改変。

実践力である。

　次に、21世紀型能力を構成するそれぞれの能力について説明する。

　まず、思考力[10]は、問題解決・発見力・創造力、論理的・批判的思考力、メタ認知・適応的学習力から構成される。論理的・批判的思考力とは、学習活動のさまざまな問題解決のプロセスで発揮される分析、総合、評価などに関わり、物事を多様な観点から論理的に考察する思考力のことである。問題解決・発見力・創造力とは、問題を発見したり解決したり、新しいアイデアを生み出したりする思考力である。メタ認知・適応的学習力とは、近年着目されてきた概念であり、自らの学習の遂行状況を成果基準から照らしてモニターして制御したり、新たな事態や状況に対して適切な「解」を提案したりする力を意味する。

　次に、基礎力[11]は、21世紀型能力を内面から支えており、言語、数、情報を目的に応じて道具として使いこなすスキル（言語スキル、数量スキル、情報スキル）である。今日の知識基盤社会においては、伝統的な3Rs（読み書

き、計算）に留まらず、コミュニケーションやここで示された高次な情報処理にかかわるリテラシーが必要とされている。

　また、実践力[12]は、三層構造の外面部にあって、思考力の使い方を方向づける機能を持つ。そして、自立的活動力、人間関係形成力、社会参画力、持続可能な未来づくりへの責任の、四つの要素から構成される。これらの要素は、自己形成、他者との人間関係形成、社会や未来の形成にかかわる力を意味する。そして、道徳的・倫理的次元を中心に身につけた基礎力や思考力を、現実の環境に適用する際に求められる能力と位置付けられる。初等・中等教育においては、21世紀型能力は、「生きる力」との関連の中で社会の変化に対応するための資質・能力モデルとして位置付けられる。そして、教科での深い学びを通じて習得することが期待されている。

　21世紀型能力の提唱が世界の教育改革の動向と同期化された現象であることを考えると、この能力論は地球規模で推進された資質・能力モデルであり、今日的意義の大きさが想像される。また、この点にこそ21世紀型能力を検討することの意義を見いだすことができる。しかし、同概念に宿る問題性を指摘する声も無視できない。北田佳子は、21世紀型能力などの世界の教育改革で提案されている資質・能力モデルに共通する背景として、各国が「知識経済」の競争に勝ち残るための人材育成戦略として、これらの育成を進めていることを指摘し、21世紀型能力に潜む問題性を警告した[13]。北田が危惧しているように、21世紀型能力の育成が一体何のために、誰のために必要なのかを問うことが必要であろう。21世紀型能力という衣の下から、政治主導の教育改革という鎧が見えることになるならば、それは児童・生徒の成長を期するための資質・能力モデルとは言えなくなるだろう。また、21世紀型能力というすでに存在する定型があり、それを教え込むことこそが学校教育の使命であるかの如く語られることにも反対する。21世紀社会に対応した資質・能力モデルは、真に児童・生徒の視点に立ったものでなければならない。そのため、21世紀型能力の検討に際しては、慎重な議論が求められることにな

ろう。

　国政研の報告書では、21世紀型能力を教科（科目）・領域横断的な汎用的能力として位置付けている。また、本研究の目的は、歴史的思考力という世界史固有の資質・能力とは何かを検討し、教科（科目）固有の思考力である歴史的思考力を、汎用的性格を有する21世紀型能力へと発展的に繋げていくことである。そして、そのために21世紀型能力の観点から歴史的思考力を検討して活用することになる。しかし、このことは、21世紀型能力という鋳型に、歴史的思考力を無理矢理に埋め込むことではない。むしろ、世界史学習を通じて育成した歴史的思考力を、地歴科の他科目や他教科の学習でも用いられる転移可能な汎用的思考力として普遍化していくための参照枠として用いることが重要である。この点にこそ、世界史学習において、21世紀型能力を取り上げる意味が存在すると言える。

第3項　新しい資質・能力モデルとしてのコンピテンシー、リテラシー、スキル

　初等・中等教育段階で21世紀型能力が提案された背景には、今日、21世紀を生きる市民に必要とされる資質・能力の在り方が大きく変貌したことが挙げられる。20世紀後期から顕著となった地球化（グローバリゼーション）を始めとした急激な社会変化は、学習観や学校教育の在り様を抜本的に変えることになった。欧米諸国や日本などの先進諸国では、大量生産と大量消費を特徴とした近代産業社会から、情報通信技術の進展を背景とした高度知識社会（ポスト産業社会）へと変貌した。このような社会状況の変化は、児童・生徒や青年層の生活や学びの在り方に多大な影響を与えることになった。

　日本においては、1970年代から、学校教育のシステムは深刻な危機を迎えた。教育学者の佐藤学は、勉強を嫌悪する子ども達の状況を「『学び』からの逃走」[14]と形容し、その根底には生産性と効率性を重視した日本（あるいは、東アジア）型教育システムの終焉と破綻があったことを指摘した。

佐藤の指摘は、児童・生徒が習得した知識一般を学力と称し、その定着度をテストで一律に測定するような、近代産業社会に立脚する教育観や学力モデルがもはや有効性を失ったことを意味した。これからの学校教育においては、単に習得した知識の多寡（量）ではなく、知識をいかに創造し活用できるかが重要な鍵であり、そのことを根底に置いた資質・能力論の議論が展望されることになった。そこではコンピテンシー（Competency）、リテラシー（Literacy）、スキル（Skills）などの新たな概念地図によって、児童・生徒に期待される資質・能力像が語られようとしている。これらの言葉はそれぞれ資質、能力、技能などの訳語を当てる場合もあるが、カタカナで用いられる場合が一般的である。これらの言葉が日本語に翻訳されないで用いられている理由としては、コンピテンシー、リテラシー、スキルなどの概念がこれまでの資質・能力モデルのスキームとは根本的に異なる位相のものであることに由来する。

では、これらの概念について整理し、その意味を検討してみよう。

まず、コンピテンシー[15]とは、特定の職務を遂行し高い水準の業績をあげることのできる個人の特性を意味する。一般には、DeSeCoプロジェクトで規定された三つのキー・コンピテンシー（表5－1を参照）として認識されている。

次に、リテラシー[16]は、古くは識字能力の訳語が当てられていたが、今日では、メディアリテラシー、数学的リテラシー、機能的リテラシー、市民的リテラシーなど、特定の技能、領域、性質、主体とリテラシーをそれぞれ結合させて用いられるなど、多義的かつ広範に使われている。PISAの定義においては、リテラシーとは多様な状況において問題を設定し、解決し、解釈する際に、その教科領域の知識や技能を効果的に活用して物事を分析、推論、コミュニケートする能力を意味する[17]。

また、スキル[18]とは、論理的な探究や推論の方法を適用するための手続的知識（本章第3節を参照）を意味しており、そこではスキルと知識は認知的

要素として扱われている。

　最後に、これらの三つの概念に共通することは、様々な心理的・社会的リソースを活用して特定の文脈の中で複雑な課題に対応できる総合的で汎用的な能力を意味していることである。ここで示された資質・能力の実体は、前節で議論した、21世紀型能力の内容と重なる。そこでは、知識を蓄積し効率的に再生するための知識蓄積型・知識再生型授業ではなく、習得した知識を活用して「解」を求めたり新たな知識を創造したりするための知識活用型・知識創造型授業が希求される。このような学びの方法は、今日、探究と呼ばれる。そのため、知識活用型・知識創造型授業は探究型授業とも呼ぶことができる。そして、学習を支える基盤となる鍵概念が、コンピテンシー、リテラシー、スキルなどの資質・能力概念であると言える。この点こそが、本研究で探究という学習を検討する際に、21世紀型能力を参照枠として用いることにした理由である。

第2節　探究を取り入れた地歴科世界史カリキュラムの設計

第1項　「改訂版ブルーム・タキソノミー」から見た歴史的思考力育成型授業の特徴

　探究を取り入れた地歴科世界史のカリキュラム開発にあたっては、授業者が探究という活動をカリキュラムの中にどのように位置付けたかを可視化して確認できるようにすることは重要である。また、そのようにすることは、同時に、第三者がカリキュラムの特徴を分析し、評価していく上での客観的な指標となり得る。近年、このような問題意識から、カリキュラムの特徴を分析し評価するための方法として、タキソノミー（Taxonomy）を用いる研究が着目されている[19]。本節では、探究を取り入れた地歴科世界史のカリキュラム設計を行う上で、タキソノミーを活用することを検討する。

　探究的学習を取り入れたカリキュラムの設計にあたっては、最初に、探究

第5章　21世紀社会に対応した歴史的思考力育成型授業のためのカリキュラムのフレームワーク　167

という活動が学習者の認知過程の中にどのように位置付けられているかを検討することが重要である。カリキュラムの特徴を分析する方法として、アンダーソン, L.W.（Anderson, L.W.）らが開発した「改訂版ブルーム・タキソノミー」（Revised Bloom's Taxonomy）を用いる方法が着目されている。タキソノミーとは、本来、分類学を意味し、教育学で用いるときには、授業で達成すべき教育目標を明確化し、その機能的価値を高めるための道具として開発された指標のことである[20]。ここでの教育目標とは、「教材や授業活動を設計する指針」を意味し、また「教育実践の成果を評価する規準」でもある[21]。世界史のカリキュラム開発で「改訂版ブルーム・タキソノミー」を活用することで、開発した教材や学習活動が世界史に関わる知識の習得の状況や歴史的思考力のどのような働きを表しているかを評価する際に有効である。ここでは、石井英真の研究を手がかりにして、「改訂版ブルーム・タキソノミー」の特徴とその活用法について検討してみよう[22]。

最初に、「改訂版ブルーム・タキソノミー」の開発までの経緯とその特徴について整理する。「改訂版ブルーム・タキソノミー」の原型である「ブルーム・タキソノミー」とは、ブルーム, B.S.（Bloom, B.S.）が開発した「教育目標の分類学」のことである[23]。そこでは、認知的領域（精神的操作の複雑化を扱う）、情意的領域（価値・態度の内化を扱う）、精神運動的領域（神経系と筋肉系とのあいだの協応の達成を扱う）の三領域にそれぞれ教育目標が設定された[24]。

「ブルーム・タキソノミー」の三領域の中で、探究と深く関わるのは、「認知的領域」である。「改訂版ブルーム・タキソノミー」では、「認知的領域」における「知識」のカテゴリーに多様なタイプの知識の存在が指摘されることになったのを受けて、「ブルーム・タキソノミー」を構成する三領域の「認知的領域」を改訂したものである。そして、「ブルーム・タキソノミー」の「認知的領域」でのカテゴリーが、名詞的局面の「知識次元」と動詞的局面の「認知過程次元」とに分節化されることになった。図5－3「『ブルー

168　第Ⅱ部　21世紀社会に対応した歴史的思考力育成型授業の開発

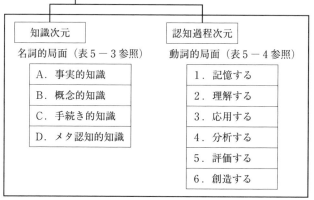

図5－3　「ブルーム・タキソノミー」の三領域と「改訂版ブルーム・タキソノミー」の「知識次元」と「認知過程次元」

出典：石井英真（2011）『現代アメリカにおける学力形成論の展開　スタンダードに基づくカリキュラムの設計』東信堂　pp.90-92　pp.342-345　の内容をもとに筆者作成。

ム・タキソノミー』の三領域と『改訂版ブルーム・タキソノミー』の『知識次元』と『認知過程次元』」は、「ブルーム・タキソノミー」の「認知的領域」と、「改訂版ブルーム・タキソノミー」の「知識次元」と「認知過程次元」の関係を模式化して示したものである。「改訂版ブルーム・タキソノミー」では、「ブルーム・タキソノミー」における「認知的領域」の「知識」を、学習者がどのような知識を習得するのかという内容的局面（「知識次元」

表5－3 「改訂版ブルーム・タキソノミー」の「知識次元」での知識の構造

知識の種類		知識の説明	知識の特徴
宣言的知識	A．事実的知識	○個別・具体の知識 ○語彙・事実に関する知識	特定の知的領域固有の知識
	B．概念的知識	○一般的な知識 ○概念・法則・理論に関する知識	
C．手続き的知識		○技能・方略に関する知識（言語・数学・情報のスキル）	
D．メタ認知的知識		○学習を遂行する上での意欲・計画力・調整力等に関する知識	特定の知的領域を越えた知識

出典：石井英真（2011）『現代アメリカにおける学力形成論の展開―スタンダードに基づくカリキュラムの設計―』東信堂　p.344。資料3「アンダーソンらの『改訂版タキソノミー』のカテゴリー」の「知識次元」を筆者改変。

／名詞的局面）と、学習者がその知識をどのように認知するのかという行動的局面（「認知過程次元」／動詞的局面）に、それぞれ分節化している。

「改訂版ブルーム・タキソノミー」の「知識次元」では、知識が「内容知（knowing that）」の形で表現される宣言的知識と、「方法知（knowing how）」の形で表現される手続き的知識、およびメタ認知的知識の三つのカテゴリーに分節化される。まず、宣言的知識[25]とは、個別・具体的な内容を示す事実的知識と、より組織化され一般化された概念的知識に区別される。両者は、上位カテゴリーである概念的知識が下位カテゴリーである事実的知識を包摂する。次に、手続き的知識[26]とは技能や方略に関わる知識である。また、メタ認知的知識[27]とは、「改訂版ブルーム・タキソノミー」において新たに導入された概念であり、自分自身や人間一般の認知過程に関する知識を意味する。この知識は、21世紀型能力の中核を構成する思考力にも位置付けられており[28]、認知に関する知識的側面と認知の監視・制御に関する活動的側面を有している。宣言的知識や手続き的知識が各教科固有の知識である（領域固有性）のに対して、メタ認知的知識は教科の枠を超えた、教科横断的・汎用的な性格を有している[29]。メタ認知的知識の重要な働きとして、知識

表5－4　「改訂版ブルーム・タキソノミー」の「認知過程次元」での知識の働き

1	**記憶する**：長期記憶から関連する記憶を引き出す
1.1	再認すること（同定すること）
1.2	想起すること（再現すること）

2	**理解する**：口頭、書かれたもの、図によるコミュニケーションを含む、授業におけるメッセージから意味を構成する
2.1	解釈すること（明確化すること、言い換えること、表現すること、変換すること）
2.2	例示すること（例証すること、例を挙げること）
2.3	分類すること（カテゴリーに分けること、包摂すること）
2.4	要約すること（抽出すること、一般化すること）
2.5	推論すること（結論づけること、外挿すること、挿入すること、予言すること）
2.6	比較すること（対照すること、写像すること、適合させること）
2.7	説明すること（モデルを構成すること）

3	**応用する**：与えられた状況である手続きを遂行したり用いたりする
3.1	実行すること（遂行すること）
3.2	実践すること（使うこと）

4	**分析する**：素材を構成要素に分解し、部分同士がお互いにどのように関係しているか、部分が全体構造や目的とどう関係しているかを決定する
4.1	差異化すること（識別すること、区別すること、焦点化すること、選択すること）
4.2	組織すること（論理の首尾一貫性を発見すること、統合すること、輪郭を描くこと、文法的関係を説明すること、構造化すること）
4.3	帰属させること（脱構築すること）

5	**評価する**：規準や基準に基づいて判断を行うこと
5.1	点検すること（調整すること、探索すること、監視すること、テストすること）
5.2	批評すること（判断すること）

6	**創造する**：要素を統合して、首尾一貫したもしくは機能的な全体を形成する要素を新しいパターンや構造に再組織化する
6.1	生成すること（仮説を立てること）
6.2	計画すること（デザインすること）
6.3	生産すること（構成すること）

出典：石井英真（2011）『現代アメリカにおける学力形成論の展開―スタンダードに基づくカリキュラムの設計―』東信堂　pp.344-345。資料3「アンダーソンらの『改訂版タキソノミー』のカテゴリー」の「知識過程次元」を筆者改変。

の他の分野・領域への転移を可能にする機能を備えている。

「改訂版ブルーム・タキソノミー」の「認知過程次元」では、知識を学習者がどのように認知して処理するのかに着目して、その方法を分節化している。そこでは、その行動的特徴によって、「記憶する」「理解する」「応用する」「分析する」「評価する」「創造する」の六カテゴリーを設定している。また、ここに見られる「認知過程次元」の各カテゴリーは、「複雑系の原理」に基づいて、単純なものからより複雑なものへと排列されている[30]。

「改訂版ブルーム・タキソノミー」という分光器を通してカリキュラムを分析するならば、カリキュラムの教育目標では、どのような性格の知識（内容的局面）の習得を目指しているのか、またその知識をどのように認知させようとしているのか（行動的局面）の、それぞれについて可視化し、カリキュラムの開発者や授業者以外に説明することを可能にするという特徴を有している。上記に説明した内容を可視化するために開発された指標が、表5－5「『改訂版ブルーム・タキソノミー』テーブル」である。この指標では、「改訂版ブルーム・タキソノミー」の「『知識次元』／内容的局面」の四つのカテゴリーと「『認知過程次元』／行動的局面」の六つのカテゴリーが

表5－5 「改訂版ブルーム・タキソノミー」テーブル

知識次元	認知過程次元					
	1.記憶する	2.理解する	3.応用する	4.分析する	5.評価する	6.創造する
A. 事実的知識				■	■	■
B. 概念的知識				■	■	■
C. 手続き的知識						
D. メタ認知的知識				■	■	■

出典：石井英真（2011）『現代アメリカにおける学力形成論の展開―スタンダードに基づくカリキュラムの設計―』東信堂　p.91　■部分が探究。
(Anderson, L.W. et al. (2001). *A Taxonomy for Learning, Teaching, and Assessing: A Revision of Bloom's Taxonomy of Educational Objectives*, New York, Longman, p. 28.)

それぞれ縦軸、横軸に配置されている。指標の横軸（「認知過程次元」）のカテゴリーのうち、後半の「分析する」「評価する」「創造する」の三つのカテゴリーは「改訂版ブルーム・タキソノミー」では、高次の認知過程として位置付けられる。探究はこの段階に該当する活動である[31]。

「改訂版ブルーム・タキソノミー」テーブルを用いることで、学習する知識の内容である「知識次元」（内容的局面／名詞的局面）と、どのように学習するかという「認知過程次元」（行動的局面／動詞的局面）の、双方についてそれぞれ個別に検討することが可能となる。例えば、授業の目標として「フランス人権宣言の歴史的意義を理解できる」を設定するならば、表5－6「授業目標の『知識次元』と『認知過程次元』の分節化」のように、「知識次元」では「フランス人権宣言の歴史的意義」を、「認知過程次元」では「（学習者が）理解する」としてとらえられることになる。

「改訂版ブルーム・タキソノミー」の「知識次元」と「認知過程次元」の各カテゴリーの間には、表5－7「『知識次元』と『認知過程次元』の間の

表5－6　授業目標の「知識次元」と「認知過程次元」の分節化

表5－7　「知識次元」と「認知過程次元」の間の特定カテゴリーの親和関係

「知識次元」	「認知過程次元」	
A．事実的知識 ———	1．記憶する	
B．概念的知識 ———	2．理解する	
C．手続き的知識 ———	3．応用する	4．分析する
D．メタ認知的知識 ———	5．評価する	6．創造する

特定カテゴリーの親和関係」に見られるような、特定カテゴリー同士の間の親和性を発見することができる。

　例えば、アメリカ独立革命の授業において、「知識次元」の目標として印紙法、ボストン茶会事件、独立宣言、ワシントン、トマス・ジェファソンなどの人物名・歴史用語（「A．事実的知識」）を設定するならば、「認知過程次元」の目標では、それらの人物名・歴史用語を覚える・暗記する（「1．記憶する」）という認知方法が一般に選択されるであろう。その結果、その授業では知識の伝達が重視され、評価に際しては、学習者にそれらの知識の記憶（暗記）と再生が求められることになろう。また、「知識次元」で市民革命、共和政、連邦制などのような概念（「B．概念的知識」）を目標として設定するならば、「認知過程次元」では「2．理解する」という認知方法が選択されることになろう。さらに、『アメリカ独立宣言』やトマス・ペインの『常識（コモン・センス）』などの歴史文書（一次史資料）を取り上げるならば、「知識次元」では一次史資料を「読む」ためのスキルや方略（「C．手続き的知識」）が設定され、「認知過程次元」では「3．応用する」「4．分析する」という認知方法が選択されることになろう。その結果、授業の目標を「改訂ブルーム・タキソノミー」テーブルの「知識次元」（縦軸）、「認知過程次元」（横軸）上の桝目に示すことで、カリキュラムの特徴を類型化しその特徴を可視化することが可能となる。そして、そのカリキュラムのもつ課題や長所などの特徴を、カリキュラムの開発者や授業者だけでなく他の教師にも明示することが可能になる。

　本書第4章での現職教師に対する質問紙調査の分析からも確認できるように[32]、「基礎的、基本的な知識・技能の習得」から「受験や進路に応えられる学力の保障」まで歴史知識の内容に振り幅があるとはいえ、現職教師が社会科歴史的分野や地歴科世界史・日本史において重視する観点は歴史知識の習得である。今日、だいぶ改善されて来たとはいえ、「基礎、基本の重視」や「大学入試に対応した学力保証」を根拠にして、歴史の重要用語（「事実的

知識」）や概念（「概念的知識」）の習得に重きが置かれている。そして、授業は「記憶する」という教授―学習方略に基づいて展開され、評価では、定期試験で知識の定着度を測定するという方法が未だに主流を占めている。また、生徒にも、歴史は暗記科目という認識が根強く残っている。このような認識に基づくならば、本来、「概念的知識」や「手続き的知識」を目標に設定したとしても、教授―学習方略では、「記憶する」というカテゴリーで実施される。すなわち、授業は、講義に基づく注入主義的な授業形態が採られることになろう。

　世界史カリキュラムを設計する際に、授業の目標を「改訂版ブルーム・タキソノミー」テーブルを用いて「知識次元」と「認知過程次元」の両面から検討して設定することで、学習内容（認識内容）と学習方法（認識方法）の両面から分析的に検討していくことが可能となる。とりわけ、本来、歴史的思考の範疇として位置付けられる「応用する」や、高次の認知過程に位置付けられる「分析する」「評価する」「創造する」などに対応した学習目標を立案していくことが容易になろう。

　歴史教師のこれまでの意識には、生徒が思考の技能を習得できれば、歴史的思考力は自ずと育成されるとする考え方が見られた。しかし、このような考え方に対して、森分孝治は、たとえ思考操作に熟練しても、また思考技能を身につけても、それだけでは思考力を育むことにはならないことを指摘し、思考力を育むためには、その歴史事象に関する専門的知識を理解することの必要性を強調した[33]。森分の指摘から、たとえ学習者がその学習に主体的に参加したとしても、個々の具体的知識の活用と切り離された思考というものには実用性は乏しく、その能力も育成されるものではないという結論が導かれる。まさに、思考という行為は内容（知識・理解）と形式（思考技能）がそれぞれ有機的関係性をもって機能するものであり、両者を切り離しては思考力をとらえることができないし、育成することも困難である[34]。授業の中に探究のような高次の認知過程を位置付ける際には、知識の習得（＝内容

的要素）と思考の活用（＝形式的要素）とに分けて、それぞれの意味や機能を可視化して明確化していくことと同時に、両者の関係を探究という視点から一体的にとらえていく必要性がある。そのための手立てとして、「改訂版ブルーム・タキソノミー」テーブルは、教材や授業の「目標」を「知識次元」と「認知過程次元」の双方から検討し、探究という視点に基づいて両者の「目標」を一体的に設計する上で有効な指標となり得る。また、授業の運営方法においても、探究という視点から適切な授業方法を選択し、それを実施することが可能になろう。

第2項　高次の認知過程としての「真正の学習」

　前項では、教材や授業の「目標」を設定する場合に、「改訂版ブルーム・タキソノミー」を用いることの有用性について、検討した。そして、探究のような高次の「認知過程次元」の学習を計画・立案する場合には、「知識次元」と「認知過程次元」の双方から検討し、両者の「目標」を一体的に設計することの必要性について明らかにした。では、今日の社会的要請を踏まえての単元開発はどのように進めたらよいであろうか。本項では、この点について検討する。

　今日、カリキュラム設計の原理がコンテンツ・ベースからコンピテンシー・ベースへと、その重心を移している。そして、学習方法として、コンピテンシー、リテラシー、スキルなどの新しい資質・能力論を前提とした構成主義的学習が注目されている。佐藤学によれば、教科を単位とする学習には教科特有の「内容と形式」が備えられており、それはディシプリン（Discipline）という概念で呼ばれているとのことだ。ディシプリンの構造は、「内容的構造（Substantive Structure）」と「構文的構造（Syntactic Structure）」の二つの構成原理から組織されている[35]。前者は教科内容の概念の意味的構造であり、一般には教科の教育内容と呼ばれているものである。また、後者は教育内容の構文的構造を意味し、世界史とはどのような学問なのかという

教科の性格を特徴付ける知識の習得が目指される。佐藤は、教科教育の主要な目的を「探究としての科学」を教育していくことであるとし、教科の内容理解だけでなく、教科のディスコースを共有し議論し合う共同体の建設が不可欠であるとした[36]。そして、教科を単位とするカリキュラム編成においては、「内容的構造」だけでなく、「構文的構造」を含めて検討していくことを提案した[37]。

今日の急激な社会の変化に対応していくためには、教科を単位とする学習においても、教科固有のディシプリンの学習を前提としながらも、社会の問題や生活の問題を主題として教育内容を発展的に組織していくことが不可欠である。佐藤はこのような組織原理を「課題による組織」と呼び、教科を単位とするカリキュラム設計においても、「教科による組織」と「課題による組織」を両輪として検討していくことを提案した[38]。このような問題意識からは、21世紀型スキルが歴史を含めた「基幹教科」とグローバル意識、市民的リテラシー、環境リテラシーなどの「21世紀型学際的テーマ」を重視していたことと同様の考え方を汲み取ることができる。また、さらに国政研が提案した21世紀型能力とも通底する考え方でもある。

探究を希求する世界史カリキュラムの設計を目指す場合には、ディシプリンの「構文的構造」に依拠するとともに、教科・科目の学習の中に「課題による組織」を組み入れ、「21世紀型学際的テーマ」を学習内容として具体化することが求められる。探究は、知識や概念を記憶したり理解したりする従前の学習モデルとは異なり、「高次の思考スキル」や「幅広い領域の知識」に対応した学習が必要とされる[39]。このような探究的学習に関しては、今日では、問題解決学習（Problem-based Learning）、プロジェクト学習（Project-based Learning）、反転授業（Flipped Classroom）、知識構成型ジグソー法など、様々なアクティブラーニング型授業が提案されている[40]。また、評価方法に関しても、ポートフォリオ評価、パフォーマンス評価、学習者自身による自己評価など、多様な評価方法の研究が進展している[41]。

本研究で探究的学習を構想する際に、筆者が着目するのは、ウィギンズ，G. (Wiggins, G.) が提唱した「真正の学習（Authentic Learning）」論である。「真正の学習」とは、「大人が仕事場、市民生活、私生活の場で『試されている』、その文脈を模写したりシミュレーションしたりする」[42]学習のことであり、そこでの課題は、「リアルな文脈（あるいはシミュレーションの文脈）において、知識やスキルを総合して使いこなすことを求めるような課題」[43]とされ、「実生活」や「学際的な課題」を投影した内容構造となる[44]。このような課題は「パフォーマンス課題」と呼ばれ、「（学習者が―筆者挿入―）実際に特定の活動を行い、それを評価者が観察し、学力が表現されているかどうかを評価するもの」[45]である。そのような課題を解決するための学習が成立する要件として、以下の項目が挙げられている[46]。

（a）思考のプロセスを表現することを要求する
（b）多様な表現方法（式、言葉、図、絵など）が使える
（c）真実味ある現実世界の場面を扱っていて、教科固有の思考のプロセスを含んでいる
（d）複数の解法がとれる

「真正の学習」では、課題を遂行した成果として期待されるパフォーマンスとして、レポートや論文の作成ばかりでなく、創作活動や作品、発表やプレゼンテーションなどによって、学習者自身の能力を直接に示す証拠の提出が求められる。そこで示されたパフォーマンス（レポート・論文・創作活動・作品・発表・プレゼンテーション等）は、学習者の学習過程のプロセスを示す証左であると同時に、それ自体が学習活動の中心であり、単元の最終的な目標を示すもの[47]となる。

グラッソーン，A.A. (Glattorn, A.A.) は、「真正の学習」の学力モデルと従来の知識蓄積型・知識再生型学習のそれとを比較し、「真正の学習」の特徴

表5－8　「真正の学習」の学力モデルと従来の学力モデルの比較

局面	「真正の学習」の学力モデル	従来の学力モデル
問題	オープンエンドで、複雑で、状況的で、リアルな生活を写し出す問題に焦点化されている。	単一の答を持つ問題、状況を無視した単純な質問、不自然で、リアルでない問題が強調されている。
教材	あくまでも一次史資料を強調し、「深さ」を提供する多面的な教材を使用する。	二次史資料に依拠しつつ、単純で表面的なテクストを使用する。
カリキュラム	主要な概念、有効な方略を強調し、「深さ」を提供するカリキュラムである。	事実や公式のみを強調するカリキュラムである。
教育評価	知識を保持していることを実演することを強調する、真正のパフォーマンスを通して学力を評価する。	記憶したことや理解したことに的を絞った短答式のテストを使う。
授業	高次の思考スキルを強調したり、足場（scaffolding）を提供したり、メタ認知を容易にしたり、グループ討論を使ったり、徹底した学習に価値を置くなど、さまざまな授業へのアプローチを要求する。	伝統的な授業モデルであって、先生が説明して、生徒は聞き、低次の思考スキルを強調し、先生の指示に従わせ、メタ認知に関心がなく、討論するよりも時間つぶしの勉強をさせ、網羅的な学習に価値を置く。

出典：Glatthorn, A.A. (1999). *Performance and Authentic Learning. Eye on Education*, p. 26.
　　（ダイアン・ハート　田中耕治監訳（2012）『パフォーマンス評価入門』ミネルヴァ書房 p.161　より、筆者が一部改変して転載）。

を整理した（表5－8「『真正の学習』の学力モデルと従来の学力モデルの比較」を参照）。この表の示すところは、「真正の学習」に基づく学力モデルでは、オープンエンドで生活に根ざしたリアルな問題が準備される必要があるということだ。また、学習の目的は各教科・科目の中で習得した知識や概念、技能を蓄積したり試験の場で素早く正確に再生したりすることではなく、それぞれの分野の専門家がそれら知識や概念、技能を活用して探究していく過程を学習者に直接に体験させたり、疑似体験させたりすることである。また、世界史の学習においては、21世紀を生きる市民に必要な資質・能力として、グ

ローバル意識や異文化、多文化への理解と寛容性、環境意識などを育成していくことが必要となって来よう。

探究という高次の認知過程を目指したカリキュラムの設計においては、「歴史的思考力とは何か」というスコラ哲学的な議論も必要であるが、生徒にとって世界史での学びの内容と方法とはどのようであるべきかという観点から、授業という臨床の場で、世界史学習に相応しい内容と方法についてを検討していくことが大切となって来よう。そのためには、歴史的思考を21世紀型能力の育成という視点から検討するとともに、探究を高次の認知過程の働きとしてとらえ、授業において具体化していくことが重要である。

そのためには、論理的・批判的思考力、問題解決・発見力・創造力、メタ認知・適応的学習力など、21世紀を生きる市民に求められる汎用的能力を、生徒の実態と世界史を学ぶ社会的意義や、今日の社会に求められる有用性の観点に照らして検討し、歴史的思考力として求められる世界史固有の内容と方法とは何かの視点から具体化していくことが肝要である。

地球化(グローバリゼーション)の影響で様々な情報が氾濫する現代社会においては、21世紀を生きる市民に求められる資質・能力として、多種多様な方法で情報にアクセスし、そこから情報の真偽や有用性のあるものを取捨選択し自己の意思決定に生かしていく能力が不可欠である。では、世界史学習において、そのような能力として期待される歴史的思考力とはどのような内容であるのか。グラッソーンの「真正の学習」(表5－8を参照)の考え方に立つならば、教材として一次史資料を用いて「オープンエンドで、複雑で、状況的で、リアルな生活を写し出す問題」に挑戦させることが大切であろう。そこでは、史資料の吟味や解釈を通じて、世界史の構造や関係性を認識し、その知見を、現代の自分たちの生活指針として生かしていくことが重要になって来る。そのためには、世界史の事象を正しく認識し、公正に判断するとともに、認識し判断したことを適切に表現できることが必要となってくる。また、歴史学や教育学の研究成果に裏付けられた確かな世界史への理解が不可欠である。筆者

は、生徒の実態や今日の地球化(グローバリゼーション)という現象に導かれる観点として、多文化主義、グローバル意識、環境リテラシーなどの概念に着目した世界史の授業デザインを提示することが大切であると考える。

第3項 「改訂版ブルーム・タキソノミー」テーブルとルーブリックを併用した評価方法

　本研究では、探究的学習の確立を目指して史資料を活用した世界史カリキュラムを開発し、第7章から第10章までの各章において世界史の授業構成モデルを提示し、その有用性を検証することを目指す。世界史の授業構成モデルの有用性を検討するに当たっては、探究という高次の認知過程に対応した評価方法について検討することが必要である。

　「記憶する」や「理解する」のような比較的低次の「認知過程次元」を評価するのであれば、多肢選択問題、正誤問題、一問一答形式の説明問題などからなる客観テストでも対応可能である。また、知識の定着や習熟の度合いを評価するのであれば、客観テストは容易に数値化できるので有用性が高い。しかし、歴史的思考の範疇として位置付けられる「応用する」や、高次の「認知過程次元」に位置付けられる「分析する」「評価する」「創造する」のようなカテゴリーを評価する場合は、知識の暗記や再生に適する客観テストでは十分にカバーできるものではない。本章の第2節ですでに検討したように、探究のような高次の「認知過程」の学習を評価する際には、「改訂版ブルーム・タキソノミー」テーブルを用いて行うことが有効であることを明らかにした。「改訂版ブルーム・タキソノミー」テーブルを用いることで、学習者の習得すべき知識の内容と認知の方法を、「知識次元」と「認知過程次元」の双方からそれぞれ検討して類型化し、「目標」と「評価」を一体的に設計することができる。すなわち、「改訂版ブルーム・タキソノミー」テーブルを用いたカリキュラムでは、教科目標と評価を一体的にとらえて類型化することで、探究という「認知過程次元」を可視化できるという利点を有し

ている。

　しかし、高次の「認知過程次元」の中でも、パフォーマンス課題のような様々なタイプの知識が複雑に交錯する課題においては、生徒の活動や経験は多種多様である。目標と評価を一体的に明確化、類型化するための道具である「改訂版ブルーム・タキソノミー」テーブルは、このような課題を評価するには適さない。パフォーマンス課題を評価するための方法としては、ルーブリック（Rubric）の作成とそれに基づく質的評価が効果的であるとされる[48]。本研究では、探究型の授業構成モデルの評価方法として、探究という過程を可視化できる「改訂版ブルーム・タキソノミー」テーブルを基本として用いることにする。しかし、パフォーマンス課題のような質的評価が必要な学習に対しては、これとは別に、ルーブリックを作成して用いる。

　では、ルーブリックとはどのようなものなのか。ルーブリックとは、成功の度合いを示す数値的な「尺度（Scale）」と、それぞれの尺度に見られるパフォーマンスの特徴を示した「記述語（Descriptor）」からなる評価基準表[49]のことである。「尺度」は五段階ないしは三段階で設定される場合が多く、評点（五段階の場合は、5・4・3・2・1とする）や標語（五段階の場合は、秀・優・良・可・不可とする）で示される[50]。「記述語」はパフォーマンスの質を規定する基準（Criteria）[51]を示すものであり（本研究では、Criteriaについては、以後、「基準」ではなく「規準」の訳語を当てる）、場合によっては兆候（Indicators）を含むとされる。兆候とは、評価される特定のパフォーマンスに典型的な行動や形跡のことである[52]。ルーブリックには、ある教科や領域で共通する一般評価基準表と、それをもとに課題ごとに作成される課題別評価基準表の二種が存在する[53]。本研究では、先ず史資料を活用した授業構成モデルで用いる一般評価基準表を提示し、次に、これに基づいて各章での課題別評価基準表を作成することにする。

　表5－9「史資料を活用した授業構成モデルの一般評価基準表」は、「パフォーマンス課題」を評価するために作成した一般評価基準表である。そこ

では、課題に対するパフォーマンスの評価を、目標と、論述（論文作成）、発表（口頭発表）の三側面（観点）[54]から、三段階の尺度（3＝優れている、2＝十分である、1＝努力を有する）に分けて行う。第7章から第10章までで開発する授業構成モデルでのパフォーマンス課題に対する課題別評価基準表を作成する際には、表5－9に示した一般評価基準表に基づいて個々に行う。

（1）目標に照らしての達成規準
　　生徒の探究した課題が目標に照らして、どの程度適切に達成されたかの度合いを示した採点指標
（2）論述に関わる達成規準
　　生徒が探究した課題のレポートを作成する際に、史資料の収集や活用、執筆上のルール、文章の構成や表現がどの程度適切に達成されたかの度合いを示した採点指標
（3）発表に関わる達成規準
　　生徒が探究した課題を発表したり質疑応答したりする際に、発表内容の構成、発表上のルール、話し方、態度がどの程度適切に達成されていたか、また、聴き手の興味や関心に十分に応えていたかの度合いを示した採点指標

「真正の学習」を進めるに際しては、高次の認知過程に対応した内容を教育目標に組み込むことが不可欠である。この作業は、同時に、これと対応すべき適切な評価方法を考察する必要がある。そのため、本研究では、「改訂版ブルーム・タキソノミー」テーブルの活用と「パフォーマンス課題」でのルーブリックの活用を検討する。そして、学習の内容や方法の特徴や特性に応じて、目標を明確化、可視化して評価していく方法（「改訂版ブルーム・タキソノミー」テーブルの活用）と、教師の質的判断をベースにして評価する方法（「パフォーマンス課題」でのルーブリックの活用）とを、適宜、組み合わせて

第5章 21世紀社会に対応した歴史的思考力育成型授業のためのカリキュラムのフレームワーク 183

表5－9　史資料を活用した授業構成モデルの一般評価基準表

尺度による評価基準	記述語による評価規準		
	（1）目標に照らしての達成規準	（2）論述に関わる達成規準	（3）発表に関わる達成規準
3－優れている	・目標を踏まえ、取り上げた史資料の特質を正確に理解している。設定された課題の内容や意図を理解して、根拠となる多種多様な史資料を用いて、多面的、多角的に考察し、意欲的に探究している。	・目標を踏まえ、課題の内容や意図を理解し、史資料の収集と整理を十分に行い、執筆上のルールと形式を遵守して論述している。根拠となる多種多様な史料を活用して、多面的、多角的に考察し、論理的に論述している。自分の意見も適切に述べている。	・目標を踏まえ、課題の内容や意図を理解し、発表のルールと形式を遵守して、意欲的に発表している。根拠となる多種多様な史資料を提示して、多面的、多角的に考察し、明瞭に発表している。聴き手の興味を引きつける工夫を行い、質問にも適切に答えている。
2－十分である	・目標を踏まえ、取り上げた史資料の特質を概ね理解している。設定された課題の内容と意図を理解して、根拠となる基本的史資料を用いて、二つ程度の側面と視角から考察し、探究している。	・目標を踏まえ、課題の内容や意図を理解し、史資料の収集と整理を行い、執筆のルールと形式を概ね遵守して論述している。根拠となる基本的史資料を用いて、二つ程度の側面と視角から考察し、論述している。自分の意見も述べている。	・目標を踏まえ、課題の内容や意図を理解し、発表のルールと形式を概ね遵守して発表している。根拠となる基本的史資料を提示して、二つ程度の側面と視角から考察し、発表している。聴き手に分かり易く発表し、質問にも答えている。
1 努力を要する	・目標を踏まえておらず、取り上げた史資料の特質を理解していない。設定された課題の内容と意図を理解していない。根拠となる中資料を用いずに、また、複数の側面と視角から考察せずに探究しようとしている。	・目標を踏まえておらず、課題の内容と意図を理解していない。史資料の収集と整理を十分に行わずに、また、執筆のルールと形式を遵守せずに論述しようとしている。根拠となる史資料を用いずに、また、複数の側面と視角から考察せずに恣意的に論述しようとしている。自分の意見も述べていない。	・目標を踏まえておらず、課題の内容を理解せずに、また、発表のルールと形式を遵守せずに発表しようとしている。根拠となる史資料を提示せずに、また、複数の側面と視角から考察せずに恣意的に発表しようとしている。聴き手を引きつける工夫がなされておらず、質問にも答えていない。

備考：本表は、「史資料の活用による授業構成モデル」のパフォーマンス課題のための一般評価基準を示すために作成したルーブリックである。

用いていくことが効果的であると判断した。

小括

　本章では、最初に、世界の教育改革の動向を検討し、新しい資質・能力モデルとしての21世紀社会に対応した資質・能力についての整理を行った。この資質・能力は知識を蓄積し効率的に再生するための力ではなく、習得した知識を活用して「解」を求めたり、新たな知識を創造したりするためのものに他ならない。ここで行われる学びの方法は、探究と呼ばれる学習である。そのための方法として、21世紀型能力を取り上げて意義と課題を含めて検討し、21世紀型能力を探究という学習を具体化する上での参照枠として用いることにした。

　次に、探究を進める上でのカリキュラムのフレームワークについての検討を行った。世界史カリキュラムを設計する際に、アンダーソンらが開発した「改訂版ブルーム・タキソノミー」テーブルを用いることで、「知識次元」と「認知過程次元」の双方について、それぞれ可視化することができ、探究に対応した学習計画を立案することが容易となった。

　探究という高次の認知過程の学習は「真正の学習」と呼ばれており、知識やスキルを総合して使いこなすことが求められている。また、そこで期待される学習は、「実生活」や「学際的な課題」を投影した学習内容であり、世界史においては、地球化（グローバリゼーション）の進展によって、多文化主義、グローバル意識、環境リテラシーなどの概念に着目して、歴史的思考力を育むための世界史授業デザインを提示することが求められている。

　情報が氾濫する現代社会では、世界史の学習方法として史資料（特に一次史資料）の解釈（＝方法知）を通じて市民的資質を育むことが重要性を増して来た。そのため、探究的世界史カリキュラムを設計するに際しては、「改訂版ブルーム・タキソノミー」テーブルを用いて教育目標を学習者の習得すべき知識の内容（「知識次元」）と認知過程の方法（「認知過程次元」）に分けて明

示し、可視化することが求められる。また、パフォーマンス課題のような様々なタイプの知識が学習者によって選択され複雑に活用される学習も不可欠であり、そこでは、学習過程の質的評価が求められる。その際には、ルーブリックを用いて評価規準を可視化し、質的に評価していくことが必要となる。探究のような高次の認知過程の学習では、学習の個々の特性に応じて「改訂版ブルーム・タキソノミー」テーブルとルーブリックを併用し、探究という過程を可視化、明確化して評価していく方法が適切であると考え、授業構成モデルでの評価方法として採り入れることにした。

註

（1）国立教育政策研究所編（2013）『（平成24年度プロジェクト研究調査研究報告書）社会の変化に対応する資質や能力を育成する教育課程編成の基本原理［改訂版］』国立教育政策研究所　pp. 45-57。
（2）同上書　p. 13。
（3）OECDの「キー・コンピテンシー」は、以下のURLと文献を参照せよ。
・http://www.mext.go.jp/b_menu/shingi/chukyo/chukyo3/004/siryo/05111603/004.htm　2016年2月20日確認。
・OECD（2006）「キー・コンピテンシーの定義と選択［概要］」ライチェン, D.S. サルガニク, R.H. 編［立田慶裕監訳］（2006）『キー・コンピテンシー―国際標準の学力をめざして―』明石書店　p. 201。
（4）同上書　pp. 210-218。
（5）21世紀型スキルについては、以下のURLを参照せよ。
・Partnership for 21st Century Learning, Framework for 21st Century Learning（http://www.p21.org/about-us/p21-framework　2016年3月11日確認）。
（6）松尾知明（2015）『21世紀型スキルとは何か―コンピテンシーに基づく教育改革の国際比較―』明石書店　pp. 26-28。
（7）同上書　pp. 31-33。
（8）国立教育政策研究所　前掲書　p. 13。
（9）国立教育政策研究所　前掲書　pp. 26-27。
（10）国立教育政策研究所　前掲書　p. 28。

（11）国立教育政策研究所　前掲書　pp. 26-27。
（12）国立教育政策研究所　前掲書　pp. 28-29。
（13）北田佳子（2016）「［21世紀型能力］未来を生きる子どもたちに求められるのは『○○型』能力なのか」多田孝志編集代表『教育の今とこれからを読み解く57の視点』教育出版　pp. 132-133。
（14）佐藤学（2000）『「学び」から逃走する子どもたち（岩波ブックレット）』岩波書店　pp. 9-14。
（15）森下佳代（2010）「大学生と学力・リテラシー」山内乾史　原清治編『論集　日本の学力問題』下　日本図書センター　p. 151。
（16）同上論文　pp. 153-157。
（17）同上論文　p. 155。
（18）楠見孝（2011）「批判的思考とは－市民リテラシーとジェネリックスキルの獲得－」楠見孝ほか二名編『批判的思考力を育む－学士力と社会人基礎力の基盤形成－』有斐閣　p. 7。
（19）石井英真（2011）『現代アメリカにおける学力形成論の展開－スタンダードに基づくカリキュラムの設計－』東信堂　pp. 85-133。以下『現代アメリカの学力形成論』と略記する。
（20）石井英真（2004）「改訂版タキソノミーにおける教育目標・評価論に関する一考察－パフォーマンス評価の位置づけを中心に－」『京都大学大学院教育学研究科紀要』50　p. 172。
（21）同上論文　p. 173。
（22）『現代アメリカの学力形成論』　pp. 30-59　pp. 85-133。
（23）『現代アメリカの学力形成論』　pp. 7-9。
（24）『現代アメリカの学力形成論』　pp. 30-35　pp. 342-343。
　　　認知的領域と情意的領域では、ブルームによって教育目標が設定されたが、精神運動的領域は未完であった。精神運動的領域については、デイヴ，R.H.（Dave, R.H.）、シンプソン，E.J.（Simpson, E.J.）、ハロー，A.（Harrow, A.）によって、それぞれ試案が発表された。たとえば、デイヴは、1969年に、1模倣、2操作、3精確、4分節化、5自然化の五カテゴリーを発表した（『現代アメリカの学力形成論』p. 343）。
（25）『現代アメリカの学力形成論』　p. 92　p. 344。
（26）『現代アメリカの学力形成論』　p. 92　p. 344。
（27）『現代アメリカの学力形成論』　p. 92　p. 344。

(28) 国立教育政策研究所　前掲書　p.28。
　　　21世紀型能力を構成する思考力の中に、「メタ認知・適応的学習力」があり、自らの学習の遂行状況を成果基準から照らしてモニターして制御したり、新たな事態や状況に対して適切な「解」を提案したりする力として位置付けられている。
(29) 『現代アメリカの学力形成論』　pp.92-93　pp.344。
(30) 『現代アメリカの学力形成論』　p.33　p.92。
(31) 『現代アメリカの学力形成論』　pp.98-103。
　　　石井英真（2015）「教育目標と評価」西岡加名恵ほか二名編『新しい教育評価入門－人を育てる評価のために－（有斐閣コンパクト）』有斐閣　pp.93-94。
(32) 本書の第4章第7節を参照のこと。
(33) 森分孝治（1997）「社会科における思考力育成の基本原則－形式主義・活動主義的偏向の克服のために－」全国社会科教育学会編『社会科研究』47　p.3。
(34) 同上論文　p.7。
(35) 佐藤学（1996）『教育方法学（岩波テキストブックス）』岩波書店　pp.115-117。
(36) 同上書　p.117。
(37) 同上書　p.117。
(38) 同上書　pp.120-121。
(39) ハート，D.［田中耕治監訳］（2012）『パフォーマンス評価入門－「真正の評価」論からの提案－』ミネルヴァ書房　p.11。
(40) 安永悟（2016）「共同学習による授業デザイン－構造化を意識して－」安永悟ほか二名編『アクティブラーニングの技法・授業デザイン（アクティブラーニング・シリーズ〈1〉）』東信堂　pp.5-6。
(41) 松下佳代（2016）「アクティブラーニングをどう評価するか」松下佳代　石井英真編『アクティブラーニングの評価（アクティブラーニング・シリーズ〈3〉）』東信堂　pp.14-16。
(42) 『現代アメリカの学力形成論』　p.68。
(43) 三藤あさみ　西岡加名恵（2010）『パフォーマンス評価にどう取り組むか－中学校社会科のカリキュラムと授業づくり－（日本標準ブックレット）』日本標準　p.5。
(44) ハート　前掲書　p.160。
(45) 西岡加名恵（2003）『教科と総合に活かすポートフォリオ評価法－新たな評価基準の創出に向けて－』図書文化　p.140。
(46) 松下佳代（2007）『パフォーマンス評価－子どもの思考と表現を評価する－（日本

標準ブックレット)』日本標準　p.17。
(47)『現代アメリカの学力形成論』　p.72。
(48) 石井英真　田中耕治（2003）「米国における教育評価研究の動向ー『真正の評価』論の展開を中心にー」田中耕治編『教育評価の未来を拓くー目標に準拠した評価の現状・課題・展望ー』ミネルヴァ書房　p.205。
(49) 西岡　前掲書　p.145。
(50) 西岡　前掲書　p.145。
(51) 西岡　前掲書　p.145。

　　西岡は、Criteria の訳語として、「基準」を当てている。日本の教育界では、訳語として、Criteria には「規準」を、また、Standard には「基準」を当てるのが一般的である。本書でもこれに倣い、Criteria の訳語として、「規準」を当てることにする。

(52) 西岡　前掲書　p.145。
(53) 松下　前掲書　p.23。
(54) 教科内容に関連したパフォーマンスについて評価する際には、教科目標に関連した知識やスキルを扱う「特定教科のルーブリック」（Subject-specific Rubric）と、論説文、口頭発表、物語、図表など、特定のジャンヌのパフォーマンスに用いる「特定ジャンヌのルーブリック」（Genre-specific Rubric）の、二種類のルーブリックがある（西岡　前掲書　pp.147-149）。本研究のルーブリック（表5－9「史資料を活用した授業構成モデルの一般評価基準表」を参照）の、「（1）目標に照らしての達成規準」は前者、「（2）論述に関わる達成規準」と「（3）発表に関わる達成規準」は後者である。

第6章　世界史学習における史資料活用の意義と方法

　第5章では、探究という学習を21世紀型能力との関連において取り上げ、歴史的思考力の育成を目指したカリキュラムのフレームワークについて検討した。そこでは、世界史の探究を効果的に進める方法として、史資料の活用とその吟味や解釈を通じて世界の構造や関係性を歴史的に考察し、その知見を実際の生活での指針として生かしていくことを提案した。

　本章では、歴史的思考力育成型授業の教材としての史資料の意味と役割について整理し、有効な活用方法を提案する。そのため、まず第一に、世界史学習で用いる史資料とはどんなものが適切なのかを検討し、定義と分類・特徴を明らかにする。第二に、史資料を活用した歴史的思考力育成型授業の意義と方法を検討する。今日の世界史学習で求められている史資料として、考古学史資料、博物館展示の人類学・民族学史資料、図像史資料、地図史資料の四史資料に着目し、その有用性について考察する。そして、それらを活用した世界史の授業構成モデルを提案する。

第1節　世界史学習で活用する史資料の定義と分類・特徴

第1項　史資料の定義

　歴史を研究したり学習したりするための材料として、史資料がある。史資料とは、「人間生活の多様な時と場におけるさまざまな営みの中で生まれ、作成されて、現在まで伝えられてきたすべてのもの」[1]と定義される。史資料は、史料と資料に分けて表記されるのが一般的である。これまでの歴史研究においては、「もの」もしくは素材・材料そのものを資料、「文字」ないし

は「書かれたもの」「記録」などを史料と表記し、区別してきた[2]。福井憲彦は、史料とは文字で記された情報源、文献ないしは文書を指し、また資料とは、史料よりも広い概念であり、非文献、非文字史料を指しており、物体や景観のようなものまで包含すると言っている[3]。歴史教育では、児童・生徒の発達段階や学習実態に応じた教材という観点から、絵画や実物の活用や年表・歴史地図などの二次的に作成された史資料が頻繁に用いられて来たために、史料よりも資料を用いるのが一般的である。

　本研究では、福井の規定に基づき、史料とは、文字で記された歴史に関わる情報源（文献史資料ないしは文字史資料）を、また、資料とは、文字、非文字を含めた歴史に関わる情報源全般を指すことにする。とくに、資料については、物体や景観のようなものや年表、歴史地図など二次的に作成されたものも含めた概念として設定する。本来、文字、非文字を含めた歴史に関わる情報源については、資料と表記すれば事足りる。しかし、資料には、一般名詞としての意味もある。本研究では、一般名詞として用いられる資料との混同を避けるため、文字、非文字を含めた歴史に関わる情報源を指す場合には、史料と資料を一括りにした表現である、史資料を用いることにする。

第2項　史資料の分類と特徴

　史資料の分類法としては、史資料が残された時代や地域ごとの分類と、史資料自体の機能や形態の特徴に基づく分類の、二つに大別できる。前者の分類法は、史資料は各時代、各地域に即して詳細に行われるべきものであり、それぞれの地域や時代の研究成果とリンクした形で総括されるべきであるという考え方に基づく。後者の分類法は、歴史学研究が従前、史（＝文字媒体）に基づく文献史資料によって進められてきたことに対する反省や、考古学、人類学、民族学、社会学などの隣接諸学問との交流によって史資料の多様化が進展したことがその根拠となっている。

　史資料の機能的特徴による分類では、「沈黙史料」と「発言史料」に区分

される(4)。「沈黙史料」は言語機能や明示を伴わないもので、墳墓、道路、建築址、景観、風俗・習慣、祭礼、儀式、諸制度などが該当する。また、「発言史料」とは、文書、記録、典籍、文学作品、口承伝承、絵図・絵画、写真・映像などが掲出される。

　史資料の形態的特徴に基づく分類では、文字に着目して文献史資料と非文献史資料に分けられる(5)。社会史研究の進展を背景にして、非文献史料への関心と活用の可能性が高まったことの影響を受け、研究対象とする史資料は文献史資料ばかりでなく生活用具や景観、画像、映像、図像、録音物などにまで広げられ、今日では、史資料に多様な性格が付与されることになった。本研究では、史資料の分類にあたっては、児童・生徒の発達段階や学習実態に応じた教材という歴史教育論の観点から、史資料の形態に基づく方法を基本とする。同時に、これらの分類法はいずれも絶対的なものではなく、史資料の特性や利用方法を考慮して弾力的に対応していくことが肝要であると考える。

　日本中世史研究者の石井進は、史資料の形態を基準とした分類法として、「文字によって記された文献史料」、「物として遺存してきた遺物史料」、「風俗・習慣・伝説・民話などとして伝承されてきた民俗史料」、の三つに区分した(6)。また、日本近世史研究者の深谷克己は、「文献史料」、「遺物史料」、「遺習史料」、「風土史料」の、四つに区分した(7)。深谷の区分では、過去の生活様式が反映しているのは、民の習俗（石井の区分では、「民俗史料」が該当）だけでなく、支配者側の「制度」、「機構」、特殊な支配身分の生活も痕跡化しつつ残存していたとして、それらを「遺習」とすることで、石井の分類に一部、修正を加えている。

　福井は、これまでの史資料の分類を集大成しつつ、デジタル化の進展という時代事情も考慮して、図6－1「史資料の分類」を作成した(8)。今日では、本図は史資料分類の底本として、多くの研究者によって支持されている。本研究でも、これを活用する。

192　第Ⅱ部　21世紀社会に対応した歴史的思考力育成型授業の開発

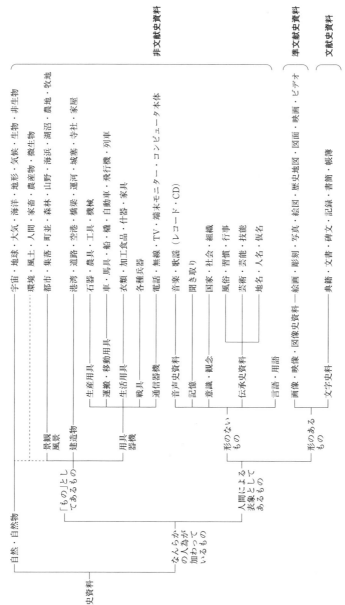

図6−1　史資料の分類

出典：福井憲彦（2006）『歴史学入門』岩波書店　p.17　をもとに筆者が一部改変した。
福井の説明によれば、本図は、王井哲郎（日本建築史）による作図に福井が手を入れ、さらにその図に杉山正明（モンゴル史）が手直しし、再度、福井がその図を修正したものとのことである。今回、本図を利用するにあたって、歴史教育の観点から、筆者が一部改変を行った。なお、文献史料、準文献史料、非文献史料の分類は絶対的なものではないことを付記する。

図6－1では、史資料の形態上の性格に基づいて、「(1) 自然・自然物」と、「(2) 人間がなんらかの手を加えた結果として生み出され残されたもの(「なんらかの人為が加わっているもの」と略記する)とに、二分している[9]。

(1) 自然・自然物

地形・気候といった自然地理的な条件や、動植物の生態学的条件を意味し、環境、風土という形で表現されるものである。これらの条件はそれぞれの地域における歴史展開の基盤を形成するものである。ブローデルが『地中海』の中で展開した「三つの時間把握による歴史分析」(構造、景況、事件の三層構造)のうちの「構造(地理的環境)」がこれに当てはまる。地形や植生、気候と言った自然地理的な条件や動植物の生態学的な条件への関心の高まりは、ESD を検討する上での不可欠な要素となろう。

(2) なんらかの人為が加わっているもの

人間が長い時間をかけてつくりあげた景観・風景(「三つの時間把握による歴史分析」のうちの「景況」にあたる)から、人類によってつくられた大小の構造物や工芸品・芸術品、音声資料、記憶、伝承資料など、多種多様な人工物、人為物が存在する。これらの資料は、①「もの」としてあるものと、②人間による表象としてあるものの、二群に区分される。

①「もの」としてあるものは、生活や社会の具体相を知るための手がかりであり、景観・風景、建造物、用具・器機などが該当する。

利用可能な史資料としては、景観・風景や遺跡・建造物、生活用具や工芸品・美術品などの実物やレプリカ、古銭・紙幣・切手などがある。

②人間による表象としてあるものは、人間の意図・意識・メッセージを表すものであり、音声史資料、記憶、伝承史資料などの形のないものと、図像史資料や文字史料などの形のあるものに分けられる。

利用可能な史資料として、典籍・文書・碑文・新聞・書簡などの文字史料、レコード、CD類の音声史資料、聞き取り、祭り・年中行事などの伝承史資料、歴史的地名、絵画、彫刻、写真、映画、絵図、歴史地図、図面、映画、ビデオなど、多種多様な史資料が列挙される。

伝統的な歴史研究法においては、史資料とは文献史資料を指すのが一般的であった。そのため、史資料の分類方法として、文字に着目して、文献史資料（文字史料）と非文献史資料（非文字史料）に大別する方法がある。しかし、近年の歴史研究の進展は、史（＝文字）を基準として区分することが難しくなって来たことや、両者の中間的な性格を有するものの重要性が高まって来た。そのような史資料の典型例が画像、映像、図像などである。これらの史資料は文献とは言えず、かといって「もの」とも言えない存在である。また、デジタル媒体の新しい史資料の出現も、同様な性格を有している。今日、これらの史資料は準文献史資料と呼ばれている[10]。

第2節　史資料を活用した歴史的思考力育成型授業の意義と方法

第1項　歴史的思考力育成型授業における史資料活用の意義

地歴科の現行学習指導要領では、「諸資料に基づき」という文言が世界史A・B、日本史A・Bの歴史系科目の「目標」に新たに登場した[11]。同解説において、「『諸資料に基づき』という部分は、年表、地図その他資料の活用を通して世界の歴史を理解することで、知識基盤社会と言われる今日の社会の構造的変化に対応していくための思考力・判断力・表現力等の育成を図ることをねらいとしている」[12]と説明している。学習指導要領の今次改訂では、史資料の活用が思考力・判断力・表現力の育成を進めるための方法として取り上げられることになった。

日本学術会議の高等学校地歴科教育に関する分科会の提言では、世界史と日本史における共通の問題点として知識詰め込み型教育の弊害を指摘し、その対策・改革策の一つとして、「歴史的資料の調査力の育成」と「歴史的分析・解釈力の育成」[13]を挙げている。

これらの改革の意味するところは、生徒の歴史的思考力を育成したり高めたりしていくための方法とは、歴史学の最先端の学説や理論を紹介することよりも、史資料を活用し歴史を具体的に学習することを通して、生徒自らが学び方や調べ方を育んでいくことが重要であることを示したものである。今日、世界史を含めた歴史教育改革の方向性は、史資料の読解を中心とした授業づくりの推進であると言える。

第2項　歴史的思考力育成型授業における史資料活用の方法

歴史研究とは、歴史研究者（主体）が史資料（媒体）を通して歴史事実（客体）を明らかにする探究の過程である。近年の歴史学習では、歴史研究者の研究プロセスを歴史学習の方法として用いる動きがある。歴史研究者による史資料解読の方法は、コンピューターのように読んだものをすべて逐一記憶してしまうような「写真記憶（Photographic Memory）」ではなく、「論争としての歴史（History as an Argument）」と称される解釈の方法である。そこでは、学習者が歴史研究者のように史資料（ここでは一次史資料を中心に考える）の内容を論理的に解釈し、それに基づいて歴史像を構築することになる[14]。

地球化（グローバリゼーション）と知識基盤社会化の影響で様々な情報が氾濫する現代社会においては、現代人は情報にアクセスし、そこから情報の真偽や有用性のあるものを取捨選択して、自己の意思決定に生かしていくことが期待されている。そのためには、歴史研究者のように史資料を読むことは、現代人に求められる市民的資質としても重要なことであろう。

では、世界史の授業で史資料を活用する場合には、どのような史資料が有効であろうか。これまでの中等教育段階の歴史授業においては、文献史資料

の使用が中心であった。しかし、近年では、文献史資料に代わって、非文献史資料と準文献史資料の活用が注目されて来た。では、なぜこの二種類の史資料が注目されて来たのだろうか、そのことを、学習論の面から検討してみよう。まず、非文献史資料は、歴史学習上のメリットとして、生徒が五感（視、聴、触、味、嗅覚）を使って認識でき、「もの」自体がもつリアリティや迫力に迫ることができるという長所を有している。次に、絵画や写真などの準文献史資料は、生徒が解釈のための特別な訓練を経ていなくとも、また、専門的知識を有していなくとも、一次史資料へのアクセスが可能である[15]。非文献史料と準文献史資料は、文献史資料に比べて、学習者の学習レベルや発達段階に応じての史資料の分析や解釈が容易にできるという利点を有する。歴史学の分野では、近年の社会史研究などの進展を背景にして、文献史資料以外の多様の史資料を活用した研究が蓄積されて来た[16]。その結果、歴史の授業においても、非文献史資料と準文献史資料を歴史研究の成果（歴史研究の裏付け）に基づいて活用できる条件が整備されて来た。このことも、これらの史資料が注目される要因となっている。今日では、非文献史資料と準文献史資料は、生徒が歴史的思考を豊かに働かして世界史を具体的に学習することを可能とし、歴史の学び方や調べ方を育むことを促すという効果が期待できる。そのため、本研究では、史資料の中から非文献史料と準文献史料を取り上げ、歴史的思考力育成型教材の開発を目指すことにする。その際、非文献史料では考古学史資料と博物館展示の人類学・民族学史資料に、準文献史資料では図像史資料と地図史資料に着目することにする。そして、第7章から第10章までの各章において、それらの史資料をそれぞれ活用した世界史の授業構成モデルを提案する。

　先ず、考古学史資料については、第7章「考古学史資料の活用による授業構成モデル」で、海中遺物（14世紀前半に韓国全羅南道の新安沖合で沈没した交易船とその積み荷）を取り上げる。そして、沖沈船の船の構造や積み荷などの海中遺物の写真や調査報告書（考古学史資料）の読み解きを通して、世界史

学習における批判的思考や論理的思考について検討する。

次に、博物館展示の人類学・民族学史資料については、第8章「博物館史資料の活用による授業構成モデル」で、国立民族学博物館（大阪府吹田市万博公園内）の「アメリカ展示」、「アフリカ展示」を取り上げる。そして、砂糖キビ搾汁機や「リオのカーニバル」の衣装、アメリカから世界に伝播した農産物（レプリカ）などの展示品や、アフリカの音楽などの映像・音声史資料を介しての体験を通して、世界史学習における身体・感覚的な学びのあり方について検討する。

さらに、図像史資料については、第9章「図像史資料の活用による授業構成モデル」で、米国の南部諸州で19世紀に発行された紙幣に描かれたアフリカ系奴隷の図案を取り上げる。そして、「黒人」奴隷イメージの読み解きを通して、世界史学習における本質主義やステレオタイプのもつ問題性について検討する。

最後に、地図史資料については、第10章「地図史資料の活用による授業構成モデル」で、14世紀のユーラシアにおけるペスト（黒死病）の伝播地図（主題図）を取り上げる。そして、文献史資料（一次、二次史資料）と歴史地図（主題図）を組み合わせての読み解きを通して、世界史学習における歴史情報と地理空間情報の総合的把握や世界史を理解する上での地理的見方・考え方の有用性について検討する。

小括

史資料の分類法として、文字に着目して、文献史資料（文字史資料）と非文献史資料（非文字史資料、「もの」）に大別する方法がある。また、近年の歴史研究では、史資料を分類する際に、史（＝文字）を基準にして区分することが難しくなって来たことや、両者の中間的な性格を有するものの重要性が高まったことなどの新しい状況を生まれた。そのような史資料の典型例が図像、映像、地図であり、一括して準文献史資料と呼ばれている。

史資料の中でも非文献史資料と準文献史資料は、一次史資料であっても、児童・生徒の発達段階や学習レベルに応じて解釈することが可能であるため、初等・中等教育段階の歴史学習での活用が着目されている。また、近年の歴史研究において、非文献史資料と準文献史資料を用いた研究が蓄積されて来たこともその活用を促す要因となっている。

　本研究では、歴史的思考力育成型授業の例として、史資料を用いた四つの授業構成モデルを提示する。その際には、教育的観点からその重要性が高まって来た非文献資料と準文献資料に焦点を当てる。非文献史資料では考古学史資料（第7章）と博物館展示の人類学・民族学史資料（第8章）に、また、準文献資料では図像史資料（第9章）と地図史資料（第10章）に着目して、史資料を活用した世界史の授業構成モデルを提示する。

註

（1）網野善彦（1995）「史料論の課題と展望」朝尾直弘ほか五名編『岩波講座日本通史―史料論―』別巻3　岩波書店　p.3。
（2）新村出編（2008）「史料」『広辞苑第六版　机上版あーそ』岩波書店　p.1727。
（3）福井憲彦（2006）『歴史学入門（岩波テキストブックスα）』岩波書店　p.13。
（4）佐多芳彦（2000）「史料」『日本歴史大事典』2　小学館　p.603。
（5）福井　前掲書　pp.18-19。
（6）石井進（1976）「『史料論』まえがき」『岩波講座　日本歴史』別巻2　岩波書店　p.3。
（7）深谷克己（1984）『状況と歴史学』校倉書房　p.222。
（8）福井　前掲書　p.17。
（9）史資料の分類にあたっては、以下の文献を参考にした。
　　・杉山正明（1998）「史料とは何か」樺山紘一ほか九名編『岩波講座世界史―世界史へのアプローチ―』1　岩波書店　pp.212-221。
　　・福井　前掲書　pp.16-20。
（10）杉山　前掲書　pp.226-228。
（11）文部科学省（2009）「高等学校学習指導要領地理歴史科世界史　平成21（2009）年

改訂」
(http://www.nier.go.jp/guideline/h20h/chap2-2.htm　2016年3月6日確認)。
(12) 文部科学省（2010）『高等学校学習指導要領解説地理歴史編』教育出版　p.14 p.29。

　　学習指導要領地歴科世界史Bの解説では、資料として、年表、地図、文学作品などの文献史資料、絵画や地図、写真などの図像史資料、映画や録音などの映像・音声史資料、日常の生活用品を含めた遺物、地名、伝承が例示されている（同上書　p.48）。
(13) 日本学術会議（2011）『提言　新しい高校地理・歴史教育の創造－グローバル化に対応した時空間認識の育成－』　p.36
(http://www.scj.go.jp/ja/info/kohyo/pdf/kohyo-21-t130-2.pdf　2016年3月12日確認)。
(14) Ramirez, S.E., Stearns, P., Wineburg, S. (2008). *World History: Human Legacy*, Orlando, Holt Rinehart and Winston, p. H22.
(15) 田尻信壹（2005）「図像史料を活用した移民史学習の可能性－『大陸横断鉄道と中国人移民』の教材化－」日本国際理解教育学会編『国際理解教育』11　p.10。
(16) 非文献史料として取り上げる考古学史資料（本書の第7章参照）、博物館展示の人類学・民族学史資料（本書の第8章参照）、準文献史資料として取り上げる図像史資料（本書の第9章参照）、地図史資料（本書の第10章参照）の研究上の成果については、それぞれの章において説明する。

第7章　考古学史資料の活用による授業構成モデル
——単元「『新安沖沈船』の積み荷から見た14世紀の東アジアの海域世界」の構想——

第1節　考古学史資料を活用した授業構成の論理

第1項　考古学史資料の特徴

　考古学史資料は非文献史資料に区分され、「遺跡」、「層」、「遺構」、「遺物」、「人の遺体」の、五種から構成された研究史資料を指す[1]。「遺跡」とは過去の人が活動した場の跡を指し、「層」とはそこに堆積する地層を、「遺構」とは個々の建物の跡、穴、溝、墓などのことである。また、「遺物」とは道具・器・装身具・武具などの人工品、動植物の遺体、加工のために持ち込んだ鉱物などが該当する。「人の遺体」とは人骨などを指し、重要な考古学史資料である。

　考古学は、これまでは文献史資料のなかった（あるいは少なかった）時代の歴史を復元したり、文献史資料に記録された史実を確認したり補強したりするための歴史学の補助として位置付けられて来た観がある。しかし、近年では、考古学史資料が、文献史資料と同じように、歴史を復元したり解釈したりするための有力な史資料とされるまでになった。その結果、現代では、考古学は歴史学の方法たる史料学の一分野としての物質史資料を扱う学問として、文献史学と併置される存在として認知されることになった[2]。

第2項　考古学史資料による歴史的思考力育成の論理

　考古学史資料は「沈黙資料」と呼ばれており、文献史資料のように、史資料自らが直接に情報を語る（発信する）ことはない。佐原真は、考古学史資料の持つ固有の特徴として、文献史資料は嘘をつくことがあるが考古学史資料は嘘をつかないと言っている[3]。文献史資料の場合、史資料の作成者が事実を正しく記録しているとは限らない。また、記録された内容が事実であっても、誇張されたり過小評価されたりするなど正確に記述されているとは限らない。あるいは、事実を意識的に記録することを避けたかもしれない。中等教育段階の授業で文献史資料を用いる際に、学習者が歴史研究者のように史料批判を行うことは必ずしも必要とされていないが、学習者が文献史資料の持つこのような性格を理解しておくことは大切なことであろう。

　考古学史資料は、授業で史資料を用いる場合の利点を備えている。考古学史資料は、学習者がそこから歴史情報を引き出して歴史事象を解明したり歴史像を構築したりする作業の中で、自然科学の学習での実験データや観察データを扱うのと同じような論理的な思考法や手続きが求められる。まさに、そこからは科学的に探究する態度と能力が養われることになろう。学習者が考古学史資料を分析し解釈していく思考の過程は、21世紀を生きる市民に求められた思考の過程と言えるものである。そこでは、考古学史資料から有用な情報を取り出し、それらの情報に基づいて合理的、論理的に推理し、歴史を解明したり歴史像を構築したりするという帰納推論的な思考が展開される。その推理の過程を支えているのが、考古学史資料という実物（「もの」）が有するリアリティの堅牢さである。そのため、考古学史資料を活用した世界史授業構成の論理は、学習者の帰納推論的な思考を育むことをねらいとすることになろう。

第2節　考古学史資料を生かす内容構成の論理

第1項　グローバル・ヒストリーからの内容構成

　探究を希求する世界史カリキュラムの設計を目指す場合には、教科・科目の学習に「課題による組織」を組み入れ、「21世紀型学際的テーマ」を学習目標に位置付けることが求められる。そのようなテーマの例として、グローバル意識(4)があげられる。近年の世界史研究や世界史教育において、地球化(グローバリゼーション)の反映として、近代西ヨーロッパの価値観に基づく歴史の発展や進歩に対する懐疑や、国家や民族に焦点をあてた世界認識への限界が指摘されている(5)。そして、国家や民族の視点に代わって大陸や海洋、あるいは地球規模でとらえようとする視座と方法が提起されて来た。今日、このような潮流に代表される世界史は、グローバル・ヒストリーと呼ばれている。筆者は、グローバル意識の涵養の面からも、世界史の内容構成上の改善点としてグローバル・ヒストリーの視点を取り入れた内容構成の検討が重要であると考える(6)。

　グローバル・ヒストリーの分野として、世界システム論、地域システム論、海域史、人や「もの」の動きの歴史、アジアとヨーロッパ、帝国など、多種多様な内容が取り上げられている(7)。今日、グローバル・ヒストリーは、世界史認識の方法として大きな広がりを見せている。では、国家や民族の視点から離れてグローバル・ヒストリーの視点に立つことで、世界史の中に何が見えて来るだろうか。広域的な地域世界とそこで展開された交易や文化交流が視野に入ってくる。ここでいう地域世界とは、隣接する諸国家や諸民族が生活している広域的な空間であり、そこでは相互に接触と交流、衝突と抗争が行われていた。

　今日の地域理論、地域研究は多様な広がりを見せており、そこで検討され

ている地域世界は帝国や国家を結びつけ、また同時にそれらを相対化する空間として重要性を増している。とりわけ、近年のイスラーム史や海上史の研究はめざましいものがあり、従来閉ざされた世界として認識され、しばしば帝国や国家の境界としてしかとらえられて来なかった海洋や砂漠、草原地帯にスポットがあてられてきた。これらの地域は国境を越えた接触と交流、衝突と抗争の場としてとらえられるとともに、その役割を積極的に意味づける歴史研究や授業実践が期待されることになった[8]。

　では、世界史学習においては、このような学習を進めるにあたって、どのような留意点が求められるであろうか。文献史資料の場合は、一般に国家や支配者の視点から残されたものが多く、トランスナショナルな接触や交流の様子を復元するには困難を伴う。この課題を克服するためには、具体的な「もの」を通して、歴史を復元することが涵養である。その際、人類学や考古学の研究成果を取り入れることが有効であり、人類学や考古学の史資料に基づいて考察させ、具体的な歴史像を構築させていくことが大切である。

第2項　東アジア前近代史学習の意義と課題

　今日の世界史研究では、アジア史や日本史の研究者の側から、アジアの海域世界をめぐって、様々な地域世界論が提起されている。たとえば、中世の東シナ海を倭寇世界として一体的にとらえようとする視点[9]や、かつての東アジアに存在した冊封朝貢関係を地域ネットワークとして把握する視点[10]などは、その一例である。

　また、今日のこの海域では、南シナ海の南沙諸島（スプラトリー諸島）や西沙諸島（パラセル諸島）の領土・権益をめぐる中国と台湾、ベトナム、フィリピン、マレーシア、ブルネイなどとの対立や衝突、東シナ海の尖閣諸島（中国名では釣魚群島、台湾名では釣魚台列嶼）、日本海の竹島（韓国・北朝鮮名では独島、第三国名ではリアンクール岩礁）をめぐる日中（台湾）間、日韓（北朝鮮）間の対立や軋轢などの問題が発生している。関係諸国・地域では、この問題

は軍事衝突の危険性を孕みつつ、排外主義的なナショナリズムを惹起させ、国際的な緊張関係を高める要因となっている。

世界史学習において、生徒に国際協調の視点からこのような課題を考察させる際に、14世紀の東アジア海域における日本と中国（元）との関係（以下「日元関係」と略記する）を中心とした東アジア海域史は重要なテーマと言える。中等教育段階の歴史学習（中学校社会科歴史的分野や高等学校地歴科の歴史系科目）では、東アジア前近代史における日元関係は、「蒙古襲来」「蒙古来襲」「元寇」などの用語で取り上げられるのが一般的である[11]。中学校社会科歴史的分野では、日元関係は遣隋使・遣唐使と並んで、日本の前近代史を国際的な視点（東アジア世界の視点）から理解する上で、最もポピュラーな内容として位置付けられて来た。しかし、遣隋使・遣唐使が日中間の友好・交流の象徴として取り上げられている反面、日元関係は侵略・敵対のイメージが常に付きまとうことになる[12]。

この時期の日元関係を扱った世界史の授業実践に共通する特徴として、日元関係は「元寇」に焦点化されるとともに、日本の鎌倉武士や高麗の三別抄、ベトナム、ジャワなど東アジアや東南アジアの元への抵抗運動が連動することで、元の侵略を撃退したという国際的連帯の視点が強調されて来た[13]。また、元の侵略に対する鎌倉武士の奮闘を取り上げるなど、ナショナリズムの視点が重要な要素となっている。日本の歴史教育においては、日元関係史は日中交流における「前近代史の棘」として認識されて来た観がある[14]。このような歴史認識を克服するためには、「元寇」に焦点化された内容構成を再検討することが必要であろう。

近年の世界史学習における日元関係を中心とした東アジア前近代史の取り扱いには、変化が見られる。東京書籍教科書『世界史B』の記述（資料7－1を参照）では、「蒙古襲来」や「元寇」で表現された「元による日本侵略」のイメージが強いものの、日本と元、及び高麗（朝鮮半島）との間の交易が取り上げられているなど、東アジアの国際関係を多面的、多角的にとらえよ

資料7－1　東京書籍教科書『世界史B』における日元関係を中心とした記述

> **元朝と東アジア**
> 　朝鮮半島の高麗を服属させたフビライは、つぎに日本列島に目を向けた。1274年、高麗の民を徴発して組織したモンゴル・高麗の連合軍は、北九州に侵攻した（文永の役）。南宋を滅亡させたのちの1281年には、南宋の民を動員し、再度日本に遠征した（弘安の役）。しかし鎌倉政権下の武士団の反撃と、おりからの台風の襲来のもとで、日本でのちに「元寇」とよばれる侵攻は、ともに失敗に終わった。（中略）<u>元・日本・高麗間の交易船の往来は、戦役の途中でもとだえることがなかったように、東アジアの交易圏は保たれていた。</u>
> 　（福井憲彦　太田信宏　加藤玄ほか七名［2017］『世界史B』［2016年文科省検定済］東京書籍　p.185。筆者下線）

うとする記述が現れてきた。

　東京書籍の教科書『世界史B』の記述からは、日元関係を基軸とした東アジア前近代史学習では、「元寇」「蒙古襲来」などの言葉で語られて来たこれまでの侵略・敵対の歴史像を見直すとともに、交易圏の視点や文化交流を取り入れて教材化することが求められていることがわかる。

　交易圏の視点や文化交流の側面から東アジア前近代史の具体的な姿を私たちに知らせてくれる貴重な史資料として、1976年に韓国全羅南道の新安沖合の、水深20メートルで発見された沈没船とその積み荷（今日、「新安沖沈船」と呼ばれる海中遺物［考古学史資料］）がある。

　「新安沖沈船」は、1976年から1984年までの10次に渡る調査と船体の引き揚げから約二万二千点に及ぶ海中遺物が回収された[15]。回収物の九割（約二万点）が、中国製陶磁器と八百万枚の中国銭であった。また、京都にある「東福寺」（禅宗寺院）の名や「至治3年（1323年）」と記された木簡が発見されている。これらの事実から、「新安沖沈船」は実際に東シナ海を航行していた交易船とその積み荷であったことや、沈没した時期（＝14世紀前半）・出港地（＝中国）・行き先（＝日本）がほぼ特定できるため、当時の東アジア交易の具体的な姿を復元できる貴重な考古学史資料である。この考古学史資料を教材として、世界史の単元開発について検討してみたいと考える。

第3節　単元「『新安沖沈船』の積み荷から見た14世紀の東アジアの海域世界」の検討

第1項　単元「『新安沖沈船』の積み荷から見た14世紀の東アジアの海域世界」の構成原理

　日本と元の間には、禅僧の頻繁な往来があったことが指摘されている[16]。有名な例としては、無学祖元が北条時宗の招きで来日して（弘安2［1279］年）円覚寺を開いたことや、清拙正澄（嘉暦元［1326］年）、明極楚俊、竺仙梵僊（元徳元［1329］年）などの高僧が相次いで日本に渡って来たことが挙げられる[17]。

　また、日本からも多くの禅僧が元に赴いている。元末の70年間に元に赴いた渡海僧は、文献に現れただけでも222名に達する[18]。日元両国の禅僧のさかんな交流は、東シナ海を頻繁に往来した海商たちの活動とその交易船に支えられていたとのことである。表7－1が示すように、14世紀前半には、日本の幕府や朝廷は、元に寺社造営料唐船（寺社修造の費用捻出を目的とする交易

表7－1　14世紀前半の寺社造営料唐船

造営対象寺社	発遣者	出発	帰国	典　　拠
称名寺	金沢貞顕	?	1306	金沢文庫古文書
東福寺	?	?	1323	新安船（「新安沖沈船」）木簡
建長寺・勝長寿院	幕府	1325	1326	広瀬文書・比志島文書
関東大仏	幕府	1330	?	金沢文庫古文書
住吉社	幕府?	?	1333	住吉大社文書
天竜寺	足利直義	1342	?	天竜寺造営記録

出典：村井章介（2005）「終末期の鎌倉幕府」『朝日百科　日本の歴史〈新訂増補〉』4　p.4・289。
　　　筆者により一部改変。

船）を送り出している。日元貿易は日宋貿易を凌駕し、日明貿易に匹敵する規模をもっていたと言われる。

第2項　単元「『新安沖沈船』の積み荷から見た14世紀の東アジアの海域世界」の史資料面からの検討

　日元貿易の具体的な姿を私たちに知らせてくれる貴重な史資料として、1976年に韓国全羅南道の新安沖合で発見された沈没船とその積み荷がある[19]。木製の沈没船とその積み荷はフナクイムシなどによって荒らされ、朽ちてしまうのが普通であったが、新安沖沈船は大量の銅銭や陶磁器、紫檀材という重い積み荷のお陰で泥に埋まったため、船倉部分は今日までほぼ元の姿を留めることが出来た。

　この沈没船からは、二万個に及ぶ青磁・白磁・青白磁などの中国製陶磁器をはじめとして、八百万枚の銅銭、高麗青磁や日本の古瀬戸・漆器など、大量の品物が引き揚げられた。沈没船の引き揚げ物をまとめたものが、表7－2「『新安沖沈船』の主な引き揚げ物（海中遺物）」である[20]。積み荷と一緒に引き揚げられた木簡（364枚）の中に「至治3（1323）年」と記されたものや「東福寺」の名前があることから、この沈没船は14世紀前半に中国の港を出帆し、その目的地が日本であった交易船と考えられている。

　この沈没船の海中遺物から、どんな事実を復元することが出来るか。現在の研究では、①いつ沈没したか、②出港地はどこか、③航海の目的と積み荷の依頼主は誰かの、三点について、表7－2の海中遺物（考古学史資料）の情報をもとに、以下のような推理が行われている（仮説が立てられている）[21]。

①いつ沈没したか。

　陶磁器の中に染め付け磁器（染め付け磁器は14世紀後半から出現した）が含まれていないことや、銅銭の製造年の分析によって、1311、1312年（「至大通寳（宝）」の鋳造年）から1350年（「至正通寳（宝）」の鋳造年）までの間に沈没した可能性が高いことが推理できる。木簡を積み荷に付けられた荷札と考えるな

表7－2 「新安沖沈船」の主な引き揚げ物（海中遺物）

（1）陶磁器	20,672個
陶磁器の生産国の内訳は、中国製20,661個、高麗製7個、日本製4個であった。中国製の内、およそ60％が竜泉窯製で、高級品は少なく、ほとんどが普及品であった。引き揚げられた陶磁器からは、14世紀後半から生産が始まる染め付け磁器は発見されていない。	
（2）金属原料（大部分は錫のインゴット〔塊〕）	300個
（3）銅銭	28,018kg（約800万枚）
銅銭のほとんどが中国銭であり、種類は66種に及んだ。発見された銅銭の中で最も新しいものは「至大通寶（宝）」で、1311、1312年のわずか二年間しか鋳造されなかった。「至大通寶（宝）」の後、「至正通寶（宝）」が鋳造される1350年まで、中国では新しい銅銭はつくられていない。引き揚げられた銅銭の中には、「至正通寶（宝）」は含まれていなかった。	
（4）紫檀木	2メートル程に切られているものが939本
（5）胡椒などの香辛料	
（6）木簡〔荷札として用いられた木片〕	364枚
木簡には「東福寺」と書かれたものが一番多く（41枚）、「筥崎（宮）」や、「いや次郎」など神社や日本人と思われる名が記されていた。「至治3（1323）年」と書かれた木簡が八枚発見された。	
（7）「慶元路」と刻印された秤の錘	
「慶元路」は中国南部の港湾都市、寧波である。「路」とは、元朝の行政単位として、用いられていた。	

出典：本表は、村井章介（2005）「終末期の鎌倉幕府」『朝日百科　日本の歴史〈新訂増補〉』4 pp.4・288-291　の内容を筆者がまとめた。

らば、この交易船は至治3年（1323年）に出航したと推理できる。

②出航地はどこか。

　陶磁器の内、中国の竜泉窯製の普及品が多数を占めていたことから、この沈没船は竜泉窯（中国浙江省の陶磁器生産地）に近い中国の港から出港したと考えられる。「慶元路」と刻印された秤の錘から、出港地として中国南部の寧波（「慶元路」とは、元時代の寧波の呼び名）の可能性が高い。

③航海の目的と積み荷の依頼主は誰か。

　積み荷の中では、二万個に及ぶ陶磁器と28トン（約八百万枚）の中国銭が目立つ。当時の東アジア世界で、これらの商品を必要としていた国は日本で

あった。「新安沖沈船」の目的地として、日本の港（おそらく北九州の博多）であった可能性が高い。また、それを裏付けるように、木簡には、「東福寺」（京都市東山区にある臨済宗の名刹）や「筥崎（宮）」(はかたのつ)（博多津、現在の福岡市東区にある神社）、「いや次郎」（日本人の名前）などの記述がある。とりわけ、「東福寺」の名が頻繁に登場することから、「新安沖沈船」は「東福寺」造営のために仕立てられた交易船であったことが推理できる。

第4節　単元「『新安沖沈船』の積み荷から見た14世紀の東アジアの海域世界」のフレームワークと授業計画

第1項　単元「『新安沖沈船』の積み荷から見た14世紀の東アジアの海域世界」の目標とフレームワーク

世界史単元「『新安沖沈船』の積み荷から見た14世紀の東アジアの海域世界」[22]の授業を通じて、生徒は以下の五つの目標を達成することを目指す。

目標①　元寇、日元貿易、中国銭などの用語について理解し説明できる。
目標②　「新安沖沈船」とその引き揚げ物（海中遺物：考古学史資料）について関心をもち、意欲的に追究しようとしている。
目標③　「新安沖沈船」やその引き揚げ物から「沈没船がどんな船であったか」、「沈没船の出港地や目的地はどこであったのか」を史資料の分析から推理し、推理したことを適切に説明できる。
目標④　「新安沖沈船」やその引き揚げ物の分析から導きだした歴史像をもとに日本と元の交易や人々の交流の様子を推理し、国際協調の視点から日元関係の歴史的意義を多面的、多角的に評価することができる。
目標⑤　日元間の交易や禅僧の交流、元寇などの歴史事象を参考にして、今日の東シナ海・南シナ海・日本海をめぐる沿海諸国間の関係を多面的、多

角的に考察し、協調・共存できる持続可能な社会の実現について展望できる。

　上記目標の内、目標①から目標④までの目標については、「改訂版ブルーム・タキソノミー」テーブルを用いる。「改訂版ブルーム・タキソノミー」テーブルで「知識次元」と「認知過程次元」に分節化して表したものが、表7－3である。

表7－3　「改訂版ブルーム・タキソノミー」テーブルによる単元「『新安沖沈船』の積み荷から見た14世紀の東アジアの海域世界」の目標分析

知識次元	認知過程次元					
	1.記憶する	2.理解する	3.応用する	4.分析する	5.評価する	6.創造する
A．事実的知識		目標①			目標②	
B．概念的知識						
C．手続き的知識				目標③		
D．メタ認知的知識					目標④	

備考：目標（網掛け部分）は、探究次元の学習を表す。

○目標⑤に対応したパフォーマンス課題○
　今日の東アジア海域（東シナ海・南シナ海・日本海）では、領有権をめぐる沿海諸国間の対立が深まっている。以下の内容について、レポートを作成して、提出しなさい。作成したレポートについては、クラスで発表することに致します。

（1）今日の東アジア海域における沿海諸国間の対立の事例を一つ挙げ、その状況に関する史資料を収集して、対立の状況を整理して問題点を明らかにしなさい。
（2）今日の東アジア海域の状況を解決したり改善したりしていくための方法について、単元「『新安沖沈船』の積み荷から見た14世紀の東アジアの海域世界」での学習を参考にして、君の考えを述べなさい。

目標⑤は、パフォーマンス課題であるため、ルーブリックを作成してそれに基づいて評価する。作成したルーブリックが、表7－4である。

表7－4　単元「『新安沖沈船』の積み荷から見た14世紀の東アジアの海域世界」における目標⑤に対応したパフォーマンス課題の課題別評価基準表（ルーブリック）

尺度による評価基準	記述語による評価規準		
	（1）目標に照らしての達成規準	（2）論述に関わる達成規準	（3）発表に関わる達成規準
3－優れている	・単元「『新安沖沈船』の積み荷から見た14世紀の東アジアの海域世界」の目標を踏まえ、考古学史資料の特質を正確に理解している。今日の東アジア海域をめぐる沿海諸国間の関係に関心をもち、根拠となる多種多様な史資料を用いて、多面的、多角的に考察し、意欲的に探究している。	・単元「『新安沖沈船』の積み荷から見た14世紀の東アジアの海域世界」の目標を踏まえ、史資料の収集と整理を十分に行い、執筆上のルールや論文の形式を遵守して論述している。今日の東アジア海域をめぐる沿海諸国間の関係を、根拠となる多種多様な史資料を活用して、多面的、多角的に考察し、論理的に論述している。自分の意見も適切に述べている。	・単元「『新安沖沈船』の積み荷から見た14世紀の東アジアの海域世界」の目標を踏まえ、今日の東アジア海域をめぐる沿海諸国間の関係を、発表のルールと形式を遵守して、意欲的に発表している。今日の東アジア海域をめぐる沿海諸国間の関係を、根拠となる多種多様な史資料を提示して多面的、多角的に考察し、明瞭に発表している。聴き手の興味を引きつける工夫を行い、質問にも適切に答えている。
2－十分である	・単元「『新安沖沈船』の積み荷から見た14世紀の東アジアの海域世界」の目標を踏まえ、考古学史資料の特質を概ね理解している。今日の東アジア海域をめぐる沿海諸国間の関係に関心をもち、根拠となる基本的史資料を用いて、二つ程度の側面と視角から考察し、探究している。	・単元「『新安沖沈船』の積み荷から見た14世紀の東アジアの海域世界」の目標を踏まえ、史資料の収集と整理を行い、執筆上のルールや論文の形式を概ね遵守して論述している。今日の東アジア海域をめぐる沿海諸国間の関係を、根拠となる基本的な史資料を用いて、二つ程度の側面と視角から考察し、論述している。自分の意見も述べている。	・単元「『新安沖沈船』の積み荷から見た14世紀の東アジアの海域世界」の目標を踏まえ、今日の東アジア海域をめぐる沿海諸国間の関係を、発表のルールと形式を概ね遵守して発表している。今日の東アジア海域をめぐる沿海諸国間の関係を、根拠となる基本的史資料を提示して、二つ程度の側面と視角から考察し、発表している。聴き手に分かり易い発表を心がけ、質問にも答えている。

1 — 努力を 要する	・単元「『新安沖沈船』の積み荷から見た14世紀の東アジアの海域世界」の目標を踏まえず、また、考古学史資料の特質を理解していない。今日の東アジア海域をめぐる沿海諸国間の関係に無関心であり、根拠となる史資料を用いずに、また、複数の側面と視角から考察せずに探究しようとしている。	・単元「『新安沖沈船』の積み荷から見た14世紀の東アジアの海域世界」の目標を踏まえずに、また、史資料の収集と整理を十分に行っていない。執筆上のルールや論文の形式を遵守せずに論述しようとしている。今日の東アジア海域をめぐる沿海諸国間の関係を、根拠となる史資料を用いずに、また、複数の側面と視角から考察せずに、恣意的に論述しようとしている。自分の意見も述べていない。	・単元「『新安沖沈船』の積み荷から見た14世紀の東アジアの海域世界」の学習内容を踏まえずに、また、発表のルールと形式を遵守せずに発表しようとしている。今日の東アジア海域をめぐる沿海諸国間の関係を、根拠となる史資料を提示せずに、また、複数の側面と視角から考察せずに、恣意的に発表しようとしている。聴き手を引きつける工夫がなされておらず、質問にも答えていない。

第2項　単元「『新安沖沈船』の積み荷から見た14世紀の東アジアの海域世界」の構成

(1) 単元名

「新安沖沈船」の積み荷から見た14世紀の東アジアの海域世界

(2) 単元の構成

　授業書「沈没船の謎を追う『新安沖沈船』」を主な教材として、三時間からなる授業計画を立案した。各時の授業テーマは以下の通りである。

　　第1次（1時間）　「新安沖沈船」の謎解き―沈没船の海中遺物と報告書の分析―
　　第2次（1時間）　「新安沖沈船」の謎を追う―14世紀の東アジアの国際情勢―
　　第3次（1時間）　鎌倉時代の日本と東アジアの関係を多面的、多角的にとらえる

（3）学習計画

各次の主な教材と授業の概要は、以下のとおりである。

次／時	生徒への問い・指示・課題（★）と主な活動内容（◎）	教師による指導上の留意点（●）と教材（○）
第1次／1時間	「新安沖沈船」の謎解き ★導入発問：「新安沖沈船」の発見までの経緯や引き揚げられた積み荷について確認し、沈没船がどんな仕事を行った船であったのかを選択肢の中から選べ。また、なぜそう思ったのか、引き揚げ物の内容を分析して説明せよ。 ◎：授業書中の【表1】を完成し、自分の考え（答）を発表する。 ▼引き揚げられた沈没船 ▼沈没船の発見位置 ★指示：沈没船がどんな船であったか、意見を出し合うこと。 ◎沈没船がどんな船であったかについての推理した仮説の長所・短所を討論する。	T（教師）：問題1を読む。 ●予想される生徒の考え（答）として、以下の内容が考えられる。 ―①軍艦（軍船）説 ・高価な陶磁器を海賊に奪われないように運んでいたため。 ―②交易船説 ・積み荷として大量の陶磁器や銅銭が積まれていたから。 ・写真の積み荷は、きちんと箱に詰められており、商品と考えられるから。 ・積み荷の陶磁器や胡椒は中国や東南アジアの輸出商品として有名なものだから。 ―③客船説 ・中国から帰国する人々が買い求めたお土産として、陶磁器などを積んでいたため。 ―④漁船説 ・沈没した海域は漁場として有名な場所であったから。

第7章　考古学史資料の活用による授業構成モデル　215

★指示：「問題1の謎解き」を読むこと。 ◎「問題1」の謎解きを読む	●以下のことを理解させる。 ・新安沖沈船は、交易船であった。沈没と同時に厚い泥層に埋まったため、沈没船と積み荷が朽ちることなく現代まで残ることになった。 T：問題2を読む
★発問：「新安沖沈船」の引き揚げ物の研究からわかったことを表に整理し、「新安沖沈船」の沈没時期、出港地、積み荷の依頼主と目的地について、推理せよ。 ◎授業書中の【表2】を完成し、自分の考え（答）を発表する。	
★指示：「新安沖沈船」の沈没時期、出港地、積み荷の依頼主と目的地について、意見を出し合うこと。 ◎「新安沖沈船」の沈没時期、出港地、積み荷の依頼主と目的地について、討論する。 ▼箱詰めされた中国製陶磁器  ▼中国の貨幣 下段が「至大通寶（宝）」である。 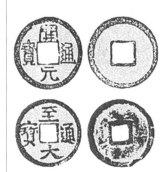	●予想される考え（答）として、以下の内容が考えられる。 ①沈没時期 ―14世紀前半説 ・染め付き磁器が発見されないことから、14世紀中頃より前に限定できる。 ・「至大通寶（宝）」がつくられた1311、1312年から「至正通寶（宝）」がつくられる1350年の間に限定できる。 ・木簡に記された「至治3（1323）年」の可能性が高い。 ②出港地 ―中国の港説 ・陶磁器のほとんどが中国の竜泉窯製であることから、出航地は竜泉窯近くの港と考えられる。 ・銅銭のほとんどが中国銭であることから、出航地は中国の港と考えられる。 ・「慶元路」と刻印された秤の錘から、寧波の可能性が高い。 ―高麗の港説 ・当時、中国にあった元は日本と戦争状態（元寇）であるので、日本と直接貿易はできないと思われる。元に服属していた高麗が中国から商品を輸入して、日本へ再輸出したと考えられる。 ③積み荷の依頼主と目的地 ―日本人、日本の港説 ・木簡に書かれた「東福寺」や

▼木簡
「東福寺」の名が記された木簡（右側）。
「十貫公用（手決）」と記された木簡（左側）。

「至治三　□月二三日功□□」と記された木簡。

		「いや次郎」が積み荷の依頼人であったことが予想される。
・中世の日本は、大量の中国銭を輸入して使用していたので、日本の可能性が高い。
・沈没地点が中国から日本へのルート上にあるから、日本が仕立てた交易船の可能性が高い。
―高麗人、高麗の港説
・高麗の近海で沈没していたから。
・当時、元は日本と戦争状態（元寇）にあるので、日本と直接貿易はできないと思われる。積み荷は高麗へ輸出されたものであろう。

★指示：「問題2の謎解き」を読むこと。
◎「問題2の謎解き」を読む

●問題2の謎解きとして、以下の内容を確認させる。
・「新安沖沈船」は、日本の東福寺造営のために仕立てられた交易船で、1323年に中国南部の寧波（慶元路）を出航したと考えられる。

★指示：「新安沖沈船」の時代には、ユーラシア大陸にはモンゴル帝国が君臨していた。次回までに、教科書や地図帳を活用して、白地図にモンゴル帝国及び元の領域を示し、以下の地名・国名を記入せよ。
　○地名：大都（北京）、カラコルム、広州、鎌倉、

T：白地図を配布し、家庭学習の課題を説明する。

第7章 考古学史資料の活用による授業構成モデル

	博多、バグダッド、デリー、コンスタンティノープル（イスタンブル） ○国名：南宋、高麗、大越（ベトナム）、ビザンツ帝国、神聖ローマ帝国	
第2次 ／ 1時間	「新安沖沈船」の謎を追う	T：前時の内容を説明する。 　前時の復習として、「新安沖沈船」が日本の東福寺造営のために仕立てられた交易船で、1323年に中国南部の寧波（慶元路）を出航したことを確認する。
	★発問：白地図を見て、14世紀のユーラシア大陸の情勢について、気づいたことを述べよ。 ◎発表する	●予想される考え（答）として、以下の内容が考えられる。 ・モンゴル人がユーラシアの東西にまたがる大帝国を築き、帝国の東半では、元が建国された。 ・インドやヨーロッパ、中国、イスラームなどユーラシアの主要地域が、モンゴル帝国に併合されるか接することになった。
	★指示：では、問題3の作業（1）の年表を完成させて、鎌倉時代の日本と中国・モンゴル・朝鮮半島の動きについて整理すること。そして、年表の作成から導き出された「鎌倉時代の日本と東アジアの関係」を（2）の欄に記入すること。 ◎問題3の作業（1）の年表を完成し、「鎌倉時代の日本と東アジアの関係」について作業（2）の欄に記入する。	T：指示する。
	★指示：「鎌倉時代の日本と東アジアの関係」はどうであったのか、発表すること。 ◎「鎌倉時代の日本と東アジアの関係」を発表し、クラス内で討論する。	●予想される考え（答）として、以下の内容が考えられる。 ・元が南宋を滅ぼした。 ・元が高麗を支配した。 ・元と高麗の連合軍が日本を二度にわたって侵略したが、鎌倉武士によって撃退された（元寇）。
	★発問：元の歴史書『元史』には、元寇の時期に日本の交易船が元に行き交易をもとめたので、元が許したという記述がある。戦争中（元寇）であるのに、日元間で交易をしていた事実を君はどう考えるか。 ◎発問についての自分の考えを述べる	T：発問を読む。 ●予想される考え（答）として、以下の内容が考えられる。 ・戦争は国家や支配層の間の出来事であり、一般の人たちには関係がなかったから。 ・日本人商人が高麗から来たと、

			・元の役人をあざむいたから。 ・日本と中国では、元が成立する以前から交易や文化交流が行われており、両国の人たちには信頼関係が生まれていたから。
		★指示：「問題3の謎解き」を読み、日元貿易の交易品の欄を完成させること。 ◎「問題3の謎解き」を読み、日元貿易の交易品の欄に記入する。	T：指示する。
		★発問：日元貿易の交易品から、当時の東アジアや日本のどのような状況が考えられるか、文化や経済に着目して考えてみよ。 ◎発問についての自分の考えを述べ、クラス内で討論する。	T：指示する。 ●予想される考え（答）として、以下の内容が考えられる。 ・日元関係には、一時的に戦争状態（元寇）が存在したが、全体を通じて見ると、「新安沖沈船」や『元史』の記述に見られるように、経済交流や文化交流が頻繁に行われていた。 ・当時の日本は、商工業が発達して貨幣の需要が高まったため、中国銭を必要としていた。また、中国も日本からの銀・銅などを必要とし、両国間には相互依存関係が存在していた。 ・「新安沖沈船」の引き揚げ物からは、日本人、中国人、高麗人が一緒に船に乗り込んでいたことが想像される。国家間で戦争があった時代でも、日本人、中国人、高麗人は協力して交易を行っており、交流が途絶えることなく行われていたと考えられる。
第3次 ／ 1時間		★指示：「新安沖沈船」とその引き揚げ物を手がかりにして、14世紀の日本を含む東アジア世界の状況について、意見を交換すること。 ◎意見を発表し、クラス内で討論する。	T：指示する。 ●予想される考え（答）として、以下の内容が考えられる。 ・元寇から見ると侵略と戦争の時代と思ったが、日元間には同時に交易などの経済交流や文化交流が行われていたことに驚いた。 ・元寇によって元や鎌倉幕府は滅亡に向かうが、日中間の交易はその後も発展に向かった。日元関係

★指示：学習のまとめとして、以下の二つの課題を答えて提出すること。

◎課題◎
今日の東アジア海域（東シナ海・南シナ海・日本海）では、領有権をめぐる沿海諸国間の対立が深まっている。以下の内容について、レポートを作成して提出しなさい。作成したレポートについては、クラスで発表会を行います。

（1）今日の東アジア海域における沿海諸国間の対立の事例を一つ挙げ、その状況に関する史資料を収集して、対立の状況を整理して問題点を明らかにしなさい。
（2）問題文に見られるような今日の東アジア海域の状況を解決したり改善したりしていくための方法について、単元「『新安沖沈船』の積み荷から見た14世紀の東アジアの海域世界」での学習を参考にして、君の考えを述べなさい。

は、隣国同士の関係を考える上で参考になる。
T：指示する。

（4）教材

本単元では、授業方法として、仮説実験授業を取り入れた。仮説実験授業とは、国立教育研究所（現、国立教育政策研究所）の研究員であった板倉聖宣によって、1963年以来提唱されてきた科学教育の理論である[23]。仮説実験授業は、最初は理科教育の面で唱えられ、その後は社会科を始め、様々な教科・科目で実践されるようになって来た。板倉自身、この方法を「科学上のもっとも基本的な概念や原理・原則を教えるということを意図した授業である」[24]と定義している。従来の教授法がどちらかと言えば、学問成果をいかに能率的にかつ合理的に生徒に教え込むかに重点がおかれていたのに対し、板倉は「出来るようになっても楽しくないのでは」という疑問を呈した。また、生徒に「自分で考えなさい」、「自分でやってみなさい」と言っても、生徒は途方にくれてしまうのが現実であるとも言っている。この問題を解決す

るために、生み出された独特の授業運営法が仮説実験授業であり、その教科書にあたるものが「授業書」である。

次に、この授業の運営法[25]については、以下を参照して欲しい。

- 「授業書」は、「問題」と「話」の二つの部分から構成されている。
- 「問題」というのは、問題文と予想の選択肢からなっている。ときにはヒントを入れる場合もある。「話」とは、問題の答を論理的、合理的に説明した文章である。
- 教師は、最初に「問題」を生徒に配布し、「問題」の選択肢の中から答えを予想させ、挙手させる。生徒の予想数（挙手者の数）を板書する。
- 生徒は、答の予想となぜそのような考えに至ったのかの理由を答える。予想理由を生徒に発表させるときには、予想数の少ない順に発表させる。そのようにすることで、少数者が発表しやすい雰囲気をつくり出すことになる。挙手の後、生徒に討論させる。
- 生徒の中には、発表や討論を経ることによって自分の意見を変更したいものも現れるので、討論の後、再び挙手させてその数を板書する。
- 最後に、「話」が印刷されたプリントを配布する。「話」を読みながら、「問題」の答と、答に至った理由を確認する。

では、次に、授業書「沈没船の謎を追う 『新安沖沈船』」（資料７－２を参照）を掲載する。

資料7-2　授業書「沈没船の謎を追う『新安沖沈船』」

```
沈没船の謎を追う
「新安沖沈船(シナン)」
```

出典：東京国立博物館　中日新聞社編（1983）『新安海底引き揚げ文物』中日新聞社　p.14。

　1975年7月末のことです。韓国南部の港、木浦(モクポ)に近い新安道徳島沖(シナントドクト)の深さ20メートルのところで、地元の漁師、崔享根(チェヒョングン)さんの網に六個の青磁の壺がかかりました。「新安沖沈船」のお話はここから始まります……

問題1　謎の沈没船の正体は？

　1975年7月末のことです。韓国南部の港、木浦に近い新安道徳島沖の深さ20メートルのところで、地元の漁師、崔享根さんの網に六個の青磁（緑色または青色をおびた磁器。高級品として扱われるものが多い）の壺がかかりました。崔さんは一番立派そうな花瓶を残して、残りを知り合いにあげてしまいました。その年の暮れ、弟で国民学校の先生、崔平鎬さんがこの花瓶を見て普通のものでないと感じ、役所に届け出ました。専門家の鑑定でこの花瓶は10万ドル（約1,100万円）の値打ちがあると認定され、崔享根さんにほうびのお金が与えられました。

　この付近の海域は、以前から陶磁器や銅銭が網にかかることで有名でしたので、政府は早速、新安沖を史跡に指定し、翌1976年から84年まで十回にわたる調査を行いました。調査の結果、全長28メートル、幅9.3メートル、60人ほどの人たちが乗り込める大きな木造船が発見されました。この沈没船は「新安沖沈船」と命名されました。船の内部は七面の隔壁〔船体の強度を保ち、座礁などの際の浸水を最小限にくい止めるために設けた船内を仕切る壁〕で八つの船倉に分けられていました。この沈没船からは、多くのものが引き揚げられました（**資料1を参照**）。

沈没船の発見場所
出典：東京国立博物館　中日新聞社編
　　　前掲書　p.14。

沈没船から引き揚げられた陶磁器
出典：朝日新聞社編（2005）『週刊朝日
　　　百科日本の歴史〈新訂増補〉』4
　　　朝日新聞社　p.4・291。

【資料1】　「新安沖沈船」の主な引き揚げ物

```
（1）陶磁器                                        20,672個
（2）金属原料（大部分は錫のインゴット〔塊〕）         300個
（3）銅銭                              28,018kg（約800万枚）
（4）紫檀材                     2メートル程に切られているもの939本
（5）胡椒などの香辛料（箱詰め）
　（1）～（5）のほとんどが、運搬用の木箱に納められていました。
（6）木簡〔文字が書かれた木片〕                      364枚
　10×2.5センチメートル程の大きさで、人名や寺社名、役所名のほか、日付、数量が書かれていました。
```

第 7 章　考古学史資料の活用による授業構成モデル　223

「新安沖沈船」の引き揚げ風景（陶磁器はきれいに箱詰めにされていました。）
出典：（左）東京国立博物館　中日新聞社編　前掲書　p.14。（右）朝日新聞社編　前掲書　p.4・290。

　では、「新安沖沈船」はどんな仕事を行った船だと思いますか。下の選択肢の①から④までの中から一つ選びなさい。また、そのように考えたのはなぜですか、【資料1】の引き揚げ物の内容を分析して説明しなさい。

選択肢　①軍艦（軍船）　②交易船　③客船　④漁船

　下の表（表1）は「新安沖沈船」の引き揚げ物の分析から分かったことを整理するためにつくった表です。この沈没船がどんな仕事を行っていたかを推理する上で役に立つ情報を書き込んでみて下さい。

【表1】「新安沖沈船」の主な引き揚げ物から分かったことの整理

「新安沖沈船」は、（　　　　　　　　）だと思います。
そのように推理した理由は…… ・ ・ ・ ・ ・

問題1の謎解き 「新安沖沈船」は商品を満載した交易船

では、【資料1】を分析して、「新安沖沈船」の正体について謎解きをしてみましょう。

「新安沖沈船」の引き揚げ物の中に武器類が含まれていないことから、この沈船は軍艦（軍船）ではないと思われます。また、隔壁によって仕切られた船倉には、二万個以上の陶磁器、銅銭28トン、高級品であった紫檀材939本などが積み込まれていたことや、引き揚げられた陶磁器の多くがきちんと箱詰めにされていたことから、これらの積み荷は船員や乗客の「日用品」ではなく「商品」であったと考えられます。これらのことから、「新安沖沈船」は客船や漁船ではなく、交易船であったと推理できます。

沈没船が引き揚げられた新安沖はつねに潮流が速く、航海の難所でした。海底に厚い泥層がたい積していたことが、「新安沖沈船」の積み荷を守ることになりました。木製の沈船やその積み荷はフナクイムシやキクイムシなどの海の小生物によって荒らされ、朽ちてしまうのが普通です。しかし、「新安沖沈船」の場合は、大量の銅銭や陶磁器、紫檀材という重い積み荷のおかげで早く泥に埋まりました。その結果、引き揚げられた船は、その上部は貝殻などがびっしりとつき無惨な姿でしたが、下部の船倉部分は幸運にも泥層に埋まっていたため、今日まで、ほぼ元の姿を留めることができました。

沖沈船から引き揚げられた銅銭と木簡
出典：朝日新聞社編　前掲書 pp.4・290-291。

鎌倉時代の外洋船（『華厳宗祖師絵伝』13世紀　京都・高山寺蔵）
出典：朝日新聞社編　前掲書　p.4・287。

問題2 「新安沖沈船」はどこから（出港地）どこへ（目的地）商品を運ぼうとしたのでしょうか？

「新安沖沈船」については、その引き揚げ物の研究から、①いつ沈没したか？　②出航地はどこか？　③積み荷の依頼主は誰で、目的地はどこか？　など、多くのことが解明されました。では、歴史研究者になったつもりで「新安沖沈船」の引き揚げ物の研究から分かったことを根拠にして、この謎解きにチャレンジしてみましょう。

「新安沖沈船」の引き揚げ物の研究から分かったこと。

〔Ⅰ〕陶磁器
（1）陶磁器20,672個の生産国の内訳は、中国製陶磁器が20,661個を占め、高麗製（コゥリョ）（当時、朝鮮半島にあった国）は7個、日本製は4個でした。
（2）中国製陶磁器の内、およそ60％が当時の陶磁器の代表的産地であった竜泉窯製（りゅうせんよう）です。高級品は少なく、普及品がほとんどを占めていました。
（3）引き揚げられた中国製陶磁器からは、14世紀後半から生産が始まる染め付け磁器は発見されませんでした。

〔Ⅱ〕銅銭
（1）引き揚げられた銅銭は28,018kg（約800万枚）です。ほとんどが中国王朝の貨幣で、その種類は62種に及んでいます。
（2）引き揚げられた銅銭の中で最も新しいものは、「至大通寶（宝）」（しだいつうほう）で、至大3、4年（1311、1312年）のわずか二年間しかつくられませんでした。
（3）「至大通寶（宝）」の後、「至正通寶（宝）」が至正10年（1350年）につくられるまで、中国では新しい銅銭はあらわれませんでした。「新安沖沈船」からは、「至正通寶（宝）」は発見されていません。

〔Ⅲ〕木簡
（1）多数の木簡（前頁の写真を見てください）が陶磁器や銅銭などの積み荷と一緒に引き揚げられました。木簡には「東福寺」（右から3番目の木簡。「東福寺」は京都にある臨済宗寺院）と書かれたものが最も多く（41枚）、僧侶の名や「いや次郎」など日本人と思われる名も記されていました。
（2）「至治3年」（しじ）という日付の書かれたものが8枚発見されました。「至治」は元の年号で、「至治3年」は1323年に当ります。

〔Ⅳ〕その他
（1）「慶元路」（けいげんろ）と刻印された秤の錘（はかりおもり）が発見されました。「慶元路」は中国南部の港湾都市、寧波（ニンポー）のことです。「路」とは、元の行政区分上の単位として用いられていました。

226　第Ⅱ部　21世紀社会に対応した歴史的思考力育成型授業の開発

作業　下の表（表2）は、「新安沖沈船」の引き揚げ物の研究から分かったことの内容を整理するためにつくったものです。「①いつ沈没したか？」「②出航地はどこか？」「③積み荷の依頼主は誰で、目的地はどこか？」を考える上で役に立つ情報を、表に書き込んでみて下さい。

【表2】　「新安沖沈船」の引き揚げ物の研究から分かったことの整理

	①沈没した時期	②出港地	③依頼主・目的地
〔Ⅰ〕陶磁器			
〔Ⅱ〕銅銭			
〔Ⅲ〕木簡			
〔Ⅳ〕その他			

では、君は表の整理から、①②③についてどのように推理するか、答えて下さい。
　　①いつ沈没したか？
　　②出航地はどこか？
　　③積み荷の依頼主は誰で、目的地はどこか？

問題2の謎解き 「新安沖沈船」は東福寺のために仕立てられた日本向け交易船

①いつ沈没したか？
A．引き揚げ物の陶磁器の中に染め付け磁器が含まれていないことから、引き揚げられた陶磁器の製造時期は14世紀後半よりも前であると推理できます。
B．引き揚げられた銅銭の種類や製造年代から、「至大通寶（宝）」がつくられた1311、1312年から「至正通寶（宝）」がつくられる1350年までの間に沈没した可能性が高いことが推理できます。
C．木簡を商品に付けた荷札であると考えるならば、「至治3年」（1323年）に出航したと推理できます（次頁の木簡を参照）。至治3年（1323年）という年は、引き揚げられた陶磁器や銅銭の製造時期から推理した沈没年代とも矛盾しません。「新安沖沈船」には積み荷が満載されていたことから、出航してまもなく難破し新安沖に沈没したと思われます。

> 「新安沖沈船」は至治3年（1323年）に沈没したと推理できます。

②出航地はどこか？
A．二万個に及ぶ陶磁器の内、日本・高麗製の11個を除いたすべてが中国製であること、また、その中でも竜泉窯製の普及品が多数を占めていたことから、「新安沖沈船」は竜泉窯に近い中国の港から出港したと考えられます。
B．銅銭28トン（約800万枚）のほとんどが中国王朝の貨幣であること、また、その中には当時中国を統治していた元の銅銭も含まれていたことなどから考えますと、これほど大量の銅銭を集めることが可能な地域は製造地の中国以外に考えられません。「新安沖沈船」は中国の港から出港したと推理できます。
C．「慶元路」と刻印された秤の錘から、出港地として中国南部の港湾都市、寧波の可能性が高いと考えられます。錘に「路」という元の行政区分の単位が使われていたことは、①の沈没年の時期とも矛盾しません。右の地図「新安沖沈船関係図」から分かるように、竜泉窯陶磁器の積出港として、寧波（慶元路）は最適の港と考えられます。

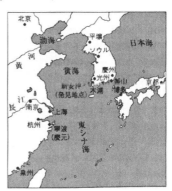
地図「新安沖沈船関係図」
出典：田尻信壹（2013）『探究的世界史学習の創造』梓出版社 p.70。

> 「新安沖沈船」は中国の寧波（慶元路）から出航したと推理できます。

至元十九年造
（1282年製造）

（左）十貫公用〔朱〕　（右）東福寺

（左）拾貫文教仙勧進聖　（右）筥崎奉加銭〔朱〕

至治三□月二三日功□□

「新安沖沈船」から引き揚げられた秤の錘（はかり おもり）（左）と木簡
出典：朝日新聞社編　前掲書　pp.4・290-291。

③積み荷の依頼主や目的地はどこでしたか？

A．「新安沖沈船」の積み荷の中では、陶磁器と中国製銅銭が目立ちます。当時、これらの商品を必要としていた国は日本でした。また、「新安沖沈船」の目的地として、木簡に「筥崎（宮）」（はこざき ぐう）（福岡市東区にある神社）の名があることから、日本の港（博多）であったと考えられます。

B．木簡にある、「東福寺」や「いや次郎」は積み荷の依頼主であったと推理できます。とりわけ、「東福寺」の名が頻繁に登場することから、「新安沖沈船」は「東福寺」のための交易船であったと推理できます。木簡に書かれた「公用」・「奉加銭」・「勧進聖」の意味を調べて下さい。

「新安沖沈船」は「東福寺」のために仕立てられた日本向け交易船であったと推理できます。

「新安沖沈船」からの主な引き揚げ物
出典：朝日新聞社編　前掲書　pp.4・290-291。

問題3　なぜ日本の交易船が元に渡ったのですか？

　作業（1）「新安沖沈船」は日本の「東福寺」のために仕立てられた交易船であり、1323年に中国南部の寧波（慶元路）を出航して朝鮮半島の新安沖で遭難して沈没したと思われます。では、この時代（鎌倉時代）の日本と中国・モンゴル・朝鮮半島の動きについて、下の年表（鎌倉時代の日本と東アジアの動向）にまとめてみて下さい。

年表　鎌倉時代の日本と東アジアの動向

日本の動向	東アジア（中国・モンゴル・朝鮮）の動向
1192　源頼朝、征夷大将軍となる。	1206　チンギス・ハーンがモンゴルを統一
1333　鎌倉幕府の滅亡	

　（2）鎌倉時代の日本と元、高麗との関係はどうだったのでしょうか。年表「鎌倉時代の日本と東アジアの動向」から分かったことを書いて下さい。

　（3）元の歴史を記録した『元史（げんし）』には、13世紀の出来事であるが、日本と中国（元）の関係を示す興味深い記述があります。それは「1277年に日本から商人が黄金をもって中国にやって来て銅銭との交換を求めたので、元が許可した」という記事です。元の日本への第一次遠征（文永の役、1274年）と第二次遠征（弘安の役、1281年）の間の時期に、日本の交易船が元に渡ったという奇妙な状況を君はどう考えますか。このことを合理的に説明してみて下さい。

問題3の謎解き　国際色豊かな「新安沖沈船」の乗組員

　鎌倉時代（12世紀末から14世紀前半）の東アジア（元、高麗及び日本）については、元の宋（南宋）征服や日本への侵略（元寇）など、戦争と混乱のイメージがあります。しかし、『元史』の記事や「新安沖沈船」の発見などから明らかなように、日本と元の経済交流や文化交流は宋や明に比べてみても、ひけをとらなかったと言われています。

　日元貿易によって、銅銭と陶磁器のほか書画や書籍・仏教の経典が日本に輸入されました。当時の日本では、貨幣をつくっておらず、輸入された中国銭がそのまま流通していました。鎌倉時代以降は商工業が発展し、貨幣の需要が急速に高まったため、大量の銅銭が中国から輸入されることになりました。また、中国製陶磁器なども高値で取り引きされました。中国からの輸入品が大きな利益をもたらすことが分かると、鎌倉の幕府や京都の朝廷が中心となって、寺院や神社を修理したりつくったりするための費用を得るために、交易船を仕立てて中国に派遣することもたびたび行われました。「新安沖沈船」の場合は、「東福寺」再建費用をつくるための交易船だったと考えられます。

　では、日元貿易で扱われた日本から元への輸出品について調べて、下の表を完成させて下さい。

```
┌──── 輸入品 ────┐      ┌──── 輸出品 ────┐
│ ・陶磁器        │      │ ・              │
│ ・銅銭          │      │ ・              │
│ ・書画          │      │ ・              │
│ ・書籍          │      │ ・              │
│ ・仏教の経典    │      │ ・              │
└─────────────────┘      └─────────────────┘
```

　「新安沖沈船」からの引き揚げ物には、陶磁器や中国銭などのほかにいろいろな生活用具が含まれていました。これらのものから、当時の東アジアの人々の交流の様子が分かりました。

引き揚げられた生活用具
・中国製のフライパン状鉄鍋（なべ）（写真①）
・日本製の漆椀（うるしわん）（写真②）、将棋の駒、下駄、刀の「つば」など。
・高麗製の匙（さじ）

写真①

写真②

出典：朝日新聞社編　前掲書　p.4-291。

引き揚げられた生活用具から、「新安沖沈船」の乗組員の出身国が推理できます。例えば、今日の中華鍋を思わせるフライパン状の鉄鍋（写真①）が、「新安沖沈船」から十余個引き揚げられています。このことから、中国人がこの沈没船に乗船していたことが想像させます。

また、漆椀（写真②）や将棋の駒、下駄、刀のつばなどは、日本人の持ち物であったに違いありません。高麗式の匙も見つかっていることから、高麗人も乗り込んでいたと思われます。乗組員は、日本人、中国人、高麗人の三民族混成であったと考えられます。

当時の東アジアは元寇に見られたような戦争と混乱の中にありました。このような状況下でも、交易が盛んに行われ、それを支えていた人々がいました。「新安沖沈船」からの引き揚げ物は、国同士が戦争し対立していた時代でも、日本、中国、高麗の人々は東アジアの海域を舞台にして、お互いに協力しながら交易を行い、平和的交流を進めていたことを証明してくれています。

最後に、学習のまとめとして、以下の課題をレポートにまとめて提出して下さい。後でレポートの発表会を行います。

【課題】今日の東アジア海域（東シナ海・南シナ海・日本海）では、領有権をめぐる沿海諸国間の対立が深まっています。以下の内容について考察しなさい。以下の内容についてレポートを作成して下さい。クラスでの発表も行います。

(1) 今日の東アジア海域における沿海諸国間の対立の事例を一つ挙げ、その状況に関する史資料を新聞・図書・インターネットなどから収集して、対立の状況を整理して問題点を明らかにしなさい。
(2) 今日の東アジア海域の状況を解決したり改善したりしていくための方法について、単元「『新安沖沈船』の積み荷から見た14世紀の東アジアの海域世界」での学習を参考にして、君の考えを述べなさい。

参考文献
・朝日新聞社編（2005）『週刊朝日百科　日本の歴史〈新訂増補〉』4　朝日新聞社。
・榎本渉（2007）『東アジア海域と日中交流－9～14世紀－』吉川弘文館。
・同上（2010）『僧侶と海商たちの東シナ海（選書メチエ）』講談社。
・亀井明徳（1985）『日本貿易陶磁史の研究』同朋舎。
・杉山正明　北川誠一（1997）『世界の歴史－大モンゴルの時代－』9　中央公論社。
・東京国立博物館　中日新聞社編（1983）『新安海底引き揚げ文物』中日新聞社。
・三杉隆敏（1978）『世紀の発見－新安海底の秘宝－』六興出版。
・森本朝子（2001）「海底考古学－新安の沈没船を中心に－」尾本惠市ほか四名編『海のアジア－越境するネットワーク－』5　岩波書店。
・歴史学研究会編（1999）『シリーズ歴史学の現在－越境する貨幣－』1　青木書店。

（5）評価

本活動の評価については、以下の通りとする。

①元寇、日元貿易、中国銭などの用語について理解し説明できたか、定期試験の記述によって評価する。

②「新安沖沈船」とその引き揚げ物（海中遺物：考古学史資料）について関心をもち、意欲的に追究しようとしているか、授業書への記述や発言、意見交換によって評価する。

③「新安沖沈船」やその引き揚げ物から「沈没船がどんな船であったか」、「沈没船の出港地や目的地はどこであったのか」を史資料の分析から推理し、推理したことを適切に説明できたか、授業書への記述や発言、意見交換によって評価する。

④新安沖沈船やその引き揚げ物の分析から導きだした歴史像をもとに日本と元朝の交易や人々の交流の様子を推理し、国際協調の視点から日元関係の歴史的意義を多面的、多角的に評価することができたか、発言、意見交換、レポートによって評価する。

⑤日元間の交易や禅僧の交流、元寇などの歴史事象を元にして、今日の東シナ海・南シナ海・日本海をめぐる沿海諸国間の関係を多面的、多角的に考察し、協調・共存できる持続可能な社会の実現について展望できたか、発言、意見交換、レポートによって評価する。

小括

世界史学習において、考古学史資料の活用法としてどのような方法が適切であるかを検討し、本章のまとめとする。

考古学史資料を用いた授業では、史資料を読み解く際に、生徒には自然科学の学習での実験データや観察データを扱うのと同じような論理的な思考方法や手続きが求められる。そのため、本章では、考古学史資料を効果的に活

用するための方法として、仮説実験授業を取り入れた授業を提案した。考古学史資料は、歴史事象を、個人の感情や意思決定などの主観的要因に左右されることなく、客観的なデータに基づいて論理的、合理的に解釈することが可能である。「新安沖沈船」と呼ばれる海中遺物（考古学史資料）は、どのような目的の船であったのか、沈没した時期はいつか、出航地と目的地はどこかなどを論理的思考に基づいて解明していくことができる。そのため、科学教育から生まれた仮説実験授業の方法を歴史学習に活用する場合には、新安沖沈船とその引き揚げ物は有効な史資料であると言える。

　中等教育段階の歴史授業では、抽象性の高い概念や概念操作に基づいて行われる場合が多い。その結果、授業では、リアリティを感じない用語や概念の習得に重きが置かれることになる。しかし、生徒は、歴史（世界史）の事象や事実に対する具体的な説明を求めている。また、その事象や事実に対して、論理的な根拠に基づいての説明を期待している。教科教育学研究者の木全清博が指摘しているように、高等学校の歴史教育が抱えるこのような課題は、具体的な歴史現象や史実を客観的につかませていくことと、具体的なものを抽象的なもので説明し、抽象性の重要さをとらえさせていくことを歴史認識の形成の重点にすえること[26]が大切であろう。考古学史資料の活用は、このような高等学校歴史教育の課題の解決を目指す上でも効果的な教材であると言える。

　生徒が考古学的史資料を分析し、解釈していく思考の過程は、21世紀を生きる市民に求められた思考の過程と言えるものである。考古学史資料を用いた授業構成モデルは世界史という科目固有の歴史的思考を育むことをねらいとするものであるが、同時に、21世紀を生きる市民に求められる論理的・批判的思考とも一致するものである。そのため、考古学史資料を読み説くスキルは、日常生活でも活用できる汎用的な思考力として、発展的に活用していくことが重要であると言える。

註

（ 1 ）佐原真（1995）「原始・古代の考古資料」『岩波講座日本通史－史料論－』別巻 3 岩波書店　p. 131。
（ 2 ）山田邦和（2015）「中世史と考古学」『岩波講座日本歴史－史料論－』21　岩波書店　p. 104。
（ 3 ）佐原　前掲論文　pp. 150-152。
（ 4 ）本書の第 5 章第 1 節を参照。
（ 5 ）田尻信壹（2012）「グローバルヒストリー」日本社会科教育学会編『新版社会科教育事典』ぎょうせい　pp. 172-173。
（ 6 ）同上（2011）「ESDと世界史教育－環境の視点が世界史に問いかけるもの－」日本社会科教育学会編『社会科教育研究』113　pp. 101-102。
（ 7 ）水島司（2008）「グローバル・ヒストリー研究の挑戦」水島司編著『グローバル・ヒストリーの挑戦』山川出版社　pp. 6-24。
（ 8 ）田尻信壹（2004）「単元『イブン・バットゥータが旅した14世紀の世界』の開発－新学習指導要領世界史Aにおける『ユーラシアの交流圏』の教材化－」日本社会科教育学会編『社会科教育研究』91　pp. 12-21。
（ 9 ）村井章介（1993）『中世倭人伝（岩波新書）』岩波書店。
（10）濱下武志（1990）『近代中国の国際的契機－朝貢貿易システムと東アジア－』東京大学出版会。
（11）田尻信壹（2004）「海中遺物から見たアジア史研究－新安沖沈船の教材化を事例として－」二谷貞夫編『21世紀の歴史認識と国際理解－韓国・中国・日本からの提言－』明石書店　p. 325。
（12）同上論文　p. 326。
（13）同上論文　p. 326。
（14）同上論文　p. 325。
（15）「新安沖沈没船」（1998）尾形勇編『歴史学事典－歴史学の方法－』6　弘文堂　pp. 317-318。
（16）榎本渉（2007）『東アジア海域と日中交流－ 9 ～14世紀－』吉川弘文館　pp. 106-284。
（17）村井章介（2005）「終末期の鎌倉幕府」『朝日百科　日本の歴史〈新訂増補〉』4　朝日新聞社　p. 4・288。以下、「朝日：終末期の鎌倉幕府」と略記する。
（18）同上論文　p. 4・288。

(19) 新安沖沈船と積み荷については、以下の文献が詳しい。
・三杉隆敏（1978）『世紀の発見―新安沖海底の秘宝―』六興出版。
・東京国立博物館　中日新聞社編（1983）『新安海底引揚げ文物』中日新聞社。
・森本朝子（2001）「海底考古学―新安の沈没船を中心に―」尾本惠市ほか四名編『海のアジア―越境するネットワーク―』5　岩波書店　pp.89-116。
(20) 「朝日：終末期の鎌倉幕府」 pp.4・288-291。
(21) 本文中の①から③までの推理は、「朝日：終末期の鎌倉幕府」の整理に基づいて行った。
(22) 単元「新安沖沈船の積み荷から見た14世紀の東アジアの海域世界」は、下記の論文を今日的視点から再構成して、掲載した。
・田尻信壹（2004）「歴史的視野に立つ日中相互理解の教材開発―沈没船の謎を追う『新安沖沈船』―」『日中相互理解のための教材開発に関する基礎的研究』日本教材文化財団　pp.72-92。
(23) 仮説実験授業に関する代表的文献を以下に列挙する。仮説実験授業の概要やその授業運営法を知りたい場合には、板倉聖宣（1977）『仮説実験授業のABC―楽しい授業への招待―』仮説社　が最適である。
・板倉聖宣（1966）『未来の科学教育』国土社。
・同上（1971）『科学と仮説―仮説実験授業への道―』季節社。
・同上（1977）『仮説実験授業のABC―楽しい授業への招待―』仮説社。
・板倉聖宣　上廻昭（1965）『仮説実験授業入門』明治図書。
・庄司和晃（1965）『仮説実験授業』国土社。
(24) 板倉聖宣（1977）『仮説実験授業のABC』仮説社　p.19。
(25) 同上書　pp.7-18。
(26) 木全清博（1985）『社会認識の発達と歴史教育』岩崎書店　p.159。

第8章 博物館史資料の活用による授業構成モデル
―― 単元「『大航海時代』以後の人の移動とものの交流は、人々に何をもたらしたのか?!」の構想――

第1節 博物館史資料を活用した授業構成の論理

第1項 博物館史資料の特徴

　博物館法第2条によれば、博物館とは、「歴史、芸術、民族、産業、自然科学等に関する資料を収集し、保管し、展示して教育的配慮の下に一般公衆の利用に供し、その教養、調査研究、レクリエーション等に資するために必要な事業を行い、あわせてこれらの資料に関する調査研究をすることを目的とする機関」[1]である。また、第2条第3項では、博物館史資料を「博物館が収集し、保管し、または展示する資料（電磁的記録〈電子方式、電磁的方式そのほか人の知覚によって認識することができない方式でつくられた記録をいう〉）を含む」[2]と規定し、具体的には「実物、標本、模型、文献、図表、写真、フィルム、レコード」[3]などがあげられる。実物（「もの」）史資料であれ、視覚史資料であれ、音声史資料であれ、文献史資料であれ、博物館に収集、保管、展示された史資料は、すべて博物館史資料の中に括られる。

　千地万造[4]は、博物館史資料を、その形質に着目して「もの」と「情報」に分けている。「もの」は、実物または現象とその記録（録音、光学的記録）からなる一次史資料（直接史資料）と、一次史資料のレプリカ・模写・写真[5]・図版などの人工物とその記録（録音、光学的記録）からなる二次史資料（間接史資料）に分けられる。また、「情報」とは、一次史資料に関わる研

究報告書や学術書が該当する。

　近年では、博物館の扱う史資料の範囲が拡大し、無形文化財や文化的景観、さらにデジタル文化財までも収集し、保管し、展示する対象となって来た[6]。

　世界の多様な文化を学習する世界史学習においては、博物館史資料とは、主として異文化理解、多文化理解のために供される史資料を指すことになる。では、博物館史資料と他の史資料との違いはどのような点にあるのか。筆者は、史資料にあらかじめ教育的リソースとしての機能や役割が期待されているか否かという点に着目したいと考える。博物館資料は、博物館法で「教育的配慮の下に一般公衆の利用に供」[7]すると規定されていることをその根拠とする。

　民族学者の高橋純一[8]は、異文化理解教育活動における博物館史資料の活用方法として、学習者の「もの」を介しての体験に着目している。そして、博物館の学びは学校で通常行われている言語を媒介とした知識学習とは異なり、「もの」が生み出す身体・感覚的な体験を重視することを提案した。博物館でのこのような学びのあり方が生まれて来た背景として、近年、博物館を、展示を鑑賞する空間という認識に代わって、「もの」を介して体験を共有する「フォーラムとしての博物館」[9]、「アゴラとしての博物館」[10]という考え方が提起されたことが挙げられる。この観点に立つならば、入館者は展示を介しての入館者同士の相互交流を通じて、展示に対する一人ひとりのオリジナルな解釈を構築することが求められる。今日、このような学びの環境と方法を提供する空間としての博物館と、学習教材としての展示史資料の活用が期待されている。

第2項　博物館史資料による歴史的思考力育成の論理

　『平成17（2005）年度教育課程実施状況調査（高等学校）―ペーパーテスト調査集計結果及び質問紙調査集計結果―』によれば、地歴科世界史Bの授業

を担当している教師の授業における博物館活用状況についての回答は、以下の通り（下の枠内）であった[11]。

質問　博物館や郷土資料館等の地域にある施設を活用した授業を行っていますか	
「行っている方だ」	0.4%
「どちらかといえば行っている方だ」	1.1%
「どちらかといえば行っていない方だ」	10.9%
「行っていない方だ」	87.2%
「その他」・「無回答」	0.4%

出典：『平成17（2005）年度教育課程実施状況調査（高等学校）―ペーパーテスト調査集計結果及び質問紙調査集計結果―』の教師質問紙調査の質問3（9）の回答。回答者数は468名。

　上記の調査から、地歴科世界史Bで博物館を活用した授業を実施した教師（「行っている方だ」、「どちらかといえば行っている方だ」の合計）はわずか1.5%に過ぎない。それに対して、「行っていない方だ」は87.2%に達した。このことから、高等学校の地歴科世界史では、博物館や郷土資料館の活用がほとんど行われていない状況が確認できた。

　博物館の活用が行われていない事情として、これまでの博物館での学習においては、生徒は展示（「もの」）の鑑賞とともに、そこに添えられた解説文を丹念に読むことが課せられて来た。そこでの学習は、生徒が学校で日々受けている授業と何ら変わるものではない。その結果、多くの生徒にとっては博物館訪問は退屈なものであり、教師にとっては博物館を活用することは、博物館への移動や見学に時間と費用がかかるため、時間的、経済的負担が大きい。また、校外活動に対する事務手続きの煩雑さや安全上の課題などの問題も発生する。その結果、博物館を活用した授業は、教室での授業と比べて厄介で非効率的なものとして認識されることになった。このことが博物館を活用した学習が、学校現場で敬遠されてきた理由として考えられる。

　近年、学びの空間としての博物館の新しい機能や役割が注目されている。それは、博物館を意見対立、実験、討論、ワークショップ等の空間と見なす考え方である。すなわち、「フォーラムとしての博物館」、「アゴラとしての

博物館」の活用である。博物館のこのような新しい機能や役割に着目するならば、博物館は入館者に鑑賞の機会や情報を提供することだけではなく（あるいは、提供するためだけではなく）、新しい学びの空間と方法を創出することが期待される。

　このような博物館の学びには、社会構成主義に基づく学習理論[12]が大きな影響を与えている。すなわち、社会構成主義では、知識は学習者の内面において個人的または社会的影響により構成されるものとしてとらえられ、学習者の能動的活動を通じて知識を再構成していくことが求められる。また、この視点に立つ学習では、「来館者は博物館で意味を創出し、来館者自身の理解を構成することによって学ぶ」[13]ことになる。そこでは、入館者自身が展示品の鑑賞や解説文の理解を通して知識を習得し蓄積していくような従前の知識蓄積型・知識再生型の学習ではなく、入館者同士の相互の交流を通じて博物館展示に対する一人ひとりのオリジナルな解釈を求める学習こそが必要である。

　また、現行学習指導要領の小学校、中学校社会科および高等学校地歴科世界史Ａ・Ｂと日本史Ａ・Ｂにおいて、博物館における調査・見学が奨励されている[14]。学校教育において博物館の積極的活用が推進された背景には、知識基盤社会の到来や地球化(グローバリゼーション)に対応した学習の役割として、生涯学習の奨励や思考力・判断力・表現力の育成が期待されることになったことが指摘できる。学校教育での博物館を活用した新たな学習のあり方は、探究と密接に結びついた学習方法であると言える。

第2節　博物館史資料を生かす内容構成の論理

第1項　異文化理解と多文化理解を深めるための
　　　　　国立民族学博物館の活用

　地歴科世界史の学習で博物館史資料を活用した授業や活動を構想する場合、異文化理解、多文化理解を図る学習が有効な方法であると考える。このように考える理由として、日本社会の急速な地球化（グローバリゼーション）の進展があげられる。今日、訪日する外国人観光客の急増がマスコミによって喧伝されている。観光客のような一時的な滞在だけでなく、永住を含めた長期の滞在も、1980年代から顕在化して来た。今日では、ニューカマーと称されるアジア諸国の人々や南米諸国からの日系人などが、在日韓国・朝鮮人などのオールドカマーを凌駕している。多様な文化的背景をもつ外国人とその家族の流入と定着は、単一民族国家観に基づく日本の伝統的な学校教育のあり方に変革を迫っている。尹健次は自らの被教育体験を踏まえて、日本の学校教育は戦前、戦後を通じて同化教育をその基軸として来たことを、また今日の非行やいじめの要因が単一民族国家観に支えられた日本社会の閉鎖性や集団主義に起因することを指摘し、克服の手立てとして弱者や少数者に視点を据えた教育の推進を提言している[15]。今日、日本社会に深く根を下ろす単一民族国家観を乗り越えることが重要課題となっている。その方法として、異文化理解と多文化理解の観点に着目することが必要であろう。

　異文化理解と多文化理解は、そもそもどのような考え方をいうのであろうか。先ず、異文化理解とは、文化間の共通性や差異性を相互に理解し、互いの価値観や行動様式を受容し尊重していこうとする認識のことである[16]。今日の国際社会では、異なる文明間や文化間での対立や衝突が激化している。対立や衝突を引き起こす背景には、人々の異文明や異文化に対する硬直した

ステレオタイプ的認識の問題性が指摘される[17]。次に、多文化理解とは、一国内の多様性を尊重し、人種、民族、社会階層、性別などあらゆる文化集団への理解と受容を促進することを通して各文化集団に対する差別と偏見をなくし、それぞれの集団が対等な立場で扱われるべきだという考え方である[18]。

では、異文化理解と多文化理解の視点を生かして世界史の単元開発を行う場合には、どんな点に留意すべきであろうか。現代社会では、文化の多様性に対する認識のほかに、固有の文化においても外来の多様な文化との混在化や混成化が進行し、文化の複合化が見られる。そのため、異文化理解と多文化理解と関わりの深い人権や共生の問題を取り上げることを通して、単一民族国家観に支えられた日本社会の自民族中心主義(エスノセントリズム)を克服し、文化や人種、民族を異にする集団との共生の道を目指す教育を推進することが重要である。

この問題を検討する際、佐藤正幸が報告した国際歴史教育学会（1995年モントリオール大会）での議論は有益である。同大会の統一テーマは「多文化社会における『過去の切り取り方』の多様さと歴史教育－価値とは何か－」であり、そこでは多文化社会における歴史教育のあり方が議論された。佐藤はリューゼン, J.（Rüsen, J.）の発表概要を紹介し、歴史教育の役割を文化的差異に関する相互承認の原則を歴史意識の深みにまで遡って極めることであるとし、そのためには歴史学習を通じて「過去を理解する能力を発展させること」、「過去を歴史として解釈する能力を発展させること」、「歴史によって現実生活の方向づけをする能力を発展させること」の三点が重要であることを指摘した[19]。知識・理解を重視する伝統的な注入主義に基づく知識蓄積型・知識再生型授業では、多様な歴史認識の存在や自己と他者との歴史認識の違いを生徒に実感させ、その相対化を図ることは困難である。生徒に異質の他者と向き合い、摩擦や軋轢、対立を乗り越え、異質の文化的背景を持つ人々との共生や、文化間相互の混成化、混淆化による新たな文化創生の可能性について考察することは、21世紀を生きる市民に求められる基本的な資質・能

力として考えられる。そのため、世界史の学習では、異文化理解と多文化理解を図る目的で、博物館の史資料を活用した学習や活動を取り入れていくことが求められよう。

　異文化理解と多文化理解の視点を取り入れた世界史の単元開発を進めるにあたって、国立民族学博物館（以下、「民博」と略記する）の展示と学習プログラムは参考になる。民博とは、1974年に大阪府吹田市の万博公園内に設立され、1977年に開館した博物館機能をもつ文化人類学と民族学の研究所である。博物館には、標本史資料や映像・音響史資料、文献史資料など百万点以上の史資料類が収集、所蔵されており[20]、世界の諸民族の社会と文化を展示する日本最大級の施設である。民博所蔵の民族学や人類学に関係する史資料を世界史学習で活用することは、生徒に多様で具体的な世界史像を創造させる上で大きな助けとなろう。

　民博の展示は、地域展示と通文化展示に分かれている[21]。地域展示では、オセアニア、アメリカ、ヨーロッパ、アフリカ、西アジア、南アジア、東南アジア、中央・北アジア、東アジア（日本の文化、アイヌの文化、中国地域の文化、朝鮮半島の文化）に分かれている。そして、各地域世界の固有の文化だけでなく、他の地域世界との交流や伝播という観点からの展示工夫が試みられている。また、通文化展示は特定の地域単位でなく、特定のジャンルを取り上げて広く世界の民族文化を通覧する展示であり、音楽と言語の展示が行われている。

　民博では、2003年から二年間、民博と小・中・高等学校の教師、大学の研究者が連携して「国立民族学博物館を活用した異文化理解教育のプログラム開発」を行い、その成果は民博の報告書として刊行した[22]。また、2005年から2014年までの間、毎年8月に日本国際理解教育学会との共催で、「博学連携教員研修ワークショップ」を開催し、民博の展示史資料や施設を活用した授業実践を小・中・高等学校の教師に紹介して来た[23]。これらの活動では、学習者が展示品を観察・探究する機会を持つような能動的な学習状況が準備

されている。本章第３節では、筆者が「国立民族学博物館を活用した異文化理解教育のプログラム開発」の一環として開発した世界史単元（「単元「『大航海時代』以後の人の移動とものの交流は、人々に何をもたらしたのか?!」」[24]を取り上げる。

第２項　異文化理解と多文化理解の視点からの「大西洋世界」の位置付けと課題

　異文化理解と多文化理解の視点から世界史の内容構成を鳥瞰した場合、「大航海時代」以後の世界が着目される。このような観点から、1999年改訂以降の学習指導要領地歴科世界史では、16世紀から18世紀にかけての時期の学習が重視されることになった。たとえば、世界史Ｂでは、地域世界として「大西洋世界」が登場した[25]。また、世界史Ａでは「大西洋世界」という地域世界概念を用いていないが、同時期の世界の構造を示す用語として「大西洋貿易」が使われた[26]。

　「大西洋世界」とは、16世紀から18世紀にかけて、大西洋を挟んで西ヨーロッパ、西アフリカ、アメリカに形成された地域世界を指す。この地域世界は、これまで学習指導要領で用いられてきた文化圏とは性格を異にする。文化圏という概念は地域世界を文化的、地理的特色によって静態的に把握する場合に適していたが、反面、動態的にとらえようとする場合には不向きであった[27]。「大西洋世界」は、西ヨーロッパの主導のもとに異なる文化的背景を持つ三地域世界（西ヨーロッパ、西アフリカ、アメリカの各地域世界）間に形成された歴史的複合世界であり、地域世界の動向を構造的かつダイナミックにとらえようとする場合に有効な概念である[28]。「大西洋世界」の形成は、「大航海時代」以後の、スペインによるアメリカの征服や植民活動によって始まり、オランダ・フランス・イギリスなどの主権国家間の激しい争奪戦の中で展開された。現行教育課程の世界史教科書（山川出版社『詳説世界史改訂版（世界史Ｂ）』）では、「大西洋世界」は「ヨーロッパ諸国の海外進出」に関

する項目の中で扱われており、アメリカにおける植民地争奪戦と大西洋の三角貿易を取り上げている。大西洋の三角貿易についての記述は、以下の通りである。

資料8－1　山川出版社『詳説世界史改訂版（世界史B）』における「大西洋の三角貿易」の記述

三角貿易
（前略）17世紀にアメリカ大陸や西インド諸島でサトウキビ・タバコ・綿花などの大農園（プランテーション）が盛んになると、ますます大量のアフリカの黒人が奴隷として求められるようになった。大西洋をわたった奴隷の数は、19世紀までに1千万人以上にのぼると推定されている。
　この奴隷貿易は、ヨーロッパから武器や雑貨などをアフリカにおくり、それと交換で得た奴隷をアメリカ大陸・西インド諸島におくりこんで、そこから砂糖・綿花・タバコ・コーヒーなどの農産物をヨーロッパにもち帰って売りさばくという三角貿易の一環としておこなわれた。こうした大西洋をめぐる三角貿易は、西ヨーロッパ人の消費生活を大きくかえるとともに、それに加わったイギリスなどのヨーロッパの有力国に大きな利益をもたらした。この結果、ヨーロッパでは産業革命の前提条件である資本蓄積がうながされたが、逆にアフリカの西海岸地方がうけた社会的被害は甚大であった。

（木村靖二　岸本美緒　小松久雄ほか五名　[2017]『詳説世界史改訂版（世界史B）』[2016年文科省検定済]　山川出版社　pp.235-236）

　上記の記述では、三角貿易の説明は消費生活の変化、資本蓄積などの抽象的な表現や用語と、奴隷、砂糖、綿花、タバコ、コーヒーなどの取引品が網羅的に列挙されるものであり、知識や概念の暗記と理解が中心となっている。この記述の問題点として、説明が文字史資料に頼らざるを得ないこともあり、大西洋の三角貿易の中核を形成する奴隷貿易や、カリブ海域の砂糖プランテーションを取り上げても、その内容は抽象的なものであり、学習者が歴史の具体的姿やリアリティを体験的に理解することは困難であった。

第3節　単元「『大航海時代』以後の人の移動とものの交流は、人々に何をもたらしたのか?!」の検討

第1項　単元「『大航海時代』以後の人の移動とものの交流は、人々に何をもたらしたのか?!」の構成原理

　世界史学習において、「大西洋世界」を構造的に理解する場合、最も説得力のある理論を提供してくれているのが、ウォーラーステイン，I.（Wallerstein, I.）の近代世界システム論[29]である。近代世界システム論では、大西洋に囲まれた西ヨーロッパ・西アフリカ・アメリカ間に形成された世界（「大西洋世界」）を、中核（西ヨーロッパ）に誕生した資本主義体制に半周辺（東ヨーロッパ）や周辺（西アフリカ・アメリカ）が組み込まれた複合的世界としてとらえた。近代世界システム論に基づく「大西洋世界」の設定など、世界史近代の内容構成を新たな視点でとらえることが可能になった[30]。「大西洋世界」はスペインのアメリカ征服や植民活動によって始まり、西ヨーロッパの主権国家間による植民地争奪戦の中で形成された。この世界は、西アフリカから西インド諸島などへの奴隷貿易を中心として形成された「大西洋貿易」によって、有機的な結合を強めた。「大西洋貿易」の伸展は西アフリカに深刻な人口減少をもたらし、西インド諸島やブラジルに奴隷労働に基づく砂糖プランテーションを発達させた。「大西洋貿易」と奴隷制プランテーションの成長は、西ヨーロッパ、とりわけ、イギリスに莫大な利益をもたらし産業革命の資本蓄積を推進する一方、西アフリカとアメリカの低開発を促すことになった。「大西洋世界」の経済的結合の強まりは、同時に政治的一体性を強めることになった。近代世界システム論をもとに「大西洋世界」を設定することで、これまでのフランス革命や産業革命の授業に見られた一国史的発展段階論の限界を超えることが可能になろう。

生徒が「大航海時代」以後の近代世界を構造的に把握できるようにするためには、どうしたらよいか。その方法として、「人」の移動や「もの」の交流、交易を切り口としてとらえる方法が提起されている。具体的には、香辛料や銀、砂糖、茶、綿製品など、当時の世界商品の生産から消費までの過程をたどったり、西ヨーロッパや西アフリカから大洋を越えての移民や奴隷の歴史を取り上げたりして、当時の世界の仕組みや構造を解明する方法が考えられる。

第2項　単元「『大航海時代』以後の人の移動とものの交流は、人々に何をもたらしたのか?!」の史資料面からの検討

　本章の目的は、民博の展示品や史資料を地歴科世界史の中に位置付け、授業で活用できる異文化理解と多文化理解のための教材を開発することである。その試みとして、地歴科世界史Bの内容に対応して開発した単元「『大航海時代』以後の人の移動とものの交流は、人々に何をもたらしたのか?!」を報告する。この単元の開発にあたっては、民博の展示・史資料を地歴科世界史の内容にどう結び付けるかが重要課題となる。

　ここで取り上げる単元「『大航海時代』以後の人の移動とものの交流は、人々に何をもたらしたのか?!」は、「国立民族学博物館を活用した異文化理解教育のプログラム開発」の一環として筆者が開発し、森茂岳雄編（2005）『国立民族学博物館を活用した異文化理解教育のプログラム開発』国立民族学博物館　に掲載したものである。

　単元「『大航海時代』以後の人の移動とものの交流は、人々に何をもたらしたのか?!」で活用した史資料を展示した地域は、「アメリカ展示」と「アフリカ展示」である[31]。では、そこに展示されている主な史資料を列挙する（表8－1「単元〈『大航海時代』以後の人の移動とものの交流は、人々に何をもたらしたのか?!〉で活用した国立民族学博物館史資料一覧」を参照のこと）。「アメリカ展示」には、ジャガイモ、トウモロコシ、カカオ、パプリカ（トウガラ

シ）などの「もの」展示やその伝播を説明するパネルがあり、これらの身近な作物を通して、「もの」の交流を具体的にイメージできる。

「アメリカ展示」には、砂糖プランテーションで用いた「砂糖キビ搾汁機」や砂糖キビの汁液を煮出して固めた「砂糖玉」[32]が展示されている。また、アフリカ系奴隷が同地でキリスト教を信仰するようになり、アフリカ起源の踊りや音楽とキリスト教文化とが融合してカーニバルが誕生したことなどを説明した展示がある。「アフリカ展示」には、「大西洋の三角貿易」の、ヨーロッパ側の輸出品であった「トンボ玉」（ガラス玉）などが展示されている。

表8－1　「単元『大航海時代』以後の人の移動とものの交流は、人々に何をもたらしたのか?!」で活用した国立民族学博物館史資料一覧

◇実物（もの）史資料
　「アメリカ展示」関係
　　1．踏み鋤（アメリカの生活）
　　2．ジャガイモ・トウモロコシ等（アメリカの作物）
　　3．砂糖キビ搾汁機と砂糖玉（砂糖キビプランテーション）
　　4．衣装（ヨーロッパとアメリカの交流）
　「アフリカ展示関係」
　　5．農具（鍬・鋤・鎌など）
　　6．アシャンテ王国の分銅（大西洋の奴隷貿易）
　　7．装身具［トンボ玉・ヨーロッパの金貨］（大西洋の奴隷貿易）
◇ビデオテーク（映像史資料）
　　8．アンデス高地の農耕と牧畜（アメリカの生活）
　　9．アンデス高地の一日（アメリカの生活）
　　10．フルベ族―村の生活―（アフリカの社会・生活・文化）
　　11．ボゴの王様―北カメルーン―（アフリカの社会・生活・文化）
　　12．ボゴの音楽（アフリカの社会・生活・文化）
　　13．ガウンダレの音楽（アフリカの社会・生活・文化）
　　14．ゴレ島―奴隷島から文化の島へ―（大西洋の奴隷貿易）
◇音楽・言語関係史資料
　　15．インカのキープ（結縄・インカの文字）
◇特別展（「西アフリカおはなし村」）[33]
　　16．コーランとコーラン台（イスラームのアフリカへの伝播）
　　17．学習板（アフリカの社会・生活・文化）
　　18．ヒョウタンの容器（アフリカの社会・生活）

備考：（　）内の語句は、当該史資料の内容についての説明である。

また、「アメリカ展示」のカーニバルの服装やインディオの民族衣装からは、アメリカと西ヨーロッパ、西アフリカとの文化的交流の跡をたどることもできる。それらの史資料を活用することで、大西洋の三角貿易や砂糖プランテーションの実態を生徒に具体的に示すことができ、イメージ豊かな授業を行うことが可能になる。

第4節　単元「『大航海時代』以後の人の移動とものの交流は、人々に何をもたらしたのか?!」のフレームワークと授業計画／活動計画

第1項　単元「『大航海時代』以後の人の移動とものの交流は、人々に何をもたらしたのか?!」の目標とフレームワーク

　世界史単元「『大航海時代』以後の人の移動とものの交流は、人々に何をもたらしたのか?!」の授業／活動を通して、生徒は以下の五つの目標を達成すること目指す。

目標①　「大航海時代」以後、西ヨーロッパ、西アフリカ、アメリカとの間での交換された「もの」（作物、家畜、資源）や「大西洋世界」に形成された経済の仕組みを理解し説明できる。

目標②　「大航海時代」以後、アメリカ世界が他の地域世界の発展や生活の安定に与えた影響を「アメリカ展示」から発見し例示できる。

目標③　「大航海時代」から18世紀にかけてのアメリカ社会の特質と、アメリカと西ヨーロッパ、西アフリカとの間に形成された関係を空間的（地理的）条件に着目して整理し、「大西洋貿易」や砂糖プランテーションの構造や影響を理解し説明できる。

目標④　「大航海時代」以後のアメリカ社会における文化のクレオール化に

ついて関心を持ち、意欲的に追究しようとしている。
目標⑤ 目標①から目標④を達成するために、「手引書」を活用しながら「アメリカ展示」「アフリカ展示」の展示品やビデオテークを鑑賞して記録し、「大西洋世界」の成立の意義を評価することができる。
目標⑥ 「大航海時代」以後の「人」の移動と「もの」の交流に関心をもち、史資料の収集と分析を意欲的に行い、主体的に探究しようとしている。

　上記目標の内、目標①から目標⑤までの目標については、「改訂版ブルーム・タキソノミー」テーブルを用いる。「改訂版ブルーム・タキソノミー」テーブルで「知識次元」と「認知過程次元」に分節化して表したものが、表8－2である。

表8－2　「改訂版ブルーム・タキソノミー」テーブルによる単元「『大航海時代』以後の人の移動とものの交流は、人々に何をもたらしたのか?!」の目標分析

知識次元	認知過程次元					
	1.記憶する	2.理解する	3.応用する	4.分析する	5.評価する	6.創造する
A．事実的知識		目標①				
B．概念的知識		目標①				
C．手続き的知識			目標②	目標③	目標⑤	
D．メタ認知的知識					目標④	

備考：目標（網掛け部分）は、探究次元の学習を表す。

○目標⑥に対応したパフォーマンス課題○
　川北稔はその著書『砂糖の世界史』（岩波ジュニア新書）の中で、「もの（商品）」を通じて歴史を見ることで二つの大事なことがわかると言っています。すなわち、第一に「各地の人々の生活の具体的姿」や「下層の民衆の姿」が見えて来ることであり、第二に、「世界経済の仕組み」や「世界各地の相互のつながり」がわかるということです。このことを念頭において、パネル「コロンブス以前の新旧大陸における主要な作物と家畜」の中から作物や家畜を取り上げ、以下の二つの課題についてのレポートを作成して下さい。

課題1　皆さんが選んだ作物や家畜について、その特徴や歴史について調べてみましょう。
課題2　皆さんが選んだ作物や家畜について、下の①・②のうちのどちらかを選んで考察してみましょう。
　　　　①人々の生活に与えた影響（恩恵）
　　　　②世界経済の仕組みや世界各地のつながり

　目標⑥は、パフォーマンス課題であるため、ルーブリックを作成して、それに基づいて評価する。作成したルーブリックが、表8－3である。

表8－3　単元「『大航海時代』以後の人の移動とものの交流は、人々に何をもたらしたのか?!」における目標⑥に対応したパフォーマンス課題の課題別評価基準表

尺度による評価基準	記述語による評価規準		
	（1）目標に照らしての達成規準	（2）論述に関わる達成規準	（3）発表に関わる達成規準
3－優れている	・単元「『大航海時代』以後の人の移動とものの交流は、人々に何をもたらしたのか?!」の目標を踏まえ、博物館史資料の特質を正確に理解している。「コロンブス以前の新旧大陸における主要な作物と家畜の交流」が「人々の生活」や「世界経済の仕組み」、「世界各地の相互のつながり」に与えた影響に関心をもち、根拠となる多種多様な史料を用いて、多面的、多角	・単元「『大航海時代』以後の人の移動とものの交流は、人々に何をもたらしたのか?!」の目標を踏まえ、史資料の収集と整理を十分に行い、執筆上のルールや論文の形式を遵守して、論述している。「新旧大陸における主要な作物と家畜の交流」が「人々の生活」や「世界経済の仕組み」、「世界各地の相互のつながり」に与えた影響を、根拠となる多種多様な史資料を活用	・単元「『大航海時代』以後の人の移動とものの交流は、人々に何をもたらしたのか?!」の目標を踏まえ、発表のルールと形式を遵守して、意欲的に発表している。「新旧大陸における主要な作物と家畜の交流」が「人々の生活」や「世界経済の仕組み」、「世界各地の相互のつながり」に与えた影響を、根拠となる多種多様な史資料を提示して、多角的、多面的に考察して、

	的に考察し、意欲的に探究している。	して、多面的、多角的に考察し、論理的に論述している。自分の意見も適切に述べている。	明瞭に発表している。聴き手の興味を引きつける工夫を行い、質問にも適切に答えている。
2－ 十分である	・単元「『大航海時代』以後の人の移動とものの交流は、人々に何をもたらしたのか?!」の目標を踏まえ、博物館史資料の特質を概ね理解している。「コロンブス以前の新旧大陸における主要な作物と家畜の交流」が「人々の生活」や「世界経済の仕組み」、「世界各地の相互のつながり」に与えた影響に関心をもち、根拠となる基本的史資料を用いて、二つ程度の側面と視角から考察し、探究している。	・単元「『大航海時代』以後の人の移動とものの交流は、人々に何をもたらしたのか?!」の目標を踏まえ、史資料の収集と整理を行い、執筆上のルールや論文の形式を概ね遵守して論述している。「コロンブス以前の新旧大陸における主要な作物と家畜の交流」が「人々の生活」や「世界経済の仕組み」、「世界各地の相互のつながり」に与えた影響を、根拠となる基本的史資料を用いて、二つ程度の側面と視角から考察し、論述している。自分の意見も述べている。	・単元「『大航海時代』以後の人の移動とものの交流は、人々に何をもたらしたのか?!」の目標を踏まえ、新旧大陸における主要な作物と家畜の交流の意義を、発表のルールと形式を概ね遵守して発表している。「コロンブス以前の新旧大陸における主要な作物と家畜の交流」が「人々の生活に与えた影響」や「世界経済の仕組み」、「世界各地の相互のつながり」に与えた影響を、根拠となる基本的史資料を提示して、二つ程度の側面と視角から考察し、発表している。聴き手に分かり易い発表を心がけ、質問にも答えている
1－ 努力を要する	・単元「『大航海時代』以後の人の移動とものの交流は、人々に何をもたらしたのか?!」の目標を踏まえずに、また、博物館史資料の特質を理解していない。「コロンブス以前の新旧大陸における主要な作物と家畜の交流」が「人々の生活」と「世界経済の仕組み」、「世界各地の相互のつながり」に与えた影響に無関心であり、根拠となる史資料を用いずに、また、複数の側面と視角から考察せずに、探究しようとしている。	・単元「『大航海時代』以後の人の移動とものの交流は、人々に何をもたらしたのか?!」の目標を踏まえずに、また、史資料の収集と整理を十分に行っていない。執筆上のルールや論文の形式を遵守せずに論述しようとしている。「コロンブス以前の新旧大陸における主要な作物と家畜の交流」が「人々の生活に与えた影響」と「世界経済の仕組み」、「世界各地の相互のつながり」に与えた影響を、根拠となる史資料を用いずに、また、複数の側面と視角から考察せずに、恣意的に論述しようとしている。自分の意見も述べていない。	・単元「『大航海時代』以後の人の移動とものの交流は、人々に何をもたらしたのか?!」の目標を踏まえずに、また、発表のルールと形式も遵守せずに発表しようとしている。「コロンブス以前の新旧大陸における主要な作物と家畜の交流」が、「人々の生活に与えた影響」と「世界経済の仕組み」、「世界各地の相互のつながり」に与えた影響を、根拠となる史資料を提示せずに、また、複数の側面と視角から考察せずに、恣意的に発表しようとしている。聴き手を引きつける工夫がなされておらず、質問にも答えていない。

第2項　単元「『大航海時代』以後の人の移動とものの交流は、人々に何をもたらしたのか?!」の構成

(1) 単元名／活動名

「大航海時代」以後の人の移動とものの交流は、人々に何をもたらしたのか?!

(2) 単元の構成／活動の構成

単元「『大航海時代』以後の人の移動とものの交流は、人々に何をもたらしたのか?!」は、民博の「アメリカ展示」「アフリカ展示」とそれらに関連するビデオテークを、地歴科世界史Bの内容に照らして活用するために開発したものである。単元の構成と配当時間は、以下の通りである。

第1次（民博内の活動：3時間程度）「アメリカ展示」の見学と活動
　　筆者が作成した、「アメリカ展示」活用のための手引書、「『大航海時代』以後の人の移動とものの交流は、人々に何をもたらしたのか？！」（資料8－2を参照）と、ワークシート（資料8－3を参照）を使って活動する。
第2次（家庭学習）　事後学習：レポート「コロンブス以前の『新旧』大陸
　　　　　　　　　　　　　　における主要な作物と家畜がそれ以降の社会や人々に
　　　　　　　　　　　　　　与えた影響」の作成
　　ワークシートの記録や民博で収集した写真や史資料、及び生徒各自が収集した史資料をもとに、レポートを作成する。レポートのテーマについては、本節の「(4)教材」を参照のこと。
第3次（2時間）　事後学習：レポートの発表
　　提出されたレポートをクラス内で発表する。発表者はレポートの内容と民博展示の感想を述べる。

(3) 学習計画

各次の主な教材と活動の概要は、以下の通りとする。

次／時	生徒への問い・課題（★）と 生徒の主な活動内容（◎）	教師による指導上の留意点（●） と教材（○）
第1次／3時間程度	**民博の見学と活動**（民博内での活動） ★問い：「アメリカ展示」で見つけたものである。これ（球体状のもの）は何か。 　予想される答 　　・大砲の砲弾 　　・岩石 　　・鉱物 　　・化石（恐竜の卵？）	T（教師）　球体状のもの（写真）を示して発問する。 ●球体状のものは、直径15センチメートルほどであることを説明する。
	◎生徒は球体状のものを「アメリカ展示」の展示品の中から見つける。 ◎砂糖玉（砂糖キビの汁を煮て、球体状に固めたもの）であることを確認し、砂糖キビ搾汁機を観察する。 ◎「アメリカ展示」「アフリカ展示」活用のための「手引書」の「近代的工場は砂糖キビプランテーションから始まった？」を読む。	T　生徒に球体上のものを探すことを指示する。 T　砂糖キビ搾汁機の使い方を説明する。観察したことをもとに生徒同士で意見交換を行わせる。 T　「手引書」の「近代的工場は砂糖プランテーションから始まった？」を生徒に黙読させる。 ●プランテーションが近代的工場と同じ性格をもっていると考えられた理由について、話し合わせる。
	★問い：プランテーションで働く奴隷は、どこから供給されたかを考えよ。 　予想される答 　　・アフリカからの人々 　　・アメリカ土着のインディオ 　　・ヨーロッパからの移民 ◎「手引書」の「奴隷はどこから連れて来られたか？」を読む。 ◎「アフリカ展示」で、農具類や儀礼用の造形物、ブロンズ像を探して写真に撮り、気づいたことをワークシートに記録する。 ◎アフリカの社会や文化の特徴を知るために以下の	T　発問する。 T　生徒に答えさせる。 T　「奴隷はどこから連れて来られたか？」を生徒に黙読させる。 ●生徒の中には、アフリカの人々が奴隷にされた理由として、「未開の民」、「従順で支配されやすい」などの偏見をもつ者もある。その

第8章 博物館史資料の活用による授業構成モデル　255

ビデオテークのいくつかを鑑賞し、その内容をワークシートに記録する。
・フルベ族―村の生活―（1096、13分）
・ボゴの王様―北カメルーン―（1472、14分）
・北カメルーンの王様（7021、30分）
・ガウンダレの音楽（7020、32分）
・ボゴの音楽（7031、34分）

◎「手引書」の「大西洋の奴隷貿易」を読み、アフリカの人々がどのようにして連行されて来たのかを理解する。奴隷貿易の実態を知るために、ゴレ島についてのビデオテークを鑑賞して、その内容をワークシートに記録する。

> ビデオテーク
> ゴレ島―奴隷島から文化の島へ―
> 　（7145　13分）

◎グループで、アフリカ系奴隷の扱いや輸送方法についての意見や感想を発表する。
◎グループで、大西洋の三角貿易の構造が今日の南北問題の原型であるとされた理由を考察し、お互いの考えを発表し、意見交換を行う。

◎「手引書」の「ワットの蒸気機関も奴隷貿易のお陰？」を読み、大西洋の三角貿易がイギリスに与えた影響について理解する。

★課題：「アメリカ展示」の中に見られるアフリカ的要素を探してみよう。（「アメリカ展示」の中に見られるヨーロッパ的要素についても探してみよう。）

ため、「アフリカ展示」の多様な農具類や儀礼用の造形物、写実的なブロンズ像を鑑賞させることで、アフリカの人々が優れた技術を持った人々であることに気づかせ、前述のことがアフリカの人々への偏見であることを理解させる。

○**精巧に装飾された真鍮製のタバコ・パイプ**（アフリカ展示）

T　「手引書」の「大西洋の奴隷貿易」を生徒に黙読させる。
●ゴレ島（セネガル）が、ユネスコ世界遺産に登録されている奴隷の保管・積み出し港であったことを理解させる。
●ゴレ島がどこにあるかを地図で確認させる。

●西ヨーロッパ諸国の活動によって、大西洋を挟んで、西ヨーロッパの経済的繁栄と西アフリカ、アメリカ（カリブ海域・ラテンアメリカ）の低開発が進行したことを構造的に理解させる。そして、今日の南北問題の原型であることを理解させる。
●「手引書」の「ワットの蒸気機関も奴隷貿易のお陰？」を生徒に黙読させる。

T　「アメリカ展示」の中に見られるアフリカ的要素を生徒に探させる。（ヨーロッパ的要素についても、生徒に探させる。）観察したことをもとに、生徒同士で意見

		▼「リオのカーニバル」の衣装　▼カカオの実 	交換を行わせる。 ●アフリカ的要素の例として、「リオのカーニバル」の展示を示す。
		★課題：アメリカと他の地域世界との出会いと交流が、相互に大きな影響を与えあった。とくに、アメリカ原産の作物は、他の地域世界の生活を豊かにし、人々を飢餓から救った。アメリカ起源の家畜・作物やそれを使った料理・嗜好品について、他の展示フロアで探してみよう。 「大航海時代」の「人」の移動と「もの」の交流や文化の混淆についてどう考えたか、意見交換をしてみよう。	T　発問する。 ●「手引書」の「アメリカから世界に広まった作物」と「アメリカ展示」内のパネル「コロンブス以前の新旧大陸における主要な作物と家畜」を見せて、気づいたことをワークシートに記録させる。ワークシートへの記述をもとに、生徒同士で意見交換を行わせる。
第2次 ／ 家庭学習		[事後指導] ●レポート作成 ◎民博で収集した写真や記録をもとに、以下のテーマでレポートを作成し、提出する。 レポートのテーマ 川北稔はその著書『砂糖の世界史』(岩波ジュニア新書)の中で、「もの(商品)を通じて歴史を見ることで二つの大事なことがわかると言っています。すなわち、第一に「各地の人々の生活の具体的姿」や「下層の民衆の姿」が見えて来ることであり、第二に、「世界経済の仕組み」や「世界各地の相互のつながり」がわかるということです。このことを念頭において、パネル「コロンブス以前の新旧大陸における主要な作物と家畜」の中から作物や家畜を取り上げ、以下の二つの課題についてのレポートを作成して下さい。 　課題1　皆さんが選んだ作物や家畜について、その特徴や歴史について調べてみましょう。 　課題2　皆さんが選んだ作物や家畜について、下の①・②のうちのどちらかを選んで考察してみましょう。 　①人々の生活に与えた影響(恩恵) 　②世界経済の仕組みや世界各地のつながり	T　レポート作成を指示する。 ●ワークシートや史資料をもとにレポートを作成させる(家庭学習)。

| 第3次 ／ 2時間 | ◎レポートの発表 発表内容や感想について、意見交換を行う。 | ●代表者を指定し、レポートを発表させる。そして、その内容についての意見交換を行わせる。 |

（4）教材

　世界史単元「『大航海時代』以後の人の移動とものの交流は、人々に何をもたらしたのか?!」のために作成した「手引書」（資料8－2参照）とワークシート（資料8－3参照）を、以下に掲載する。

258　第Ⅱ部　21世紀社会に対応した歴史的思考力育成型授業の開発

資料8－2　「アメリカ展示」「アフリカ展示」活用のための「手引書」[34]

国立民族学博物館を活用した異文化理解・多文化理解

「大航海時代」以後の人の移動とものの交流は、人々に何をもたらしたのか?!

～「アメリカ展示」「アフリカ展示」を活用して～

米国・ニューオリンズの街角で（2003年8月、筆者撮影）

　コロンブスの航海は、30年前頃までは、「地理上の発見」「新大陸の発見」と呼ばれて来ました。しかし、「地理上の発見」や「新大陸の発見」という用語には、発見する側としてのヨーロッパを中心にすえ、その進出先となる非ヨーロッパ世界、とりわけアフリカの人々を受動的な存在としてとらえる傾向があります。この時代は、地球上のさまざまな人々が出会い、文化が混淆した時代でした。そのため、今日では、「地理上の発見」「新大陸の発見」などの用語は使われなくなり、「大航海時代」と呼ばれることになりました。

　では、「アメリカ展示」「アフリカ展示」を見学しながら、「大航海時代」以後の「人」の移動と「もの」の交流や文化の混淆について、学ぶことにしましょう。

第 8 章　博物館史資料の活用による授業構成モデル　259

問題．球体状の物体（下の写真）は、「アメリカ展示」のフロアーで見つけたものです。大きさは、バレーボールを一回り小さくしたくらい（直径15センチメートルほど）です。これは何だと思いますか？

館内で見つけた球体状の物体（民博・「アメリカ展示」）

　答は、砂糖キビ汁を煮て固めたものです。19世紀のカリブ海域の島々は、イギリス、フランス、スペインなどの植民地で、見渡す限りの砂糖キビ畑で覆われていました。カリブ海の島々がこのような景観に変わったのは17世紀以降のことです。「旧世界」アジア・アフリカから「新世界」アメリカへの砂糖キビの移植は、コロンブスの航海から始まりました。

260　第Ⅱ部　21世紀社会に対応した歴史的思考力育成型授業の開発

写真の配置

▲砂糖キビプランテーション（①、米国・ミシシッピ州、2003年8月、筆者が撮影）と砂糖キビ搾汁機（②、民博・「アメリカ展示」）

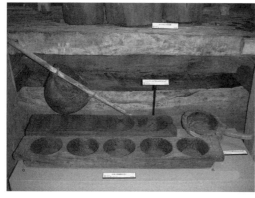

▲砂糖キビを圧搾し（③）、出てきた砂糖キビの汁を貯める容器（④）。煮詰めた砂糖キビの汁をすくう柄杓と、それを固める木型（⑤）。この作業によって、前ページの写真のような球体状の固まりが作られた（民博・「アメリカ展示」）。

◇近代的工場は砂糖キビプランテーションから始まった？

　砂糖キビプランテーションは農園と工場がドッキングした施設でした。農園での砂糖キビの作付け・施肥・除草・収穫は過酷な労働です。とりわけ、収穫時には短期間に伐採(収穫)を終えないと砂糖の量や質に重大な影響を与えたため、奴隷頭(かしら)の監視のもとで早朝から夕方まで激しい労働が強制されました。成人から老人・子供まですべての奴隷が能力別にチームを編成して、組織的に作業を行いました。工場での製糖作業は、農園での仕事以上に過酷で危険に満ちていました。奴隷は騒音と高温多湿の中で昼も夜も巨大なローラーを用いての搾汁(ひしゃく)や大釜から柄杓を使っての灰汁(あく)を取り除く煮詰め作業を行いました。展示されている「砂糖キビ搾汁機(②)」は、砂糖づくりのための機械です。蒸気機関車も砂糖をプランテーションから港に運ぶためにいち早く導入されました。世界商品である砂糖を迅速にヨーロッパに供給することがプランターの利益を左右したからです。近代的工場システムの原型が、植民地での砂糖キビプランテーションで成立したと主張する学者もいます。イギリスで産業革命が本格化し、工場制度が定着するのは砂糖キビプランテーションの成立より一世紀近く後のことでした。砂糖キビプランテーションの労働はあまりにも過酷であったために、購入した奴隷は一シーズンの内に三分の一が死亡しました。そのため、奴隷は外部から常に補充される必要がありました。

▲アメリカ大陸「発見」後のヨーロッパ人のアフリカ、アメリカへの進出
(民博・「アメリカ展示」)

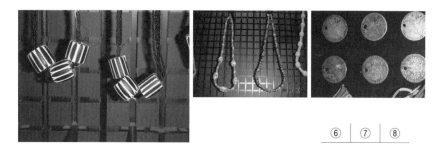

トンボ玉（⑥）、トンボ玉を使った首飾り（⑦）、マリア・テレジア金貨（オーストリア帝国）を加工したアクセサリー（⑧）（民博・「アフリカ展示」）

◇奴隷はどこから連れて来られたか？

　奴隷貿易は西ヨーロッパ・西アフリカ・アメリカ間の大西洋の三角貿易の形態をとりました。西ヨーロッパの港を出航する奴隷貿易船は、同港で鉄砲や弾薬、ガラス玉（トンボ玉；⑥、⑦）、安価な綿布やアフリカで通貨代わりとして使われた鉄棒などを積み込みました。これらの商品は西アフリカに運ばれ、そこの商品と交換されました。西アフリカの海岸地帯はヨーロッパ人によって象牙海岸、黄金海岸、奴隷海岸など、かれらが求めた商品の名前が付けられました。とりわけ、アフリカ系奴隷が最も重要な商品でした。当時、この地域にはダホメー王国やベニン王国、アシャンテ王国などの「黒人」王国が栄え、内陸部の弱小部族を攻撃し住民を捕らえてヨーロッパの商品と交換することを国家の経済基盤としていました。奴隷とされたのは、老人や子供よりも若者でした。その結果、若者人口の減少はアフリカ社会に深刻な傷跡を残し、その後の発展を阻害する要因となりました。

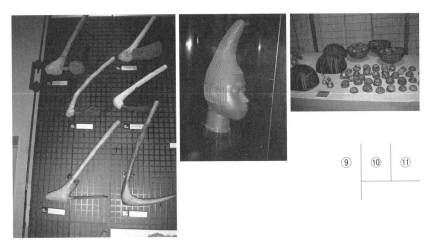

▲様々な形をした鍬（⑨）、写実的な人物ブロンズ像（⑩）（民博・「アフリカ展示」）と、ヒョウタンの飾り物（⑪）（民博・特別展「西アフリカおはなし村」）

◇すぐれた農民であったアフリカの人々

　なぜ、アフリカの人々がカリブ海やブラジルのプランテーションの労働力（奴隷）にされたのでしょうか。アフリカの人々は未開の民であり、未統合の部族集団であったためでしょうか。それとも、アフリカの人々が従順な性格で支配され易かったからでしょうか。そのことが正しいのかを確認するために、「アフリカ展示」を見学してみて下さい。「アフリカ展示」の多様な農具類、写実的な人物ブロンズ像、儀礼用の様々な造形物の存在から、アフリカ社会が他の世界と比べても遜色のない発展した社会であり、農耕に対する高度な知識と技術を有し、組織的な労働に順応できる存在であったことがわかります。アフリカの人々を未開の民や野蛮人とする見方は、根拠のない偏見です。アフリカ社会は野蛮でも未開でもありませんでした。同時代の他の地域世界と比較しても決して劣ることのない豊かで成熟した社会でした。アフリカの人々の労働によって砂糖キビのような労働集約型の高度な作物栽培を可能にしました。

▲コーランとコーラン台（⑫）、コーランの学習板（⑬）、学習風景（⑭）
（民博・特別展「西アフリカおはなし村」）

◇イスラームの影響を受けた西アフリカ

　当時の西アフリカでは、イスラームの信仰が浸透していました。サハラ以北のイスラーム社会との接触から奴隷制が導入され、奴隷が存在し売買されていました。このことが、西アフリカでのヨーロッパ人による奴隷獲得を容易にしたと言われています。ここで、注意しなければならないことがあります。イスラームの奴隷制は、17世紀以降のアメリカで見られる奴隷制とは大きな違いがありました。西アフリカでは、アメリカのプランテーションでの労働のように過酷な仕打ちを受けることはなく、家族の一員のように扱われていました。中には、王国の高官や将軍に取り立てられる者もいたとのことです。

　西アフリカの社会や芸能、文化について理解する上で、ビデオテークの番組が役に立ちます。西アフリカの社会や文化の特徴を知るために鑑賞して下さい。

>　ビデオテーク
>　　◇フルベ族―村の生活―（1096　13分）
>　　◇ボゴの王様―北カメルーン―（1472　14分）
>　　◇北カメルーンの王様（7021　30分）
>　　◇ガウンデレの音楽（7020　32分）
>　　◇ボゴの音楽（7031　34分）

◇大西洋の奴隷貿易

　西ヨーロッパの商人は西アフリカで奴隷を購入すると、奴隷の額、胸、肩、背中などに焼き印を押して貿易船に積み込み、カリブ海域やブラジルに搬送しました。大西洋を横断するこの航海は「中間航路」と呼ばれ、普通30日から40日、長いときには9ヶ月を要しました。船に奴隷をぎりぎりまで積み込んだため、奴隷一人あたりの空間は高さ80、奥行き180、幅40センチメートルに過ぎませんでした。奴隷たちは素裸で両手を鎖で固定された上、足も二人ずつ繋がれていました。そのため、伝染病や脱水症、自殺などによって輸送中に多くの死者を出しました。船中での伝染病の流行を恐れた船長は、病気になった奴隷を見つけると生きたまま海に捨てることを部下に命じました。そのため、餌を求める鮫が貿易船の航跡を追って行く姿をよく見かけたと言います。イギリスのリヴァプール港から出航したトマス号の航海（1767年）では、奴隷630人の内100名が輸送中に死亡しました。歴史学者の推定によれば、16世紀から奴隷貿易が廃止される19世紀初頭までに、1,200万人から2,000万人が西アフリカからアメリカへ運ばれたとのことです。貿易船はアフリカ系奴隷をアメリカで売却後、そこで生産された砂糖やタバコ、綿花などを積み込み、西ヨーロッパの港に帰還しました。

　この三角貿易によって、西ヨーロッパの商人は最低でも元手の三倍の利益を得たと言われます。とりわけ、奴隷貿易の利益率がきわめて高いものでした。西ヨーロッパ・西アフリカ・アメリカの三地域は三角貿易（大西洋の三角貿易）を通じて密接な関係を形成し、経済的一体性を強めることになりました（「大西洋世界」の形成）。

　今日、奴隷貿易の実態を知る上で貴重な情報を提供してくれるのが、セネガルのダカール沖合にあるゴレ島です。ゴレ島には、アフリカ大陸から連行して来た奴隷を一時収容し、カリブ海やブラジルに向けて積み出すための施設がつくられ、その施設が今も保存されています。そのため、ゴレ島は1978年、ユネスコの世界遺産に登録されました。ゴレ島については、ビデオテークの番組があるので、是非鑑賞して下さい。

> ビデオテーク
> 　◇ゴレ島―奴隷の島から文化の島へ―
> 　　　　（7145）13分

◇ワットの蒸気機関は奴隷貿易のお陰？

　大西洋の三角貿易での最大の受益者はイギリスのリヴァプール商人でした。奴隷貿易は東インド会社のような機関に独占貿易の権限が与えられなかったため、財力があれば誰でも貿易に参加できました。その結果、17世紀以前はさびれた港町に過ぎなかったリヴァプールが18世紀末までに世界最大の奴隷貿易港に成長しました。当時のイギリスで三角貿易や植民地貿易に関わっていない商業・工業都市はほとんどなかったと言われます。また、植民地のプランターの多くはイギリス本土に移り住み、上流階級を形成しました。国王ジョージ3世（在位1760～1820年）が砂糖プランターの立派な馬車を見て、首相のピットに「砂糖の関税はどうなっているのか！」と問いただしたという話が残っています。プランターの中には国王を嫉妬させるほどの贅沢な暮らしをしているものも現れました。かれらの蓄えた資本がその後の産業革命を準備することになりました。ワットによる蒸気機関の研究はリヴァプール商人のつくった銀行から研究資金の提供を受けて行われたとのことです。産業革命の代表的工業都市に成長するマンチェスターがリヴァプールに隣接していたことは、決して偶然ではありませんでした。

◇アメリカにおけるアフリカ系の人々の生活と文化

　19世紀にはいると、ヨーロッパでの人権思想の高まりの中で、奴隷貿易は1815年のウィーン会議で禁止されました。また、イギリスを初めとする各国は奴隷制度を廃止し、19世紀末には、アメリカ大陸では、奴隷制度が完全に姿を消すことになりました。この間、西アフリカから連行された人々は、プランテーションの過酷な労働の中でアフリカの生活や文化を保持し、変容させながら、新しい生活や文化をつくり上げていきました。

◀リオのカーニバルの衣装
（民博・「アメリカ展示」）
19世紀にキリスト教の四旬節の祭として生まれ、そこではアフリカ系の歌と踊りが行われました。

第 8 章 博物館史資料の活用による授業構成モデル　267

◇アメリカから世界にひろまった作物

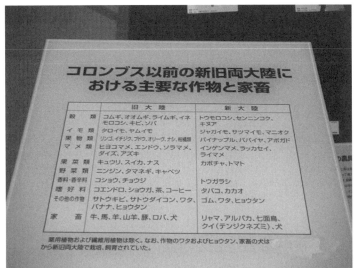

▲コロンブス以前の新旧両大陸における主要な作物と家畜（⑮）（民博・「アメリカ展示」）
アメリカ起源で世界にひろまった作物。カカオ（⑯）、様々な種類のジャガイモ（⑰）とトウモロコシ（⑱）（民博・「アメリカ展示」）

	⑮		
⑯	⑰	⑱	

●アメリカ起源の家畜・作物やそれらを使った料理・嗜好品について、他の展示フロアーで探してみましょう。

268　第Ⅱ部　21世紀社会に対応した歴史的思考力育成型授業の開発

資料8－3　「アメリカ展示」「アフリカ展示」活用のためのワークシート

1-1　球体状のもの（下の写真）は「アメリカ展示」で見つけたものです。これは何ですか。なぜ君はそのように思ったのですか、その理由を挙げて下さい。

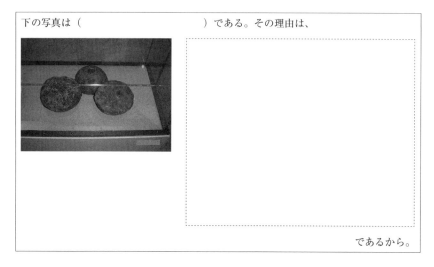

下の写真は（　　　　　　　　　）である。その理由は、

であるから。

1-2　君の予想は当たっていましたか。「アメリカ展示」で確認して「解説」を読み、メモして下さい。

2　写真の機械について観察し、気づいたことをメモして下さい。メモをもとに、気づいたことについて意見交換をして下さい。

気づいたことを自由に書いて下さい。

第8章　博物館史資料の活用による授業構成モデル　　269

3　「アフリカ展示」を見学し、農具や儀礼用の造形物の中から、君が興味や関心をもった展示品を選び、写真に撮り、気づいたことをメモして下さい。

気づいたことを自由に書いて下さい。

○写真貼付欄○

4　君が見たビデオテークのタイトルを挙げ、その内容を記録して下さい。

ビデオテークのタイトル
ビデオテークの内容

5 17・18世紀にかけて大西洋を舞台に大規模に展開した大西洋の三角貿易について、（　）に適語（商品名）を入れて下さい。

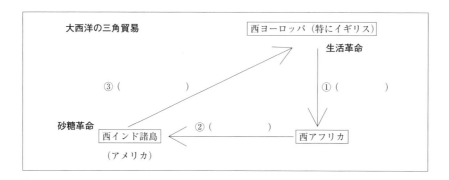

6 「ワットの蒸気機関は奴隷貿易のお陰？」という話があります。この話はどのような歴史的事実を表していたと思いますか。ビデオテーク「ゴレ島―奴隷の島から文化の島へ―」などの情報をもとに、自分の考えをまとめなさい。

7 「アメリカ展示」に見られるアフリカ的要素を探し、写真に撮って下さい。また、気づいたことをメモして下さい。気づいたことについて意見交換をして下さい。

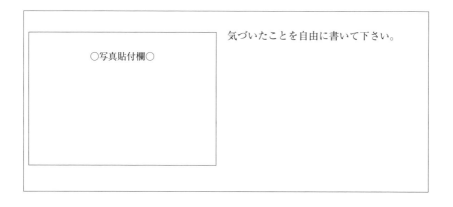

8 アメリカ起源の家畜・作物やそれらを使った料理・嗜好品について、他の展示フロアーで探し、写真に撮って下さい。また、気づいたことをメモして下さい。

○写真貼付欄○　　気づいたことを自由に書いて下さい。

9 8の課題を調査してわかったことをもとに、「大航海時代」の「人」の移動と「もの」の交流や文化の混淆についてどう考えたか、意見交換をして下さい。

◇事後用ワークシート◇
10 レポートのテーマ

川北稔はその著書『砂糖の世界史』（岩波ジュニア新書）の中で、「もの（商品）」を通じて歴史を見ることで二つの大事なことがわかると言っています。すなわち、第一に「各地の人々の生活の具体的姿」や「下層の民衆の姿」が見えて来ることであり、第二に「世界経済の仕組み」や「世界各地の相互のつながり」がわかるということです。このことを念頭において、パネル「コロンブス以前の新旧大陸における主要な作物と家畜」の中から作物や家畜を取り上げ、以下の二つの課題についてのレポートを作成して下さい。

課題1 皆さんが選んだ作物や家畜について、その特徴や歴史を調べてみよう。
課題2 皆さんが選んだ作物や家畜について、下の①・②のうちのどちらかを選んで考察してみよう。
　　　①人々の生活に与えた影響（恩恵）
　　　②世界経済の仕組みや世界各地のつながり

(5) 評価

本活動の評価については、以下の通りとする。

① 「大航海時代」以後、西ヨーロッパ、西アフリカ、アメリカとの間での交換された「もの」(作物、家畜、資源)や「大西洋世界」に形成された経済の仕組みを理解し説明できたか、観察、ワークシートによって評価する。

② 「大航海時代」以後、アメリカ世界が他の地域世界の発展や生活の安定に与えた影響を「アメリカ展示」から発見し例示できたか、ワークシートへの記述によって評価する。

③ 「大航海時代」から18世紀にかけてのアメリカ社会の特質と、アメリカと西ヨーロッパ、西アフリカとの間に形成された関係を空間的(地理的)条件に着目して整理し、「大西洋貿易」や砂糖プランテーションの構造や影響を理解し説明できたか、発言やワークシートへの記述によって評価する。

④ 「大航海時代」以後のアメリカ社会における文化のクレオール化について関心を持ち、意欲的に追究しようとしているか、発言やワークシートへの記述によって評価する。

⑤ 目標①から目標④を達成するために、「手引書」を活用しながら「アメリカ展示」「アフリカ展示」の展示品やビデオテークを鑑賞して記録し、「大西洋世界」の成立の意義を評価することができたか、記録した写真やメモ、レポート、意見によって評価する。

⑥ 「大航海時代」以後の「人」の移動と「もの」の交流に関心をもち、史資料の収集と分析を意欲的に行い、主体的に探究しようとしていたか、レポートの作成と発表によって評価する。

小括

　世界史学習において、博物館史資料の活用法としてどのような方法が適切であるかを検討し、本章のまとめとする。

　今日、博物館展示を活用した学びの方法として、社会構成主義に基づく学習が提案されている。この学習は、展示品の鑑賞や解説文の理解を通して知識を習得し蓄積していくような従前の知識蓄積型・知識再生型の学習ではなく、「もの」を介しての学習者同士の相互交流を通じて、博物館展示に対する一人ひとりのオリジナルな解釈を構築していくものである。この様な学習は思考力・判断力・表現力の育成や主体的で能動的な学習態度と結びついた学習方法であると言える。

　21世紀を生きる市民に求められる普遍的な資質・能力として、異文化に適応する能力や多文化状況の下で共生していく能力の育成は不可欠である。これらの能力は、知識の獲得としてだけではなく、実践力や態度と結びつくものでもなければならない。民博での学びは、展示品という「もの」と映像（ビデオテーク）のもつリアリティを通して具体的に学ぶことができ、上記に挙げた能力の育成に結びつくものである。このような「もの」と映像を介しての学習体験は、学校で通常行われている言語を媒介とした知識学習とは異なる。博物館での学習においては、これらの活動から生み出される身体・感覚的な体験が大切であり、学校教育に期待される新しい学びのあり方を示すものとして期待される。

　また、今日、博物館の新たな機能として、入館者同士の交流と能動的な活動を通じて知識を構成していくことが求められている（「フォーラムとしての博物館」「アゴラとしての博物館」）。博物館のこのような新たな機能は、他者と協力し良好な関係を構築したり、争いを処理し解決したりするなどの体験を通じて、学習者同士の人間関係を高めることにもつながろう。

本章での博物館史資料を用いた授業構成モデルは、世界史という科目固有の学びとして構想したものであるが、異文化や多文化への理解を通じて21世紀を生きる市民に求められる普遍的な資質・能力として発展的にとらえていくことができよう。

註

（1）博物館法第2条
（http://law.e-gov.go.jp/htmldata/S26/S26HO285.html　2016年4月3日確認）。「法令データ提供システム（e-Gov）」から引用した。博物館法の出典は、以下同じである。
（2）博物館法第2条第3項。
（3）博物館法第3条。
（4）千地万造（1979）「博物館資料とその収集」千地万造編『博物館学講座』5　雄山閣出版　p.53。
（5）水嶋英治（2012）「博物館資料の概念」大堀哲　水嶋英治編『博物館概論　博物館資料論（博物館学））』1　学文社　p.119。
　　　写真については、一次史資料として扱われる場合もある。例えば、写真美術館のような施設に展示された写真は、多くの場合、その芸術性に基づいて一次史資料となる。また、写真自体にオリジナル性が認められるならば、その写真は一次史資料として扱われる。他の史資料についても、その分類は絶対的なものではない。
（6）同上論文　p.110。
（7）博物館法第2条。
（8）高橋純一（2009）「ものが育てる異文化リテラシー」中牧弘允　森茂岳雄　多田孝志　国立民族学博物館共同研究編『学校と博物館でつくる国際理解教育―新しい学びをデザインする―』明石書店　pp.40-50。
（9）吉田憲司（1999）『文化の「発見」―驚異の部屋からヴァーチャル・ミュージアムまで―』岩波書店　pp.212-235。
（10）パーモンティエ，M.［眞壁宏幹翻訳］（2012）『ミュージアム・エデュケーション―感性と知性を拓く想起空間―』慶應義塾大学出版会　pp.185-200。

(11) 国立教育政策研究所（2007）「平成17（2005）年度教育課程実施状況調査」p.199
（http://www.nier.go.jp/kaihatsu/katei_h17_h/index.htm　2016年3月30日確認）。
　　「教育課程実施状況調査」は、国立教育政策研究所教育課程研究センターによって、2005年11月10日に、国・公・私立高等学校（全日制課程）（中等教育学校の後期課程を含む）の第三学年16,000人（全国の高等学校に在籍する同学年の約13％にあたる生徒数）を対象に実施された。世界史Bの参加生徒数は、10,966人であった。また、世界史Bの質問紙調査に回答した教師数は468名であった。
(12) 田尻信壹（2012）「博物館と世界史教育－『知識基盤社会』に対応した学びを考える－」福井憲彦　田尻信壹編『歴史的思考力を伸ばす世界史授業デザイン－思考力・判断力・表現力の育て方－』明治図書　pp.120-121。
(13) ハイン，J.E.［鷹野光行監訳］（2010）『博物館で学ぶ－Learning in the Museum－』同成社　p.268。
(14) 現行学習指導要領における小・中学校社会科、高等学校地歴科世界史A・B及び日本史A・Bにおける博物館活用に関する記述箇所は、以下の通りである
　・文部科学省（2008a）『小学校学習指導要領』東京書籍　p.41。
　・同上（2008b）『中学校学習指導要領』東山書房　p.41。
　・同上（2009）『高等学校学習指導要領』東山書房　p.34　p.37　p.39　pp.41-42。
　現行学習指導要領地歴科世界史Aの記述は、以下の通りである。また、世界史Bも、同様な記述となっている。
　　　　現行学習指導要領地歴科世界史Aの「内容の取扱い」(3)のイ
　　　　年表、地図その他資料を積極的に活用したり、文化遺産、博物館や資料館の調査・見学を取り入れたりするなどして、具体的に学ばせるように工夫する［文部科学省（2009）『高等学校学習指導要領』p.34。筆者下線］。
　学習指導要領については、国立教育政策研究所「学習指導要領データベース」から確認できる。現行学習指導要領地理歴史科世界史のURLを以下に示す（http://www.nier.go.jp/guideline/h20h/chap2-2.htm　2016年3月6日確認）。
(15) 尹健次（1987）『異質との共存－戦後日本の教育・思想・民族論－』岩波書店　pp.114-121。
(16) 川崎誠司（2012）「異文化教育」日本社会科教育学会編『新版社会科教育事典』ぎょうせい　pp.28-29。
(17) 冷戦体制の解体以後の国際社会は、文明・文化・エスニシティなどの相違により社会や集団間の対立が深刻化することになった。米国の国際政治学者ハンチント

ン，S.P.（Huntington, S.P.）は、1993年に発表した論考、「文明の衝突」の中で、冷戦後の国際政治のあり方を展望して、今後の世界は文明的な区分が重要性を増して来ると主張し、異文明間での摩擦や衝突の増大への危惧を表明した。「文明の衝突」は近代西ヨーロッパで確立した価値観を正統化する一方、非西ヨーロッパ文明に対しては硬直したステレオタイプに基づく批判が展開した（ハンチントン，S.P.［竹下興喜監訳］（1993）「文明の衝突－再現した『西欧』対『非西欧』の対立構図－」『中央公論』1993年8月号　pp.349-374）。

(18) 森茂岳雄（2012）「多文化理解教育」日本国際理解教育学会編『現代国際理解教育事典』明石書店　p.217。

(19) 佐藤正幸（1996）「多文化社会における歴史教育」歴史学研究会編『歴史学研究』683　p.51。

(20) 大学共同利用機関法人人間文化研究機構・国立民族学博物館
（http://www.minpaku.ac.jp/aboutus　2016年4月3日確認）。
　国立民族学博物館には、標本資料340,932点、映像・音響資料70,617点、文献図書資料661,037冊などが収蔵されている。

(21) 地域展示・通文化展示（国立民族学博物館WEB）
（http://www.minpaku.ac.jp/museum/exhibition/main　2016年4月3日確認）。

(22) 博学連携プログラムの研究成果として、森茂岳雄編（2005）『国立民族学博物館調査報告－国立民族学博物館を活用した異文化理解教育のプログラム開発－』56　国立民族学博物館　がある。

(23) 「博学連携教員研修ワークショップ」の研究成果として、以下の報告書がある。
・中牧弘允　森茂岳雄　多田孝志編　国立民族学博物館共同研究（2009）『学校と博物館でつくる国際理解教育－新しい学びをデザインする－』明石書店。
　国立民族学博物館WEBの「博学連携プログラム」には、過去の「博学連携教員研修ワークショップ」の記録が掲載されている
（http://www.minpaku.ac.jp/research/sc/teacher/mscp/past　2016年4月3日確認）。

(24) 田尻信壹（2005）「単元〈『大航海時代』以後のヒトの移動やモノの交流は、人々に何をもたらしたのか?!〉の開発－「アメリカ展示」を高校世界史のカリキュラムに位置づけて－」森茂岳雄編『国立民族学博物館調査報告－国立民族学博物館を活用した異文化理解教育のプログラム開発－』56　国立民族学博物館　pp.207-234。

(25) 「高等学校学習指導要領地理歴史科世界史　平成11（1999）年改訂」文部省

（http://www.nier.go.jp/guideline/h10h/chap2-2.htm　2016年3月6日確認）。
　　世界史Bの「⑷諸地域世界の結合と変容」の中項目に、「イ　ヨーロッパ世界の拡大と大西洋世界」が設けられた。
(26) 同上。
　　世界史Aの「⑵一体化する世界」の中項目「アジアの諸帝国とヨーロッパの主権国家体制」では、「アジアの諸帝国の政治と社会、ヨーロッパの主権国家体制の成立、大西洋貿易の展開を扱い、17世紀及び18世紀の世界の特質を理解させる」（筆者下線）となっており、「大西洋貿易」が使用されている。
(27) 田尻信市（1999）「『交流圏』の視点を取り入れた授業実践－高校世界史学習における『地域』概念の検討－」歴史学会編『史潮』新45　p.43。
(28) 田尻信市（2000）「内容イに示された『大西洋世界』とはどんなものですか」佐伯眞人ほか三名編著『高等学校新学習指導要領の解説　地理歴史』学事出版　p.71。
(29) ウォーラーステイン，I.（Wallerstein, I.）の代表的著作として、以下を挙げる。
　　・ウォーラーステイン，I.［川北稔翻訳］（1981）『近代世界システム－農業資本主義と「ヨーロッパ世界経済」の成立－（岩波現代選書）』1・2　岩波書店。
　　・同上［川北稔翻訳］（1993）『近代世界システム1600〜1750－重商主義と「ヨーロッパ世界経済」の凝集－』名古屋大学出版会。
　　・同上［川北稔翻訳］（1997）『近代世界システム1730〜1840s－大西洋革命の時代－』名古屋大学出版会。
(30) 田尻信壹（2004）「グローバル・ヒストリーの視点を取り入れた高校世界史学習－近代史の内容構成の見直しを中心にして－」筑波大学附属高等学校編『研究紀要』45　pp.1-14。
(31) 国立民族学博物館の「アメリカ展示」と「アフリカ展示」は、2012年にリニューアルされたため、現在の展示は本単元を開発した当時の展示（2004年）とは異なる。
(32) 「アメリカ展示」には実物の砂糖玉が展示されていたが、劣化が進んだため、現在は撤去されている。
(33) 「西アフリカおはなし村」は、国立民族学博物館で2003年7月24日から11月25日までの期間に開催された特別展である。同展では、「衣」「食」「住」「音楽」に焦点を当てられ、西アフリカの人びとの生活や文化が具体的に体験できる展示であった。
(34) 「手引書」で使用した写真は、すべて、筆者が撮影したものである。国立民族学

博物館の館内では、一部の展示品を除いて写真撮影はフラッシュを使用しないならば許可されている。

第9章　図像史資料の活用による授業構成モデル
――単元「19世紀米国南部諸州の紙幣に描かれた
アフリカ系アメリカ人のイメージ」の構想――

第1節　図像史資料を活用した授業構成の論理

第1項　図像史資料の特徴

　歴史研究や歴史学習で用いる絵画などの史資料は、図像史資料、画像史資料、絵画史資料、映像史資料などと呼ばれており、絵画のほかに、写真、彫刻、絵図、地図、図面、映画などが該当する[1]。本研究では、これらの史資料を図像史資料と呼ぶことにする。千葉俊之は、図像のもつ証言力に着目して、その図像の分析が歴史社会の実態や本質の解明に役立つ類の図像を、図像史資料として定義した[2]。

　我が国の図像研究の提唱者である黒田日出男は、図像史資料の特徴として、以下の二点をあげた[3]。まず第一に、図像史資料は社会史的テーマを探究する場合の史資料として活用されることが多い。また第二に、図像史資料は文字史料と同様に、読み解くことができるものとして位置付けられる。その結果、近年、図像史資料は、過去の人物・事件・雰囲気・イメージなどをヴィヴィッドに示してくれる史資料として着目されている。そして、日本史、特に中世史の分野では、図像を積極的に用いて文字史料ではとらえられない過去の人々のマンタリティを読みとろうとする試みがなされるなど、今日、図像史資料は史資料としての価値が高まっている[4]。

　次に、歴史教育での図像史資料の特性、特にその有効性について挙げてみ

よう。まず図像史資料は文字史料と異なり、専門的な知識や技能がなくとも児童・生徒の実態に応じた解釈が可能である[5]。また、学習者がそこから様々な情報を読み取ったり想像を膨らませたりすることができ、歴史学習に対する興味や関心を引き出す上で大きな効果が期待できる。

近年の印刷技術や情報機器の進歩が、授業での図像史資料の活用を促進している。教科書や歴史学習用図録などの副教材がカラー化・大判化し、そこに掲載された鮮明な写真からは様々な情報を読み取ることができるようになった。また、パソコンやプロジェクターなどの機器が小型化・高性能化し、それらを持ち込めば一般教室でも映像や画像を容易に映すことができるなど、図像史資料を活用できる条件が整って来ている。

このような授業環境の変化に対応する形で、現行学習指導要領地歴科世界史Bでは、大項目（4）の「オ　史資料からよみとく歴史の世界」が新設され、その時代の史資料を選択して活用することが求められている[6]。ここで取り上げられる史資料とは、その時代の人々によって残された一次史資料のことであり、文字史資料に加えて絵画・風刺画・写真などの図像史資料を取り入れるなどの工夫が求められている[7]。世界史学習において、図像史資料の積極的な活用が期待されることになった所以である。

第2項　図像史資料による歴史的思考力育成の論理

近年の歴史教育は、知識・理解の獲得を重視する知識蓄積型・知識再生型授業から思考力・判断力・表現力の育成を重視する知識活用型・知識創造型授業への転換が叫ばれ、一次史資料の活用や討論、ディベート、ロールプレイ（役割演技）などを積極的に取り入れる動きがある。このような新しい授業方法の試みは、現行学習指導要領地歴科で示された改訂の方向とも重なる。

今日の高等学校歴史学習では、日本史においては宮原武夫[8]、加藤公明[9]らによって、図像史資料を用いた授業方法の理論化と授業実践が蓄積されてきた。また、筆者も世界史において、同様な研究を行って来た[10]。

そこでは、図像の史資料上の属性、社会における機能、制作者の意図などの観点からの読み解きが試みられている[11]。生徒自身が既に獲得した知識や自らの体験を前提にしながら自分たちの手で史資料から歴史的事実を抽出・分析し、それを元にしてオリジナルな歴史像をつくりあげていく探究的な学習プロセスが構築されている。

　宮原は、図像史資料の解釈のための方略として、「変だなぁ探し」・「絵の題名つけ」・「討論」からなる一連の学習方法を提案し、生徒が集団のなかで図像を分析・総合・検証していくプロセスを巧みに授業化している[12]。宮原は、図像を読解（イメージ・リーディグ）させる際の手順について、黒田の研究に依拠して以下のように説明している。

　　　黒田日出男は、絵画資料の解読の過程を三段階で説明している。すなわち、第一段階は、事実確認のレベルで、画像の一つひとつが一体何なのかを確認する作業である。第二段階は、意味論的諸関係の検討の作業で、人と人、事物と事物がどのような（様々なレベルでの）諸関係として描かれているかが分析される。これは関係認識の段階といえる。第三段階は総合的把握で、この結果が一応の妥当な把握と解読に達したと判断できた場合には、記述に移るという。意味認識の段階といえよう[13]。

　宮原は、黒田の研究をもとに、授業における図像史資料の解読の過程を、事実認識、関係認識、意味認識の三段階に分けている。まず、第一段階は事実確認のレベルであり、そこでは図像に描かれた人や事物が一体何であったのか一つひとつ確認させていくことになる。「変だなぁ探し」とは、絵を構成する一つひとつの人や物を個別に確認させるための効果的な発問である。この発問は、個人の常識（既習の知識と生活体験）を判断基準にして、教材の中から互いに矛盾する事実、非合理的なものと合理的なものとを分析させるものである。この質問によって、生徒は、自分の常識で合理的に説明できる

ものとできないものを個々に分別することが容易となる。そして、個々に分別することを通じて、全体を構成する個々の要素が一体何なのかを確認することができる。生徒自身が既習した知識では合理的に説明できないものの中に、その時代の特徴や個性というべきものを見いだすことが可能になる。

次に、第二段階は第一段階で確認された人物や事物の関係を分析することで、第一段階で明らかにした事実の中に関係性を見出す過程である。この段階では、図像の中に描かれた人物や事物の間に見出せる相互の関係性を生徒に発見させることになる。そのためには、図像の中で中心となる人物や事物にスポットを当て、その人物や事物と他の人物や事物との間の関係性を学習者に考察させることで、学習者の思考を事実認識のレベルから関係認識のレベルへ繋げることになる。

最後に、第三段階は意味認識の段階と呼ばれるものであり、そこでは図像にその内容に相応しい題名を付けさせることになる。「絵の題名付け」は、図像を構成する人物や事物の事実認定、相互の関係性の分析を通じて得られた情報の総合的把握を行うものである。生徒たちは「絵の題名付け」を行った後に、そこから読み解いた内容を記述する。

加藤と筆者の図像史資料を活用した授業方法の理論化と実践は、宮原が黒田の理論に依拠して提唱した図像史資料の読み解きの方略を継承・発展させたものである。

この学習プロセスは、歴史研究者の研究プロセスを疑似的とはいえ体験させるものであり、「真正の学習」と言える。歴史学習という教科・科目（地歴科・世界史）固有の領域の中で、汎用的能力とされる論理的・批判的思考力、問題解決・発見力、創造力などの21世紀型能力で示された能力を具体化するとともに、それらを総合的に試すことになる。ここで示した図像史資料活用の方略は、歴史的思考力の育成を目指したコンピテンシー・ベースの授業実践と言えよう。

第2節　図像史資料を生かす内容構成の論理

第1項　構築主義の視点からの移民史学習

　今日、国際理解教育や開発教育における図像史資料を活用した活動はフォト・ランゲージやフォト・アクティビティと呼ばれ、絵や写真に含まれている世界や人々の様子・意味などの非言語的なメッセージを感じ、読みとり、それを言語化・意識化する活動と定義されている(14)。近年の地球化（グローバリゼーション）の影響として、世界史学習においても、国際的な人の移動や移民に焦点を当てることの必要性が高まっている。その結果、図像史資料は、移民のような異なる人種、民族や文化的背景を異にする集団を題材にした学習において有効な教材となって来た。

　世界史学習では、移民はどのように扱われているだろうか。1999年改訂の学習指導要領地歴科世界史Bでは、「ウ　ヨーロッパ・アメリカの変革と国民形成」（大項目「（4）諸地域世界の結合と変容」の中項目）の解説編において、「南北戦争後は、移民の大量流入による労働力の増加と資本の集中などにより、工業が躍進したことにも触れる。さらに、こうした社会を背景として成立するアメリカ文明の内容を、黒人奴隷制や人種・民族問題を含めて理解させる」(15)ことを挙げ、移民国家・米国の国民形成を「黒人」奴隷制や人種・民族問題の視点から学習することを示した。また、19世紀の世界を扱った「オ　帝国主義と世界の変容」（大項目（4）の中項目）においても、「19世紀後半には、人口の急増を背景にして、ヨーロッパから南北アメリカやオセアニアへの大規模な移住が見られたことや、中国や南アジアから大量の移民労働者が世界の労働力市場に供給されたことをとらえさせる」(16)ことを挙げ、ヨーロッパからばかりでなくアジアからの移民労働者の増加を取り上げた。

　2009年改訂の現行学習指導要領地歴科においては、世界史Aの大項目

「(3) 地球社会と日本」の「ア　急変する人類社会」、世界史Bの大項目「(5) 地球世界の到来」の「ア　帝国主義と社会の変容」のそれぞれにおいて、19世紀後期から20世紀前期までの世界の動向を扱う中で「国際的な移民の増加」[17]という文言が初めて登場した。現行学習指導要領地歴科世界史Bの解説編でも、「ウ　産業社会と国民国家の形成」(1999年改訂の世界史Bの「ウ　ヨーロッパ・アメリカの変革と国民形成」に該当) において、「南北戦争後は、移民の大量流入による労働力の増加と資本の集中などにより、工業が躍進したことに触れる。また、独立後のアメリカ合衆国の特色を、奴隷制や人種・民族問題を含めて理解させる」[18]とするなど、1999年版と同様な内容となっている。移民という存在は、これまでは経済的には社会の発展には不可欠な労働力として受け入れられながらも、政治的には社会の周辺に追いやられ排除されて来た存在であった[19]。世界史で移民を取り上げることで、これまでの国民史と異なる歴史の実相を生徒の前に示すことが可能となろう。

　移民を扱った図像史資料の活用については、森茂岳雄・中山京子の研究[20]がある。両氏は米国の日系人学習を分析する中で、学習活動の特徴としてロールプレイ、ディベート、写真の読み解きなど多様な学習方法を挙げ、その中でも児童・生徒の思考力を育てる教材として写真の活用を重視した。その方法は、日系人が米国民でありながら自由や権利を奪われたことが伝わる象徴的な写真を用い、人物の体験や気持ちを児童・生徒に分析させ、話し合わせるというものである。ここでは、児童・生徒の共感的理解が重視される。森茂らが紹介した事例は図像史資料活用の代表的な方法であり、教育的効果も大きい。

　図像史資料の多面的、多角的活用の面から、筆者はこれとは異なる方法を提起したい。それは、構築主義[21]の視点からの図像史資料の活用である。今日、構築主義は、心理学、社会学、歴史学など様々な学問分野で取り上げられている研究方法であるが、同時に多様な解釈や定義がなされている。ほぼ衆人の一致するところとしては、構築主義においては、さまざまな社会現

象は特定の文化や社会で人工的に造られたものとして認識されることである[22]。そのため、構築主義は、文化や歴史を普遍的で絶対的なものとしてとらえる本質主義（Essentialism）とは対極に位置することになる。これまでの世界史の授業では、歴史事象や文化を説明する際には、本質主義的理解に陥ったり、強化したりしていた面はあながち否定できない。

　構築主義では、図像は構成されコード化された表現としてとらえられ、図像を読み解くことによってそこに巧妙に込められた偏見や差別性を暴き出そうとする。ここでは、共感的理解よりも、この図像は誰によってつくられ、そこにどんなメッセージが込められているかを分析することが重要なテーマとなる。筆者は、構築主義に基づく図像史資料の活用をメディアリテラシーに関わる能力としてとらえ、その学びを取り入れた授業実践を提案したいと考える。

　メディアリテラシーとは、市民がメディアを社会的文脈でクリティカルに分析し、評価し、メディアにアクセスし、多様な形態でコミュニケーションをつくり出す力、また、そのような力の獲得をめざす取り組みをいう[23]。メディアリテラシー教育で基本的文献としての評価を得ているカナダ・オンタリオ州教育省の作成した『メディア・リテラシー』[24]では、授業方法としてクリティカルな思考を提案している。クリティカルな思考には、真理の探究、公正さ、寛大さ、相手の感情を理解する力、自律、自己批判などの価値が含まれる。オンタリオ州教育省での提案に基づくならば、クリティカルな思考とは、テクストとしての図像史資料を否定的・批判的にとらえることではなく、客観的・分析的に読み解くことを意味する。すなわち、テクストが誰により、どのような目的でつくられたかを解明することである。社会的、文化的に周辺化された人々の視点に着目することを通して、生徒のクリティカルで主体的な態度を養うことが目的である。また、メディアリテラシーでは、学び方のモデルとしてグループ学習、能動的参加、対話的学習、教師のファシリテーターとしての役割の四要素が重視される[25]。その理由として、

メディアリテラシーの学習形態では、生徒が対話を通して相互に学び合うことが基本であり、彼らが主体的に発言し思考することで、新しい認識や知識を生み出すことが目指されているからである。そのため、教師は、多様な意見を引き出すための役割に徹することが求められる。図像史資料の解読にあたっては、メディアリテラシーの学びの方法を生かしていくことが求められる。そして、この学びは21世紀を生きる生徒にとって不可欠な学びの一つであると言える。

第2項　人種問題としてのアフリカ系アメリカ人の位置付けと課題

（1）世界史教科書における人種問題の記述

　本項は、構築主義の視点から人種問題としてのアフリカ系の位置付けと課題について検討する。人種や民族、エスニシティなどの諸概念は、「大航海時代」以降のヨーロッパと他の地域世界との接触及びヨーロッパ系によるそれらの地域世界への支配が進行する中で、ヨーロッパ系によって構築されたものである。その典型とされるのが、19世紀の米国南部で形成されたヨーロッパ系（「白人」）によるアフリカ系（「黒人」）に対する人種差別（「黒人」差別）である[26]。

　19世紀の欧米世界は、近代的政治意識の広がりや学校制度の普及によって、文学作品や芸術が大衆化した時代である。この時期、作品の中には移民が登場し、一般人もその存在を認識することになった。写真や絵画などでは、移民は概してステレオタイプ的に表現され、一般国民のかれらに対するイメージ形成に大きな影響を与えている。

　しかし、世界史教科書においては、19世紀の人種（「黒人」）差別に関しては、南北戦争（1861～65年）後の南部の状況を説明する中で触れられる程度であり（次頁の枠内を参照）、体系的な記述はほとんど見られない。

> **アメリカ合衆国の重工業化と大国化**
> 南北戦争後、荒廃した南部の再建が共和党の主導のもとですすめられ、連邦憲法の修正により奴隷制は正式に廃止され、解放黒人に投票権があたえられた。(中略) 南部の没落した旧大農場主 (プランター) は、白人の小農民や新興産業資本家らとともに、南部を民主党の堅固な地盤として、北部を地盤とする共和党に対抗した。元南軍の兵士など一部の白人は、クー＝クラックス＝クラン (KKK) などの秘密結社を組織して、非合法的手段で黒人への迫害を続けた。
>   (木村靖二　岸本美緒　小松久雄ほか五名 [2017]『詳説世界史改訂版 (世界史B)』[2016年文科省検定済] pp.276-277　筆者下線)

(2) 高校生への人種問題に関する質問紙調査

　図像史資料を活用した世界史の授業構成モデルの開発に当たって、地歴科世界史に関わる内容 (米国の人種問題) を日本社会の現状や課題と関連付けて取り上げることで、生徒が人種や民族をステレオタイプ的にとらえることの問題性に気づき、主体的に行動する市民的態度を育むことを目指す。そのために、高校生の、米国社会とアフリカ系に対する知識やイメージがどのようなものなのかを知る必要がある。そのために、この単元を実践する[27]直前の2003年11月から12月にかけて、当時の筆者の勤務校 (東京都に所在する国立大学附属高等学校。以下、A高校と表記する) と東京都・埼玉県に所在する公立高等学校 (東京都立B高等学校・埼玉県立C高等学校。以下、B高校、C高校と表記する) で質問紙調査をおこなった。ここでは、その調査の中の「アフリカ系 (『黒人』) に関する項目」について取り上げ、特徴を分析する。

[問Ⅰ] 世界には様々な人種や民族がいます。米国にはどんな人種や民族がいると思いますか。

回答集計の分類にあたっては、「米国人口調査」の分類項目［①「白人」、②「黒人」、③アジア・太平洋の人々、④インディアン・エスキモー・アルート、⑤ヒスパニック（ラティーノ）］を利用した。

表9－1　高校生が予想した米国の人種構成

調査対象・数：A高校1年生　n＝78（複数回答あり）
　　　　　　：他校生（B高校・C高校）　n＝186（複数回答あり）

調査高校 \ 人種別	①「白人」	②「黒人」	③アジア・太平洋の人々	④インディアン・エスキモー・アルート	⑤ヒスパニック（ラティーノ）	①～⑤以外の人種・民族を回答	人種・民族以外の要素を回答
A高校	53人	42人	30人	27人	20人	19人	6人
他高校（B高校・C高校）	68人	71人	34人	32人	27人	28人	3人

備考：・①～⑤以外の人種・民族の回答例
　　　　A高校19人の内訳（単位：人。以下、同じ）：
　　　　　「多人種・多民族」9、「多くの国の人」4、「世界中の民族・人種」4、「混血」2
　　　　他校生（B高校・C高校）28人の内訳：
　　　　　「多人種・多民族」7、「多くの国の人」7、「世界中の民族・人種」13、「混血」1
　　　・人種・民族以外の要素の回答例
　　　　A高校6人の内訳：「移民」5、「宗教」1
　　　　他校生（B高校・C高校）3人の内訳：「移民」2、「宗教」1

表9－2　［比較］米国の人種別人口比（2000年センサスより）

「白人」	「黒人」	アジア・太平洋の人々	インディアン・エスキモー・アルート	ヒスパニック（ラティーノ）
75.1%	12.3%	3.8%	0.9%	12.5%

備考：本表は、有賀夏紀（2002）『アメリカの20世紀－1945年～2000年－（中公新書）』下　中央公論社　p.152　から作成。

[問Ⅱ] 米国には多くのアフリカ系（「黒人」）の人々が生活しています。かれらの歴史について知っていることを書いて下さい。

表9－3　高校生が理解するアフリカ系の歴史

調査対象・数：A高校　n＝78（複数回答あり）

回　答　類　型	人（％）
a．奴隷としてアフリカから連れて来られ長い間差別を受けたが、「黒人」差別廃止運動を行い、自由を勝ち取った	8人（10.3％）
b．奴隷としてアフリカから連れて来られ、長い間差別を受けた。	5人（6.4％）
c．奴隷としてアフリカから連れて来られた。	38人（48.7％）
d．（人種）差別を受けて来た。	12人（15.4％）
e．「黒人」差別廃止運動を行った。	8人（10.3％）
f．その他（ジャズ音楽を生み出した）	1人（1.3％）
g．無回答	6人（7.7％）

備考：「奴隷としてアフリカから連行された」（a、b、c）と回答した生徒は51人（65.4％）、「人種差別を受けて来た」（d）、「人種差別と闘った」（e）と回答した生徒は20人（25.7％）である。

[問Ⅲ]「アメリカ人」を絵に描いて下さい。（絵に色を塗るか、言葉で指示して下さい。）

表9－4　[分析1] A高校の生徒は、典型的なアメリカ人として、どんな人種・民族を描いたか

対象・数：A高校　n＝78（複数回答あり）

ヨーロッパ系（「白人」）	アフリカ系（「黒人」）	その他	人種・民族不明	記載なし
53人（55.8％）	25人（26.3％）	3人（3.2％）	10人（10.5％）	4人（4.2％）

備考：「その他」の回答例は、ラティーノ（1名）、日系人（1名）、黄色人種（1名）である。

表9－5　[分析2]　A高校の生徒が描いたアフリカ系の特徴は、どうであったか

調査対象・数：A高校　n＝25（[Ⅲ]でアフリカ系を回答した者。重複回答有り）

[類型1] 男性（男女両方を描いた、1名を含む）	25人
[類型2] 黒い肌・縮れ毛ないしはスキンヘッド・ドングリ眼・厚い唇	15人
[類型3] スポーツ選手（バスケット・K1）、筋肉質男性（マッチョマン）	8人
[類型4] 子ども	4人

A高校の生徒が描いた[類型2]・[類型3]・[類型4]のイラストを、以下（[分析3]）に掲載する。

[分析3] A高校の生徒が描いたアフリカ系（「黒人」）イラストの類型別特徴について

図9－1　[類型2]（表9－5を参照）：黒い肌・縮れ毛ないしはスキンヘッド・ドングリ眼・厚い唇

第9章　図像史資料の活用による授業構成モデル　291

図9－2　［類型3］（表9－5を参照）：スポーツ選手・筋肉質男性

図9－3　［類型4］（表9－5を参照）：子ども

本調査から、以下の二点が明らかになった。第一に、高校生の場合、米国を構成する人種・民族として、アフリカ系をあげた生徒の割合は高く、今日の人種構成比（「米国人種別人口比（2000年センサスより）」を参照）よりもはるかに高い割合を示した（2000年の「米国人種別人口比」におけるアフリカ系の占める割合が12.3％に対して、生徒の予想した割合は、26.3％であった）。これまで地歴科、公民科、外国語（英語）科の諸教科で、米国社会の人種差別の歴史や公民権運動が繰り返し取り上げられて来たことや、プロスポーツにおけるアフリカ系の活躍から、高校生の目には、米国社会でのアフリカ系の存在が、実際の人種構成比以上に意識されていたことが分かった。

　第二に、A高校の生徒の場合、アフリカ系の歴史については、およそ九割が「奴隷」や「人種差別」と関連付けて理解しており、非常に高い理解度であった。しかし、A高校の生徒が描いたイラストでは、男女両方を描いた一名を除く生徒（25名中24名の生徒）が男性のみを描いており、そこでは黒い肌・縮れ毛ないしはスキンヘッド・ドングリ眼・厚い唇が強調されていた（「類型2」のイラスト参照）。これは、19世紀の米国南部における奴隷イメージの典型とされる「サンボ・ステレオタイプ」[28]と一致するものである。また、アフリカ系が、スポーツ選手・筋肉質男性（「類型3」のイラスト参照）や子ども（「類型4」のイラスト参照）で表現される場合が目立った。ハッチンソン，E.O.（Hutchinson, E.O.）の指摘[29]によれば、アフリカ系に対するこのようなイメージは、かれらの原始性や幼児性を誇張したものとのことだ。アフリカ系を描いたイラストに見られるこのような特徴は、A高校の生徒だけでなく、日本の高校生全般にも当てはまる傾向と思われる。

　また、A高校の生徒の場合は、アフリカ系に関する知識や理解面での高さと比べ、イラストに示されたステレオタイプのイメージとの間に大きなギャップがあることが分かった。アフリカ系に対するイメージと知識量の多寡との関係については、今後、慎重な議論が必要と思われるが、習得した知識が、現代社会を生きる市民に求められる多元的社会の多様性に対応する能力とし

て、十分に機能していないとの危惧を抱かせるものであった。生徒のこのような状況から、筆者は構築主義からのアプローチが必要であると考えた。そのため、本章で取り上げる授業構成モデルは、構築主義の視点を取り入れ、生徒が自分自身のアフリカ系へのステレオタイプ的なイメージの問題性に気づき、なぜこのようなイメージが形成されたのかを、問題解決的に解明するものにしたい。

第3節　単元「19世紀米国南部諸州の紙幣に描かれたアフリカ系アメリカ人のイメージ」の検討

第1項　単元「19世紀米国南部諸州の紙幣に描かれたアフリカ系アメリカ人のイメージ」の構成原理

　単元「19世紀米国南部諸州の紙幣に描かれたアフリカ系アメリカ人のイメージ」では、生徒に19世紀の米国南部[30]でアフリカ系アメリカ人のイメージがどのように形成されたかを中心に検討させる。まず教育内容面では、南部諸州で発行・流通していた紙幣の図案に登場するアフリカ系について、構築主義の視点から分析することで、アフリカ系のステレオタイプ的なイメージがどのように構築され、表象されたかについて明らかにする。また、学習方法面では、「なぜ、アフリカ系アメリカ人がこのように描かれたのか」を当時の国際情勢や米国内の社会的背景を踏まえながら、問題解決的に進める授業方法の開発を目指す。

第2項　単元「19世紀米国南部諸州の紙幣に描かれたアフリカ系アメリカ人のイメージ」の史資料面からの検討

　ここでは、19世紀の米国社会におけるアフリカ系奴隷について、南北戦争までの南部諸州で発行された紙幣の図案を、構築主義の視点から分析するこ

とで、南部でアフリカ系のイメージがどのように構築され、表象されたかを取り上げ、その特徴を明らかにする。

南北戦争までの米国では、各州が紙幣の発行権を有し、州独自の図案を施した紙幣を発行・流通させていた。南部諸州の紙幣には、アフリカ系の労働や生活の様子を描いた紙幣が数多く発行されている。紙幣の図案は「宗教や言語を含めた、民族の文化、伝統の表現」[31]の指摘があるように、そこにはそれぞれの国の文化や社会のひとつの理想像が表現されており、権力側からの国民統合のシンボルとしての機能が期待されていた。

本単元では、Barbatsis, G. edited, Jones, J.W. paintings (2002) *Confederate Currency, The Color of Money Images of Slavery in Confederate and Southern States Currency*, West Columbia, The Olive Press.（以下、*The Color of Money Images of Slavery* と略記する）で紹介された19世紀の米国南部諸州で流通していた紙幣の図案と、それを復元した彩色画を主な史資料として活用する[32]。19世紀の南部で発行された紙幣に見られるアフリカ系の労働や生活の描写は、南部のプランターがアフリカ系やかれらの労働をどう見ていたかを示すものとして、興味深い。

（1）米国南部諸州の紙幣図案の特徴

南北戦争までの米国南部諸州で発行・流通した紙幣の図案を見てみると、全般的特徴として以下の七項目（ⅰ～ⅶ）が挙げられる[33]。

［ⅰ］南部諸州の初期紙幣（1820年頃）には、ヨーロッパ系住民とアフリカ系奴隷が一緒に労働している場面が登場する。その後、南部諸州の紙幣図案は、北部でつくられた紙幣の中のヨーロッパ系住民が労働している場面を、そっくりそのままアフリカ系奴隷に入れ替えた図案が登場する。

［ⅱ］1830年代以降、綿花、タバコ、砂糖キビ畑などプランテーションでの

アフリカ系奴隷の労働の様子が取り上げられた図案が多数見られるようになる。反面、工場で働くアフリカ系奴隷はわずか一例しか見いだせない。

［ⅲ］紙幣に登場するアフリカ系奴隷の労働では、綿花畑の耕作、播種、収穫、綿花の輸送や船への積み込みなど、綿花生産と輸出に関わる労働を描いた図案が目立つ。

［ⅳ］アフリカ系奴隷は、老若男女を問わず「力強い」存在として描かれている。

［ⅴ］アフリカ系奴隷は、微笑を浮かべながら労働する少年、正装して労働する男性、幸せそうな母子などとして描かれており、奴隷の実態と異なる姿が目立つ。

［ⅵ］ムラート（ヨーロッパ系とアフリカ系との混血）を、古代ローマの神話に登場する女神の姿で表現する図案が見られる。

［ⅶ］アフリカ系奴隷の労働風景と一緒に、ワシントン大統領の肖像や米国旗（星条旗）が描かれている。

（2）米国南部諸州の紙幣に描かれたアフリカ系アメリカ人の特徴

　南部諸州の紙幣に見られるアフリカ系の図案は概して牧歌的であり、見る者にヨーロッパ系プランターのアフリカ系奴隷への慈悲に満ちた眼差しや労働への感謝の念を連想させる。しかし、当時の社会的文脈や歴史的文脈からみると、このことは全く正反対の評価となる。*The Color of Money Images of Slavery* では、南部諸州の紙幣図案に見られるアフリカ系の特徴として、以下の三項目（Ⅰ～Ⅲ）を指摘している[34]。

［Ⅰ］19世紀初期の南部諸州の紙幣には、ヨーロッパ系とアフリカ系の間の支配・従属を連想させるイメージは、まだ存在しない。イギリスでの産業革命の進展に伴い、1830年代以降、世界経済に占める南部の奴隷

制プランテーションの重要性が高まったことを背景に、南部諸州の紙幣にはヨーロッパ系のアフリカ系に対する支配・従属を連想させるイメージが登場して来る。

［Ⅱ］イギリス綿工業に米国南部の綿花プランテーションが組み込まれ、南部が世界最大の綿花供給地になると（1830年代）、南部諸州の紙幣に登場するアフリカ系奴隷は、「富を生み出す財産」として力強さをもって表現されることになる。反面、ヨーロッパ系労働者と競合関係にある工場のアフリカ系奴隷を取り上げたものは、一例にすぎない。

［Ⅲ］奴隷制をめぐる南北間の対立が1850年代以後激化すると、南部諸州ばかりでなく米国の経済発展にとっても、アフリカ系奴隷がいかに不可欠であり貢献したかを示すために、労働している奴隷と初代大統領のワシントンや星条旗を一緒に描くものや、奴隷による綿花・タバコ・砂糖キビなどプランテーションでの様々な労働の様子を描くものが登場して来る。また、古代ローマの女神の姿で表現されたムラート女性や、微笑を浮かべて労働している少年、幸せそうな母子などの、現実とは異なる姿でアフリカ系奴隷が描かれている。

　南部諸州の紙幣に描かれたアフリカ系のイメージは、南部の奴隷制プランテーションのもとで形成されたものであり、ヨーロッパ系プランターのアフリカ系奴隷に対する優越性が浮かび上がって来る。そこに描かれたアフリカ系の姿は、まさにサンボ・ステレオタイプの典型と言える。ここからは、その後の米国社会でのアフリカ系に対する人種差別的なイメージの原型を発見することができる。

（3）米国南部諸州の紙幣に描かれたアフリカ系アメリカ人図案の読み解き

　米国南部諸州の紙幣に描かれたアフリカ系の図案の読み解きを行い、その特徴を以下の九項目（①〜⑨）に整理する。

①初期の紙幣には、アフリカ系に対する従属を連想させるイメージはなかった:ジョージア州で発行された5ドル紙幣

アフリカ系が南部紙幣に最初に登場したのは、1820年代である(図9-4を参照)。そこでは、ヨーロッパ系とアフリカ系が同じ場所で労働している様子が描かれていた。アフリカ系のヨーロッパ系への従属を思わせるイメージは、この時期にはまだ形成されていない。

図9-4 ジョージア州で発行された5ドル紙幣とその図案

(Barbatsis, G., *The Color of Money Images of Slavery*, p. 47)
大工仕事をするヨーロッパ系(右)と農作業を行うアフリカ系(左)が同一画面中に描かれている。

②リサイクル・イメージとして登場したアフリカ系：サウスカロライナ州で発行された5ドル紙幣

1820年代後半に入ると、ヨーロッパ系農夫を描いた北部諸州の紙幣図案を、アフリカ系奴隷に置き換えただけの紙幣が南部でつくられるようになった。そこには、プランテーションでの奴隷制のもつ経済的重要性が高まり、ヨーロッパ系年季奉公人に代わってアフリカ系奴隷がプランテーションでの労働力の主流となった歴史的事実が反映していたと考えられる。たとえば、ミシガン州の Adrian Insurance Company の紙幣には、小麦畑で働くヨーロッパ系農夫（図9－5上を参照）が描かれていた。南カロライナ州の Planters Bank Fairfield の紙幣の図案では、それが綿花プランテーションで働くアフリカ系奴隷に入れ替わっている（図9－5下を参照）。

図9－5　ミシガン州の Adrian Insurance Company 発行の1ドル紙幣（上）、南カロライナ州の Planters Bank Fairfield 発行の5ドル紙幣（下）(*ibid.*, p.52)

③富の象徴としてのムラート・イメージの形成：ジョージア貯蓄銀行発行の5ドル紙幣

　奴隷体制のもとでは、アフリカ系への搾取は経済面、政治面、社会文化面、生物学面、肉体面など多方面にわたっていた。奴隷制プランテーションには、ムラートのような新しい人間集団（「白人」と「黒人」の混血）が生まれ、それらの人たちも奴隷にされた。紙幣には、奴隷制を正当化するために、古代ローマの「貨幣の女神」Moneta(35)を用いた図案が登場した。紙幣中のMonetaには、ムラートの女性が当てられた（図9－6を参照）。ムラートの女性を女神の姿で表現することによって、背後に搾取と苦役を伴うプランテーションの奴隷労働がもたらす「豊かさ」が象徴されている。

図9－6　ジョージア貯蓄銀行発行の5ドル紙幣とその図案（*ibid.*, pp.66-67）
手に綿花の小枝をもった女神、Monete。女神の左わき下や足元には、金貨の入った袋が描かれている。

④プランテーション労働を取り上げた紙幣の流行:アラバマ州で発行された50セント紙幣

奴隷制をめぐる南北間の対立は、次第に深刻な状況となった。そのため、南部の紙幣には、綿花、タバコ、砂糖キビ畑(図9-7を参照)での労働や、松ヤニ採りなどアフリカ系奴隷による様々な労働の様子が登場して来た。そこからは、南部ばかりでなく米国全体の経済発展にとっても、アフリカ系奴隷がいかに貢献したかを喧伝しようとする南部プランターの政治的意図が読みとれる。

図9-7 アラバマ州で発行された50セント紙幣とその図案(*ibid.*, p.71)

⑤「綿花王国」南部の富の源泉としての奴隷労働：南カロライナ州で発行された5ドル紙幣とアラバマ州で発行された25セント紙幣

　イギリスでの産業革命の進展に伴い、米国南部が世界最大の綿花供給地に成長し綿花は米国の主要輸出商品となった（1830年代）。南部諸州の紙幣には、綿花の播種、耕作、収穫（図9－8を参照）、輸送（図9－9を参照）、船への

図9－8　南カロライナ州で発行された5ドル紙幣とその図案（*ibid.*, p.90）
綿花の摘み取り作業を行うアフリカ系奴隷。

積み込みなど、アフリカ系奴隷の労働の様子が数多く取り上げられている。そこでは、あらゆる年齢層のアフリカ系男女が力強い存在として表現されている。この時期の紙幣図案からは、アフリカ系奴隷を「富を生み出す財産」と見なしていたことがうかがえる。

図9－9　アラバマ州で発行された25セント紙幣とその図案（*ibid.*, p. 83）
農場から収穫した綿花を運び出すアフリカ系奴隷。

⑥意識的に排除された工場奴隷の存在：北カロライナ州で発行された4ドル紙幣

　南部諸州の紙幣に工場で働くアフリカ系奴隷が登場するのは、この一例のみである（図9-10を参照）。ヨーロッパ系の支配層は、もしアフリカ系奴隷が機械を操作できるほど賢いならば、かれらを奴隷にしておく正統性を主張することが難しくなると考えていたことに由来する。また、工場で働くアフリカ系奴隷が紙幣にほとんど登場しないもう一つの理由として、当時のヨーロッパ系労働者が、アフリカ系奴隷を自分たちから工場での仕事を奪うライバルと見ていた心情を読み取れる。

図9-10　北カロライナ州で発行された4ドル紙幣とその図案 （*ibid*., pp. 126-127）

304 第Ⅱ部 21世紀社会に対応した歴史的思考力育成型授業の開発

⑦「豊かさ」「幸福さ」が強調された奴隷イメージの形成：アラバマ州で発行された2ドル紙幣とジョージア州で発行された2ドル紙幣

　ヨーロッパ系プランターとその家族は、南部人口の三分の一を占めるにすぎなかった（1850年当時）。残りの人たちは、自由労働に基づくヨーロッパ系農民とその家族、およびアフリカ系奴隷であった。南北間の政治対立が激化する1850年代以降、南部紙幣には、微笑を浮かべて労働する少年や、正装した男性（図9−11を参照）、幸せなそうな母子（図9−12を参照）など、「幸福

図9−11　アラバマ州で発行された2ドル紙幣とその図案（*ibid*., p.136）
牛の世話を正装で行う、奇妙な姿のアフリカ系奴隷（男性）。

な」奴隷の姿が多数登場する。これは、プランター以外の南部のヨーロッパ系住民に対しては奴隷制の正統性を、また北部諸州に対しては奴隷制がアフリカ系にとっていかに幸福な制度であるかを強調するための、南部プランターのプロパガンダであった。幸せな母子の絵は偽善であり、奴隷の子どもはいつかは売られ、家族はバラバラにされるのが当時の現実であった。

図9−12 ジョージア州で発行された2ドル紙幣とその図案 (*ibid.*, p. 131)
タバコの葉を収穫するアフリカ系奴隷の母と子ども。母子の幸せそうな様子が痛々しい。

⑧ワシントン大統領や星条旗を併置することで奴隷制の合法性を主張：南カロライナ州で発行された50ドル紙幣とアラバマ州で発行された10ドル紙幣

　南部諸州の紙幣では、アフリカ系奴隷を、ワシントン大統領の肖像（図9－13、図9－14参照）や星条旗のような国家を象徴するシンボルと一緒に並べて描いたものが見られる。

図9－13　南カロライナ州で発行された50ドル紙幣とその図案（*ibid*., p.142）
紙幣中央の人物はワシントン大統領である。左側には馬車で綿花を運ぶアフリカ系奴隷（上段の絵を参照）が、右側には綿花を収穫するアフリカ系奴隷の少年が描かれている。

第9章 図像史資料の活用による授業構成モデル　307

図9－14　アラバマ州で発行された10ドル紙幣とその図案（*ibid.*, p.82）
紙幣右下の人物がワシントン大統領である。左側には綿花を収穫し運び出すアフリカ系奴隷（上段の絵を参照）が、また、そのすぐ右には馬に乗ったヨーロッパ系男性の監督のもとで綿花を収穫するアフリカ系奴隷が描かれている。

⑨奴隷解放宣言後も継承されたアフリカ系に対する奴隷イメージ：ヴァージニア州のタバコ生産会社の株券

　南部のプランターと北部の産業資本家との対立が、南北戦争を引き起こすことになった。南北戦争の終結によって、奴隷制は米国全土で廃止された。しかし、南部諸州の紙幣に見られたアフリカ系に対するイメージは、奴隷制廃止後も消えることはなかった。アフリカ系への差別は、「黒人」問題（人種差別）という形で存続することになった。

　南北戦争後、紙幣の発行権は連邦政府のもとに一元化された。しかし、南部では、それまでの紙幣図案は州債や企業の株券の図案の中に残った。たとえば、ヴァージニア州の Tobacco Products Corporation の株券（図9－15参照）には、タバコの葉を収穫するアフリカ系の姿が描かれていた。

図9－15　ヴァージニア州の Tobacco Products Corporation の株券とその図案（*ibid.*, p.149）

第4節　単元「19世紀米国南部諸州の紙幣に描かれたアフリカ系アメリカ人のイメージ」のフレームワークと授業計画

第1項　単元「19世紀米国南部諸州の紙幣に描かれたアフリカ系アメリカ人のイメージ」の目標とフレームワーク

　単元「19世紀米国南部諸州の紙幣に描かれたアフリカ系アメリカ人のイメージ」の授業を通じて、生徒は、以下の四つの目標を達成することを目指す。

目標①　19世紀米国の人種問題（「黒人」差別）の歴史（背景、原因、展開、影響）を、19世紀の米国社会の経済的、政治的状況を踏まえて理解し説明できる。

目標②　アフリカ系のイメージ（サンボ・ステレオタイプ）が、19世紀の米国社会の経済的、政治的状況や国際関係を背景に南部プランターによって構築されたものであることを、南部諸州の紙幣の図像分析を通じて理解し、人種問題（「黒人」差別）が構築されるメカニズムや問題性を認識し説明できる。

目標③　アフリカ系（「黒人」）に対するステレオタイプ的イメージ（サンボ・ステレオタイプ）の特徴や問題性を、自分たちが描いたアフリカ系のイラストの分析を通して認識し、その問題性を説明できる。

目標④　現代の日本社会における人種、民族、性別、職業、宗教などに見られるステレオタイプの偏見や弊害を写真やポスター、漫画、映画など身近なところから事例を見つけて分析することを通じて、ステレオタイプのもつ問題性を認識できるとともに、偏見や差別を否定しようとしている。

授業目標の内、目標①から目標③までの目標については、「改訂版ブルーム・タキソノミー」テーブルを用いる。「改訂版ブルーム・タキソノミー」テーブルで「知識次元」と「認知過程次元」に分節化して表したものが、表9－6である。

表9－6　「改訂版ブルーム・タキソノミー」テーブルによる単元「19世紀米国南部諸州の紙幣に描かれたアフリカ系アメリカ人のイメージ」の目標分析

知識次元	認知過程次元					
	1.記憶する	2.理解する	3.応用する	4.分析する	5.評価する	6.創造する
A．事実的知識						
B．概念的知識		目標①				
C．手続き的知識				目標②	目標③	
D．メタ認知的知識						

備考：目標（網掛け部分）は、探究次元の学習を表す。

目標④はパフォーマンス課題であるため、ルーブリックを作成しそれに基づいて評価する。作成したルーブリックが表9－7である。

○目標④に対応したパフォーマンス課題○
　特定の人種、民族などをステレオタイプでとらえている見方を、私たちの身近なところで見つけてみよう。どんな点がステレオタイプなのかを分析し、その問題点をまとめてみよう。

　私たちは、人種（白人、黒人、黄色人種）や民族（日本人、イギリス人、中国人）のほか、性別（男、女）、職業（医者、弁護士）、宗教（キリスト教、イスラーム）などに対してある一定のイメージで決めつける傾向があります。このような決めつけられたイメージを、ステレオタイプと言います。このような態度は、自分なりの考えをつくり出すことを阻害し、偏見や差別意識を生み出すことにつながります。身近なところでこのような例を探して、どんなところが問題なのか、論述し発表して下さい。その際、実物を写した写真を付けて下さい。

第9章　図像史資料の活用による授業構成モデル　311

表9－7　単元「19世紀米国南部諸州の紙幣に描かれたアフリカ系アメリカ人のイメージ」における目標④に対応したパフォーマンス課題の課題別評価基準表

尺度による評価基準	記述語による評価規準		
	（1）目標に照らしての達成規準	（2）論述に関わる達成規準	（3）発表に関わる達成規準
3－優れている	・単元「19世紀米国南部諸州の紙幣に描かれたアフリカ系アメリカ人のイメージ」の目標を踏まえ、図像史資料の特質を正確に理解している。現代社会での人種、民族、性別、職業、宗教などに見られるステレオタイプの偏見や弊害に関心をもち、根拠となる多種多様の史資料を用いて、多面的、多角的に考察し、意欲的に探究している。	・単元「19世紀米国南部諸州の紙幣に描かれたアフリカ系アメリカ人のイメージ」の目標を踏まえ、史資料の収集と整理を十分に行い、執筆上のルールや論文の形式を遵守して発表している。現代社会での人種、民族、性別、職業、宗教などに見られるステレオタイプの偏見や弊害の特質を、根拠となる多種多様の史資料を活用し、多面的、多角的に考察し、論理的に論述している。自分の意見も適切に述べている。	・単元「19世紀米国南部諸州の紙幣に描かれたアフリカ系アメリカ人のイメージ」の目標を踏まえ、発表のルールと形式を遵守して、意欲的に発表している。現代社会の人種、民族、性別、職業、宗教などに見られるステレオタイプの偏見や弊害の特質を、根拠となる多種多様の史資料に提示して、多面的、多角的に考察し、明瞭に発表している。聴き手の興味を引きつける工夫を行い、質問にも適切に答えている。
2－十分である	・単元「19世紀米国南部諸州の紙幣に描かれたアフリカ系アメリカ人のイメージ」の目標を踏まえ、図像史資料の特質を概ね理解している。現代社会での人種、民族、性別、職業、宗教などに見られるステレオタイプの偏見や弊害に関心をもち、根拠となる基本的な史資料を用いて、二つ程度の側面と視角から考察し、探究している。	・単元「19世紀米国南部諸州の紙幣に描かれたアフリカ系アメリカ人のイメージ」の目標を踏まえ、史資料の収集と整理を行い、執筆上のルールや論文の形式を概ね遵守して、論述している。現代社会での人種、民族、性別、職業、宗教などに見られるステレオタイプの偏見や弊害の特質を、根拠となる基本的史資料を用いて、二つ程度の側面と視角から考察し、論述している。自分の意見も述べている。	・単元「19世紀米国南部諸州の紙幣に描かれたアフリカ系アメリカ人のイメージ」の目標を踏まえ、発表のルールと形式を概ね遵守して、発表している。現代社会の人種、民族、性別、職業、宗教などに見られるステレオタイプの偏見や弊害の特質を、根拠となる基本的史資料を提示して、二つ程度の側面と視角から考察し、発表している。聴き手に分かり易い発表を心がけ、質問にも答えている。
1－努力を要する	・単元「19世紀米国南部諸州の紙幣に描かれたアフリカ系アメリカ人のイメージ」の目標を踏まえずに、また、図像史資料の特質も	・単元「19世紀米国南部諸州の紙幣に描かれたアフリカ系アメリカ人のイメージ」の目標を踏まえずに、また、史資料の収集と整理	・単元「19世紀米国南部諸州の紙幣に描かれたアフリカ系アメリカ人のイメージ」の目標を踏まえずに、また、発表のルールと形式

理解していない。現代社会での人種、民族、性別、職業、宗教などに見られるステレオタイプの偏見や弊害に無関心であり、根拠となる史資料を用いずに、また、複数の側面と視角から考察せずに、探究しようとしている。	を十分に行っていない。執筆上のルールや論文の形式を遵守せずに論述しようとしている。現代社会での人種、民族、性別、職業、宗教などに見られるステレオタイプの偏見や弊害の特質を、根拠となる史資料を用いずに、また、複数の側面と視角から考察せずに、恣意的に論述しようとしている。自分の意見も述べていない。	も遵守せずに発表しようとしている。現代社会の人種、民族、性別、職業、宗教などに見られるステレオタイプの偏見や弊害の特質を、根拠となる史資料を提示せずに、また、複数の側面と視角から考察せずに、恣意的に発表しようとしている。聴き手を引きつける工夫がなされておらず、質問にも答えていない。

第2項　単元「19世紀米国南部諸州の紙幣に描かれたアフリカ系アメリカ人のイメージ」の構成

（1）単元名

19世紀米国南部諸州の紙幣に描かれたアフリカ系アメリカ人のイメージ

（2）単元の構成

単元「19世紀米国南部諸州の紙幣に描かれたアフリカ系アメリカ人のイメージ」の構成と配当時間を以下に示す。

第1次（2時間）　19世紀米国南部諸州の紙幣に描かれたアフリカ系アメリカ人のイメージ

第2次（1時間）　奴隷解放宣言と人種問題としての「黒人」問題

第3次（課題学習）　日本社会に見られるステレオタイプの弊害―課題レポートの作成と発表―

（3）学習計画

各次の主な教材と授業概要は、以下の通りである。

次／時	生徒への問い・課題（★）と 生徒の主な学習内容（◎）	教師の指導上の留意点（●） と教材（○）
第1次 ／ 2時間	19世紀米国南部諸州の紙幣に描かれたアフリカ系アメリカ人のイメージ **文化を映す鏡としての紙幣のデザイン** 　日本の紙幣では、樋口一葉（五千円）や野口英雄（千円）が描かれている。日本の紙幣では、作家や学者などの文化人が描かれる場合が多い。日本を事例にして、国家と紙幣のデザインの関係について説明する。 ［展開］19世紀の米国南部諸州の紙幣 A 1. Georgia Savings Bank 発行の 5 ドル紙幣の図案（↓） B 1・B 2 Central Bank of Alabama 発行の10ドル紙幣の図案（↓） ◎「19世紀米国南部諸州の紙幣」をよむ 　生徒は、ワークシートの課題に沿って、19世紀に南部諸州の銀行で発行され、流通していた二つ	［教材］ ○千円札、五千円札のデザイン T（教師）　説明する。 ●紙幣の図案や描かれた人物がその国の文化や伝統を映す鏡としての性格をもっていることを説明する。紙幣のデザインが国民統合や国家の理想とすべき社会や人物を表象していることに気づかせる。 ［教材］ ○ Georgia Savings Bank 発行の 5 ドル紙幣を提示する。 ○ Central Bank of Alabama 発行の10ドル紙幣を提示する。 T　説明する。 　南北戦争以前の米国では、七千種類の異なった紙幣を発行してい

の紙幣（A１・B１・B２）の図案を分析する。 ★課題：①A１の紙幣の中央には、一人の女性が描かれている。A１のイラストを見て、この女性の年齢、人種、外見（服装）・容姿、持ち物について、発見できたものやことをできるだけ多く書くこと。 ②女性の背後にある風景を見て、発見できたことをできるだけ多く書くこと。 ★課題：①B１・B２の紙幣を見て、風景（周りの畑、遠方の建物や景色など）について、発見できたことをできるだけ多く書くこと。 ②この紙幣（B１・B２）には、働いている六人の人物が描かれている（B１イラスト中の人物の内、右からA、Bとする。B２のイラスト内の人物の内、右からC、D、E、Fとする）。B１・B２のイラストを見て、登場する人物の性別、年齢、人種、外見・容姿、行動について発見できたことをできるだけ多く書くこと。 ◎グループ単位で発見できたことを話し合う。 ★課題：「A１」Georgia Savings Bank 発行の５ドル紙幣は1863年に発行された。1860年代に米国で起った出来事を書くこと。 ★問い：「B１」Central Bank of Alabama 発行の10ドル紙幣の右下の肖像画の人物は誰か、調べること。当時のアラバマ州の銀行は、なぜこの人物の肖像画を紙幣に入れたのだと思うか、理由を考えよう。 ★課題：A・Bの紙幣のイラストに共通する点は何か、発見できたことをできるだけ多く書くこと。A１・B１・B２の紙幣の図案から、アラバマ州、ジョージア州がどのような政治体制や産業構造だったのかを読みとり、それをもとに考えてみよう。 ★課題：A１・B１・B２の紙幣図案に相応しい題名（タイトル）を付けてみよう。題名は、他の人にも意味が伝わるようにすること。	た。南北戦争までは、州が通貨発行権を実質的に掌握していた。南北戦争後、通貨の発行権は州から連邦に移り、通貨制度の一元化が実現した。 ●通貨制度の変遷を、建国以来の連邦主義と州権主義の並立から、南北戦争による連邦（北部）主導の国民経済圏の形成という米国史の流れに位置付けて理解させる。 T　A１のワークシート作成を指示する。 T　B１・B２のワークシート作成を指示する。 ●南北戦争と奴隷解放宣言について調べさせる。 T　発問する。 ●アラバマ州、ジョージア州が米国の綿花生産の中心地であったことを確認させる。 T　題名付けを指示する。

第2次／1時間	奴隷解放宣言と人種問題としての「黒人」問題［導入］ ◎前回授業のワークシートによる紙幣（A１・B１）の図案から感じられるアフリカ系の印象について報告する。 　例 　・陽気で楽しそう 　・服装がきれい 　・プランテーションで働く姿が目立つ 　・アフリカ系の労働の中では、綿花プランテーションでの労働が目立つ。	●前時にワークシートにまとめた内容を発表させる。 ●2003年12月に、質問紙による調査をA高校１年78名（２クラス）に実施した時のデータを利用する。 ●生徒のアフリカ系に対する理解度やイメージとして、高校生への質問紙調査の結果をもとに、以下の点を確認させる。 （ア）米国のアフリカ系の歴史については、九割が奴隷制や人種差別と関連づけて理解していた。 （イ）生徒が描いたイラストのアフリカ系は男性がほとんどであり黒い肌・縮れ毛やスキンヘッド・ドングリ眼・厚い唇などが強調されており、サンボ・ステレオタイプのイメージと一致する。また、スポーツ選手や子どもの姿で表現される場合が目立った。 （ウ）生徒の描いたイラストと『ちびくろサンボ』の絵との類似性が見られる。ヨーロッパ系がアフリカ系に抱いていた原始性や幼児性を強調したものであった。 （エ）生徒が描いたアフリカ系のイラストと、19世紀南部の紙幣のアフリカ系の図案とは「力強い存在」として描かれるなど、描き方の面で類似した特徴が見られた。
	◎紙幣に見られるアフリカ系の印象の特徴について、グループ単位で話し合う。	●生徒のアフリカ系アメリカ人に対する知識や理解の面での高い認識度・理解度と、イラストに示されたステレオタイプ的なイメージとのギャップの大きさを確認する。
	◎以下の三つの時期（Ⅰ・Ⅱ・Ⅲ）に分けて、19世紀の米国南部諸州の紙幣に描かれたアメリカ系のイメージの特徴を、図案を見ながらたどる	T　スライドショーを行う。 スライドは、*The Color of Money Images of Slavery* で紹介された、紙幣とその図案を復元した彩色画から作成する。 ＊①から⑥までの各イメージを示したスライドは、本章第３節に引用した色彩画を使用する。

[Ⅰ] 1820年代
19世紀初期の紙幣図案には、ヨーロッパ系とアフリカ系の間の支配・従属を連想させるイメージは形成されていなかった。
①ファースト・イメージ
南部諸州の紙幣にアフリカ系が初めて登場したのは、1820年頃である。そこでは、ヨーロッパ系とアフリカ系が同じ場所で労働していた。
②リサイクル・イメージ
1820年代後半の南部諸州の紙幣では、ヨーロッパ系が労働しているところを描いた北部諸州の紙幣の図案をアフリカ系にそっくり入れ替えたものが登場する。

●初期の紙幣では、ヨーロッパ系によるアフリカ系に対する支配・従属を連想させるイメージは、まだ存在していなかったことを理解させる。

[Ⅱ] 1830年代
1830年代に入ると、南部が世界最大の綿花供給地に成長し、綿花が米国の主要輸出品になった。奴隷は、富を生み出す財産として、「力強さ」をもって表現された。
③プランテーションでの様々な労働
1830年代以降、綿花、タバコ、砂糖キビ畑などプランテーションでの奴隷労働を取り上げた紙幣が数多くつくられた。
④綿花王国（Cotton Kingdom）のイメージ
米国南部の紙幣に登場する奴隷労働の中では、播種、収穫、輸送、船への積み出しなどの、綿花の生産から輸出に至るまでの労働が描かれている。奴隷は老若男女を問わず力強い存在として描かれている。
⑤工場で働くアフリカ系奴隷はわずか一例しか見いだせない。

●綿花プランテーションの重要性の高まりとともに、アフリカ系奴隷やその労働に対する位置づけに変化が現れたことに気付かせる。

●「白人」労働者と競合する工場労働からアフリカ系奴隷が排除されたことに気づかせる。

[Ⅲ] 1850年代～1860年代
⑥ プロパガンダイメージ
奴隷制をめぐる南北の対立が1850年代以降激化すると、南部だけでなく米国の経済発展にとっても奴隷労働が不可欠であり、いかに貢献したかを示すために、ワシントン大統領の肖像や星条旗を奴隷と一緒に取り上げるものが現れた。また、微笑を浮かべて労働している少年や正装で労働する男性、幸せそうな母子が描かれ、奴隷制がアフリカ系にとって幸福な制度であることが宣伝された。

●南北間の政治的、経済的対立が激化する中で、南部では、奴隷制を正当化するための「黒人」イメージが構築されたことを理解させる。

[まとめ]
紙幣に描かれたアフリカ系のイメージは、19世紀の南部プランテーション、とりわけ綿花プランテー

●最後に、ムラート女性をローマ時代の女神として表現した紙幣（A1）を、もう一度見せ、生徒

	ションのもとで形成されたものであり、ヨーロッパ系プランターのアフリカ系奴隷に対する支配と優越性を背景につくられた。そこに描かれたアフリカ系のイメージは、サンボ・ステレオタイプの典型とされる。	に紙幣の図案に込められた米国南部のプランターの意識を考えさせる。
第3次／課題学習	○**課題レポート**○ 　特定の人種、民族などをステレオタイプでとらえている見方を、私たちの身近なところで見つけてみる。どんな点がステレオタイプなのかを分析して問題点をまとめる。 レポートの課題 　特定の人種、民族などをステレオタイプでとらえている見方を、私たちの身近なところで見つけてみよう。どんな点がステレオタイプなのかを分析し、その問題点をまとめてみよう。 　私たちは、人種（白人、黒人、黄色人種）や民族（日本人、イギリス人、中国人）のほか、性別（男、女）、職業（医者、弁護士）、宗教（キリスト教、イスラーム）などに対してある一定のイメージで決めつける傾向があります。このような決めつけられたイメージを、ステレオタイプと言います。このような態度は、自分なりの考えをつくり出すことを阻害し、偏見や差別意識を生み出すことにつながります。身近なところでそのような例を探して、どんなところが問題なのか、論述し、発表して下さい。その際、実物を写した写真を付けて下さい。	T　レポート課題の作成を提示する。
適宜、時間を配当する	○レポートの発表会○	●レポートを発表させる。身近なところのステレオタイプの問題性を議論させる。

（4）教材

　世界史単元「19世紀米国南部諸州の紙幣に描かれたアフリカ系アメリカ人のイメージ」のために作成した図像史資料（資料9－1、9－3、9－4を参照）とワークシート（資料9－2、9－5を参照）を、以下に掲載する。

資料9－1　A1．ジョージア州の Georgia Savings Bank（ジョージア貯蓄銀行）発行の5ドル紙幣（図9－6と同じ）

出典　Barbatsis, G. op. cite., pp. 66-67.

A1解説（この部分は生徒には示さない。）中央の女性は、古代ローマの女神 Monete の姿で表現されたムラートの女性。女性が持っている植物は、綿花の枝である。

資料9－2　A1のワークシート

（1）この紙幣（A1）には一人の女性が描かれています。絵を見て、女性の年齢、人種、外見（服装）、容姿、持ち物について発見できる「もの」や「こと」を出来るだけ多く書いて下さい。

年齢	人種	外見（服装）・容姿	持ち物

（2）この紙幣には、19世紀中頃の米国南部の農村風景が書かれています。絵を見て、女性後方の風景からできるだけ多くの「もの」や「こと」を発見して、書いて下さい。

（3）この女性の人種、外見（服装）、容姿、持ち物について、女性後方の風景と比べて「変だなぁ」と感じる点を列挙してみて下さい。

（4）この紙幣は1863年に発行されました。当時の米国やジョージア州の状況について書いて下さい。

1863年頃の米国の状況	1863年頃のジョージア州の状況

（5）ジョージア州のGeorgia Savings Bank（ジョージア貯蓄銀行）では、なぜ10ドル紙幣をこのような図案にしたのだと思いますか。銀行首脳の立場に立って、説明して下さい。説明にあたっては、1863年当時の米国や南部諸州の状況を踏まえること。また、説明の内容について、グループ内で相互に批評して下さい。

320 第Ⅱ部 21世紀社会に対応した歴史的思考力育成型授業の開発

資料9－3　B1．アラバマ州のCentral Bank of Alabama（アラバマ中央銀行）発行の10ドル紙幣（図9－14と同じ）

出典　ibid., p.82. イラスト（上）の人物については、右からA、Bとする。

B1解説（この部分は生徒には示さない。）10ドル紙幣の右下円内の人物は、初代大統領のワシントン。

資料9－4　B2．アラバマ州のCentral Bank of Alabama（アラバマ中央銀行）発行の10ドル紙幣（図9－14と同じ）

出典　ibid., p.89. イラスト（上）の人物については、右からC、D、E、Fとする。

資料9－5　B1、B2のワークシート

（6）この紙幣には、19世紀前半の米国南部の農村風景が描かれています。B1、B2の絵を見て、この風景（周りの畑、遠方の建物や景色）について発見できた「もの」や「こと」を出来るだけ多く書いて下さい。

（7）この紙幣には、6人の人物が描かれています。B1、B2の絵を見て、登場する人物の年齢、人種、外見（服装）、容姿、行動について発見できた「もの」や「こと」を出来るだけ多く書いて下さい。

	性別	年齢	人種	外見・容姿	行動
A					
B					
C					
D					
E					
F					

（8）6人の人物についてまとめた（7）の表をもとに、これらの人物の間に見られる「支配－服従」などの権力関係について分析してみよう。また、そのように分析した理由についても考えて下さい。そして、分析の内容と理由をグループ内で発表し、意見交換してみて下さい。

（9）この紙幣の右下（円内）の肖像画の人物は誰ですか、調べてみて下さい。Central Bank of Alabama（アラバマ中央銀行）では、10ドル紙幣に、なぜこの人物を入れたのだと思いますか。銀行首脳の立場に立って、説明して下さい。説明の内容について、グループ内で相互に批評して下さい。

資料9－6　課題レポートのテーマ

○課題レポートのテーマ○
　特定の人種、民族などをステレオタイプでとらえている見方を、私たちの身近なところで見つけてみよう。どんな点がステレオタイプなのかを分析し、その問題点をまとめてみよう。

　私たちは、人種（白人、黒人、黄色人種）や民族（日本人、イギリス人、中国人）のほか、性別（男、女）、職業（医者、弁護士）、宗教（キリスト教、イスラーム）などに対してある一定のイメージで決めつける傾向があります。このような決めつけられたイメージを、ステレオタイプと言います。このような態度は、自分なりの考えをつくり出すことを阻害し、偏見や差別意識を生み出すことにつながります。身近なところでこのような例を探してどんなところが問題なのか、論述して下さい。その際、実物を写した写真を付けて下さい。

↑おもちゃショップの人形
ハーシーのチョコレートを擬人化した人形。髪の毛、目、唇が誇張されている（軽井沢のアウトレットで、2003年8月に撮影した）。

（5）評価

　発展学習として、米国のアフリカ系の問題（人種問題）を、日本社会の人種、民族、ジェンダー等に関わる課題に関わる内容と関連づけることを目指して、レポートの作成と発表を課す。ステレオタイプの例として、アフリカ系が登場する映画やビデオのポスター、スポーツ記事、人形などを挙げ、その問題点を指摘させる。また、生徒の身近なところでそのような例を探させ、日本社会にもステレオタイプの弊害が存在することに気づかせる。そして、急速に地球化（グローバリゼーション）と多文化化している日本社会の現状を踏まえて考察させる。

　本単元の評価については、以下の通りとする。
①19世紀米国の人種問題（「黒人」差別）の歴史（背景、原因、展開、影響）を、19世紀の米国社会の経済的、政治的状況を踏まえて理解し説明できたか、定期試験の記述によって評価する。
②アフリカ系のイメージ（サンボ・ステレオタイプ）が、19世紀の米国社会の経済的、政治的状況や国際関係を背景に南部プランターによって構築され

たものであることを、南部諸州の紙幣の図像分析を通じて理解し、人種問題（「黒人」差別）が構築されたメカニズムや問題性を認識し説明できたか、ワークシートへの記述や発言によって評価する。
③アフリカ系（「黒人」）に対するステレオタイプ的イメージ（サンボ・ステレオタイプ）の特徴や問題性を、自分たちが描いたアフリカ系のイラストの分析を通して認識しその問題性を説明できたか、ワークシートの記述や発言によって評価する。
④現代の日本社会における人種、民族、性別、職業、宗教などに見られるステレオタイプの偏見や弊害を写真やポスター、漫画、映画など身近なところから事例を見つけて分析することを通じて、ステレオタイプのもつ問題性を認識できるとともに、偏見や差別を否定しようとしているか、レポートの作成と発表によって評価する。

小括

世界史学習において、図像史資料の活用法としてどのような方法が適切であるかを検討し、本章のまとめとする。

単元「19世紀米国南部諸州の紙幣に描かれたアフリカ系アメリカ人のイメージ」は、ヨーロッパ系の経済的、政治的ヘゲモニーが確立する中で、ヨーロッパ系（「白人」種）を頂点とする人種概念が構築されたメカニズムを学習することを目的とする。私たちは、人種概念に基づき、アフリカ系を「黒人」種と分類し、黒い肌、縮れ毛やスキンヘッド、ドングリ眼、厚い唇などを、可視化された差異として当然視して来た。

本章の授業構成モデルでは、図像史資料を構築主義の視点から分析的によみとく実践を試みた。19世紀の米国南部諸州の紙幣に描かれたアフリカ系の姿が未開性や幼児性を記号化したものであり、そのメカニズムを解明するこ

とで（脱構築をはかることで）、生徒が巧妙に記号化されたステレオタイプの問題性を認識できるようにすることを目指した。そして、発展学習としての課題レポートでは、本単元で学習した探究の方法（歴史的視点からの図像史資料の解読という世界史固有の学び）を日常生活の中に応用し、人種、民族、性別、職業、宗教などに潜むステレオタイプ的認識の脱構築を目指した。

　この授業構成モデルは、図像史資料を活用した学習を通して、世界史学習で養われた科目固有のメディアリテラシーを日常生活で活用できるようにすることを企図している。そして、世界史で学習した科目固有のリテラシーが、21世紀を生きるために市民に求められる汎用的資質・能力として転移することを目指すものである。

註

（1）杉山正明（1998）「史料とは何か」樺山紘一ほか九名編『岩波講座世界歴史－世界世界史へのアプローチ－』1　岩波書店　p.215　pp.226-234。
　　　杉山は、同上論文の中で、図像史資料を「準文献史料」（杉山が用いた用語。本研究では「準文献史資料」と呼ぶ。）と命名し、その理由を以下の様に述べている。
　　　　文献史料は、文字によってメッセージや意味を伝える。わたくしたちは、文字という表現手段を通じて、その意味をテキストから読み取る。かたや、絵画、地図、写真、映像などは、絵・図・画面という表現手段・媒体を通じて、やはり何らかの意味を伝える。絵画・地図・写真・映像も、意味を伝えるべき一種のテキストなのである。（中略）（絵画・地図・写真・映像は－筆者挿入－）文字通りの「文」ではないけれども、かたちのことなる「原文（テキスト）」ではあるだろう。あえて「準文献史料」と名づけるゆえんは、ここにある（杉山　同上論文　p.227）。
（2）千葉敏之（2014）「画像史料とは何か」吉田ゆり子ほか二名編『画像史料論－世界史の読み方－』東京外国語大学出版会　p.10。
　　　千葉は上掲論文の中で「画像史料」を用いているが、表記の混乱を避けるために、本章では「図像史資料」に統一する。

（3）黒田日出男（2000）「絵画史料」『日本歴史大事典』小学館　p.572。

　　　黒田は上掲論文の中で「絵画史料」を用いているが、表記の混乱を避けるために、本章では「図像史資料」に統一する。

（4）同上（1986）『姿としぐさの中世史－絵図と絵巻の風景から－』平凡社。

　　　本書では、絵巻物・御伽草子の絵（第一部から第三部：pp.6-192）や荘園絵図（第四部：pp.194-232）などを題材にして、図像の解読方法が具体的に示されている。また、終章「絵画史料を読むために」（pp.233-237）では、黒田による図像史資料の解読と分析の方法が説明されている。

（5）加藤公明（2000）『日本史討論授業のすすめ方』日本書籍　pp.23-24。

（6）「高等学校学習指導要領地理歴史科世界史　平成21（2009）年改訂」文部科学省（http://www.nier.go.jp/guideline/h20h/chap2-2.htm　2016年3月6日確認）。

　　　文部科学省（2010）『高等学校学習指導要領解説　地理歴史編』教育出版　p.147　においても確認できる。以下、『現行解説地歴』と略記する。

（7）『現行解説地歴』　p.43。

（8）宮原武夫（1998）『子どもは歴史をどう学ぶか』青木書店。

　　　同上書の第4部第1章「一向一揆と信長の戦い」（pp.276-298）、第2章「鎖国時代のアイヌ」（pp.299-321）を参照のこと。以下、『歴史をどう学ぶか』と略記する。

（9）加藤公明による、以下の研究を参照。

　・加藤公明（1991）『わくわく論争！考える日本史授業－教室から〈暗記〉と〈正答〉が消えた』地歴社。

　・同上（1995）『考える日本史授業2－絵画でビデオで大論争！－』地歴社。

　・同上（2000）『日本史討論授業のすすめ方』日本書籍。

　・同上（2007）『考える日本史授業3－平和と民主社会の担い手を育てる歴史授業－』地歴社。

　・同上（2015）『考える日本史授業4－歴史を知り、歴史に学ぶ！　今求められる《討論する歴史授業》－』地歴社。

（10）田尻信壹による、以下の研究を参照。

　・田尻信市（1998）「一枚の絵から『18世紀の世界』を読み解く－W.ホガース作『当世風結婚』を用いた授業－」上越教育大学社会科教育学会編『上越社会研究』13　pp.35-46。

　・田尻信壹（2005）「図像史料を活用した移民史学習の可能性－『大陸横断鉄道と中国人移民』の教材－」日本国際理解教育学会編『国際理解教育』11　2005

pp. 8-29。
・同上（2005）「『19世紀アメリカ合衆国南部諸州の紙幣に描かれたアフリカ系アメリカ人のイメージ』の授業化」森茂岳雄　多文化社会米国理解教育研究会編『多文化社会アメリカを授業する－構築主義的授業づくりの試み－』　pp.106-126。

(11) 千葉　前掲論文　pp.11-14。
(12) 『歴史をどう学ぶか』　pp.226-229。
(13) 宮原武夫（1994）「模擬授業『鎖国時代のアイヌ』」『千葉大学教育実践研究』1　p.14。
(14) 宇田川晴義監修　小関一也ほか四名著（2001）『地球市民への入門講座－グローバル教育の可能性－』三修社　p.158。
(15) 文部省（1999）『高等学校学習指導要領解説　地理歴史編』実教出版　p.63。
(16) 同上書　p.65。
(17) 「高等学校学習指導要領地理歴史科世界史　平成21（2009）年改訂」文部科学省（http://www.nier.go.jp/guideline/h20h/chap2-2.htm　2016年3月6日確認）。『現行解説地歴』p.148。
(18) 『現行解説地歴編』p.41。
(19) 伊豫谷登志翁（2001）『グローバリゼーションと移民』有信堂高文社　p.21。
(20) 森茂岳雄　中山京子（1999）「多文化教育としての日系人学習の授業案分析」森茂岳雄編『多文化社会アメリカにおける国民統合と日系人学習』明石書店　pp.57-67。
(21) Constructionismには、「構築主義」と「構成主義」の二つの訳語が与えられている。「構成主義」については、認知心理学の用語であるConstructivismの訳語としても用いられている。そのため、本章では、Constructivismとの混同を避けるために、Constructionismの訳語として「構築主義」を当てることにした。
(22) 森茂岳雄（2002）「文化素材をどう単元化するか」教育開発研究所編『教育研修』2002年7月号　pp.16-17。
(23) 鈴木みどり編（2000）『メディア・リテラシー入門編』リベルタ出版　p.15。
(24) カナダ・オンタリオ州教育省編［FCT（市民のテレビの会）翻訳］（1992）『メディア・リテラシー－マスメディアを読み解く－』リベルタ出版　pp.15-16。
(25) 鈴木　前掲書　pp.25-27。
(26) 白人、黒人等の呼称は、16世紀以後、ヨーロッパ系が自らの肌の色を基準とし、白人種を頂点に構築された概念（歴史的、社会的構築物）である。そのため、本

稿では、アフリカ系、ヨーロッパ系の呼称を用いることにする。また、人種問題に関わる場合にのみ、「黒人」「白人」と表記する。

(27) 世界史単元「19世紀米国南部諸州の紙幣に描かれたアフリカ系アメリカ人のイメージ」は、2004年にA高校の第54回教育研究大会での公開研究授業として実施した（2004年12月4日）。今回、本章で取り上げるにあたって、同単元を今日的視点からの見直しを行った。

　本単元については、戸田善治［戸田（2006）「社会科における歴史意識の育成」日本社会科教育学会出版プロジェクト編『新時代を拓く社会科の挑戦』第一学習社　pp.132-140］、桐谷正信［桐谷（2012）『アメリカにおける多文化的歴史カリキュラム』東信堂　pp.195-253］が構築主義を取り入れた世界史の単元開発として分析を行っている。

(28) 米国南部でヨーロッパ系によって主張されたアフリカ系の奴隷的パーソナリティのことをいう。詳しくは、灘本昌久（1999）『ちびくろサンボよ―すこやかによみがえれ―』径書房　pp.128-129　を参照。

(29) ハッチンソン，E.O.［脇浜義明翻訳］（1998）『ゆがんだ黒人イメージとアメリカ社会―ブラック・メイル・イメージの形成と展開―』明石書店　p.53。

(30) 米国南部とは、高南部(アッパーサウス)の七州（デラウェア、メリーランド、ヴァージニア、北カロライナ、ケンタッキー、テネシー、ミズーリ）と、低南部(ロアーサウス)の八州（南カロライナ、ジョージア、アラバマ、ミシシッピ、ルイジアナ、アーカンソー、フロリダ、テキサス）をいう［紀平英作編（1999）『アメリカ史』山川出版社　p.139］。なかでも南カロライナ、ジョージア、アラバマ、ミシシッピ、ルイジアナの五州は綿花栽培の中心地を形成していた。

(31) 冨田昌宏（1996）『紙幣の博物館（ちくま新書）』筑摩書房　p.20。

(32) Barbatsis, G. edited, Jones, J.W. paintings (2002). *Confederate Currency, The Color of Money Images of Slavery in Confederate and Southern States Currency, West Columbia*, The Olive Press.

(33) *ibid.*, pp.45-150.

(34) *ibid.*, pp.39-43.

(35) Hammond, N.G.L. & Scullard, H.H. edited (1970). *The Oxford Classical Dictionary 2nd Edition*, Oxford, Oxford University Press. p.698.
　モネータ（Monete）は古代ローマの女神、ユノ（Juno）の添え名である。モネータの神殿で貨幣の鋳造と保管が行われたため、モネータは貨幣の語源（money）とされている。

第10章　地図史資料の活用による授業構成モデル
　　　　──単元「黒死病と14世紀の世界」の構想──

第1節　地図史資料を活用した授業構成の論理

第1項　地図史資料の特徴

　歴史学では、地図史資料は絵図、絵地図、古地図、歴史地図と呼ばれ、空間表現の総称として用いられる[1]。地図史資料は、絵図・絵地図・古地図と、歴史地図の二種類に分類される。

　絵図・絵地図・古地図とは、近代以前につくられた地図を指す呼称である（以下、「古地図」と総称する）[2]。日本史の場合であるが、古地図の特質として、「対象となる事物・空間についての、中世・近世固有の、近代と異なりしばしば重層する、複雑な所有・領有関係、支配・行政関係、社会秩序、境界観念、世界観などを、文字や類型化された記号とともに、絵画的表現や記号化された多様な色彩を駆使して図示している」[3]ことが挙げられる。世界史の場合でも、同様なことが言えよう。古地図は、図像と同じく、専門的知識がなくとも、学習者の発達段階に応じてその内容を読み解くことが可能であるため、中等教育段階の歴史学習では活用されて来た史資料である。

　歴史地図とは、古地図とは異なる地図史資料である。歴史地図とは、二次的に作成された主題図であり、「図像的・地図作製法的技術を利用して、現在の見方、現在の研究状況から見た歴史的状況、発展、諸関係など描い」[4]たものである。歴史の構造や歴史的事象の関連性を表現する場合には、歴史地図は学習者にとって文字や言語によるものよりも印象的であり、学習効果

が期待される。そのため、歴史学習での地図活用という場合には、歴史地図が古地図よりも一般的であると言える。

第2項　地図史資料による歴史的思考力育成の論理

　現行学習指導要領地歴科の歴史系科目の「内容の取扱い」において、内容の全体にわたって配慮すべきこととして、「年表、地図その他の資料を積極的に活用」（世界史A・B）[5]する、「年表、地図その他の資料を一層活用」（日本史A・B）[6]することが挙げられており、思考力・判断力・表現力等を育むための学習方法の充実が求められたことがその背景にある。学習指導要領で掲出された地図とは、古地図ではなく歴史地図が該当する。そのため、本章で活用方法を検討する地図史資料は歴史地図とする。

　世界史学習における地図等の活用については、すでに1970年改訂の学習指導要領社会科世界史の「内容の取り扱い」（ママ）の中で取り上げられている。そこでは「歴史的事象を常に時間的、空間的に正しく位置づけ、時代的背景や地理的条件との関連を考察させるため、年表、地図、絵画、写真などを活用すること」[7]を挙げている。歴史的事象が複雑に交錯する世界史学習では、時間軸と空間軸の視点から歴史的事象を整理し考察するための技能を育むための学習方法として、地図と年表の活用が提起されることになったと考えられる。

　しかし、実際には、世界史学習での年表、地図等の活用はそれほど一般化していない。『平成17（2005）年度教育課程実施状況調査（高等学校）―ペーパーテスト調査集計結果及び質問紙調査集計結果―』によれば、世界史Bを受講した生徒の授業での地図活用状況については、以下の通り（次頁の枠内）であった[8]。

質問　様々な地図を使って、国や都市の位置や場所をよく調べていますか	
「そうしている」	8.9%
「どちらかといえばそうしている」	15.6%
「どちらかといえばそうしていない」	20.0%
「そうしていない」	54.8%
「その他」・「無回答」	0.7%

出典：『平成17（2005）年度教育課程実施状況調査（高等学校）―ペーパーテスト調査集計結果及び質問紙調査集計結果―』の生徒質問紙調査の質問3（9）の回答。回答者数は10,829名。

 この調査では、世界史学習で地図を使って調べている（「そうしている」）という生徒は全体の一割ほどに過ぎず、調べていない（「そうしていない」）生徒は半数を超えていた。地図を活用した学習は、決して地理学習に限定されるものではない。世界史においても、地図を活用してそれぞれの地域世界の特色を説明したり、解釈したりすることは重要な学習である。

 歴史地図の活用は地名やその位置など、世界史学習の前提としての地理的知識を確認させたり、歴史的事象と自然環境の関連を理解させたりする上で有効とされる。また同時代の地域世界間の接触と交流、対立と抗争の様子を地図上に表現させたり、世紀ごとに比較させたりすることを通して、空間的広がりの変化や相互関係を把握させることができる。

 歴史地図を読み解く際に求められる歴史的思考力とは、歴史地図の時間的、空間的表現から、歴史的事象や歴史的事象間の関連性について認識し、批判的に評価する能力であると言える[9]。ペーター・ガイス，P. &カントレック，G.L. 監修［福井憲彦・近藤孝弘監訳］(2008)『ドイツ・フランス共通歴史教科書【現代史】』明石書店　では「学習方法」という章が設けられており、「文章を説明する」「歴史地図を読み解く」「統計データを分析する」「戯画を分析する」「論文を書く」「プロジェクトを実施し、発表を行う」「レポート発表を準備し、行う」などの活動が取り上げられている[10]。その中で「歴史地図を読み解く」では、「歴史学者は地図によって何かを明らかにしようとしている。それは、論文や研究発表の場合と全く同じであり、地図の表題

はその問題を提起していることが多い。唯一、利用する手段が違うだけである。地図資料は、地図化・空間化できるデータのみを扱う」[11]と書かれている。歴史地図の解読は、歴史情報の批判的解釈を通じての、総合的な歴史認識力を育成するための方法として位置付けられよう。高等学校では、地図を活用した学習は、ややもすると地名の位置確認や暗記の手だてとして使われてきた傾向がある。しかし、歴史地図の活用は、本来、学習内容を整理し歴史理解を助けるという役割だけではなく、「歴史地図」を通して総合的な歴史認識力を培うものでもなければならない。

　世界の様々な地域を扱う世界史においては、歴史地図や年表を中心とした史資料の活用はそれぞれの地域世界の特色を説明したり解釈したりするなどの活動として展開される。そこでの活動は、「改訂版ブルーム・タキソノミー」の「応用する」「分析する」「評価する」などの高次の認知過程として位置付けられるものである。

　教材開発に当たっては、地球化（グローバリゼーション）の進展の中で新しい環境史の領域として着目されている感染症に着目し、14世紀に内陸アジアで発生し、中国、ヨーロッパ、中東に拡大したペストを事例として取り上げることにする。

第2節　地図史資料を生かす内容構成の論理

第1項　環境史の新しい領域としての感染症

　「21世紀型学際的テーマ」に環境リテラシーが設定されているなど、地球環境に対する関心が高まっている。現行学習指導要領のもとで、高等学校の「社会科」系教科[12]では、地歴科の世界史A・B、地理A・Bおよび公民科の現代社会、政治・経済において、「持続可能な社会」の形成に向けての学習が盛り込まれることになった。世界史学習の面から環境を検討する際、「持続可能な社会」の形成という観点からのアプローチが重要であると考え

る。

　現行学習指導要領に登場した「持続可能な社会」という用語は、日本ユネスコ国内委員会[13]が推進する「持続発展教育／Education for Sustainable Development」（以下「ESD」と略記する）」[14]との関連の中でとらえられる。「持続可能な社会」とは、どのような社会を意味するのか。ユネスコ国内委員会によれば[15]、ESDとは「持続可能な社会」の担い手を育む教育のことであり、そのための観点として、人格の発達や人間性を育むこと、他人との関係性、社会との関連性、自然環境との関連性を認識し、「関わり」と「つながり」を尊重できる個人を育むことが求められている。また、ESDでは、環境教育、エネルギー教育、国際理解教育、世界遺産や地域の文化財等に関する教育などの関連諸教育を「持続可能な社会」の構築の観点からつなげ、総合的に取り組むための鍵概念として位置付けられる。まさにESDの学習領域は、世代間の公正、地域間の公正、男女間の平等、社会的寛容、貧困削減、天然資源の保全、経済格差の是正、平和な社会の構築など、環境、経済、社会などの分野を中心に広範な領域を包摂するものであると言える。

　「持続可能な社会」という観点から、環境に対する新しいとらえ方が提起されている。それは、環境を静態的な面ばかりでなく、動態的な面からもとらえようとするものである[16]。この場合の環境は、人間の歴史を規定する「構造」としてとらえるのではなく、人間社会に危機や大転換をもたらす「変動的要因」として認識されることになる。このような「変動的要因」の例として、感染症が挙げられている。今日、感染症は人類にとっての大きな脅威の一つとして認識されていることは、エイズや新型インフルエンザの流行への関心の高まりからも裏付けられる。世界史学習において環境と人間の関係を動態的に描く試みとして、感染症の問題を人類の生活形態や行動様式の変化に関連付けて扱うことは重要な視点である[17]。

　次に、感染症と文明とのかかわりについて、整理してみよう。感染症の出現と流行は、人類の定住と文明化によってもたらされた[18]。野生動物の家

表10-1　家畜から感染したと考えられる病気

人類の病気	病原体をもつ動物
麻疹	イヌ、ウシ
天然痘	ウシ
インフルエンザ	水禽（アヒル）
百日咳	ブタ、イヌ

出典：山本太郎（2011）『感染症と文明（岩波新書）』岩波書店　p.35。一部、筆者改変。

畜化がウイルス性感染症を人類社会に持ち込むことになった（表10-1「家畜から感染したと考えられる病気」を参照）。たとえば、麻疹は、紀元前3000年頃のメソポタミア地方で、イヌないしはウシに起源を持つウイルスが種を超えて人類に感染し定着したものだという。また、感染症の人類社会への定着や流行には、十分な人口数と人口集中が不可欠であった。人類最初の感染症と言われる麻疹は、文明発祥の地であるメソポタミア地方から始まった。メソポタミア地方の都市文明が麻疹の持続的流行を維持するのに充分な人口数と人口集中という条件を満たしていたことが理由である。

　感染症の流行が世界史へ与えた影響については、マクニール，W.H.（McNeil, W.H.）やクロスビー，A.（Crosby, A.）の著作に詳しい[19]。かれらの著作から、私たちは感染症の流行が交通や「人」・「もの」の移動と深く関わっていたことや、当時の社会に大きな影響を与え世界史の転換点となったことを知ることができる。

　感染症の世界的流行は、パンデミック（Pandemic）と呼ばれる。世界史上のパンデミックの例を整理してみると、広域を支配する帝国が成立し地域世界間の結びつきが強まった場合と、新交易（貿易）路の開拓と交通機関の実用化によって交易と人の移動が活発化した場合があげられる[20]。このような例として、14世紀のユーラシアにおける「モンゴル帝国とペスト」、16世紀の「新大陸」における「スペイン帝国と天然痘」、19世紀のアジアにおける「世界貿易の拡大とコレラ」が該当する。感染症の世界的流行の教材化は、

交易（貿易）と「人」の移動が世界規模で活発化した時期であり、歴史地図の活用に適した事例と言える。ここでは、ペストに着目して単元開発を行う。中世ヨーロッパでは、ペストに感染すると皮膚に出血性の紫斑ができたため、黒死病と呼ばれた（本章では、以後、14世紀のペストは「黒死病」と表記する）。マクニールは、黒死病がユーラシア全域を席巻した要因として、モンゴルによる交通路の整備と東西交易の発展をあげている[21]。

第2項　14世紀のユーラシア史における黒死病の位置付けと課題

　ここでは、14世紀の黒死病について取り上げ、世界史学習におけるペストの位置付けと課題について検討する。では、黒死病とは、どのような感染症であったのだろうか。黒死病はペスト菌（エルシニア・ペスティス）によって引き起こされる感染症で、一般にはペスト菌を保有するクマネズミの血を吸ったノミが人を吸血すると、感染が成立する。その後の感染では、感染者からの飛沫感染が中心となる。黒死病は、その症状によって、腺ペスト、肺ペスト、敗血症ペストに分けられる[22]。腺ペストは、腋下、鼠頸部リンパ腺に腫瘍が現れ、全身の皮膚に出血性の紫斑ができ、発病者の致死率は50%を超えた。肺ペストは、腺ペストの流行に続いて起こり、皮膚症や腫瘍は軽微であるが、血痰や喀血といった肺症状が見られ、発病者の致死率はほぼ100%に達した。また、敗血症ペストは、電撃的に発病し発病日に死亡する最も重篤なペストであった。ペストは、北里柴三郎とスイス人のイェルサン, A.（Yersin, A.）によって1894年にペスト菌が発見されるまで、土壌から発生する有毒な瘴気（ミアスマ）を原因とする説など、様々な原因説が唱えられて来た[23]。

　14世紀の黒死病は、ヨーロッパ史では「1348年の黒死病」と称されており、1348年から1350年代前半にかけてヨーロッパを席巻し、当時のヨーロッパ人口の四分の一から三分の一が死亡したとされる。世界史Bの教科書（山川出版社『詳説世界史改訂版（世界史B）』）では、黒死病はヨーロッパ史の「封建社会の衰退」に関する項目の中で扱われ、社会経済史に焦点化される傾向が強い。

> **封建社会の衰退**
> （前略）14世紀にはいると気候が寒冷化し、凶作や飢饉、黒死病（ペスト）の流行、あいつぐ戦乱などで農業人口が減少した。このため領主は荘園での労働力を確保するために農民の待遇を向上させなければならず、農民の身分的束縛はますますゆるめられた。（後略）
>
> （木村靖二　岸本美緒　小松久雄ほか五名［2017］『詳説世界史改訂版（世界史B）』［2016年文科省検定済］　山川出版社　p.142）

　14世紀の黒死病の流行は、ヨーロッパに限定されたものではなく、中国や中東にも多大な被害を与えた。また、その発生地はヨーロッパではない。マクニールによれば[24]、黒死病の発生地はモンゴルの本拠地であった中央ユーラシアの大草原地帯であり、ここから中国、ヨーロッパ、中東に拡大したとのことだ。黒死病は、当時、雲南・ビルマ（ミャンマー）で風土病化していたものであったが、モンゴル軍がこの地を征服した際に、黒死病に感染したノミを中央アジアに持ち帰ったことが背景にある。その後、草原地帯に棲むげっ歯類にペスト菌が感染し、モンゴル軍の遠征やモンゴル帝国が確立した交通網（ジャムチ制）を通じて、ユーラシアの主要な農耕地帯（中国、ヨーロッパ、中東）に拡散したものである。

　また、ヨーロッパへ及ぼした影響においても、教科書の記述に見られるような社会経済面ばかりでなく、人々の精神世界を始めとして様々な範囲に及んだと言われる。従前の取り扱いでは、黒死病の記述は社会経済面に偏るなど一面的な内容となっていたことは否めない。当時のヨーロッパでは、黒死病の原因をめぐって様々な風評がたち、ユダヤ人への迫害が起こるなど、現代の感染症の流行をめぐるパニックとも相通じるものがあった。このような問題を考える上でも、14世紀の黒死病は重要なテーマであると言える。

第3節　単元「黒死病と14世紀の世界」の検討

第1項　単元「黒死病と14世紀の世界」の構成原理

　現行『学習指導要領解説　地理歴史編』の世界史Bでは、「空間軸からみる諸地域世界」の活動の事例として、「『中世ヨーロッパの交易活動と黒死病の流行』という主題を設定し、各都市の黒死病の流行年と、「人」・「もの」などの移動ルートを地図上に記入させたり、作成した地図を活用してそのことを説明させたりするなどの活動」[25]が挙げられている。また、「『ユーラシアの諸地域世界を旅した人々』という主題を設定し、(中略) 諸地域世界の交易ルートや商人の移動範囲、住民の生活の様子を発表させたり、作成した地図を活用してそのことを説明させたりするなどの活動」[26]もある。これらの事例を参考にして単元「黒死病と14世紀の世界」を開発し、以下にその概要を説明する[27]。

第2項　単元「黒死病と14世紀の世界」の史資料面からの検討

　今日、地球化（グローバリゼーション）の顕著な現象として、また人類にとっての脅威の一つとして、新型インフルエンザなどのパンデミックへの関心が高まっている。このことからも、世界史学習の新しいテーマとして、感染症の問題を人類の生活形態や行動様式の変化に関連付けて扱うことは、重要であると考える。感染症の流行が世界史へ与えた影響については、マクニールやクロスビー、ダイアモンド，J.（Diamond, J.）の著作に詳しい[28]。かれらの著作から、私たちは交通や「人」・「もの」の移動が感染症の発生や拡大と深く関わったことや、当時の社会に大きな影響を与え世界史の転換点となったことを知ることができる。

　近年、歴史学研究会編（2006～2013）『世界史史料』全12巻　岩波書店　が

刊行され、重要な条約・宣言・法令ばかりでなく、社会の実態を示す一次史料が広く掲載されている。14世紀の黒死病の史資料として、1348年におけるフィレンツェでの大流行を記述したボッカチオ『デカメロン』（1349～1351年）［歴史学研究会編（2007）『世界史史料』5　岩波書店　pp.270-271］や、同時期のカイロとフスタート（エジプト）での様子を記述したマクリージー『諸王朝の知識の旅』（15世紀前半）［歴史学研究会編（2009）『世界史史料』2　岩波書店　pp.203-205］が掲出されており、ヨーロッパとイスラーム世界での黒死病の流行に直面した市井の人々の心情に直接、接することができる。

　黒死病の流行と被害は、当時のヨーロッパ世界、イスラーム世界（中東）、東アジア世界（中国）の三大文化圏に及んだもので有り、モンゴル帝国の支配とイスラーム・ネットワーク、東方貿易と十字軍運動など、交易と「人」・「もの」の移動によってもたらされたものである。14世紀の黒死病は歴史地図の活用に適した事例と言える。

　アブー＝ルゴド，J.L.（Abu-Lughod, J.L.）［佐藤次高ほか三名翻訳］（2001）『ヨーロッパ覇権以前』上・下　岩波書店　には、ヨーロッパ世界からイスラーム世界、中央アジア、東南アジア、東アジア世界（中国）など、アフロ・ユーラシアの関係性を示した交易路の歴史地図が多数掲載されている。本研究では、これらの歴史地図を、ボッカチオ『デカメロン』などの一次資料や、マクニールの著作と組み合わせて活用することで、歴史的事象や歴史的事象間の関連性について認識し、それらを批判的に評価する能力を育むことを目指す。

第4節　単元「黒死病と14世紀の世界」のフレームワークと授業計画

第1項　単元「黒死病と14世紀の世界」の目標とフレームワーク

　世界史単元「黒死病と14世紀の世界」の授業を通じて、生徒は、以下の五点の目標を達成することを目指す。

- 目標①　14世紀の内陸アジア、ヨーロッパ、イスラーム世界などの諸地域世界の主要な帝国、国家、都市の名称と位置、および制度を想起し、理解することができる。
- 目標②　黒死病の拡大について、発生地域や伝染地域及び伝染経路を空間的（地理的）条件に着目して理解し、地図上に適切に表現できる。
- 目標③　黒死病の拡大について、当時の歴史的条件（モンゴル帝国の成立とイスラーム・ネットワークの拡大）と関連付けて、ユーラシア規模で考察し、適切に表現できる。
- 目標④　黒死病の拡大に対して、ユーラシアのネットワークを背景とした諸地域世界間の交易と交流が及ぼした影響について分析し、説明できる。
- 目標⑤　現代世界において、世界的な流行をみた感染症の感染原因やその防止策について、関心を高め、主体的に追究しようとしている。

　上記目標の内、目標①から目標④までの目標については、「改訂版ブルーム・タキソノミー」テーブルを用いる。「改訂版ブルーム・タキソノミー」テーブルで「知識次元」と「認知過程次元」に分節化して表したものが、表10−2である。

表10－2 「改訂版ブルーム・タキソノミー」テーブルによる単元「黒死病と14世紀の世界」の目標分析

知識次元	認知過程次元					
	1．記憶する	2．理解する	3．応用する	4．分析する	5．評価する	6．創造する
A．事実的知識	目標①					
B．概念的知識			目標③	目標④		
C．手続き的知識		目標②				
D．メタ認知的知識						

備考：目標（網掛け部分）は、探究次元の学習を表す。

○目標⑤に対応したパフォーマンス課題○
　現代社会と感染症：今日の感染症に対する日本の対策を調べ、発表しなさい。そして、14世紀のヨーロッパの国や都市の対策との共通点と相違点を挙げなさい。また、現代社会に14世紀にヨーロッパや中東で起こった出来事を、反省としてどのように生かしたらよいか、自分の意見を述べなさい。

　目標⑤はパフォーマンス課題であるため、ルーブリックを作成しそれに用いて評価する。作成したルーブリックが表10－3である。

表10－3 単元「黒死病と14世紀の世界」における目標⑤に対応したパフォーマンス課題の課題別評価基準表

尺度による評価基準	記述語による評価規準		
	（1）目標に照らしての達成規準	（2）論述に関わる達成規準	（3）発表に関わる達成規準
3－優れている	・単元「黒死病と14世紀の世界」の目標を踏まえ、地図史資料の特質を正確に理解している。現代世界において世界的な流行をみた感染症の感染原因やその防止策に関心をもち、根拠となる多種多様な史資料を用い	・単元「黒死病と14世紀の世界」の目標を踏まえ、史資料の収集と整理を十分に行い、執筆上のルールや論文の形式を遵守して論述している。現代世界における感染症の感染原因やその防止策を、根拠となる多種多	・単元「黒死病と14世紀の世界」の目標を踏まえ、発表のルールと形式を遵守して、意欲的に発表している。現代世界における感染症の感染原因やその防止策を、その根拠となる多種多様な史資料を提示して、多面的、

	て、多面的、多角的に考察し、意欲的に探究している。	様な史資料を活用して、多面的、多角的に考察し、論理的に論述している。自分の意見も適切に述べている。	多角的に考察し、明瞭に発表している。聴き手の興味を引きつける工夫を行い、質問にも適切に応えている。
2—十分である	・単元「黒死病と14世紀の世界」の目標を踏まえ、地図史資料の特質を概ね理解している。現代世界において世界的な流行をみた感染症の感染原因やその防止策に関心をもち、根拠となる基本的史資料を用いて、二つ程度の側面と視角から考察し、探究している。	・単元「黒死病と14世紀の世界」の目標を踏まえ、史資料の収集と整理を行い、執筆上のルールや論文の形式を概ね遵守して論述している。現代世界における感染症の感染原因やその防止を、根拠となる基本的史資料を用いて、二つ程度の側面と視角から考察し、論述している。自分の意見も述べている。	・単元「黒死病と14世紀の世界」の目標を踏まえ、発表のルールと形式を概ね遵守して発表している。現代世界における感染症の感染原因やその防止策をその根拠となる基本的史資料を提示して、二つ程度の側面と視角から考察し、発表している。聴き手に分かり易い発表を心がけ、質問にも答えている。
1—努力を要する	・単元「黒死病と14世紀の世界」の目標を踏まえずに、また、地図史資料の特質も理解していない。現代世界において世界的な流行をみた感染症の感染原因やその防止策に無関心であり、根拠となる史資料を用いずに、また、複数の側面と視角から考察せずに、探究しようとしている。	・単元「黒死病と14世紀の世界」の目標を踏まえずに、また、史資料の収集と整理を十分に行っていない。また、執筆上のルールと論文の形式を遵守せずに論述しようとしている。現代世界における感染症の感染原因やその防止策を、根拠となる史資料を用いずに、また、複数の側面と視角から考察せずに恣意的に論述しようとしている。自分の意見も述べていない。	・単元「黒死病と14世紀の世界」の学習内容を踏まえずに、また、発表のルールと形式を遵守せずに発表しようとしている。現代世界における感染症の感染原因やその防止策を、根拠となる史資料を提示せずに、また、複数の側面と視角から考察せずに、恣意的に発表しようとしている。聴き手を引きつける工夫がなされておらず、質問にも応えていない。

第2項　単元「黒死病と14世紀の世界」の構成

（1）単元名
黒死病と14世紀の世界

（2）単元の構成
単元「黒死病と14世紀の世界」の構成と配当時間を示す。各次のテーマは以下の通りである。

　　　第1次（1時間）　モンゴル帝国と黒死病
　　　第2次（2時間）　中世ヨーロッパにおける黒死病の流行
　　　第3次（1時間）　イスラーム世界における黒死病の流行
　　　第4次（1時間）　黒死病の拡大をもたらしたアフロ・ユーラシア世界の
　　　　　　　　　　　構造
　　　第5次（＊課題学習）　現代社会と感染症－課題レポートの作成と発表－
　　　　＊課題学習の配当時間については、適宜、検討する。

（3）学習計画
各次の主な教材と活動の概要は、以下の通りとする。

第10章　地図史資料の活用による授業構成モデル　　343

次／時	生徒への問い・課題（★）と 生徒の主な活動内容（◎）	指導上の留意点（●）と 教材（○）
第1次 ／ 1時間	モンゴル帝国と黒死病 活動1　14世紀の黒死病の伝染ルート  ★課題：14世紀の黒死病が史資料に初めて登場するのは、1338年のことである。黒死病は、中央アジアのバルハシ湖からイシク湖にかけての草原地帯で発生した。ここからユーラシアの各地に広まっていった。「都市・地域と伝染時期」に示されている都市・地域（本章の「教材」を参照）と年を、地図（地図1：14世紀黒死病の伝染ルート）に記せ。 ◎地図1（白地図）に都市・地域と伝染年（本章の「教材」欄を参照）を記入する。 活動2　モンゴル帝国と黒死病 地図2　モンゴル帝国の領域  ★課題：「地図2」と「資料1」の内容を検討し、黒死病が中央アジア（モンゴル帝国の根拠地、カラコルム）からコンスタンティノープルなどの地中海	[主な教材] ○マクニール，W.H.（1976）『疫病と世界史』下　中央公論社　から「ジャムチ制」の部分を抜粋したもの。 ○アブー＝ルゴド，J.L.（2001）『ヨーロッパ覇権以前』上　岩波書店　掲載地図（「モンゴル帝国の領域」） T（教師）：「課題」を読む。 ●イスラームの拡大がユーラシアの海域及び内陸のネットワークの整備を促し、ユーラシア諸地域の交流を活発にしたこと、また、モンゴル帝国が13世紀に内陸アジアのネットワークを掌握し、ユーラシアの広大な地域を支配するに至った過程を概観させる。その際、諸地域世界の主要な都市の名称と位置を想起することができるように、白地図を用いて地図上で確認させる。 ○資料1　モンゴルの騎馬飛脚（ジャムチ制） ・『疫病と世界史』下 T：「課題」を読む。 ●モンゴルの平和が、雲南・ビルマ地域の風土病化していた黒死病

	東岸や中国へ短期間に伝染・拡大した理由を考えよ。 ◎黒死病がモンゴリア（モンゴルの本拠地）から地中海東岸や中国へ短期間に伝染・拡大した理由をマクニール『疫病と世界史』をもとに考察し、ノートにまとめる。 ◎グループをつくり、活動1・2をもとに、モンゴル帝国の領内では、なぜ黒死病の感染が短期間に拡大したのか、その理由を話し合う。また、伝染の経路が地中海東岸、中国方面へ向かったのはなぜか、その理由を推察する。グループ内で話し合った内容をワークシートに記入する。グループ代表が、クラス全体に話し合った内容を発表する。	がユーラシア諸地域に拡大した経路を歴史地図や史資料をもとに学習し、パンデミック化することになった理由として、モンゴル帝国の駅伝制（ジャムチ制）の役割を考察させる。
第2次 ／ 1時間	中世ヨーロッパにおける黒死病の流行（1） 活動3　地中海の交易路と黒死病 ○地図3：中世における地中海の交易路  ★課題：黒死病がコンスタンティノーブルに伝染したのは1347年初夏のことであった。コンスタンティノーブルは、地中海交易の拠点としてヴェネツィア、ジェノバの商船が商品を求めて集まってきた。翌48年には、黒死病は地中海全域に拡大した。では、「地図3」と「資料2」の内容を検討し、以下の問いに答えよ。 1　ヴェネツィアとジェノヴァの位置を「地図3」上で探し、●を付けよ。 2　13・14世紀のヴェネツィアとジェノヴァについて、教科書・資料集をもとに整理せよ。その際、ヴェネツィアの地中海交易で占めた地位と役割については、資料2をもとに考察せよ。 3　地中海の交易ルートと黒死病の伝染ルートの関連を考察せよ。 ◎4人のグループをつくり、活動3をもとに、地中海の交易路と黒死病の伝染ルートの関係についてグ	[主な教材] ○『ヨーロッパの覇権以前』上掲載地図「中世における地中海の交易路」 ○ビザンツ皇帝アレクシオス一世のヴェネツィアへの特許状 T：「課題」を読む。 ●コンスタンティノーブルが地中海と黒海の中継地点に位置し、東西交易で繁栄していたことに着目し、黒死病が地中海貿易路を通じて、コンスタンティノーブル経由で南欧、西欧、北欧に拡大し、ヨーロッパの人口を激減させたことを歴史地図や史資料の情報をもとに考察させ、その理由を推察させる。 ●ヴェネツィアが、13・14世紀の地中海交易に果たした役割を理解させる。

	ループ内で話し合い、なぜ黒死病が地中海方面からヨーロッパに拡大したのかの理由を推察する。 ◎グループで話し合った内容をワークシートに記入して提出する。また、グループ代表がクラス全体に話し合った内容を発表する。	
第2次 ／ 2時間	**中世ヨーロッパにおける黒死病の流行（2）** **活動4　中世ヨーロッパの交易路と黒死病** 地図4　中世ヨーロッパの交易路  ★課題：黒死病は、1348年にはヨーロッパに広まった。パリで最初の黒死病患者が発見されたのが、1348年8月下旬のことであった。イギリスでは、これよりも早く6月から7月にかけて発病がみられ、9月にはロンドンにも患者が発見された。そして1349年から1350年かけて、バルト海のハンザ同盟都市に拡大し、1351年にはロシアにまで及んだ。1453年、ノヴゴロドで黒死病の流行は終息した。では、上記の内容を踏まえて、以下の問いに答えよ。 1　地図4を見て、コンスタンティノープルからロンドンへの黒死病の伝染経路として、考えられる経路を挙げよ。また、そのように考えた理由を説明せよ。 2　ノヴゴロドの位置を「地図4」上で探し、●を付けよ。 3　モンゴルの本拠地に近いノヴゴロドへの伝染が最後になったのはなぜか、説明せよ。 4　農村よりも都市の黒死病死亡率が高い理由を説明せよ。 **活動5　黒死病についての日記を書く** 　1348年に黒死病で甚大な被害を受けた地中海の都	[主な教材] ○『ヨーロッパ覇権以前』上　掲載地図「中世ヨーロッパの交易路」 ○ボッカチオ『デカメロン』歴史学研究会編（2007）『世界史史料』5 T：「課題」を読む。 ●黒死病の特徴、感染原因、予防・対策について、当時の人々が残した記録から整理させ、黒死病の感染防止を妨げた当時のヨーロッパ社会の文化的、社会的原因を分析させる。 T：「課題」を読む。 ●「活動5」は宿題とする。「活

	市に住む知識人と仮定して、一か月分の日記を書け。その際、黒死病に関する記述や観察、関心、態度などについて、資料3・4や各自が集めた史資料を参考にして日記を書くこと。 ○黒死病の特徴、感染原因、予防・対策について、一次史資料（『デカメロン』）を読み、中世ヨーロッパで黒死病の感染防止対策について整理する。当時の感染防止対策の問題点を明らかにし、そのような対策をとった理由や背景を考察する。 ○グループ内で話し合った内容をワークシートに記入する。グループ代表が、クラス全体に、話し合った内容を発表する。	動4」で整理した内容やグループ、クラスでの発表、討論での成果をもとに、「日記」を創作させる。創作に当たっては、当時の文化的、社会的状況を踏まえて執筆させる。
第3次 ／ 1時間	**イスラーム世界における黒死病の流行** **活動6　中東世界の交易路と黒死病** **地図5　中東世界の交易路**  ★課題：黒死病は、ヨーロッパばかりでなく、中東のイスラーム諸国にも波及し、甚大な犠牲者を出している。では、地図5を活用しながら、以下の問いに答えよ。 1　黒死病の被害がアレッポ、ダマスクス、アレクサンドリアなどの都市に多いのはなぜか、その理由を考えよ。 2　ヨーロッパのキリスト教勢力と中東のイスラーム勢力は、11世紀末以降、敵対関係にあった。黒死病が敵対していた両地域で同時進行的に拡大したのはなぜか、その理由を考えよ。 ◎ヨーロッパばかりでなくイスラーム世界でも、黒死病が流行した理由を考察する。その際、当時のイスラーム世界は、ヨーロッパと戦争状態（十字軍）であったのに、なぜ流行したのかの理由を推察する。 ◎グループ内で話し合った内容をワークシートに記	［主な教材］ ○『ヨーロッパ覇権以前』上　掲載地図「中東世界の交易路」 ○マクリージー「諸王朝の知識の旅」（抜粋）歴史学研究会編（2009）『世界史史料』2 T：「課題」を読む。 ●14世紀のイスラーム世界では、地中海東岸やエジプトで黒死病による多くの死者が出ていたことを学習し、イスラーム世界はヨーロッパと戦争状態（十字軍）であったのに、なぜ、イスラーム世界にも流行したのかの理由について考察させる。

	入する。グループ代表が、クラス全体に、話し合った内容を発表する。	
第4次 / 1時間	黒死病の拡大をもたらしたアフロ・ユーラシア世界の構造 活動7　黒死病が14世紀の世界に与えた影響 ★課題：黒死病がユーラシア諸地域に甚大な被害をもたらした。地図情報や活動で得られた知識をもとに以下の問いに答えよ。 1　黒死病が短期間にユーラシア各地に広まった要因は何か、考察せよ。 2　黒死病が、ユーラシア諸地域の中でもヨーロッパ、中東、中国で甚大な被害を出した理由は何か、考察せよ。 3　黒死病を防止する対策について、提案せよ。その際、14世紀の社会状況や医学水準などを考慮すること。 ◎黒死病がユーラシア各地で、とりわけヨーロッパ、中東、中国で甚大な被害を出した理由について、活動1〜6までの学習をもとに考察する。 ◎グループ内で話し合った内容をワークシートに記入して提出する。グループ代表が、クラス全体に、話し合った内容を発表する。	［主な教材］ 　第1次から第3次までに使用した歴史地図と史資料 T：「課題」を読む。 ●地域世界間の「横のつながり」を重視し、アフロ・ユーラシアの各地域世界が、イスラーム・ネットワークとモンゴル帝国の支配を核にして交易、戦争、旅行を通じて関係性を構築していったことを、これまでの活動や討論を通じて認識させる。
第5次 / 家庭学習	現代社会と感染症―課題レポートの作成― ★課題：今日の感染症に対する日本の対策を調べ、発表せよ。そして、14世紀のヨーロッパの国や都市の対策との共通点と相違点を挙げよ。また、現代社会に14世紀にヨーロッパや中東で起こった出来事を、反省としてどのように生かしたらよいか、自分の意見を述べよ。 ◎課題レポートは宿題として課す。後日、「活動5　黒死病についての日記を書く」（レポート）と一緒に提出する。	［主な教材］ 　第1次から第4次までに使用した歴史地図・史資料及びワークシート T：「課題」を指示する。 ●課題レポートは宿題とし、「黒死病についての日記を書く」のレポートと一緒に提出させる。
第5次 / 適宜、時間を配当する	課題レポート発表会 ◎クラスで課題レポート発表会を行う。発表は、課題レポートの内容と史資料の収集やレポート作成上の工夫についての二点を報告する。	●黒死病を今日の感染症と関連付けることで現代の感染症に対する正しい見方や防止策についての関心と理解を高めさせ、正しい行動がとれる態度の育成を目指させる。

（4）教材

教材の作成にあたっては、歴史の「全米指導基準」に基づいて開発された世界史単元、Chapman, A. (1998). *Coping with Catastrophe: The Black Death of the 14th Century*, Los Angeles, Los Angeles, University of California を参考にした。「活動」に用いた地図1の出典は同上書から、地図2から地図5までは、アブー＝ルゴド，J.L.［佐藤次高ほか翻訳］（2001）『ヨーロッパ覇権以前』上 岩波書店 からである。

- 地図1：Chapman, A. (1998)：*Coping with Catastrophe: The Black Death of the 14th Century*, Los Angeles, Los Angeles, University of California, p.16.
- 地図2：アブー＝ルゴド，J.L.［佐藤次高ほか翻訳］（2001）『ヨーロッパ覇権以前』上 岩波書店 p.179。
- 地図3：同上 p.157。 ・地図4：同上 p.123。 ・地図5：同上 p.233。

第1次（1時間）モンゴル帝国と黒死病

・活動1　14世紀の黒死病の伝染ルート

> 14世紀の黒死病が史資料に初めて登場したのは、1338年のことである。黒死病は、中央アジアのバルハシ湖からイシク湖にかけての草原地帯で発生した。ここからユーラシアの各地に広まっていった。「都市・地域と伝染時期」に示されている都市・地域と年を地図（地図1：14世紀黒死病の伝染ルート）に記せ。

地図10−1　地図1：14世紀黒死病の伝染ルート（生徒に作成させる主題図）

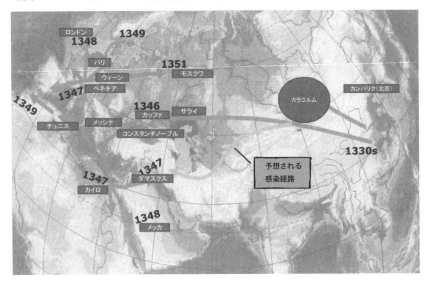

「活動1」では、生徒に上記の地図（「地図1」）を作成させる。

○都市・地域と年

1330年代　カンバリク（大都／北京）

1346年　サライ、カッファ

1347年　コンスタンティノープル、メッシナ、ヴェネツィア（ベネチア）、カイロ、ダマスクス

1348年　チュニス、ロンドン、パリ、メッカ

1349年　スカンジナビア半島、ウィーン

1351年　モスクワ

1353年　ノヴゴロド

備考：Chapman, A. (1998). *Coping with Catastrophe: The Black Death of the 14th Century*, Los Angeles, Ca, Los Angeles, University of California, p. 16　に、筆者が、都市・地域と伝染した年を書き入れたものである。

・活動2　モンゴル帝国と黒死病

「地図2」と「資料1」の内容を検討し、黒死病がモンゴル帝国の本拠地（カラコルム）からコンスタンティノープルなどの地中海東岸や中国へ短期間に伝染・拡大した理由を考えよ。

○地図10－2　地図2：モンゴル帝国の領域

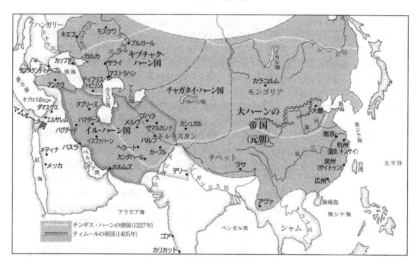

○資料10－1　資料1：モンゴルの騎馬飛脚（ジャムチ制）

　アジアを横断する陸上の隊商交通の発展・強化で、それが頂点に達したのは、ジンギス汗（1167～1227年）の建設したモンゴル諸帝国の支配下においてであった。勢力が絶頂に達した1279年から1350年まで、この帝国群の版図は中国全土とロシアのほとんど全土（僻遠のノヴゴロド国だけが独立を保っていた）、さらに中央アジア、イラン、イラクを包含した。そして、一日優に百マイルずつ何週間も走り続ける騎馬飛脚（ジャムチ制－筆者挿入－）や、もっと緩慢な歩みではるばる遠い距離を行き来する隊商や軍隊などの織りなす一大交通網が、この帝国群を1350年代までひとつに結んでいた。（中略）モンゴル支配下における交通の発達は、いまひとつ重大な結果をもたらした。（中略）彼らは広大な地域にわたる人間の交通網を作り上げ、それはカラコルムにあるモンゴルの総司令部を、ヴォルガ河に臨むカザンやアストラハン、クリミア半島のカッファ、中国のカンバリク（北京）などと結びつけ、さらにその間に点在する無数の隊商基地をひとつにつないだのである。

出典：マクニール，W.H.［佐々木昭夫翻訳］（2007）『疫病と世界史』下　中央公論社　pp.10-12。

352   第Ⅱ部　21世紀社会に対応した歴史的思考力育成型授業の開発

第2次（2時間）　中世ヨーロッパにおける黒死病の流行

・活動3　地中海の交易路と黒死病

> 　黒死病がビザンツ帝国の首都コンスタンティノープルに伝染したのは1347年初夏のことであった。コンスタンティノープルは、地中海交易の拠点としてヴェネツィアとジェノヴァの商船が商品を求めて集まってきた。翌48年には、黒死病は地中海全域に拡大した。では、「地図3」と「資料2」の内容を検討し、以下の問いに答えよ。
>
> 1　ヴェネツィアとジェノヴァの位置を「地図3」上で探し、●を付けよ。
> 2　13・14世紀のヴェネツィアとジェノヴァについて、教科書・資料集をもとに整理せよ。その際、ヴェネツィアの地中海交易で占めた地位と役割については、資料2をもとに考察せよ。
> 3　地中海の交易ルートと黒死病の伝染ルートの関連を考察せよ。

○地図10－3　地図3：中世における地中海の交易路

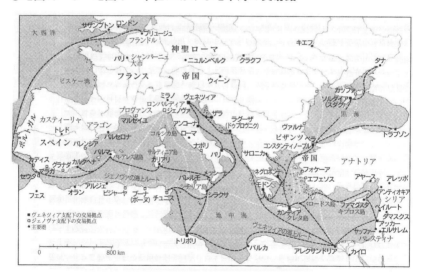

○資料10−2　資料2：ビザンツ皇帝アレクシオス一世によるヴェネツィアへの特許状（12世紀半ば）

　（前略）帝都（コンスタンティノープル−筆者挿入−）、（中略）およびヴェネツィア人が望むあらゆる場所で、その他多くの不動産を与えた。しかしもっとも大きなことは、ローマ帝国（ビザンツ帝国のこと−筆者挿入−）全土において交易上の免税が与えられたことである。彼ら（ヴェネツィア人−筆者挿入−）は彼らの流儀で自由に商業取引が出来た。関税に僅かの納付をすることも、国庫から何らの課税もされることはなかった。

出典：歴史学研究会編（2007）『世界史史料』5　岩波書店　pp.151-152。資料中の表記の一部を改変。

・活動4　中世ヨーロッパの交易路と黒死病

　黒死病は、1348年にはヨーロッパに広まった。パリで最初の黒死病患者が発見されたのが、1348年8月下旬のことであった。イギリスでは、これよりも早く6月から7月にかけて発病がみられ、9月にはロンドンにも患者が発見された。そして、1349年から1350年かけて、バルト海のハンザ同盟都市に拡大し、1351年にはロシアにまで及んだ。1453年、ノヴゴロドで黒死病は終息した。では、以下の問いに答えよ。

1　地図4を見て、コンスタンティノープルからロンドンへの黒死病の伝染経路として、考えられるすべての経路を挙げよ。また、そのように考えた理由を説明せよ。
2　ノヴゴロドの位置を「地図4」上で探し、●を付けよ。
3　モンゴルの本拠地に近いノヴゴロドへの伝染が最後になったのはなぜか、説明せよ。
4　農村よりも都市の黒死病死亡率が高い理由を説明せよ。

地図10-4　地図4：中世ヨーロッパの交易路

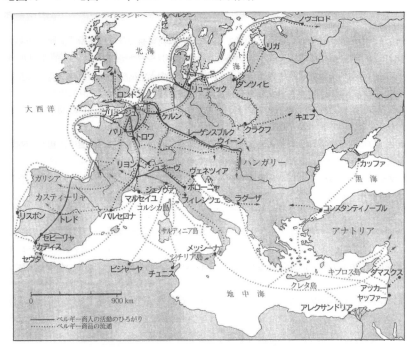

・活動5　黒死病についての日記を書く

　1348年に黒死病で甚大な被害を受けた地中海の都市に住む知識人になったつもりで、一か月分の日記を書け。その際、黒死病に関する記述や観察、関心、態度などについて、資料3・4や各自が集めた史資料を参考にして日記を書くこと。

○資料10－3　資料3：ボッカチオ『デカメロン』（1349～51年）

　さて、恵み深き神の子の受肉（イエス・キリストの誕生－筆者挿入－）より数えて1348年目にいたったとき、イタリアのすべての都市にまさって麗しき都フィレンツェに、恐るべき悪疫（ペスティレンツァ）が到来しました。（中略）

　この悪疫にはどんな知恵も対処も効果がありませんでした。都市ではそのために任命された役人が汚物を取り除き、患者が街中に入るのを禁止し、衛生を保つため多くの助言がなされましたが無駄でした。信心深い人たちが、行列行進や他の方法で神にうやうやしく願をかけるも一度や二度ではありませんでしたが、これも無駄でした。（中略）病の初期、男女ともに股や脇に腫れ物ができ、それが人によって普通のりんごくらい、あるいは卵くらいになり、また人により多かったり少なかったりしました。これを世の人々は「おでき（カヴォッチョリ）」と呼んでいました。この致死の「おでき」は上記の二つの部位から始まって、またたくまに全身ところかまわずに吹き出しました。その後病は症状を変え、腕や腿や体の各所に黒や鉛色の斑点が現れてきますが、それは人により大きくまばらだったり、小さくたくさんだったりしました。そして、病の当初「おでき」がやがて来る死の確実な兆候であったように、この斑点もそれが現れると死のしるしとなったのです。（中略）

　またこの悪疫がさらに猛威を振るったのは、最初それに罹った人から健康な人へと感染したからでした。それはまるで、乾いたものや油のついたものを火のまぢかにおくと燃え移るようなものでした。しばらくすると事態はいっそう悪くなりました。というのも健康な人が患者と話したり訪ねたりすると病を得たり、同じように死んだりするばかりか、患者がふれたり使ったり

した衣類や他のものにふれると、その人にこの病がうつるように思われたからです。

出典：歴史学研究会編（2007）『世界史史料』5　岩波書店　pp.270-271。

○資料10－4　資料4：マクリージー『諸王朝の知識の旅』（15世紀前半）

　カイロとフスタート（エジプトの都市－筆者挿入－）における流行病は、女性と子供、それに小売商から始まり、死者数が増大した。（中略）昼また夜に避け難い死としてペストで死亡する者の数は毎日300人に達し、ラジャブ月の末にその数は毎日1000人以上に及んだ。（中略）人々は善行を始めたが、誰もみな自らの死を想像した。（中略）

　シャーバーン月にカイロで流行病は増加し、ラマダーン月に拡大した。（中略）この流行病では死の素早さから誰も飲み薬や薬剤や医師を必要としなかった。シャッワール月半ばには、道々や市場は死体で充ちていた。ある者たちはつらさのために涙を流し、またある者たちはカイロやフスタートのあらゆる礼拝所で祈りに集中した。そしてその状態は限界を超え、乗り越えられなくなり、ハルカ騎士（自由身分出身の騎士－筆者挿入－）たちの多くが死滅し、スルタンのマムルークたちの死亡で城塞の兵舎は無人と化した。

　そしてズー・アルカーダ月が始まるころには、カイロは空っぽで人のいない状態になり、大通りにも通行人が見られず、死者の多さとその処理作業のため、ズワイラ門からナスル門まで通行する人も彼を押す者と出会うことはなかった。（後略）

出典：歴史学研究会編（2009）『世界史史料』2　岩波書店　pp.203-204。

第10章 地図史資料の活用による授業構成モデル

第3次（1時間） イスラーム世界における黒死病の流行

・活動6　中東世界の交易路と黒死病

> 　黒死病は、ヨーロッパばかりでなく、中東のイスラーム諸国にも波及し、甚大な犠牲者を出している。では、地図5を活用しながら、以下の問いに答えよ。
>
> 1　黒死病の被害がアレッポ、ダマスクス、アレクサンドリアなどの都市に多い。これらの都市の位置を「地図5」上で探し、●を付けよ。そして、なぜこれらの都市で黒死病が流行したのか、その理由を考えよ。
> 2　ヨーロッパのキリスト教勢力と中東のイスラーム勢力は、11世紀末以降、敵対関係にあった。黒死病が敵対していた両地域で同時進行的に拡大したのはなぜか、その理由を考えよ。

地図10－5　地図5：中東世界の交易路

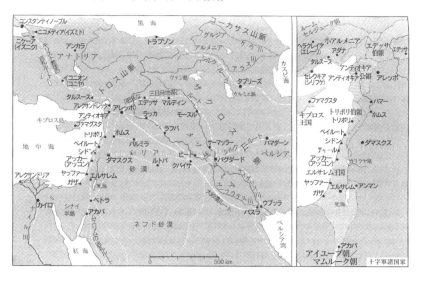

第4次（1時間） 黒死病の拡大をもたらしたアフロ・ユーラシア世界の構造

・活動7　黒死病が14世紀の世界に与えた影響

> 黒死病がユーラシア諸地域に甚大な被害をもたらした。地図情報や活動（活動1〜活動6）で得られた知識や情報をもとに以下の問いに答えよ。
> 1　黒死病が短期間にユーラシア各地に広まった要因は何か、考察せよ。
> 2　黒死病がユーラシア諸地域の中でもヨーロッパ、中東、中国で甚大な被害を出した理由は何か、考察せよ。
> 3　黒死病を防止する対策について、提案せよ。その際、14世紀の社会状況や医学水準などを考慮すること。

第5次（課題学習）　現代社会と感染症―課題レポートの作成―

> 課題：今日の感染症に対する日本の対策を調べ、発表せよ。そして、14世紀のヨーロッパの国や都市の対策との共通点と相違点を挙げよ。また、現代社会に14世紀にヨーロッパや中東で起こった出来事を、反省としてどのように生かしたらよいか、自分の意見を述べよ。

（5）評価

本活動の評価については、以下の通りとする。

①14世紀の内陸アジア、ヨーロッパ、イスラーム世界などの諸地域世界の主要な帝国、国家、都市の名称と位置、および制度を想起し、理解することができたか、定期試験の記述によって評価する。

②黒死病の拡大について、発生地域や伝染地域及び伝染経路を空間的（地理的）条件に着目して整理し、地図上に適切に表現できたか、白地図とワークシートへの記述や発言によって評価する。

③黒死病の拡大について、当時の歴史的条件（モンゴル帝国の成立とイスラーム・ネットワークの拡大）と関連付けて、ユーラシア規模で考察し適切に表現できたか、ワークシートへの記述や発言によって評価する。

④黒死病の拡大に対して、ユーラシアのネットワークを背景とした諸地域世界間の交易と交流が及ぼした影響について分析し、説明できたか、ワークシートへの記述や発言によって評価する。
⑤現代世界において、世界的な流行をみた感染症の感染原因やその防止策について、関心を高め、主体的に追究しようとしているか、課題レポートの作成と発表、意見交換によって評価する。

小括

世界史学習において、地図史資料の活用法としてどのような方法が適切であるかを検討し、本章のまとめとする。

世界史であれ日本史であれ、歴史学習での地図の活用は、ややもすると、事件名や国名、地名の単なる暗記の手だてとして使われてきた傾向がある。この場合の地図活用や地理空間情報は、歴史理解を助けるための補助的知識にとどまる。地歴科におけるこれまでの地図活用を見てみると、教科を構成する各科目の立場からの関連付けという条件はあるが、時間認識と空間認識のバランスのとれた育成という地歴科教育の目標とは程遠いものを感じる。

地歴融合の観点から、現行学習指導要領の地歴科世界史Bにおける「空間軸からみる諸地域世界」の単元として、単元「黒死病と14世紀の世界」を構想した。ここでは、同時代性に着目して、地図上に諸地域世界の接触や交流（交易や戦争を含めて）の状況を表したり、史資料（一次、二次史資料）と歴史地図（主題図）を一体的に検討させ、そこから情報を読み取ったりするなどの活動を企図した。このことを通して、歴史情報と地理空間情報の総合的把握や、世界史を理解する上での地理的な見方・考え方の有用性について認識させることを試みた。

世界史などの歴史学習における地図活用は、地理学習の場合とは異なる点についても、確認しておく必要がある。歴史学習から地歴融合を考える上で、

ガイス，P. ＆ル・カントレック，G. 監修［福井憲彦　近藤孝弘監訳］『ドイツ・フランス共通歴史教科書【現代史】』の見解は示唆に富む。同書では、「歴史地図を読み解く」とは、「歴史学者は地図によって何かを明らかにしようとしている。それは、論文や研究発表の場合と全く同じであり、地図の表題はその問題を提起していることが多い。唯一、利用する手段が違うだけである」[29]と書かれている。歴史地図の解読は歴史論文や歴史研究の発表と同じであるとの指摘は、慧眼である。地歴科の世界史学習における地図活用は、一義的には、このことを通して歴史的思考力を培うものでなければならない。地理学習における地図活用との違いについても、同時に認識して置く必要があろう。

　21世紀を生きる市民として不可欠な汎用的能力として、論理的・批判的思考力がある。それは、物事を多角的な観点から論理的に考察し問題解決に向けて分析、総合、評価を行う思考力と言われる。本章で掲出した地図史資料を活用した授業構成モデルでは、歴史地図と各種史資料とを一体的に検討させることで、歴史情報と地理空間情報の総合的把握や、世界史を理解する上での地理的な見方・考え方を育むことを目指した。そこでは、性格を異にする複数の史資料（情報）を検討して操作することを通じて、歴史情報と地理空間情報を総合的な把握を目指すものである。その思考のプロセスは、21世紀型能力を構成する思考力の一つである論理的・批判的思考力[30]と同種のものと言える。本章で掲出した歴史地図史資料を活用した授業構成モデルは、歴史的思考力という科目固有の思考力を育成するものであるが、同時に、21世紀を生きる市民に求められる汎用的な思考力を育む上でも効果が期待できる。

註

（1）杉本史子ほか五名編（2011）『絵図学入門』東京大学出版会　p. ii。
（2）金田章裕（1995）「絵図・地図と歴史学」朝尾直弘ほか五名編『岩波講座日本通史―史料論―』別巻3　岩波書店　p. 307。
（3）杉本ほか五名　前掲書　p. iii。
（4）帝国書院編集［岡崎勝世監修、河合信晴　内田滋翻訳］（2013）『プッツガー歴史地図　日本語版』帝国書院　p. 14。
（5）「高等学校学習指導要領地理歴史科世界史Ａ　平成21（2009）年改訂」文部科学省（http://www.nier.go.jp/guideline/h20h/chap2-2.htm　2016年3月6日確認）。
「高等学校学習指導要領地理歴史科世界史Ｂ　平成21（2009）年改訂」文部科学省（http://www.nier.go.jp/guideline/h20h/chap2-2.htm　2016年3月6日確認）。
（6）「高等学校学習指導要領地理歴史科日本史Ａ　平成21（2009）年改訂」文部科学省（http://www.nier.go.jp/guideline/h20h/chap2-2.htm　2016年3月6日確認）。
「高等学校学習指導要領地理歴史科日本史Ｂ　平成21（2009）年改訂」文部科学省（http://www.nier.go.jp/guideline/h20h/chap2-2.htm　2016年3月6日確認）。
（7）「高等学校学習指導要領社会科世界史　昭和45（1970）年改訂」文部省（http://www.nier.go.jp/guideline/s45h/chap2-2.htm　2016年3月6日確認）。
（8）国立教育政策研究所（2007）「平成17（2005）年度教育課程実施状況調査」 p. 193（http://www.nier.go.jp/kaihatsu/katei_h17_h/index.htm　2016年3月6日確認）。
（9）帝国書院　前掲書　p. 14。
（10）ガイス, P. & ル・カントレック, G. 監修［福井憲彦　近藤孝弘監訳］（2008）『ドイツ・フランス共通歴史教科書【現代史】』明石書店　pp. 308-321。
（11）同上書　p. 310。
（12）高校では、1989年告示の学習指導要領から、社会科は地歴科と公民科の二教科に再編成された。現在、高等学校では、社会科という教科は存在しない。教科としての歴史的経緯を踏まえて、地歴科と公民科を「『社会科』系教科」と表記する。
（13）日本ユネスコ国内委員会は、「ユネスコ活動に関する法律」（昭和27年法律第207号）に基づき、文部科学省内に置かれる特別の機関である。同委員会では、ESDを重要推進課題としてとらえ、その普及促進に取り組んでいる（http://www.mext.go.jp/unesco　2011年4月30日確認）。
（14）Education for Sustainable Development（ESD）の日本語訳として、「持続可能な開発のための教育」と「持続可能な発展のための教育」の二種類があてられてい

る。日本ユネスコ国内委員会では、その趣旨を適切に表現するとともに教育現場への普及を図るため、「持続可能な発展のための教育」と訳し、「持続発展教育」と略称している。本稿でも、それに倣い「持続発展教育」を用いる。
(15) ユネスコ国内委員会(2010)『ユネスコスクールと持続発展教育(ESD)について』p.1
(http://www.u-gakugei.ac.jp/~soumuren/22.6.5/19kokusai.pdf 2016年3月11日確認)。
(16) 脇村孝平(2000)「環境史としての『病気の歴史』―英領期インドにおけるマラリアー」大阪歴史科学協議会編『歴史科学』161 pp.1-4。
(17) 2013年2月3日付の朝日新聞朝刊社説に「病気と人間 学校でヒトの科学を」が掲載された。そこでは、「ヒトとモノのグローバル化が進むなか、国境を越えて広がるウイルスなどによる感染症の脅威を忘れるわけにはいかない。新しい時代にふさわしい、教え方、学び方が必要だ」との観点から、学校教育で人や病気について取り上げることを提案している。学校教育の中で、感染症の問題を取り上げることは、今日の教育的課題の一つと言えよう。
(18) 山本太郎(2011)『感染症と文明―共生への道―(岩波新書)』岩波書店 pp.18-39。
(19) 疫病(感染症)を取り上げた著作としては、以下のものが参考になる。
・マクニール,W.H.[佐々木昭夫翻訳](2007)『疫病と世界史(中公文庫)』上下 中央公論社。
・クロスビー,A.W.[佐々木昭夫翻訳](1998)『ヨーロッパ帝国主義の謎―エコロジーから見た10~20世紀―』岩波書店。
・ダイアモンド,J.[倉骨彰翻訳](2000)『銃・病原菌・鉄―1万3000年にわたる人類史の謎―』上 下 草思社。
(20) 脇村孝平(2006)「疫病のグローバル・ヒストリー―疫病史と交易史の接点―」国立民族学博物館地域研究企画交流センター編『地域研究』7(2) pp.39-41。
(21) 同上論文 pp.39-58。
(22) 山本 前掲書 pp.55-75。
(23) 蔵持不三也(1995)『ペストの文化誌―ヨーロッパの民衆文化と疫病―(朝日選書)』朝日新聞社 pp.107-156。
(24) マクニール,W.H. 前掲書上 pp.7-77。
(25) 文部科学省(2010)『高等学校学習指導要領解説 地理歴史編』教育出版 p.38。
(26) 同上書 pp.38-39。

(27) 単元「黒死病と14世紀の世界」は、拙稿［田尻信壹（2013）「単元『黒死病と14世紀の世界』の構想－新学習指導要領地歴科世界史Bにみる『地図活用』－」日本地理教育学会編『新地理』61-1　pp.59-68］をもとに構成した。
(28) 註（19）を参照。
(29) ガイス，P. & ル・カントレック，G.　前掲書　p.310。
(30) 論理的・批判的思考力については、本書の第5章第2項を参照せよ。

終　章　21世紀社会に対応した探究的世界史授業の開発に向けての展望

　今日のカリキュラム研究では、その軸足がコンテンツ・ベースからコンピテンシー・ベースへシフトチェンジしている。このような変化を促したのが、21世紀型能力に代表される新しい資質・能力モデルの登場である。今日、探究という高次で複雑な認知過程は、この文脈の中に位置付けて検討することが求められる。

　歴史研究は歴史研究者（主体）が史資料（媒体）を通して歴史事実（客体）を明らかにする探究の過程であると言われる。本研究では、歴史意識と歴史的思考力を鍵概念として、考古学史資料・博物館史資料（共に非文献史資料）、図像史資料・地図史資料（共に準文献史資料）の四種の史資料を用いた探究的学習の授業構成モデルを開発して、提案した。様々な情報が氾濫する現代社会においては、多様な情報にアクセスしそこから情報の真偽や有用性を明らかにして、自己の判断や意思決定に生かしていくことは市民に求められる必須の資質・能力と見なされる。そのため、「歴史家のように史資料を読む（解釈する）」ことは、現代人に期待される重要な資質・能力と言えよう。

　終章では、これまでの研究を振り返り、その成果と課題を整理する。そして、今後の研究の展望を明らかにする。

第1節　本研究における各章の論点整理

　まず本節では、各章で解明できたことを整理する。そして、本研究のこれまでの議論を総括する。

第Ⅰ項　第Ⅰ部「歴史的思考力概念の変遷でたどる世界史学習の特質と課題」の論点整理

　第Ⅰ部「歴史的思考力概念の変遷でたどる世界史学習の特質と課題」（第1章から第4章までの四章）は、本研究の基礎的研究の位置を占めるものである。そして、第Ⅱ部で展開する21世紀社会に対応した世界史カリキュラムの開発を進める上での、中等教育段階の世界史を中心とした歴史授業研究の到達点や課題を明確化することを目的とする。そのため、最初に、社会科・地歴科の世界史における歴史的思考力とその上位概念である歴史意識、及び高次の認知過程としての探究についての全般的検討を行い、これらの概念を定義した（第1章）。次に、世界史を中心とした戦後歴史教育の歩みをたどりながら、それぞれの時期の歴史意識と歴史的思考力の特徴を分析した（第2・3章）。この二つの概念は、それぞれの時期に、その時代の教育課題に応えるための観点や要素を加えることを通じて、今日では、重層的な構造と複合的な性格を有する概念となったことを明らかにした。最後に、世界史を中心とする中等教育段階の歴史授業において、歴史的思考力の意味やその育成に向けての取り組みと課題について、現職教師がどのように考えているかを質問紙で調査した（第4章）。現職教師の歴史的思考力に関する考え方は系統的通史認識に立脚するものであり、現代社会で求められている歴史リテラシーとしての歴史的思考力とのギャップを明らかにすることができた。

　では、第Ⅰ部の各章の内容を、以下に整理する。

　まず、**第1章「世界史学習における歴史的思考力の全般的検討」**では、我が国の戦後歴史教育史において、歴史的思考力とその上位概念である歴史意識がどのように規定されて来たかを整理するとともに、世界史学習における歴史的思考力の位置付けと役割を検討し、第2章以降の各章（第2、3、4章）を読む際の道標として位置付けた。今日では、藤井千之助の規定が、歴史的思考力に関する教科教育学の到達点（定説）として位置付けられている。

藤井は、歴史的思考力を「因果関係の理解・考察」、「時代構造の把握」、「発展の理解・考察」、「過去と現代を対比させ現代の諸課題や特徴を考察する思考（比較的思考）」の四要素から構成し、「世界の構造や成り立ちを歴史的視野から考察する能力」としてとらえていた。

　しかし、地球化(グローバリゼーション)の進展や冷戦体制の崩壊に伴う日本人の意識の変化により、1990年代以降、歴史的思考力の規定に新たな傾向があらわれることになった。そこでは、歴史的思考力の新しい要素として、「世界の同時代性を認識する能力」や「史資料を分析・解釈する能力」などの考え方が登場して来た。その結果、歴史的思考力は重層的な構造と複合的な性格を併せ持つことになった。また、歴史授業で期待される歴史的思考とは探究という認知次元と密接な関係性をもち、学習者が問題を設定し史資料を活用して「解」を発見していく過程として位置付けられている。今日では、歴史的思考力を構成する諸要素の中で、「史資料を分析・解釈する能力」が重要性を増している。

　次に、**第２章「学習指導要領世界史における歴史的思考力の位置付けと先行研究」**では、1947年の学習指導要領（試案）から2009年（第八次）改訂（＝現行版）までの高等学校社会科・地歴科世界史（1947年は社会科西洋史・東洋史［共に試案］）の学習指導要領を検討し、歴史的思考力が社会科・地歴科世界史でどのように取り扱われて来たのか、その位置付けの変化をたどった。歴史的思考力という概念は、世界史最初の学習指導要領（試案）（1951年改訂）の「特殊目標」に登場して以来、現行学習指導要領に至るまで一貫して「目標」の中に用いられて来た基幹用語である。しかし、「大綱的な基準」を示すとされる学習指導要領の性格のために、歴史的思考力の定義は、これまでほとんど行われて来なかった。歴代学習指導要領の分析を通じて、歴史的思考力が主題学習（1960年改訂の世界史Ｂで登場した学習方法）との関連で取り上げていたこととともに、系統的通史理解のための歴史的見方・考え方を示すものとして位置付けられて来たことを明らかにした。

　しかし、社会科から地歴科への再編成（1989年改訂）以後の世界史において、

その位置付けに変化が見られる。地歴科のもとで、歴史的思考力は歴史リテラシーにかかわる資質・能力としての性格が強まった。現行学習指導要領の地歴科世界史Bでは、時間的、空間的つながりに着目して年表や地図に整理し表現したり、史資料を多面的、多角的に考察しよみといたり（解釈したり）するなどの技能の習得や、学習者自らが主題を設定して史資料を活用して、主題の「解」を探究したりするなどの活動が、新項目として設定されている。今日では、歴史的思考力は歴史リテラシーにかかわる資質・能力としての位置付けが顕著になって来たと言える。

また、**第3章「戦後歴史教育の動向から見た歴史意識と歴史的思考力の系譜」**では、歴史的思考力と歴史意識が戦後教育史の中でどのように議論されて来たのか、歴史学や教科教育学の研究者や学校現場の歴史教師の言説や授業研究を整理し、それらの系譜をたどった。

「終戦」から1950年代の歴史意識研究からは、国内外の政治情勢の激動や米国の児童中心主義の影響を背景としての、「社会変革の意識としての歴史意識」と「心理的側面としての歴史意識」の二つの流れを確認できた。両者の立場は性格を異にするものであるが、共通する課題として児童・生徒の能動的な学びに基づく学習の創造という視点（学習論の視点）が未成熟であったことが指摘できる。1960年代以降の歴史意識研究では、学習論の視点からの見直しがなされることになった。

1960年代に入ると、研究者や教師の問題関心が児童・生徒の「歴史意識の発達」から「歴史認識の発達」へとその軸足を移すことになった。この時期は、戦後歴史学に立脚した発展法則的理解と、科学的認識のための歴史的知識の習得と歴史的思考力の育成が重視され、通史学習が学習の基本として位置付けられた。そこでは、歴史的思考力は社会の「発展」や構造を理解する力と見なされ、通史学習を円滑に進めるための役割が強く期待されていた。

1970年代から1980年代にかけては、「楽しくわかる授業」の名の下に、児童・生徒の主体性を重視する授業づくりを推進する動きが、学校現場で顕著

になった。そこでは、歴史研究の最新成果を授業にいかに取り入れていくかということ（歴史学の論理）と、子ども中心の授業づくりをどのように進めていくかということ（教育学の論理）がともに目指された。両者を同時に検討することは、歴史学と教育学の論理の融合であるとともに衝突でもあった。その典型的な事例として、1980年代後半から1990年代初めにかけての「安井歴史教育論」と『歴研』「歴史学と歴史教育のあいだ」の論争が挙げられる。そこでは、生徒の歴史解釈（歴史研究者の解釈＝「学説」と異なる生徒独自の歴史解釈）を授業の場でどこまで尊重するかをめぐっての議論が展開された。「安井歴史教育論」は、生徒の育む歴史的思考力とは歴史研究の成果（歴史研究者の解釈＝学説）を論理的に理解していく力としてとらえられて来た伝統的な見方に一石を投じることになった。

1990年代は、地球化（グローバリゼーション）の急激な進展とそれに伴って現れた新自由主義の台頭により、児童・生徒の歴史意識が衰退し、現世主義的な指向が強まりを見せることになった。児童・生徒から失われた歴史意識をどう回復させていくかが重要な教育課題となった。日本史では、加藤公明による「考える日本史」と称された一連の授業実践が注目された。加藤は、教師という権威による一方的な教え込み授業では学習者の成長や変容に繋がらないとの認識から、図像史資料を中心とした史資料の活用と討論を通じて互いの認識をより科学的に発展させる授業を構想した。

また、この時期、歴史の「全米指導基準」を始めとした欧米の歴史カリキュラムや学習論が紹介された。そこで示された歴史的思考力は、歴史的思考力を史資料の解釈や批判的吟味のためのスキルとしてとらえるなど、新たな考え方が示されていた。そして、歴史的思考力は情報にアクセスしそこから情報の真偽や有用性を明確化し、自己の意思決定に生かしていく能力としてとらえられることになった。

最後に、**第4章「現職教師への質問紙調査から見た歴史的思考力の現状」**では、中等教育段階の社会科歴史的分野や歴史系科目を担当する教師が歴

的思考力や探究をどのようにとらえて授業づくりを行っているかを解明するために、現職教師を対象に質問紙による調査を実施した。この調査から、現職教師の歴史的思考力に対する認識の特徴として、歴史的思考力を「歴史の構造的理解」や「歴史的因果関係の把握」などの内容的要素に収斂してとらえる傾向が顕著であることが確認できた。また、歴史的思考力の内容として、「興味・関心・意欲」や「未来指向力・意思決定力・行動力」などの情意的要素の重要性も認識できた。反面、「史資料を収集・分析したり批判・解釈したりする力」や「研究成果を発表したり論争したりする力」などの方法的要素への関心は、内容的要素や情意的要素に比べて低いものであった。

　現行学習指導要領地歴科世界史の主題学習においては、歴史的思考力は歴史リテラシーにかかわる資質・能力として位置付けられている。そこでは、史資料を多面的、多角的に考察し読み解いたりするなどの技能の習得や、学習者自らが主題を設定して、史資料を活用して主題の「解」を探究したりするなどの活動が実施されるとともに、歴史的思考力をそれらの活動を支える力として期待されていることがわかった。また、近年では、歴史の「全米指導基準」などの欧米諸国の歴史スタンダードやカリキュラムが紹介され、史資料を解釈したり批判的に吟味したりするためのリテラシーやスキルとして、歴史的思考力をとらえる傾向が強まっている。しかし、現職教師への質問紙調査の結果からは、このような歴史的思考力に対する近年の考え方が十分に反映していないことが明らかになった。

　歴史的思考力のとらえ方に関する現職教師の課題として、歴史的思考力の内容が「歴史の構造的理解」や「歴史的因果関係の把握」などの内容的要素に偏る傾向をどう改善していくかが重要となっている。そして、歴史的思考力を「史資料を収集・分析したり、批判・解釈したりする力」や「研究成果を発表したり、論争したりする力」などの方法的要素や、「興味・関心・意欲」や「未来指向力・意思決定力・行動力」などの情意的要素とのバランスのとれた育成をはかることが求められている。今後は、歴史的思考力の新た

な観点として、歴史リテラシーとしての資質・能力を学校現場にどのように啓発し定着させていくかが、世界史学習の重要課題となって来よう。昨今の「団塊の世代」以降の大量退職に伴う若年教師の採用数増加の状況を考えると、若年教師に対するこのような視点からの授業研究への支援が必要になって来よう。

第2項　第Ⅱ部「21世紀社会に対応した歴史的思考力育成型授業の開発」の論点整理

　第Ⅱ部「**21世紀社会に対応した歴史的思考力育成型授業の開発**」（第5章から第10章までの六章）は、本研究の中核を構成する領域である。先ず、21世紀社会に対応した資質・能力像の面から探究について検討し、その成果をもとにして歴史的思考力育成型カリキュラムのフレームワークを提案した（第5章）。その際、21世紀型能力の意義と課題を検討し、21世紀型能力を世界史カリキュラムを開発する上での参照枠として用いることを提案した。

　世界史カリキュラムの開発においては、探究という学習過程を可視化でき、また育成すべき資質・能力の具体像を明確化できるようにするために、「改訂版ブルーム・タキソノミー」テーブルとルーブリックを評価のための道具として併用することを提案した。次に、世界史で探究のような学習を組織していくためには、史資料の活用が不可欠であることや、史資料の中でも非文献史資料と準文献史資料が有効であることを提案した（第6章）。そして、第7章から第10章までの四章において、考古学史資料（第7章）、博物館史資料（第8章）、図像史資料（第9章）、地図史資料（第10章）の四種類の非文献史資料と準文献史資料をそれぞれ活用した世界史単元と、「改訂版ブルーム・タキソノミー」テーブルとルーブリックの二つを併用した評価方法からなる授業構成モデルの開発を行った。

　では、第Ⅱ部の各章の内容を以下に整理する。
　まず、**第5章「21世紀社会に対応した歴史的思考力育成型授業のためのカ**

リキュラムのフレームワーク」では、我が国においては、新しい資質・能力モデルとしての21世紀型能力が世界の教育改革とリンクする形で提起されて来たことを取り上げた。21世紀型能力とは、知識を活用して「解」を求めたり新たな知識を創造したりするために有効な資質・能力モデルである。しかし、この資質・能力モデルは「知識経済」の競争に勝ち残るための国家的な人材育成戦略としての性格を指摘する声もある。また、筆者は、「○○型」という資質・能力が実際に存在しているかのように語られ、それを無批判に用いることへの危惧の念をもつ。そのため、本研究で育成すべき資質・能力とは何かを検討していく際には、21世紀型能力を参照枠として位置付けて用いることにした。そして、探究的世界史カリキュラムを評価する手立てとして、「改訂版ブルーム・タキソノミー」テーブルとルーブリックを併用することを提案した。

　「改訂版ブルーム・タキソノミー」は「教材や授業活動を設計する指針」であり、また「教育実践の成果を評価する規準」である。これは世界史の知識（知識次元／内容的局面）と歴史的思考の働き（認知過程次元／行動的局面）にそれぞれ分節化するものであり、そこでの評価は教育目標に照らして分析的に行われる。「改訂版ブルーム・タキソノミー」テーブルを用いることで、探究に対応した世界史の知識と歴史的思考の働きが可視化でき、探究という高次の認知過程に対応した学習計画を立案したり学習を評価したりすることが容易になるなど、カリキュラム開発を行う上での有効な道具となりえる。

　反面、様々なタイプの知識が複雑に交錯する課題や生徒の活動や経験が多種多様である学習では、目標と評価を一体的に明確化・類型化するための道具である「改訂版ブルーム・タキソノミー」は、有効に機能し得ない。今日、そのような学習は「真正の学習」と呼ばれている。ここでの学習は、実生活や現実社会というリアルな文脈を設定して知識やスキルを総合して使いこなすことを求められている。このような学習においては、「改訂版ブルーム・タキソノミー」テーブルではなく、ルーブリックの作成とそれに基づく評価

終　章　21世紀社会に対応した探究的世界史授業の開発に向けての展望　　373

が有効な評価指針となる。ルーブリックは「改訂版ブルーム・タキソノミー」と同様に、評価の内容を可視化することができるというメリットを有している。

　本研究では、探究という高次で複雑な認知過程の学習に対応したカリキュラムのフレームワークを構築する場合には、カリキュラムの中に探究の過程を可視化・明確化することと、教材や学習活動の計画（単元開発）と授業実践の評価方法を一体的に設計していくことの二点が重要であるとの結論に至った。また、評価方法のための道具としては、「改訂版ブルーム・タキソノミー」テーブルとルーブリックが有効であることを明らかにした。そして、「改訂版ブルーム・タキソノミー」テーブルとルーブリックを、生徒の認識に対するアプローチ方法や認識過程の違いに応じて、適宜使い分けていくことを提案した。

　また、世界史の授業においては、その科目の性格上、現実の世界や社会の問題をカリキュラムの中に発展的に組み込んでいくことが求められる。このようなカリキュラムの構成原理は「課題による組織」と呼ばれており、世界史の用語や概念が氾濫する"暗記地獄"としての授業を克服するための有効な手立てになり得ることを明らかにした。そして、探究的世界史カリキュラムの編成にあたっては、「課題による組織」を取り入れることも併せて提案した。

　次に、**第６章「世界史学習における史資料活用の意義と方法」**では、探究的な世界史学習を進めるに当たって、有効な史資料とは何かを検討した。現行の学習指導要領地歴科の歴史系科目（世界史Ａ・Ｂ、日本史Ａ・Ｂ）では、「諸資料に基づき」という文言が新規用語として「目標」に登場し、史資料（学習指導要領の表現では「資料」）の活用が思考力・判断力・表現力の育成を進めるための方法として重視されることになった。本章では、初等・中等教育段階における歴史学習での史資料活用の状況を整理し、これまでの歴史学習で文献史資料（文字史資料）の活用が中心であったが、近年では、文献史

資料と並んで実物（「もの」）などの非文献史資料と図像、写真、地図などの準文献史資料の活用が着目されて来たことを指摘した。非文献史資料と準文献史資料を文献史資料と比較し、これらの史資料の特性として、「もの」自体がもつリアリティや迫力に迫ることができたり、地図や図像が特殊な訓練や専門的知識がなくとも分析や解釈が可能であったりするなどの効果を生み出すことを明らかにした。そして、児童・生徒の発達段階や実態を考慮するならば、初等・中等教育段階で史資料を活用する際には、非文献史料と準文献史資料が有効であることを提案した。

第7章「考古学史資料の活用による授業構成モデル―単元〈『新安沖沈船(シナン)』の積み荷から見た14世紀の東アジアの海域世界〉の構想―」では、考古学史資料を用いた授業構成モデルを提示した。考古学史資料として取り上げられた「新安沖沈船」は、今日の研究では、14世紀前半に中国の港を出帆し、その目的地が日本の博多であった交易船と考えられている。そしてこの沈没船からは、二万個に及ぶ中国製陶磁器と八百万枚の中国製銅銭など大量の品物が引き揚げられている。

また、本単元では、「課題による組織」の観点としてグローバル・ヒストリーに着目した。グローバル・ヒストリーは、国家や民族などの伝統的な視点に代わって大陸や海洋あるいは地球規模でとらえようとする視座と方法を提起するものであり、グローバル意識の涵養の面からも重要な観点である。この授業構成モデルでは、考古学者のように史資料を解釈する体験を通じて、生徒は科学的論理性に基づいて探究する能力と態度を養うことが期待できる。生徒が考古学的史資料を分析し解釈していく思考の過程は、自然科学の学習での実験データや観察データを扱うのと同じような論理的な思考法や手続きが求められる。考古学史資料を読み解く過程は、21世紀型能力で示された批判的思考の過程と言えるものである。考古学史資料の活用は、生徒に批判的思考に基づく思考方法を習得させる上でも効果的な学習が組織できると言えよう。

第8章「博物館史資料の活用による授業構成モデル—単元〈『大航海時代』以後の人の移動とものの交流は、人々に何をもたらしたのか?!〉の構想—」では、博物館展示の人類学・民族学史資料を用いた授業構成モデルを提示した。博物館展示の史資料として、国立民族学博物館（大阪府吹田市万博公園）の「アメリカ展示」と「アフリカ展示」を活用した授業構成モデルを提示した。同博物館には、百万点以上の標本資料や映像・音響史資料などが収集・所蔵されている。同博物館所蔵の人類学・民族学史資料という「もの」を世界史学習で活用することは、生徒に具体的でリアリティのある世界史像を構築させる上で大きな助けとなる。

また、本単元では、「課題による組織」の観点として、異文化理解と多文化理解に着目した。この二つの概念は、どちらも今日の社会における文化の多様性や複合性に対応するための市民的リテラシーとして期待される資質・能力である。

今日、社会構成主義に基づく学習が博物館展示を活用した学びとして注目されている。また、博物館での「もの」を介しての体験は学校で通常行われている言語を媒介とした知識学習とは異なる。その結果、博物館史資料を用いた学習は「もの」が生み出す身体・感覚的な体験を可能とするものであり、学校教育に期待される新しい学びのあり方を示すものであると言えよう。

第9章「図像史資料の活用による授業構成モデル—単元〈19世紀米国南部諸州の紙幣に描かれたアフリカ系アメリカ人のイメージ〉の構想—」では、図像史資料を活用した授業構成モデルを提示した。図像史資料として、19世紀の米国南部諸州が発行した紙幣に描かれたアフリカ系アメリカ人の図案を取り上げた。

また、本単元では、「課題による組織」の観点として構築主義に着目して、南部諸州発行の紙幣図案をよみとくことを通して、人種問題としてのアフリカ系の位置付けと問題性について検討した。現代では、大分改善されて来たとはいえ、「人種」概念に基づきアフリカ系を「黒人」として分類し、黒い

肌・縮れ毛ないしはスキンヘッド・ドングリ眼・厚い唇を、可視化された差異としてとらえる傾向がある。19世紀の南部諸州の紙幣に描かれたアフリカ系の姿は、これらの差異が「未開性」や「幼児性」を記号化したものであり、創造されたことを物語っていたという。この授業構成モデルにおいては、南部諸州発行の紙幣図案に巧妙に記号化されたアフリカ系に対するステレオタイプの問題性に気づき批判的に考察するためには、ステレオタイプ化したイメージがどのように構築されたかのメカニズムを学習することが重要である。構築主義に基づく図像資料の活用は、メディアリテラシーに関わる能力を養う上でも効果的な学習であると言えよう。

第10章「地図史資料の活用による授業構成モデル―単元〈黒死病と14世紀の世界〉の構想―」では、地図史資料を活用した授業構成モデルを提示した。その際、本単元では、「課題による組織」の観点として、感染症の歴史を取り上げた。今日、感染症は、環境史の新しいとらえ方として着目されている。すなわち、新しい環境観では、環境を静態的な面（構造）としてではなく動態的にとらえようとするものであり、人間の歴史に大きな転換をもたらす「変動的要因」として認識するものである。このような視点から世界史上の感染症を眺めた場合、14世紀の黒死病（ペスト）が着目される。14世紀の黒死病の流行と被害は、当時のヨーロッパ世界、イスラーム世界（中東）、東アジア世界（中国）の三大文化圏に及ぶもので有り、モンゴル帝国の支配とイスラーム・ネットワーク、東方貿易と十字軍運動など、戦争と交易、「人」・「もの」の移動によってもたらされたものとして理解される。

また、この授業構成モデルでは、同時代性に着目して、地図上に諸地域世界の接触や交流などを表したり、史資料（一次、二次史資料）と歴史地図（主題図）を一体的に活用したりしての、情報読み取りなどの活動を計画した。このことを通して、歴史情報と地理空間情報の総合的把握や、世界史を理解する上での地理的な見方・考え方の有用性について認識させることができた。歴史地図の解読は地理空間情報と歴史情報との関連性について認識し、それ

らを総合的に評価する歴史認識力を養うことができる学習であると言えよう。

第2節　研究の成果とこれからの世界史教育に対する提言

　本節では、歴史的思考力育成型授業の開発に関する研究成果を整理し、これからの世界史教育に対する提言を行う。

第1項　探究の可視化を目指した世界史カリキュラムの
　　　　　フレームワークの構築

　本研究は、21世紀社会に対応した探究的世界史学習の創造を目指すものであった。そして、研究の成果として、探究という高次で複雑な認知過程に対応したカリキュラムのフレームワークを構築し、それに基づいて、世界史の授業構成モデルを提案することができたことである。これまでの探究を対象とした歴史授業研究が学校現場に定着して来なかった理由として、探究という認知過程をカリキュラムの中でどのように確認するかという手立てが乏しかったことが挙げられる。とりわけ、高等学校の学習では、コンテンツ・ベースのカリキュラム編成に重きが置かれてきたことや、探究という認知過程の実態が授業者である教師にも、授業を受けている生徒にも見え難い状況であったことは否めない。

　筆者が本研究で提案した世界史カリキュラムのフレームワークの特徴は、「改訂版ブルーム・タキソノミー」テーブルを用いて探究という学習過程を可視化し、単元開発者や授業者以外の研究者や教師の目にも確認できるようにしたことである。筆者は、探究という学習過程をカリキュラムの中に可視化するためには、探究という視点から教材開発・授業活動計画と評価方法の双方を一体的に検討していくことが重要であると考えた。この考え方に理論的根拠を与えてくれたのが、アンダーソンらが開発した「改訂版ブルーム・タキソノミー」を用いる方法であった。教育学の用語としてのタキソノミー

は授業で達成すべき教育目標を明確化しその機能的価値を高めるための道具を意味し、「教材や授業活動を設計する指針」と「教育実践の成果を評価する規準」の二つの機能を有していた。そのため、「改訂版ブルーム・タキソノミー」は、探究という過程を可視化する上で有効な指標となり、規準となりえると考えた。そして、カリキュラムのフレームワークに「改訂版ブルーム・タキソノミー」テーブルを加えることにより教育目標と評価の内容を明確化・類型化し、そこに探究という高次の認知過程とそれに対応した知識を可視化して示すことを可能にすることができた。

しかし、探究のような高次で複雑な学習では、場合によっては、「改訂版ブルーム・タキソノミー」テーブルによるアプローチが難しい場合もある。つまり、同じ教材や授業計画であっても、そこで出される課題の内容によっては、学習者の活動や経験は多種多様のものとなることが予想される。ここでの学習過程は、教師が事前に想定した通りに展開するものではない。むしろ、学習者自身の興味・関心や創意工夫によって、様々な史資料が選定され、生活やリアルな現実に即応した多様な学習活動が展開されることになる。このような学習においては、教育目標と評価内容を一体的にとらえることを前提として開発された「改訂版ブルーム・タキソノミー」テーブルは不向きである。この場合には、パフォーマンス評価の考え方を取り入れてルーブリックを作成し、それに基づく質的評価を行うことが有効な方法である。

本研究では、探究という学習に対応したカリキュラムのフレームワークを構築する場合には、カリキュラムの中に探究の過程を組み込み、「改訂版ブルーム・タキソノミー」で可視化、明確化することと、評価方法の道具として、「改訂版ブルーム・タキソノミー」テーブルとパフォーマンス評価のためのルーブリックを作成して学習の特性に応じてそれぞれを使い分けていくことを提案した。この提案が、今後の世界史カリキュラムの開発において、教師が探究という認知過程を可視化して検討する際の参考事例にして活用頂けるならば幸いである。また、筆者が提案した世界史カリキュラムのフレー

終　章　21世紀社会に対応した探究的世界史授業の開発に向けての展望　379

ムワークが、コンピテンシー・ベースに立った新しい学習パラダイムの提案に繋がることができるならば、望外の喜びでもある。

第2項　カリキュラムの構成原理としての「課題による組織」

　本研究は、史資料を活用した歴史的思考力育成型授業を構想し、探究のための授業構成モデルを提示することであった。研究の成果として、「課題による組織」の視点を授業構成モデルに組み込むことで、なぜ世界史を学ぶのかという今日的意義を明確化できたことが挙げられる。また、学習内容を「課題による組織」の視点から重点化することで、膨大な数に上る歴史用語の精選に対しても有効な役割を果たすことが期待できる。

　世界史授業の歴史は、高等学校で1949年に世界史の授業が開始されてから今日まで一貫して、歴史用語の増加の歴史であった。長野県の高校教師、小川幸司は、歴代の世界史教科書巻末索引の語句を調査し、世界史誕生当初の教科書（村川堅太郎　江上波夫　林健太郎『改訂世界史』山川出版社　1952年）では1,308個に過ぎなかったものが、調査時の教科書（佐藤次高　木村靖二　岸本美緒ほか『詳説世界史』山川出版社　2003年）では3,379個となり、五〇年余の間に二千個以上（約2.6倍）も増加したことを明らかにした[1]。そして、この現状を「"暗記地獄"としての高校世界史」と批判し、教科書で使用する歴史用語の精選化を訴えた。歴史用語の増加の理由として、世界史カリキュラムの編成原理の中に「何を教えるか」という意識が根強い点を指摘できる。これまでの世界史授業では、「基礎・基本の重視」や「大学入試に対応できる学力保証」を根拠にして、世界史の重要用語や概念の習得に重きを置かれて来た。その結果、世界史教科書の用語数は、小川の指摘の通り、教科書検定の回数を重なるごとに増加の一途をたどって来た。用語数増加の温床となった大学受験を前提とした知識注入型の授業をどう克服するかが、世界史カリキュラムを検討する際の最大の課題であると言える。

　教科・科目のカリキュラムは、「内容的構造」と「構文的構造」の二つの

構成原理から組織されている(2)。そして、今日では、カリキュラムを構築する際に骨格となる教科・科目のディシプリン（教科・科目固有の内容と形式）が、「内容的構造」（教科・科目の教育内容の理解）から「構文的構造」（教科・科目の性格を特徴付ける知識の習得）へと軸足を移している。また、地歴科や公民科のような社会科系教科では、今日の社会の急激な変化に対応していくためにも、教科・科目の内容に現実社会や生活の問題を主題として発展的に組み込んでいくことが求められている。このような構成原理は「課題による組織」と呼ばれている。教科・科目の組織化の原理として「構文的構造」を重視すること、また、「課題による組織」を積極的に取り入れて単元を開発していくことは、「"暗記地獄"としての高校世界史」を変えていくための手立てとして重要な観点であると言える。

本研究で、史資料を活用した世界史の授業構成モデルを開発するに際して、多種多様な史資料の選択と並んで、「課題による組織」の観点を組み込むことにした（表終−1「授業構成モデルにおける史資料と『課題による組織』の観点」を参照）。そして、その中にグローバル意識、市民的リテラシー、環境リテラシーなどの「21世紀型学際的テーマ」(3)と関係性の深いテーマを取り入れた。

高等学校では、2020年度から入試制度がセンター試験から、思考力対応型の新テストへ移行する。また、学習指導要領の次期改訂では、地歴科に「世界史探究」「日本史探究」「地理探究」（仮称）などの探究を付した科目が新設される予定である(4)。改訂後の地歴科世界史においては、「課題による組織」という観点からの授業研究が重要性を増すことになろう。今後の世界史授業を構想していく上で、筆者が開発した「課題による組織」の論理に基づく世界の授業構成モデルが、世界史をめぐるこれからの議論に一石を投じることができるならば幸いである。

終 章　21世紀社会に対応した探究的世界史授業の開発に向けての展望

表終－1　授業構成モデルにおける史資料と「課題による組織」の観点

単元名	史資料の種類	「課題による組織」の観点
「新安沖沈船」の積み荷から見た14世紀の東アジアの海域世界（第7章）	考古学史資料	グローバル・ヒストリー
「大航海時代」以後の人の移動とものの交流は、人々に何をもたらしたのか?!（第8章）	博物館史資料	異文化理解・多文化理解
19世紀米国南部諸州の紙幣に描かれたアフリカ系アメリカ人のイメージ（第9章）	図像史資料	構築主義
黒死病と14世紀の世界（第10章）	地図史資料	環境史（感染症の歴史）

備考：「『課題による組織』の観点」のグローバル・ヒストリーはグローバル意識、異文化理解・多文化理解、構築主義は市民的リテラシー、環境史（感染症の歴史）は環境リテラシーにそれぞれ該当する。

第3項　これからの研究に期待される史資料の発掘力と教材化力

　本研究では、高等学校現場でも活用できる魅力的な世界史の授業構成モデルを設計し、提案することを目指した。筆者は、大学（歴史学・教科教育学）の研究と高等学校の教育実践と間の解離を感じている。その溝を埋めるための方法として、多種多様な史資料を活用した世界史の授業構成モデルを開発してみた。

　大学の研究と高等学校の教育実践との間の解離については、双方にそれぞれの問題があろう。筆者が足場を置く教科教育学（地歴科教育学）側の問題を提起したい。これまでの世界史を扱った研究は、一般には「教育内容開発（改革）研究」として行われて来た。そこでは、教育学や歴史学の理論を仮説として提示し、その仮説に基づいて教育内容の検討を行い、モデルとなる単元を開発する。そこで開発された単元は、研究者自身の仮説の正当性や妥当性を吟味・検証していくために用いられる。その結果、開発された単元はあくまでも理論の正当性や妥当性を証明するための手段と見なされた。単元

自体の精緻さは確認出来るものの、その単元のもつ面白みや魅力を見出すことは難しかった。

　大学での「教育内容開発（改革）研究」は、先端的研究であるという性格上、開発された単元がこのような性格をもつことは至極当然のことである。しかし、高等学校では、大学の研究者が開発した単元をその理論を検証するための実験的授業として実施されることがあっても、日常のレベルで継続的に実践されることは少ない。このことは何を意味するのか。大学での研究が、高等学校の授業研究に役立っていないという現実を、そこに見ることができよう。筆者は、このような問題意識から高等学校で実際に使用されることを念頭に授業構成モデルを設計した。ここでは、これまでの日本の学校ではほとんど教材化されていない初出の史資料を用いて教材化を試みた。

　本研究で取り上げた史資料は、どれも筆者自身が収集し、教材化を行ったオリジナルなものである。例えば、「もの」（非文献史資料）として、第7章では「『新安沖没船』の引き揚げ物」、第8章では「砂糖キビ搾汁機」や砂糖汁液を煮固めた「砂糖玉」などを取り上げた。これらからは、「もの」自体のもつリアリティを体験できたに違いない。また、図像や地図（準文献史資料）として、第9章では19世紀の米国南部諸州で発行された紙幣に描かれたアフリカ系（「黒人」）の図案を、第10章では14世紀の黒死病の流行と伝播に関わる多数の主題図を用いた。これらは史資料自体の内容の豊かさばかりでなく、これまでの世界史学習においてほとんど教材化されていないというユニークさを備えていた。今回、この様な魅力的な史資料を教材化できたことは、世界史のもつ面白みを生徒に伝えることを可能にするに違いない。筆者は、教科教育学で授業研究を行う研究者には、高等学校で実際に活用できる単元の開発を目指していくことが必要であると考える。これからの大学に所属する研究者に期待される能力として、授業で活用できる史資料を発見・発掘していく史資料発掘力と、それを教材として構想していく教材開発力が求められることになろう。

ここで開発した授業構成モデルは、高等学校の世界史の授業で実際に用いられることが、筆者の希望である。今後は、高等学校の教師の協力を得て、開発した授業構成モデルを実践し、その有効性や問題点について検証していきたいと思う。

第3節　研究の課題と今後の展望

　本研究では、「改訂版ブルーム・タキソノミー」の活用によって教育目標と評価内容を明確化・類型化したり、パフォーマンス課題に対してはルーブリックを作成しそれに基づいて質的に評価したりすることを通じて、史資料を活用した歴史的思考力育成型授業の構築を目指した。今後の課題としては、年間計画を念頭に置いた探究的世界史カリキュラムの体系的な設計が求められることになろう。

　そのためには、21世紀型能力という教科・領域横断的な資質・能力モデルで示された思考力（汎用的能力としての思考力）と、世界史の中で検討されて来た歴史的思考力（歴史／世界史固有の思考力）との関係性についての検討をさらに深めていくことが重要である。21世紀型能力と各教科固有の能力の関係は、ややもすると、各教科固有の能力を汎用的能力である21世紀型能力という鋳型に無理矢理に填め込むという方法がとられ易い。筆者は、教科・科目固有の認識方法は教科固有の知識と一体的に運用することで、深い認識のレベルに到達することができると考える。歴史教育固有の思考力である歴史的思考力は、学習者自身が史資料を活用し、歴史研究の手法を用いて歴史事象を分析し解釈する能力として位置付けられる。また、歴史的思考力という教科・科目固有の思考力は、決して教科・科目の中で完結するものでもない。実社会で活用できる力にしていくためには、教科・科目の学習においても、社会や生活の問題を主題として取り上げ発展的に組織していくことが求められよう。これからは、歴史的思考力という教科・科目固有の思考力を21世紀

を生き抜くための資質・能力として認識し、実社会の諸問題を解決していくために活用していくことが期待されている。歴史的思考力の有効な活用方法を実社会との関係の中で検討していくことを今後の研究課題として位置付け、本研究の結語とする。

註

（1）小川幸司（2011）『世界史との対話　70時間の歴史批評』上　地歴社　p.320。
（2）佐藤学（1996）『教育方法学（岩波テキストブックス）』岩波書店　pp.114-121。
（3）Partnership for 21st Century Learning, Framework for 21st Century Learning (http://www.p21.org/about-us/p21-framework　2016年3月11日確認).
　　P21による21世紀型スキルのフレームワークに示された「21世紀型学際的テーマ」には、グローバル意識、金融・経済・ビジネス・企業リテラシー、市民的リテラシー、健康リテラシー、環境リテラシーが挙げられている。詳しくは、本書の第5章第1節を参照のこと。
（4）「学習指導要領改訂の方向性（案）」『中教審教育課程部会教育課程企画特別部会（第7期）（第19回配付資料）』
（http://www.mext.go.jp/b_menu/shingi/chukyo/chukyo3/053/siryo/1375316.htm　2016年8月7日確認)。

参 考 文 献

- 青木保(2001)『異文化理解(岩波新書)』岩波書店。
- 同上(2003)『多文化世界(岩波新書)』岩波書店。
- 秋田喜代美　藤江康彦(2010)『授業研究と学習過程』放送大学教育振興会。
- 朝尾直弘ほか五名編(1995)『岩波講座日本通史―資料論―』別巻3　岩波書店。
- 朝日新聞社編(1989)『週刊朝日百科日本の歴史―中世1―』4　朝日新聞社。
- 安達一紀(2000)『人が歴史とかかわる力―歴史教育を再考する―』教育史料出版会。
- 安彦忠彦(2014)『「コンピテンシーベース」を超える授業づくり―人格形成を見すえた能力育成をめざして―(教育の羅針盤4)』図書文化社。
- 天野郁夫編(1997)『教育への問い―現代教育学入門―』東京大学出版会。
- 荒野泰典ほか二名編著(2010)『日本の対外関係―倭寇と「日本国王」―』4　吉川弘文館。
- 有田嘉伸(2005)『社会科教育の研究と実践』西日本法規出版。
- 有馬毅一郎(2001)「社会的認識・態度の発達、形成の調査研究」全国社会科教育学会編『社会科教育学研究ハンドブック』明治図書　pp.154-161。
- 池尻良平(2015)「学習者から捉え直した歴史の可能性」岡本充弘ほか三名編『歴史を射つ―言語論的転回・文化史・パブリックヒストリー・ナショナルヒストリー―』御茶の水書房　pp.338-360。
- 池本幸三ほか二名編(1995)『近代世界と奴隷制―大西洋システムの中で―』人文書院。
- 石井進(1976)「『史料論』まえがき」『岩波講座日本歴史』別巻2　岩波書店　pp.1-8。
- 石井英真(2004)「『改訂版タキソノミー』における教育目標・評価論に関する一考察―パフォーマンス評価の位置づけを中心に―」『京都大学大学院教育学研究科紀要』50　pp.172-185。
- 同上(2011)『現代アメリカにおける学力形成論の展開―スタンダードに基づくカリキュラムの設計―』東信堂。
- 同上(2015)『今求められる学力と学びとは―コンピテンシー・ベースのカリキュラムの光と影―(日本標準ブックレット)』日本標準。
- 石渡延男ほか三名(1986)「『座談会』歴史学と歴史教育のあいだ」歴史学研究会編『歴史学研究』553　pp.32-47。

・板倉聖宣（1966）『未来の科学教育』国土社。
・同上（1971）『科学と仮説－仮説実験授業への道－』季節社。
・同上（1977）『仮説実験授業のABC－楽しい授業への招待－』仮説社。
・同上（1986）『歴史の見方考え方－いたずら博士の科学教室－』仮説社。
・同上（1988）『仮説実験授業の研究論と組織論』仮説社。
・板倉聖宣　上廻昭（1965）『仮説実験授業入門』明治図書。
・伊藤純郎（2011）『歴史学から歴史教育へ』NSK出版。
・伊豫谷登志翁（2001）『グローバリゼーションと移民』有信堂高文社。
・同上（2002）『グローバリゼーションとは何か－液状化する世界を読み解く－（平凡社新書）』平凡社。
・上野実義（1974）『教科教育としての歴史教育』明治図書。
・上原専禄（1958）『歴史意識に立つ教育』国土社。
　［上原専禄著　上原弘江編（2000）『上原専禄著作集』12　pp.5-239　に依る］。
・同上（1960）『日本国民の世界史』岩波書店。
・同上（1964）「歴史研究の思想と実践－歴史教育者協議会第16回大会講演－」歴史教育者協議会編『歴史地理教育』102　pp.1-12。
・臼井嘉一（1989）『社会科カリキュラム論研究序説』学文社。
・同上（2010）『教育実践学と教育方法論－カリキュラム・教科指導・学力を教育実践から問い直す－』日本標準。
・宇田川晴義監修　小関一也ほか四名著（2001）『地球市民への入門講座－グローバル教育の可能性－』三修社。
・梅津正美（2006）『歴史教育内容改革研究－社会史教授の論理と展開－』風間書房。
・榎本渉（2007）『東アジア海域と日中交流－9～14世紀－』吉川弘文館。
・同上（2010）『僧侶と海商たちの東シナ海（選書メチエ）』講談社。
・太田秀通（1978）『世界史認識の思想と方法』青木書店。
・大津透ほか四名編（2015）『岩波講座日本歴史－史料論－』21　岩波書店。
・大塚久雄（1955）『共同体の基礎理論』岩波書店。
　［大塚久雄（1969）『大塚久雄著作集』7　岩波書店　pp.1-114　に依る。］
・大堀哲　水嶋英治編（2012）『博物館概論－博物館資料論（博物館学）－』1　学文社。
・大森照夫（1986）『新社会科教育基本用語辞典』明治図書。
・岡崎勝世（2003）『世界史とヨーロッパ－ヘロドトスとウォーラーステインまで－（講談社現代新書）』講談社。
・小川幸司（2011-2012）『世界史との対話－70時間の歴史批評－』上　中　下　地歴社。

- 小田中直樹（2007）『世界史の教室から』山川出版社。
- 加藤公明（1991）『わくわく論争！考える日本史授業―教室から〈暗記〉と〈正答〉が消えた―』地歴社。
- 同上（1994）「討論する授業をつくる―生徒に歴史認識の主体性と能力を―」歴史教育者協議会編『あたらしい歴史教育』7　青木書店　pp.184-211。
- 同上（1995）『考える日本史授業2―絵画でビデオで大論争！―』地歴社。
- 同上（2000）『日本史討論授業のすすめ方』日本書籍。
- 同上（2000）『子どもの探求心を育てる博物館学習（歴博ブックレット）』歴史民俗博物館振興会。
- 同上（2007）『考える日本史授業3―平和と民主社会の担い手を育てる歴史教育―』地歴社。
- 同上（2015）『考える日本史授業4―歴史を知り歴史に学ぶ！今求められる〈討論する歴史授業〉―』地歴社。
- 加藤公明　和田悠編著（2012）『新しい歴史教育のパラダイムを拓く―徹底分析！　加藤公明「考える日本史」授業―』地歴社。
- 亀井明徳（1986）『日本貿易陶磁史の研究』同朋舎。
- 苅谷剛彦　志水宏吉編（2004）『学力の社会学―調査が示す学力の変化と学習の課題―』岩波書店。
- 川北稔（1996）『砂糖の世界史（岩波ジュニア新書）』岩波書店。
- 川島正樹編（2005）『アメリカニズムと「人種」』名古屋大学出版会。
- 木下康彦（2004）「学習指導要領と世界史教科書の変遷」『歴史と地理（世界史の研究）』576　山川出版社　pp.30-48。
- 同上（2012）「学習指導要領の変遷から見た世界史教育」福井憲彦　田尻信壹編『歴史的思考力を伸ばす世界史授業デザイン―思考力・判断力・表現力の育て方―』明治図書　pp.111-114。
- 木全清博（1982）「歴史意識の発達と歴史教育」加藤章ほか二名編『講座・歴史教育―歴史教育の理論―』3　弘文堂　pp.259-274。
- 同上（1985）『社会認識の発達と歴史教育』岩崎書店。
- 木村靖二　岸本美緒　小松久雄ほか五名（2017）『詳説世界史改訂版（世界史B）』（2016年文科省検定済）山川出版社。
- 桐谷正信（2012）『アメリカにおける多文化的歴史カリキュラム』東信堂。
- 楠見孝ほか二名編（2011）『批判的思考力を育む―学士力と社会人基礎力の基盤形成―』有斐閣。

・楠見孝　道田泰司編（2015）『批判的思考－21世紀を生きぬくリテラシーの基盤－』新曜社。
・熊野聰（1986）「連載・歴史学と歴史教育のあいだ②－研究と教育の統一のために－」歴史学研究会編『歴史学研究』556　pp.42-43。
・蔵持不三也（1995）『ペストの文化誌－ヨーロッパの民衆文化と疫病－（朝日選書）』朝日新聞社。
・栗原祐司（2001）「イギリスにおける博物館政策」日本博物館協会編『博物館研究』36（4）　pp.24-29。
・黒田日出男（1986）『姿としぐさの中世史－絵図と絵巻の風景から－』平凡社。
・同上（2004）『絵画史料で歴史を読む』筑摩書房。
・国立教育政策研究所編（2013）『(平成24年度プロジェクト研究調査研究報告書) 社会の変化に対応する資質や能力を育成する教育課程編成の基本原理［改訂版］』国立教育政策研究所。
・国立教育政策研究所　JICA地球ひろば編（2014）『(文部科学省国立教育政策研究所JICA地球ひろば共同プロジェクト) グローバル時代の国際教育のあり方国際比較調査最終報告書（第1・第2分冊)』JICA地球ひろば　国際開発センター。
・国立民族学博物館編（2000）『国立民族学博物館展示ガイド』千里文化財団。
・国立歴史民俗博物館編（2003）『歴史展示とは何か－歴博フォーラム　歴史系博物館の現在・未来－』アム・プロモーション。
・小島道裕（2000）『イギリスの博物館で－博物館教育の現場から－（歴博ブックレット）』歴史民俗博物館振興会。
・児玉康弘（2005）『中等歴史教育内容開発研究－開かれた解釈学習－』風間書房。
・今野日出晴（2008）『歴史学と歴史教育の構図』東京大学出版会。
・同上（2012）「『歴史意識』を考えるために－『現代とはなにか』という問いかけから－」歴史学研究会編『歴史学研究』899　pp.9-16。
・斎藤博（1953）「歴史的意識の発達」『信濃教育会教育研究所紀要』19。
　［上田薫編（1977）『社会科教育史資料』4　東京法令出版　pp.535-550　に依る。］
・佐藤正幸（1991）「(国際歴史教育学会第17回マドリード国際歴史学会議2) なぜ歴史意識を教えねばならないのか」歴史学研究会編『歴史学研究』619　pp.27-34。
・同上（1996）「多文化社会における歴史教育」歴史学研究会編『歴史学研究』683　p.51。
・佐藤学（1996）『教育方法学（岩波テキストブックス）』岩波書店。
・同上（2000）『「学び」から逃走する子どもたち（岩波ブックレット）』岩波書店。
・同上（2012）『教育の方法』左右社。

・佐貫浩（2012）「現代把握の困難性と歴史意識形成への教育の課題―社会の透明化と主体性剥奪のメカニズムを打ち破る―」歴史学研究会編『歴史学研究』899　p. 2。
・三藤あさみ　西岡加名恵（2010）『パフォーマンス評価にどう取り組むか―中学校社会科のカリキュラムと授業づくり―（日本標準ブックレット）』日本標準。
・史学会編（2004）『歴史学の最前線』東京大学出版会。
・社会科教育研究センター編（1974）『社会科探究学習の授業』中教出版。
・同上編（1975）『探究的歴史学習の指導―その構造と実践―』中教出版。
・社会認識教育学会編（1994）『社会科教育学ハンドブック―新しい視座への基礎知識―』明治図書。
・庄司和晃（1965）『仮説実験授業』国土社。
・杉本史子ほか五名編（2011）『絵図学入門』東京大学出版会。
・杉山正明（1998）「史料とは何か」樺山紘一ほか九名編『岩波講座世界史―世界史へのアプローチ―』1　岩波書店　pp. 212-221。
・杉山正明　北川誠一（1997）『世界の歴史―大モンゴルの時代―』9　中央公論社。
・鈴木みどり編（2000）『メディア・リテラシー入門編』リベルタ出版。
・高橋純一（2009）「ものが育てる異文化リテラシー」中牧弘允　森茂岳雄　多田孝志編　国立民族学博物館共同研究『学校と博物館でつくる国際理解教育―新しい学びをデザインする―』明石書店　pp. 40-50。
・高橋磌一（1969）『歴史教育と歴史意識』青木書店。
・竹沢泰子編（2005）『人類概念の普遍性を問う―西洋的パラダイムを超えて―』人文書院。
・竹中伸夫（2012）『現代イギリス歴史教育内容編成論研究―歴史実用主義の展開―』風間書房。
・田尻信一（1993）「世界史『先史時代の人々』の実践―楽しくわかる授業の創造をめざして―」埼玉県立南・北教育センター『埼玉教育』532　pp. 36-44。
・同上（1995）「広域的地域世界としての地中海世界―前近代の地域世界をどう構成するか―」筑波大学附属高等学校編『研究紀要』36　pp. 1-15。
・同上（1995）「『大航海時代　アジアへの三つの航路』の授業実践―『文化交流圏』の視点を取り入れた世界史学習の構想―」上越教育大学社会科教育学会編『上越社会研究』10　pp. 43-55。
・同上（1996）「『世界史A』『諸地域の接触と交流』―『17・18世紀の世界』を事例として―」筑波大学附属高等学校編『研究紀要』39　pp. 1-41。
・田尻信市（1998）「一枚の絵から『18世紀の世界』を読み解く―W. ホガース作『当世風結婚』を用いた授業―」上越教育大学社会科教育学会編『上越社会研究』13　pp. 35-46。

・同上（1999）「『世界史A』『一体化する世界』をどう教えるか－ホガース作『当世風結婚』から近代世界の構造を読み解く－」『歴史と地理（世界史の研究）』529　pp.12-23。
・同上（1999）「『交流圏』の視点を取り入れた授業実践－高校世界史学習における『地域』概念の検討－」歴史学会編『史潮』新45　pp.39-55。
・同上（2000）「多文化主義の視点からの世界史学習－高校地理歴史科『世界史B』で『大航海時代』を取り上げて－」日本国際理解教育学会編『国際理解教育』6　pp.38-51。
・田尻信壹（2004）「海中遺物から見たアジア史教育」二谷貞夫編『21世紀の歴史認識と国際理解－韓国・中国・日本三国からの提言－』明石書店　pp.347-352。
・同上（2004）「歴史的視野に立つ日中相互理解の教材開発－沈没船の謎を追う『新安沖沈船』－」日本教材文化研究財団編『日中相互理解のための教材開発に関する基礎的研究』日本教材文化研究財団　pp.72-92。
・同上（2004）「グローバル・ヒストリーの視点を取り入れた高校世界史学習」筑波大学附属高等学校編『研究紀要』45　pp.1-14。
・同上（2004）「単元『イブン＝バットゥータが旅した14世紀の世界』の開発－新学習指導要領世界史Aにおける『ユーラシアの交流圏』の教材化－」日本社会科教育学会編『社会科教育研究』91　pp.12-21。
・同上（2005）「博物館を利用した異文化理解教育」筑波大学附属高等学校編『研究紀要』46　pp.29-51。
・同上（2005）「単元〈『大航海時代』以後のヒトの移動やモノの交流は、人々に何をもたらしたのか?!〉の開発－『アメリカ展示』を高校世界史のカリキュラムに位置づけて－」森茂岳雄編『国立民族学博物館調査報告－国立民族学博物館を活用した異文化理解教育のプログラム開発－』56　国立民族学博物館　pp.207-234。
・同上（2005）「歴史的思考力と『観点別評価』－地理歴史科世界史Bの単元開発を事例として－」日本学校教育学会編『学校教育研究』20　pp.174-188。
・同上（2005）「図像史料を活用した移民史学習の可能性－『大陸横断鉄道と中国人移民』の教材化－」日本国際理解教育学会編『国際理解教育』11　pp.8-29。
・同上（2005）「『19世紀アメリカ合衆国南部諸州の紙幣に描かれたアフリカ系アメリカ人のイメージ』の授業化」森茂岳雄　多文化社会米国理解教育研究会編『多文化社会アメリカを授業する－構築主義的授業づくりの試み－』　pp.106-126。
・同上（2007）「高等学校における国際理解教育の今後の展望に関する研究－学習指導要領世界史の分析を中心に－」富山大学人間発達科学部編『富山大学人間発達科学部紀要』2（1）　pp.119-128。
・同上（2010）「イギリスにおける博物館教育－ロンドン帝国戦争博物館を事例として－」

富山大学人間発達科学部附属人間発達科学研究実践総合センター編『教育実践研究』4　pp. 51-64。
- 同上（2010）「グローバルヒストリーに向けて－環境史の視点を取り入れた授業作り－」日本国際理解教育学会編『グローバル時代の国際理解教育－実践と理論をつなぐ－』明石書店　pp. 98-103。
- 同上（2011）「ESDと世界史教育－環境の視点が世界史に問いかけるもの－」日本社会科教育学会編『社会科教育研究』113　pp. 95-106。
- 同上（2013）「単元『黒死病と14世紀の世界』の構想－新学習指導要領地歴科世界史Bにみる『地図活用』－」日本地理教育学会編『新地理』61（1）　pp. 59-68。
- 同上（2013）『探究的世界史学習の創造－思考力・判断力・表現力を育む授業作り－』梓出版社。
- 同上（2015）「グローバル時代における児童教育学の構図」田尻信壹　雪吹誠　横田和子（目白大学人間学部児童教育学科編集委員会）編『未来を拓く児童教育学－現場性・共生・感性－』三恵社　pp. 22-32。
- 同上（2016）「歴史カリキュラム "Reading Like a Historian（歴史家のように読む）" の教授方略－米国史単元『冷戦の起源』を事例として－」目白大学総合科学研究委員会編『目白大学総合科学研究』12　pp. 1-18。
- 多田孝志ほか二名編（2013）『グローバル時代の学校教育』三恵社。
- 多田孝志編集代表（2016）『教育の今とこれからを読み解く57の視点』教育出版。
- 田中曉龍（2012）「新自由主義時代の教師教育と歴史教育」歴史学研究会編『歴史学研究』899　pp. 17-22。
- 田中耕治（2008）『教育評価（岩波テキストブックス）』岩波書店。
- 同上（2010）『新しい「評価のあり方」を拓く－「目標に準拠した評価」のこれまでとこれから－（日本標準ブックレット）』日本標準。
- 田中耕治編（2003）『教育評価の未来を拓く－目標に準拠した評価の現状・課題・展望－』ミネルヴァ書房。
- 田中伸（2011）『現代アメリカ社会科の展開と構造－社会認識教育論から文化認識教育論へ－』風間書房。
- 玉置さよ子　山下健（2011）「歴史的思考力を育成する世界史授業の実践研究（Ⅰ）－学習指導要領分析を中心に－」福岡教育大学教育学部附属教育実践総合センター編『教育実践研究』19　pp. 39-46。
- 同上（2012）「歴史的思考力を育成する世界史授業の実践研究（Ⅱ）－『歴史のための全米基準』から内容構成する主題学習『資料からよみとく歴史の世界』－」福岡教育大学

教育実践研究指導センター編『教育実践研究』20　pp.15-22。
- 遅塚忠躬（2010）『史学概論』東京大学出版会。
- 塚原正彦　アンダーソン，D.［土井利彦翻訳］（2000）『ミュージアム国富論－英国に学ぶ「知」の産業革命－』日本地域社会研究所。
- 土屋武志（2011）『解釈型歴史学習のすすめ－対話を重視した社会科歴史－』梓出版社。
- 同上（2013）「歴史学習における歴史家体験活動」文部科学省教育課程課編『中等教育資料』925　pp.24-29。
- 戸井田克己（2004）「歴史的思考力の基礎概念としての地理的見方・考え方－世界史前近代の認識形成を中心に－」日本社会科教育学会編『社会科教育研究』91　pp.22-33。
- 同上（2004）「学習指導要領の変遷と歴史的思考力の課題」近畿大学教職教育部編『教育叢書』16（1）　pp.1-15。
- 土井正興（1986）「連載・歴史学と歴史教育のあいだ①－『歴史研究と歴史教育』について－」歴史学研究会編『歴史学研究』555　青木書店　pp.62-69　p.80。
- 東京国立博物館　中日新聞社編（1983）『新安海底引き揚げ文物』中日新聞社。
- 東京大学学校教育高度化センター編（2009）『基礎学力を問う－21世紀日本の教育への展望－』東京大学出版会。
- 東京大学教育学部カリキュラム・イノベーション研究会編（2015）『カリキュラム・イノベーション－新しい学びの創造へ向けて－』東京大学出版会。
- 東京大学教養学部歴史学部会編（2006）『史料学入門（岩波テキストブックス）』岩波書店。
- 遠山茂樹（1968）『戦後の歴史学と歴史意識（日本歴史叢書）』岩波書店。
- 同上（1980）『歴史学から歴史教育へ』岩崎書店。
- 徳永俊太（2014）『イタリアの歴史教育理論－歴史教育と歴史学を結ぶ「探究」－』法律文化社。
- 戸田善治（2006）「社会科における歴史意識の育成」日本社会科教育学会出版プロジェクト編『新時代を拓く社会科の挑戦』第一学習社　pp.132-140。
- 冨田昌宏（1996）『紙幣の博物館（ちくま新書）』筑摩書房。
- 冨所隆治（1998）『アメリカの歴史教科書－全米基準の価値体系とは何か－（社会科教育全書）』明治図書。
- 鳥山孟郎（2003）『考える力を伸ばす世界史の授業』青木書店。
- 同上（2008）『授業が変わる世界史教育法』青木書店。
- 同上（2012）「高校『世界史』が抱える矛盾と限界」歴史学研究会編『歴史学研究』899　pp.30-35。

・鳥山孟郎　松本通孝編著（2012）『歴史的思考力を伸ばす授業づくり』青木書店。
・中原淳監修　脇本健弘　町支大祐著（2015）『教師の学びを科学する－データから見える若手の育成と熟達のモデル－』北大路書房。
・中村洋樹（2013）「歴史実践（Doing History）としての歴史学習の論理と意義－『歴史家の様に読む』アプローチを手がかりとして－」全国社会科教育学会編『社会科研究』79　pp.49-60。
・永原慶二（1978）『歴史学叙説』東京大学出版会。
・灘本昌久（1999）『ちびくろサンボよ－すこやかによみがえれ－』径書房。
・成田龍一（2010）『増補「歴史」はいかに語られるか－1930年代「国民の物語」批判－』筑摩書房。
・二井正浩（2012）「社会科における資料（2）ヴィジュアル資料」社会認識教育学会編『新社会科ハンドブック』明治図書　pp.220-228。
・西岡加名恵（2003）『教科と総合に活かすポートフォリオ評価法－新たな評価基準の創出に向けて－』図書文化社。
・同上（2014）『教科と総合学習のカリキュラム設計－パフォーマンス評価をどう活かすか－』図書文化社。
・西岡加名恵ほか二名編（2015）『新しい教育評価入門－人を育てる評価のために－（有斐閣コンパクト）』有斐閣。
・二谷貞夫（1988）『世界史教育の研究』弘生書林。
・日本社会科教育学会編（2012）『新版社会科教育事典』ぎょうせい。
・日本社会科教育研究会（1971）『歴史意識の研究』第一学習社。
・羽田正（2011）『新しい世界史へ－地球市民のための構想－（岩波新書）』岩波書店。
・羽仁五郎（1936）「歴史教育批判－児童の歴史観とその表現－」『教育』1936年５・７・８月号。
　［羽仁五郎（1967）『羽仁五郎歴史論著作集』１　青木書店　pp.339-390　に依る。］
・濱下武志（1990）『近代中国の国際的契機－朝貢貿易システムと東アジア－』東京大学出版会。
・浜林正夫（1991）『世界史再入門－歴史のながれと日本の位置を見直す－』地歴社。
・原田智仁（2000）「主題学習再考－世界史学習論の批判と創造（2）－」社会系教科教育学会編『社会系教科教育学研究』12　pp.1-8。
・同上（2000）『世界史教育内容開発研究－理論批判学習－』風間書房。
・同上（2015）「米国における"歴史家のように読む"教授方略の事例研究－ジーグラー氏の『レキシントンの戦い』の授業分析を手がかりに－」兵庫教育大学編『兵庫教育大

学研究紀要』46　pp. 63-73。
- 同上（2015）「米国における"歴史家のように読む"授業方略の事例研究―授業実践に着目した米英独歴史教育研究・その２―」『米英独における評価の高い歴史授業の収集・分析とそのデータベース化（研究成果報告書）』pp. 13-28.
- 同上（2015）「Ms. Valerie Ziegler;"Battle of Lexington"（2012年9月10日 Abraham Lincoln High School, CA, USA, 第11学年）」同上書　pp. 45-68。
- 深草正博（1995）『社会科教育の国際化課題』国書刊行会。
- 同上（2001）『環境世界史学序説』国書刊行会。
- 同上（2009）『「文化と環境」の教育論』皇學館大学出版部。
- 同上（2016）『グローバル世界史と環境世界史』青山社。
- 深谷克己（1984）『状況と歴史学』校倉書房。
- 福井憲彦（1995）『「新しい歴史学」とは何か―アナール派から学ぶもの―（講談社学術文庫）』講談社。
- 同上（2006）『歴史学入門（岩波テキストブックス α）』岩波書店。
- 同上（2010）『近代ヨーロッパ史―世界を変えた19世紀―（ちくま学芸文庫）』筑摩書房。
- 福井憲彦　太田信宏　加藤玄ほか七名（2017）『世界史Ｂ』（2016年文科省検定済）東京書籍。
- 福井憲彦　田尻信壹編（2012）『歴史的思考力を伸ばす世界史授業デザイン―思考力・判断力・表現力の育て方―』明治図書。
- 藤井千之助（1974）「歴史的思考力・歴史意識の育成」星村平和編著『世界史―その内容と展開の研究―』学事出版　pp. 171-182。
- 同上（1885）『歴史意識の理論的・実証的研究―主として発達と変容に関して―』風間書房。
- 藤井千春（2010）『ジョン・デューイの経験主義哲学における思考論―知性的な思考の構造的解明―』早稲田大学出版部。
- 藤瀬泰司（2013）『中学校社会科の教育内容の開発と編成に関する研究―開かれた公共性の形成―』風間書房。
- 二村美朝子（1987）「連載・歴史学と歴史教育のあいだ⑤―研究と教育のより深い関わりのために　安井歴史教育批判―」歴史学研究会編『歴史学研究』563　pp. 44-47　p. 64。
- 星村平和（1989）「高等学校社会科『世界史』の変遷とその特色―昭和35年版・45年版を中心にして―」社会認識教育学会編『社会科教育の理論』ぎょうせい　pp. 207-221。
- 保城広至（2015）『歴史から理論を創造する方法―社会科学と歴史学を統合する―』勁草書房。

・本田創造（1991）『アメリカ黒人の歴史　新版（岩波新書）』岩波書店。
・松井政明（2004）『社会科教育の探求』西日本法規出版。
・松尾知明（2015）『21世紀型スキルとは何か―コンピテンシーに基づく教育改革の国際比較―』明石書店。
・松下佳代（2007）『パフォーマンス評価―子どもの思考と表現を評価する―（日本標準ブックレット）』日本標準。
・松下佳代　石井英真編（2016）『アクティブラーニングの評価（アクティブラーニング・シリーズ〈3〉）』東信堂。
・三尾裕子　床呂郁哉編『グローバリゼーションズ―人類学、歴史学、地域研究の現場から―』弘文堂。
・三木亘「世界史の中のイスラム世界」（1984）神岡弘二ほか三名編『イスラム世界の人々』1　東洋経済新報社　pp.1-91。
・三杉隆敏（1978）『世紀の発見―新安沖海底の秘宝―』六興出版。
・水島司編（2008）『グローバル・ヒストリーの挑戦』山川出版社。
・同上編（2010）『環境と歴史学―歴史研究の新地平―』勉誠出版。
・同上（2010）『グローバル・ヒストリー入門（世界史リブレット）』山川出版社。
・溝上慎一　成田秀夫編著（2016）『アクティブラーニングとしてのPBLと探究的な学習（アクティブラーニング・シリーズ〈2〉）』東信堂。
・溝口和宏（2003）『現代アメリカ歴史教育改革論研究』風間書房。
・宮原武夫（1994）「模擬授業『鎖国時代のアイヌ』」『千葉大学教育実践研究』1　pp.13-25。
・同上（1998）『子どもは歴史をどう学ぶか』青木書店。
・村井章介（1993）『中世倭人伝（岩波新書）』岩波書店。
・同上（2005）「終末期の鎌倉幕府」『朝日百科　日本の歴史〈新訂増補〉』4　朝日新聞社　pp.4・287-4・292。
・目良誠二郎（1990）「連載・歴史学と歴史教育のあいだ⑱―なにが問題なのか―」歴史学研究会編『歴史学研究』603　pp.27-34。
・桃木至朗（2009）『わかる歴史・面白い歴史・役に立つ歴史―歴史学と歴史教育の再生をめざして―』大阪大学出版会。
・森克己（1989）『新訂日宋貿易の研究』国書刊行会。
・森茂岳雄編（1999）『多文化社会アメリカにおける国民統合と日系人学習』明石書店。
・森茂岳雄　大友秀明　桐谷正信編（2011）『新社会科教育の世界―歴史・理論・実践―』梓出版社。

・森茂岳雄　中山京子編（2008）『日系移民学習の理論と実践－グローバル教育と多文化教育をつなぐ－』明石書店。
・森本朝子（2001）「海底考古学－新安の沈没船を中心に－」尾本惠市ほか四名編『海のアジア－越境するネットワーク－』5　岩波書店　pp.89-116。
・森分孝治（1978）『社会科授業構成の理論と方法（社会科教育全書）』明治図書。
・同上（1997）「社会科における思考力育成の基本原則－形式主義・活動主義的偏向の克服のために－」全国社会科教育学会編『社会科研究』47　pp.1-10。
・文部科学省（2010）『高等学校学習指導要領解説　地理歴史編』教育出版。
・文部省（1999）『高等学校学習指導要領解説　地理歴史編』実教出版。
・安井俊夫（1987）「連載・歴史学と歴史教育のあいだ⑥－スパルタクスの反乱をめぐる歴史教育と歴史学（上）－」歴史学研究会編『歴史学研究』564　pp.41-48　p.62。
・同上（1987）「連載・歴史学と歴史教育のあいだ⑦－スペルタクスの反乱をめぐる歴史教育と歴史学（下）－」歴史学研究会編『歴史学研究』565　pp.41-50。
・八杉佳穂（2004）『チョコレートの文化史』世界思想社。
・安永悟ほか二名編『アクティブラーニングの技法・授業デザイン（アクティブラーニング・シリーズ〈1〉）』東信堂。
・山内乾史　原清治編（2010）『論集　日本の学力問題－学力の最前線－』下　日本図書センター。
・山田秀和（2011）『開かれた科学的社会認識形成をめざす歴史教育内容編成論の研究』風間書房。
・山本太郎（2011）『感染症と文明－共生への道－（岩波新書）』岩波書店。
・油井大三郎　遠藤泰生編（1999）『多文化主義のアメリカ－揺らぐナショナル・アイデンティティ－』東京大学出版会。
・弓削達（1984）『明日への歴史学－歴史とはどういう学問か－』河出書房新社。
・同上（1986）『歴史学入門』東京大学出版会。
・尹健次（1987）『異質との共存－戦後日本の教育・思想・民族論－』岩波書店。
・横山十四男（1979）「中学生の歴史意識の考察－最近15年間の変化について－」歴史学会編『史潮』新6　pp.122-140。
・同上（1980－1981）「中学生の歴史意識・歴史的思考力（1）－（5）」『月刊歴史教育』19-23。
・吉田憲司（1999）『文化の「発見」－驚異の部屋からヴァーチャル・ミュージアムまで－』岩波書店。
・同上（2013）『文化の「肖像」－ネットワーク型ミュージオロジーの試み－』岩波書店。

・吉田憲司　マック，J. 編（1997）『異文化へのまなざし―大英博物館と国立民族学博物館のコレクションから―』NHK サービスセンター。
・吉田悟郎（1970）『歴史認識と世界史の論理』勁草書房。
・同上（1983）『世界史の方法』青木書店。
・同上（1990）『自立と共生の世界史学―自国史と世界史―』青木書店。
・吉田寅（1986）『世界史教育の研究と実践』冬至書房。
・吉田ゆり子ほか二名編（2014）『画像史料論―世界史の読み方―』東京外国語大学出版会。
・米山宏史（2016）『未来を切り拓く世界史教育の探求』花伝社。
・歴史学研究会編（1993）『歴史学と歴史教育の間』三省堂。
・同上編（1999）『越境する貨幣（シリーズ歴史学の現在１）』青木書店。
・同上編（2000）『戦後歴史学再考―「国民史」を超えて―』青木書店。
・同上編（2002）『歴史学における方法的転回』青木書店。
・同上編（2006～2013）『世界史史料』（全12巻）青木書店。
・若桑みどり（2012）『イメージの歴史（ちくま学芸文庫）』筑摩書房。
・和歌森太郎（1953）「歴史意識の発達について」コア・カリキュラム連盟編『カリキュラム』52　pp.19-21。
・同上（1953）「史心の発達について」コア・カリキュラム連盟編『カリキュラム』60　pp.30-34。
・脇村孝平（2000）「環境史としての『病気の歴史』―英領期インドにおけるマラリア―」大阪歴史科学協議会編『歴史科学』161　pp.1-13。
・同上（2006）「疫病のグローバル・ヒストリー―疫病史と交易史の接点―」国立民族学博物館地域研究企画交流センター編『地域研究』7（2）　pp.39-58。

・アブー＝ルゴド，J.L.［佐藤次高ほか翻訳］（2001）『ヨーロッパ覇権以前―もうひとつの世界システム―』上　下　岩波書店。
・アリエス，P.［福井憲彦翻訳］（1990）『図説・死の文化史―ひとは死をどのように生きたか―』日本エディタースクール出版部。
・ウィギンズ，G. & マクタイ，J.［西岡加名恵翻訳］（2012）『理解をもたらすカリキュラム設計―「逆向き設計」の理論と方法―』日本標準。
・ウォーラーステイン，I.［川北稔翻訳］（1981）『近代世界システム―農業資本主義と「ヨーロッパ世界経済」の成立〈岩波現代選書〉』1　2　岩波書店。
・同上［川北稔翻訳］（1993）『近代世界システム1600～1750―重商主義と「ヨーロッパ世界経済」の凝集―』名古屋大学出版会。

・同上［川北稔翻訳］（1997）『近代世界システム1730〜1840s－大西洋革命の時代－』名古屋大学出版会。
・ガイス，P. ル・カントレック，G. 監修［福井憲彦・近藤孝弘監訳］（2008）『ドイツ・フランス共通歴史教科書【現代史】』明石書店。
・カナダ・オンタリオ州教育省編［FCT（市民のテレビの会）翻訳］（1992）『メディア・リテラシー－マスメディアを読み解く－』リベルタ出版。
・ギップス，C.V.［鈴木秀幸翻訳］（2001）『新しい評価を求めて－テスト教育の終焉－』論創社。
・グリフィン，P. マクゴー，B. ケア，E. 編［三宅なほみ監訳］（2014）『21世紀型スキル－学びと評価の新たなかたち－』北大路書房。
・クロスビー，A.W.［佐々木昭夫翻訳］（1998）『ヨーロッパ帝国主義の謎－エコロジーから見た10〜20世紀－』岩波書店。
・クロスリー，K.C.［佐藤彰一翻訳］（2012）『グローバル・ヒストリーとは何か』岩波書店。
・スーザン，A.C. 編［伊藤博明監訳］（2009）『ミュージアムと記憶－知識の集積／展示の構造学－』ありな書房。
・ダイアモンド，J.［倉骨彰翻訳］（2000）『銃・病原菌・鉄－1万3000年にわたる人類史の謎－』上 下 草思社。
・帝国書院編集［岡崎勝世監修 河合信晴 内田滋翻訳］（2013）『プッツガー歴史地図 日本語版』帝国書院。
・デューイ，J.［川村望翻訳］（2013）『行動の論理学－探求の理論－』人間の科学新社。
・デュウイー，J.［植田清次翻訳］（1950）『思考の方法』春秋社。
・ハイン，J.E.［鷹野光行監訳］（2010）『博物館で学ぶ－Learning in the Museum－』同成社。
・バーク，P.［諸川春樹翻訳］（2007）『時代の目撃者－資料としての視覚イメージを利用した歴史研究－』中央公論美術出版。
・バッキンガム，D.［鈴木みどり監訳］（2006）『メディア・リテラシー教育－学びと現代文化－』世界思想社。
・ハッチンソン，E.O.［脇浜義明翻訳］（1998）『ゆがんだ黒人イメージとアメリカ社会－ブラック・メイル・イメージの形成と展開－』明石書店。
・ハート，D.［田中耕治監訳］（2012）『パフォーマンス評価入門－「真正の評価」論からの提案－』ミネルヴァ書房。
・バードン，K.C. レヴスティク，L.S.［渡部竜也ほか三名翻訳］（2015）『コモン・グッ

ドのための歴史教育－社会文化的アプローチ－』春風社.
・パーモンティエ，M.［眞壁宏幹翻訳］（2012）『ミュージアム・エデュケーション－感性と知性を拓く想起空間－』慶應義塾大学出版会.
・ボスキン，J.［斎藤省三翻訳］（2004）『サンボ－アメリカの人種偏見と黒人差別－』明石書店.
・ポーター，A.N.［福井憲彦翻訳］（2006）『ヨーロッパ史入門－帝国主義－』岩波書店.
・ポパー，K.R.［久野収 市井三郎翻訳］（1961）『歴史主義の貧困－社会科学の方法と実践－』中央公論社.
・マクニール，W.H.［佐々木昭夫翻訳］（2007）『疫病と世界史（中公文庫）』上 下 中央公論新社.
・マニング，P.［南塚信吾 渡邊昭子監訳］（2016）『世界史をナビゲートする－地球大の歴史を求めて－』彩流社.
・マルザーノ，R. ケンドール，J.S.［黒上晴夫・泰山裕翻訳］（2013）『教育目標をデザインする－授業設計のための新しい分類体系－』北大路書房.
・マルティニエッロ，M.［宮島喬翻訳］（2002）『エスニシティの社会学（クセジュ文庫）』白水社.
・ミンツ，S.W.［川北稔 和田光弘翻訳］（1988）『甘さと権力－砂糖が語る近代史－』平凡社.
・ライチェン，D.S. サルガニク，R.H.編［立田慶裕監訳］（2006）『キー・コンピテンシー－国際標準の学力をめざして－』明石書店.
・ライリー，M. バイロン，J. カルピン，C.［前川一郎翻訳］（2012）『イギリスの歴史【帝国の衝撃】－イギリス中学校歴史教科書－』明石書店.
・リップマン，M.［河野哲也ほか二名翻訳］（2014）『探求の共同体－考えるための教室－』玉川大学出版部.
・ローウィック，G.P.［西川進翻訳］（1986）『日没から夜明けまで－アメリカ黒人奴隷制の社会史－』刀水書房.
・ローディガー，D.R.［小原豊志ほか三名翻訳］『アメリカにおける白人意識の構築－労働者階級の形成と人種－』明石書店.

・Barbatsis, G. edited, Jones, J.W. paintings (2002). *Confederate Currency, The Color of Money Images of Slavery in Confederate and Southern States Currency*, West Columbia, The Olive Press.
・Bellanca, J. & Brandt, R. edited, (2010). *21st Century Skills: Rethinking How Stu-*

dents Learn, Bloomington, Solution Tree Press.
- Bial, R. (1997). *The Strength of These Arms: Life in the Slave Quarters*. Boston, Houghton Mifflin Company.
- Chapman, A. (1998). *Coping with Catastrophe: The Black Death of the 14th Century*, Los Angeles, Los Angeles, University of California.
- Gillespie, S.W. ed. (1999). *Perspectives on Teaching Innovations: Teaching to Think Historically: A Collection of Essays from Perspectives, the Newsletter of the American Historical Association*, Washington, D.C., American Historical Association.
- Hammond, N.G.L. & Scullard, H.H. edited (1970). *The Oxford Classical Dictionary 2nd Edition*, Oxford, Oxford University Press.
- Irish, J.P. (2015). *Historical Thinking Skills: A Workbook for U.S. History*, New York. W W Norton & Co Inc..
- Irish, J.P. & Brun-Ozuna, B.S. (2016). *Historical Thinking Skills: A Workbook for World History*, New York. W W Norton & Co Inc.
- Levesque, S. (2008). *Thinking Historically: Educating Students for the Twenty-First Century*. Toronto, University of Toronto Press.
- Levstik, L.S. & Barton, K.C. (2015). *Doing History: Investigating with Children in Elementary and Middle Schools Fifth Edition*, New York, Routledge.
- National Center for History in the Schools (1996). *National Standards for History Basic Edition*, Los Angeles, Los Angeles, University of California.
- Ramirez, S.E., Stearns, P., Wineburg, S. (2008). *World History: Human Legacy*, Orlando, Holt, Rinehart and Winston.
- Trilling, B. & Fadel, C. (2009). *21st Century Skills: Learning for Life in Our Times*, San Francisco, Jossey-Bass A Wiley Imprint.
- VanSledright, B.A. (2014). *Assessing Historical Thinking and Understanding: Innovative Designs for New Standards*, New York, Routledge.
- Wineburg, S., Martin, D., Monte-sano, C. (2012). *Reading Like a Historian: Teaching Literacy in Middle and High School History Classrooms*, New York, Teachers College Press.

- 「OECDにおけるキー・コンピテンシーについて」
 (http://www.mext.go.jp/b_menu/shingi/chukyo/chukyo3/004/siryo/05111603/004.htm 2015年2月20日確認)。

・「学習指導要領改訂の方向性（案）：中教審教育課程部会教育課程企画特別部会（第7期）（第19回配付資料）」
　（http://www.mext.go.jp/b_menu/shingi/chukyo/chukyo3/053/siryo/1375316.htm　2016年8月7日確認）。
・国立教育政策研究所「学習指導要領」データベース
　（https://www.nier.go.jp/guideline　2016年3月6日確認）。
　　・「学習指導要領東洋史編（試案）昭和22（1947）年度」文部省
　　　（https://www.nier.go.jp/guideline/s22ejs3/index.htm　2016年3月6日確認）。
　　・「学習指導要領西洋史編（試案）昭和22（1947）年度」文部省
　　　（https://www.nier.go.jp/guideline/s22ejs5/index.htm　2016年3月6日確認）。
　　・「中学校高等学校学習指導要領社会科編Ⅲ（b）世界史（試案）昭和26（1951）年改訂」文部省
　　　（https://www.nier.go.jp/guideline/s26jhs3/index.htm　2016年3月6日確認）。
　　・「高等学校学習指導要領社会科編世界史　昭和31（1956）年改訂」文部省
　　　（https://www.nier.go.jp/guideline/s31hs/chap5.htm　2016年3月6日確認）。
　　・「高等学校学習指導要領一般編　昭和31年改訂（昭和33（1958）年4月再訂）」文部省
　　　（https://www.nier.go.jp/guideline/s33h4/index.htm　2016年3月6日確認）。
　　・「高等学校学習指導要領社会科世界史　昭和35（1960）年改訂」文部省
　　　（https://www.nier.go.jp/guideline/s35h/chap2-2.htm　2016年3月6日確認）。
　　・「高等学校学習指導要領社会科世界史　昭和45（1970）年改訂」文部省
　　　（http://www.nier.go.jp/guideline/s45h/chap2-2.htm　2016年3月6日確認）。
　　・「高等学校学習指導要領社会科世界史　昭和53（1978）年改訂」文部省
　　　（https://www.nier.go.jp/guideline/s53h/chap2-2.htm　2016年3月6日確認）。
　　・「高等学校学習指導要領地理歴史科世界史　平成元（1989）年改訂」文部省
　　　（http://www.nier.go.jp/guideline/h01h/chap2-2.htm　2016年3月6日確認）。
　　・「高等学校学習指導要領地理歴史科世界史　平成11（1999）年改訂」文部省
　　　（http://www.nier.go.jp/guideline/h10h/chap2-2.htm　2016年3月6日確認）。
　　・「高等学校学習指導要領地理歴史科世界史　平成21（2009）年改訂」文部科学省
　　　（http://www.nier.go.jp/guideline/h20h/chap2-2.htm　2016年3月6日確認）。
・国立教育政策研究所編（2007）「平成17（2005）年度教育課程実施状況調査」
　（http://www.nier.go.jp/kaihatsu/katei_h17_h/index.htm　2016年3月12日確認）。
・日本学術会議（2011）『提言新しい高校地理・歴史教育の創造―グローバル化に対応し

た時空間認識の育成―』日本学術会議

(http://www.scj.go.jp/ja/info/kohyo/pdf/kohyo-21-t130-2.pdf　2016年3月12日確認)。
・ユネスコ国内委員会（2010年）「ユネスコスクールと持続発展教育（ESD）について（改訂版）」

(http://www.u-gakugei.ac.jp/~soumuren/22.6.5/19kokusai.pdf　2016年3月11日確認)。
・Partnership for 21st Century Learning, Framework for 21st Century Learning

(https://www.p21.org/about-us/p21-framework　2016年3月11日確認)。

あとがき

　本書は、2016年度に日本女子大学大学院人間社会研究科に提出した学位論文「探究的世界史学習論研究―史資料を活用した歴史的思考力育成型授業の構築―」に加筆修正を加え、2017年度目白大学学術図書助成金の交付を受けて刊行するものです。

　本研究の公開審査が行われたのが2016年12月26日であり、日本女子大学から博士の学位が授与されたのが2017年3月20日でした。研究成果をこのような短期間に刊行できましたのは、目白大学から学術図書助成金が得られたことによります。目白学園理事長の尾﨑春樹先生、目白大学長の佐藤郡衛先生をはじめとする学園関係者の皆様の支援にお礼と感謝を申し上げます。

　また、大学院博士後期課程修了に際して、日本女子大学から「成瀬仁蔵先生記念賞」を、日本女子大学教育学科の会から奨励賞をそれぞれ賜りましたことは、筆者にとって大きな喜びであり、これからの研究の励みになっております。日本女子大学並びに日本女子大学教育学科の会に感謝申し上げます。

　博士後期課程の審査では、主査を田部俊充先生（日本女子大学教授）に、副査を今井康雄先生（日本女子大学教授）と齋藤慶子先生（日本女子大学准教授）に、外部審査委員（副査）を福井憲彦先生（審査時は学習院大学教授・前学習院大学長、現公益財団法人日仏会館理事長）と森茂岳雄先生（中央大学教授、前日本社会科教育学会長）にお願いし、指導を賜りました。特に、田部先生には研究の構想段階から親身な指導を頂きましたことが、本研究の完成に繋がりました。田部先生をはじめとする諸先生方の指導に深謝申し上げます。

　また、遅々として進まない筆者の研究に対していつも励ましと研究の方向性への示唆を頂きました前目白大学人間学部長（目白大学名誉教授、金沢学院大学教授）の多田孝志先生に感謝申し上げます。大学に定職を得て歳月を重

ねますと、日頃のルーチンワークに追われることが多くなり、研究に振り向ける時間を確保することが困難になって来ます。それよりも増して、研究を進める上で障壁となりましたのは、研究をまとめたいという筆者自身のモチベーションの低下です。挫けそうになる筆者の気持ちを奮い立たせてくれましたのが、多田先生の研究に対する姿勢でした。先生ご自身も七〇歳の時に博士号の学位を取得されていましたことは、筆者の励みになりました。先生は、筆者の研究者としてのロールモデルとなっております。そんな先生の後ろ姿を追いかけて、筆者自身も博士論文の完成に向けて精進致しました。筆者が博士論文の完成にたどり着くことができましたのは、多田先生の励ましのお陰です。深く感謝申し上げます。

　本研究は、世界史における知識蓄積型・知識再生型授業の克服を目指して、探究に基づく歴史的思考力育成型授業を構想したものです。そこでは、筆者は研究における理論と実践の両面からのアプローチと、その統一的把握の方法を模索しました。そして、知識蓄積型・知識再生型授業に対するオルタナティヴとして、一次史資料の活用を中心とした歴史的思考力育成型授業（授業構成モデル）を開発して提示致しました。筆者は世界史における探究という学習を理論研究という抽象的な次元だけではなく、授業という臨床的で具体的な次元でも検討しその構造を解明したいと考えました。その思いは、本書の第7章から第10章までに掲出しました四つの授業構成モデルに具体化されております。そこで示しました授業構成モデルは、筆者がこれまでに発表して来ました論考をもとに構想されております。但し、今回研究をまとめるに際して、21世紀を生きる市民に求められる資質・能力とは何かに照らして、大幅な加筆と修正を行いました。では、これらの研究の基となった初出稿を以下に示します。
第7章「考古学史資料の活用による授業構成モデル」
　「歴史的視野に立つ日中相互理解の教材開発―沈没船の謎を追う『新安沖

沈船』―」日本教材文化研究財団編『日中相互理解のための教材開発に関する基礎的研究』日本教材文化研究財団　2004年　pp.72-92。

第8章「博物館史資料の活用による授業構成モデル」

「単元〈『大航海時代』以後のヒトの移動やモノの交流は、人々に何をもたらしたのか?!〉の開発―『アメリカ展示』を高校世界史のカリキュラムに位置づけて―」森茂岳雄編『国立民族学博物館調査報告―国立民族学博物館を活用した異文化理解教育のプログラム開発―』56　国立民族学博物館　2005年　pp.207-234。

第9章「図像史資料の活用による授業構成モデル」

「『19世紀アメリカ合衆国南部諸州の紙幣に描かれたアフリカ系アメリカ人のイメージ』の授業化」森茂岳雄　多文化社会米国理解教育研究会編『多文化社会アメリカを授業する―構築主義的授業づくりの試み―』2005年　pp.106-126。

第10章「地図史資料の活用による授業構成モデル」

「単元『黒死病と14世紀の世界』の構想―新学習指導要領地歴科世界史Bにみる『地図活用』―」日本地理教育学会編『新地理』61-1　2013年　pp.59-68。

　第10章を除く三章は、大学に転出する（2006年に富山大学へ転出する）以前に勤務していた筑波大学附属高等学校のときに開発した世界史の単元です。ここで示しました授業構成モデルは、筆者が提案した理論を証明するために開発した理念モデルというものではなく、授業で実際に行うことを念頭に開発したものです。また、その内の一部は実際に授業を行っています。

　筆者の考える世界史教育研究では、まず授業実践があり、その後に理論研究が位置付けられます。また、研究における多様性の保証という面からも、様々なスタイルの研究手法が存在し、それらが相互に尊重されていることは重要であると考えます。しかし、現実には、大分是正されて来たとはいえ、学校現場に足場を置く授業実践やそれに基づく臨床的研究は、教科教育学の

世界では、ややもすると一段低く評価されがちです。筆者は、理論研究は授業実践の裏付けがあってこそ、その存在意味をもつことになると考えています。今後、学校現場に足場を置く授業実践やそれに基づく臨床的研究が重要な研究領域として認知され、研究数が増えていくことを切に望みます。

　今年（2017年）で、筆者は教職に就いてから四〇年目の節目を迎えました。この機会に、筆者の歩みを振り返ってみたいと思います。

　筆者は大学時代（新潟大学）には西洋古代史のゼミに所属しておりました。卒業研究（卒業論文）は、古代ギリシアの思想家ヘシオドスのことをまとめ、「古代ギリシア人の労働観の変遷」（題目）として提出致しました。この卒業論文は四〇〇字詰め原稿用紙八〇枚ほどのものであり、今の大学生の卒業論文と比べても決して長いものではありません。内容も未熟でしたが、その論文の写しは今でも筆者の手元に大切に保管してあります。

　大学での指導教官は、安藤　弘（ひろむ）先生（故人）でした。安藤先生から教えて頂いたことは、筆者にとって大きな財産となっております。先生は古代ギリシアの軍制史（重装歩兵制）の研究者であり、ギリシア語の初歩から熱心に指導して頂きました。大学の卒業を間近に控えた頃に、先生の研究室をお尋ねし、埼玉県の高等学校に赴任することをお伝えしますと、先生は大変喜ばれました。そして「教員になっても研究は続けなさい」と言われましたことが思い出されます。後年、先生から頂いた手紙からこのような一文を見つけました。

　　（前略）いつもいつもいっていることですが、ここだけはだれにも負けないとはっきりいえるような研究領域を（どんなに小さく、せまくともいい）を一つもちつづけていく努力をおこたらないようにしてほしい。（いそぐ必要はなく、すこしずつとぎれずに辛抱してやっていくうちに、たのしくなり、たのしくなれば、自然に仕事ができてくるのです。）そういう姿勢をもっていると、世界史の構想も地についた具体的なものになってくるでしょう。（後略）
　　　　　　　　　　　　　　　　　　　　　（1996年11月11日　書簡）

先生は平易な文章を書くことを常に心掛けておられました。「誰にでも分かる文章を書くことが大切ですよ」というのが、先生の日頃の口癖でした。ひらがなの多いこの手紙には、そんな先生のお人柄がよく表れております。先生から頂いた言葉は、現在でも、筆者が研究を続けていく上での大切な道標となっています。

　大学卒業後も、月一度、埼玉県の自宅から安藤先生の新潟市のご自宅を訪問し、ギリシア語碑文の講読を指導頂きました。参加者は、先生のほかに、大学の先輩であった古山堅治氏（獨協大学教授）と同級生の松森昌氏（山形県の高等学校教員）でした。また、この頃、先生のご紹介で、西洋古代史関係の研究会にも参加しました。この研究会は、土井正興先生（故人）と弓削達先生（故人）が二〇歳代、三〇歳代の若い研究者に呼びかけて結成されたものでした。この研究会に参加し最新の研究に直に触れられましたことは、研究に対する大きな刺激となりました。

　筆者は、1989年に埼玉県教育委員会の長期研修制度を利用して、国立上越教育大学大学院学校教育研究科教科・領域教育専攻・社会系コース（修士課程）に進学しました。その時、教員生活も十二年が経過していました。筆者が同大学院を選びました理由は、上記の研究会に参加されていました金澤良樹先生が同大学院に勤務されておられましたので、ご指導を頂きたいと考えたからでした。また、同大学院は埼玉県教育委員会の指定する長期研修先にもなっていましたために、教員籍を保持したまま大学院の在籍を認めて頂けたことも大きな魅力でした。

　同大学院では、学校教育に関わる講義の聴講とともに、西洋古代史に関する研究を行いました。金澤先生と倫理学担当の藤沢郁夫先生には大変お世話になりました。金澤先生のご指導を頂き、研究成果を「古典期アテナイのメトイコイに関する研究―『市民権大量賦与』問題を中心に―」としてまとめることができました。また、藤沢先生には、古代ギリシア史を専攻する院生ということで大変珍しがられ、プラトンの『国家』をギリシア語で講読する

授業を開講して頂きました。そして、『国家』に登場した在留外人(メトイコス)のケファロスの存在が、修士論文のテーマとなった古代アテネ（アテナイ）の外人問題と結びつくことになりました。この研究は、後年、筆者が世界史教育において国際化と多文化化へ関心をもつ契機ともなりました。

同大学院では、加藤章先生（故人）と二谷貞夫先生に歴史教育の魅力を教えて頂いたことも大変懐かしい思い出です。両先生は高等学校で教鞭をとられた経験をお持ちでした。加藤先生はNHK高校日本史講座の、また二谷先生は同世界史講座の講師を過去に務められており、筆者は初任者のころから同番組を熱心に視聴しておりました。筆者にとって両先生から直にお話をうかがえたのは大変刺激的であり、歴史教育への関心が高まりました。そして、高等学校に復帰後、筆者が歴史教育（世界史教育）の研究に向かう契機ともなりました。

同大学院での二年間の研修を終えた後、埼玉県の高等学校に復帰しました。そして、三十九歳の時（1994年）に、ご縁があって、国立筑波大学附属高等学校（東京都文京区）に勤務することになりました。長い歴史と伝統を誇る学校で教鞭を執れたことは、筆者にとって名誉なことであり、大切な財産となりました。同高等学校では、第106回生（1998年卒業。同校では、卒業生を卒業回数で呼びます）と第113回生（2005年度卒業）を担任する機会を得ました。同校では、三年間、クラス替えがなかったためにクラス内の生徒とは大変深い交流を持つことができました。そこでは、先進的な教育実践にチャレンジし、充実した時間を過ごすことができました。ここでの12年間は、世界史教育の実践と研究の楽しさと難しさに気付くことができた歳月でありました。同高等学校で世界史を中心とした授業実践と研究に専念できましたことに深く感謝しております。

同高等学校に勤務していましたときに、文部省（現、文部科学省）から高等学校学習指導要領等の改善に関する調査協力者の委嘱を受けて1999年告示の高等学校学習指導要領（地歴科世界史）の作成に加わったり、上越教育大学

米国理解プロジェクト（代表：大嶽幸彦上越教育大学教授、米日財団助成）や多文化社会米国理解教育研究会の教材開発と実践プロジェクト（代表：森茂岳雄中央大学教授、国際交流基金日米センター助成）に参加し、米国で世界史の教材調査を行う機会を得たりすることができました。そこで学んだことや収集した教材がその後の研究の礎となっています。

　2006年に国立大学法人富山大学人間発達科学部（附属人間発達科学研究実践総合センター）教授に採用され（在職期間は2006年4月から2011年3月までの五年間）、大学で教えることになりました。その後、共立女子大学家政学部児童学科（在職期間は2011年4月から2014年3月までの三年間）を経て、現在、目白大学人間学部児童教育学科に勤務しております（2014年4月から現在に至る）。また、この間、文部科学省初等中等局教育課程課教科調査官（地歴科世界史・非常勤）（2008年4月から2012年3月までの四年間）や国立教育政策研究所教育課程研究センター教育課程調査官（地歴科世界史・非常勤）（2011年4月から2012年3月までの一年間）を兼務し、2009年改訂（現行）の高等学校学習指導要領（地歴科世界史）や評価規準の作成に従事する機会を得ました。地歴科世界史に関わる国レベルの調査や研究に携われましたことは、筆者にとって貴重な体験となっております。

　では、本研究のキーワードとなっています探究や歴史的思考力ということに関心をもつようになったのはいつ頃からなのか、振り返ってみたいと思います。最初の勤務校（埼玉県立秩父高等学校）時代に書いた論考が思い出されます。その論考とは、「『世界史ノート』による授業実践―基礎学力・基礎的知識の修得と歴史意識養成の試み―」（『秩父高等学校紀要』10　pp. 53-96　1984年）というもので、教員になって七年目に書いたものです。当時はおぼろげな意識にすぎなかったと思いますが、また内容的にも未熟なものでしたが、そこに挙げられていた世界史の授業に対する問題意識は、現在になっても変わっていません。では、拙稿冒頭の該当部分を以下に転写します。

(前略) 歴史教育の使命を果たしていくためにも、生徒の実態を念頭に置いた授業方法と学習内容の研究が必要であろう。学習内容の研究にあたっては、生徒自身が生きていく上での行動指針になるような力を身につけさせることを配慮する必要があろう。そのためにも、学習内容の研究は主権者としての国民に相応した教養と社会のしくみを見抜く力という観点から行っていくことが重要であると思われる。また、その単元や一単位時間内で何を学んでいくのかを生徒の前に提示し、その目標に到達するように努力させていくことも重要なことだと思う。また、そういう努力を通して、生徒の基礎学力の保証と基礎的知識の修得を助けることが必要であろう。授業方法については社会認識の変革のための「考える場」「考え合える場」を作らねばならないと考える。授業の中で生徒の主体的な学習を引き出し、歴史意識を育てる方法を考えてみることが必要であろう。なんとなれば、生徒の認識や意識をゆさぶることのない受動的な授業は、生徒にとって苦痛であろうから。(後略)
「『世界史ノート』による授業実践―基礎学力・基礎的知識の修得と歴史意識養成の試み―」『秩父高等学校紀要』10　1984年　pp.53-54

　当時の論考では、歴史的思考力ではなく歴史意識という言葉を使い、歴史意識の養成と基礎学力・基礎的知識の修得を両輪にして、世界史についての「考える場」「考え合える場」を授業で設定していくことを提案していました。拙い研究でしたが、世界史授業に対する思いやスタンスは、現在となんら変わっていません。二〇歳代に立てた研究課題を、仮説的な結論とはいえ、六〇歳を越えた現在、博士論文としてまとめここに上梓できましたことは、筆者にとって望外の喜びであり、また不思議な縁を感じます。

　筆者が世界史教育を生涯の仕事として専念できましたのは、素晴らしい師や尊敬できる同僚との出会いがあったからだと思います。高等学校時代の恩師である渡邊修一郎先生（元埼玉県立浦和高等学校長、2003年～2004年埼玉県教育委員会委員長）には、埼玉県立熊谷高等学校在学中からご指導頂き、教員になってからも様々な機会に適切な助言を頂きましたことに深謝いたします。また、星村平和先生（国立教育研究所名誉所員、元兵庫教育大学・帝京大学教授）

には、世界史教育の大先輩として常に暖かいお言葉を頂きましたことを有り難く存じております。そして、これまでご指導とご助力を賜りました諸先生方並びに同僚諸氏の皆様に心よりの敬意と感謝を申し上げます。

　筆者がこれまでに勤務しました埼玉県立秩父高等学校、同吹上高等学校、筑波大学附属高等学校の生徒諸君、富山大学人間発達科学部、共立女子大学家政学部児童学科、目白大学人間学部児童教育学科の学生諸君には、一緒に学べたことを大変嬉しく思っております。また、授業に対する諸君からの率直な意見や感想は筆者にとっての何よりの宝物になっています。

　また、本書の出版を快くお引け頂いた風間書房社長、風間敬子氏に心より御礼を申し上げます。

　そして、最後に、筆者の研究を支えてくれている妻、鈴生子に心から感謝し、本書の結語と致します。

2017年10月

田　尻　信　壹

付記：本研究の一部は、2015年度～2017年度科学研究費補助金・基盤研究（C）「高大連携による『21世紀型能力』育成を目指す世界史単元開発とデータベース化」（課題番号：15K04511、研究代表・田尻信壹）の研究成果によるものです。また、2017年2月にホームページ「世界史授業アーカイブ」（http://www.archives-whl.jp/index.html）を開設いたしました。そこには、世界史を中心とした日本内外の中等教育段階の歴史授業を収集して記録化し、紹介しています。こちらもご笑覧頂ければ、幸いです。

【著者紹介】
田尻信壹（たじり　しんいち）
1955年　埼玉県生まれ
1978年　新潟大学人文学部史学科卒業
1991年　上越教育大学大学院学校教育研究科修士課程修了
2017年　日本女子大学大学院人間社会研究科教育学専攻博士後期課程修了
　　　　博士（教育学）
　埼玉県立高等学校（秩父高等学校・吹上高等学校）教諭（1978年〜1994年）、国立筑波大学附属高等学校教諭（1994年〜2006年）、国立大学法人富山大学人間発達科学部教授（2006年〜2011年）、共立女子大学家政学部教授（2011年〜2014年）、文部科学省初等中等局教育課程課教科調査官（地歴科世界史、非常勤）（2008年〜2012年）、国立教育政策研究所教育課程研究センター教育課程調査官（地歴科世界史、非常勤）（2011年〜2012年）を経て、2014年より目白大学人間学部教授。

［主な著書・論文］
『探究的世界史学習の創造』梓出版社（単著）2013年、『大学生のための社会科授業実践ノート』風間書房（編著）2009年、『未来を拓く児童教育学』三恵社（編著）2015年、「ESDと世界史教育」『社会科教育研究』113（単著）2011年、「単元『黒死病と14世紀の世界』の構想」『新地理』61-1（単著）2013年、「歴史カリキュラム"歴史家のように読む"の教授方略」『目白大学総合科学研究』12（単著）2016年等。

探究的世界史学習論研究
―史資料を活用した歴史的思考力育成型授業の構築―

2017年12月24日　初版第1刷発行

著　者　　田　尻　信　壹
発行者　　風　間　敬　子

発行所　　株式会社　風　間　書　房
〒101-0051　東京都千代田区神田神保町1-34
電話 03(3291)5729　FAX 03(3291)5757
振替 00110-5-1853

印刷　太平印刷社　　製本　井上製本所

©2017 Shinichi Tajiri　　　　　　　NDC分類：370
ISBN978-4-7599-2197-7　Printed in Japan
JCOPY〈(社)出版者著作権管理機構 委託出版物〉
本書の無断複製は、著作権法上での例外を除き禁じられています。複製される場合はそのつど事前に(社)出版者著作権管理機構（電話 03-3513-6969, FAX 03-3513-6979, e-mail: info@jcopy.or.jp）の許諾を得てください。